마스터유진 선생님의
**영어회화 입영작 훈련 해설 강의를
팟빵**에서 **팟캐스트**로 만날 수 있습니다!

팟빵에서 팟캐스트 강의 듣는 방법

‥ 스마트폰을 통해 들을 때
1   play 스토어에 들어가서 검색창에 '팟빵'을 입력하세요.
2 '팟빵'을 선택하고 '설치' 버튼을 누르세요.
3 설치가 다 되었으면 팟빵을 실행하고 좌측 상단 메뉴 버튼을 눌러 검색창에서 [입영작]을 검색하세요.
4 입영작을 선택하고 구독 신청을 누르세요.
5 구독 신청을 완료했다면 이제부터는 따로 검색하지 않아도 팟빵만 실행하면 구독 목록에서 언제든 쉽게 강의를 들을 수 있답니다. 어딜 가나 열공, 열공!

‥ 인터넷을 통해 들을 때
1 네이버 등의 포털 사이트에서 '팟빵'을 검색하세요.
2 팟빵을 클릭하고 들어가 검색창에서 [입영작]을 검색하세요.
3 입영작을 선택하고 구독 신청을 누르세요.
4 구독 신청을 완료했다면 별도의 회원 가입을 하지 않고도 언제든 강의를 들을 수 있습니다. 남은 건 열공, 열공!

영어회화 입영작 훈련
Special Edition

입영작 스피킹 코치

마스터유진(Eugene G. Baek)은 흔히들 영어를 습득하기에는 늦은 시기라고 말하는 고등학생 시절 미국 New Jersey 주로 이주해 16년간 이민 1.5세로 살아온 완벽한 이중 언어 구사자이다. 수많은 언어적 문화적 시행착오를 온몸으로 겪어내며 완벽한 이중언어 구사자가 되기 위해 다양한 시도를 했다. 그 과정에서, 그럴싸한 이론이 아닌 '실천할 수 있는 영어'를 모토로 한국인에게 가장 효과적인 영어 습득 시스템을 고안하게 되고, 이를 영어를 배우고자 노력하는 모든 이들과 나누기 위해 2009년 여름 귀국했다.

강남 YBM 어학원과 메가잉글리시의 대표 영어 강사인 그는, 영어 낭독 훈련과 리스닝 훈련의 공식 코치로 활동하면서 학생들과의 적극적인 커뮤니케이션을 위해 영어 카페 www.iamsuper.co.kr을 운영하고 있다.

Global ESL Forum FightEnglish, LLC. 편집장
University of San Diego(UCSD)에서 TESOL 수료
Montclair State University(미국 뉴저지 주립대) 최우수 졸업
Boonton High School, New Jersey 우수 졸업

영어회화 입영작 훈련 Special Edition

저자 | 마스터유진
초판 1쇄 발행 | 2015년 2월 2일
초판 6쇄 발행 | 2024년 4월 10일

발행인 | 박효상
편집장 | 김현
기획 · 편집 | 장경희, 이한경
디자인 | 임정현
마케팅 | 이태호, 이전희
관리 | 김태옥

교정 | 엄성수, 안창렬
디자인 · 조판 · 삽화 | 홍수미

종이 | 월드페이퍼
인쇄 · 제본 | 예림인쇄 · 바인딩

출판등록 | 제10-1835호
발행처 | 사람in
주소 | 121-839 서울시 마포구 양화로11길 14-10(서교동 378-16) 4F
전화 | 02) 338-3555(代) 팩스 | 02) 338-3545
E-mail | saramin@netsgo.com
website | www.saramin.com

● 책값은 뒤표지에 있습니다.
● 파본은 바꾸어 드립니다.

ⓒ 마스터유진 2015

ISBN 978-89-6049-445-9 18740
     978-89-6049-401-5 (set)

우아한 지적만보, 기민한 실사구시 **사람in**

영어회화 입영작 훈련

마스터유진 지음

입영작 ① ② ③ ④ 합본

Special Edition

사람in

진리는 변하지 않는다

여러분들은 아마도 한번쯤 다음과 같은 말을 들어보았을 것이다.

하지만 나는 이런 생각들이 절대적인 오류이며 오히려 교묘한 상업적 멘트라고 생각한다.

미국에서 오랜 시간을 1.5세로 보냈음에도 불구하고, 나는 대한민국의 어휘·문법 위주의 영어 교육이 결코 수준이 낮다거나 헛되다고 생각해 본 적이 없다. 오히려 그런 교육이 없었다면 본인도 미국에서 영어로 살아남지 못했을 것이며, 그 생각은 지금도 변함이 없다. (잠깐! 이 책은 문법 책이 아니라 스피킹 책이 맞다. 끈기를 가지고 계속 읽어보시라.) 어휘·문법이라고 하는 것은 시대나 유행을 타는 것이 아니며, 영어를 외국어로 습득하는 사람이라면 전 세계 그 누구든 의심 없이 무조건 배워야 할 필수 영역이다.

우리가 외국에서 혹은 국내에서라도 어린 시절부터 완벽한 영어 사용 환경에서 자라지 않은 이상, 어휘와 문법의 이해 없이 스피킹에 도전하는 것은 불가능할 뿐만 아니라 위험하기까지 하다. 미리 결론부터 말하자면, 어휘와 문법에서 기본이 갖추어지지 않았다면 스피킹은 꿈도 꾸지 말아야 한다.

마스터유진의 스토리

본인 또한 한국에서 여느 누구처럼 학창 시절을 보내며 같은 방식의 어휘와 문법 위주의 영어 공부를 했었다. 나는 뒤늦게 미국으로 떠나며, "쓸데없는 문법은 집어치우고 미국 가서 무조건 말을 내뱉어보면 스피킹이 어떻게든 해결되겠지."라는 건방진 기대를 했고 결과는 참담했다.

고등학교에서는 어떻게든 손짓 발짓하며 넘어가던 영어가 대학에 진학하면서 참담하게 무너졌다. 몇 마디 단어로 대화하는 수준의 질 낮은 스피킹의 연속. '무조건 지르는 스피킹'의 최후는 그러했다.

수업 내의 그룹 프로젝트에서 난 깍두기 역할을 했다. "한국 스타일의 어휘와 문법 위주의 영어가 쓸모없다 하길래 다 무시하고 미국 스타일로 질러본 건데 왜 안 되는 거지?" 하지만 그것은 나의 바보 같은 생각이 만들어 낸 함정이었던 것이다.

내 영어 실력은 고작 커피를 주문할 만한 '단어' 혹은 '기초 회화' 수준이었지, 문장을 확장하며 다른 이들 앞에서 멋지게 프레젠테이션을 할 수 있는 '스피킹'의 수준이 아니었던 것이다. 앞으로 평생을 미국에서 살아야 하는데 정말 암담했다. 나만 바라보시는 어머니께도 드릴 말씀이 없었다.

그 와중에 나는 필수 수업 중 하나였던 Freshman Composition(기본 작문) 수업의 Term Paper(리포트)에서 F를 받게 되고, **그것은 큰 충격이었지만 어휘·문법 실력, 나아가서는 영작 실력이 스피킹과 직결된다는 사실을 깨닫게 해 준 운명의 계기가 되었다.** 어휘·문법 공부 좀 해봤다는 생각은 나만의 착각이었다. 나의 영어 기본기가 이 정도 수준인데 입으로 나오는 영어는 처참할 수밖에…….

그날을 기점으로 나는 무조건 나가서 외국인들과 얘기하는 시간을 줄이고, 오히려 한국에서 들고 온 단어집과 문법 책을 처음부터 다시 복습하고 그것을 기본으로 영작하는 연습을 수도 없이 반복했다. 그리고 그것이 결국 내 스피킹 엔진의 기반이 되었다.

그 와중에 정말 감사했다. 한국에서 학창시절 그렇게 주입식으로 배워둔 어휘와 문법 지식이 있었기에 많은 것이 수월할 수 있었음에. 그것들이 없었다면 맹세코 나의 스피킹은 지금까지도 단어 수준에 머물러 있었을 것임을 확신한다.

후회하지 말 것

우리가 초중고 및 대학 시절에 시험 영어 위주로 습득한 영어는 비록 주입식의 어휘·문법 위주였으나, 다행인 것은 그 덕에 우리는 그 누구보다 어휘력이 우수한 편이며, 문법적으로 틀린 문장을 보면 어느 정도 의문을 품을 수 있는 실력을 가지게 되었다는 것이다. 수년간 배워왔기에, 자신도 모르는 사이에 완벽하진 않을지라도 문법이 어느 정도는 체화된 것이다. (이것이 바로 반복의 무서움이다.)

education = 교육 / love = 사랑 (단어)
be interested in = ~에 관심이 있다 (덩어리 표현)
I cry yesterday. (×) ◇ I cried yesterday. (O) (시제)
You am a model. (×) ◇ You are a model. (O) (주어와 동사의 수 일치)
Learn English I. (×) ◇ I learn English. (O) (어순)

I cry yesterday. ㅠㅠ
뭔가 이상한데?!

위의 단어나 문장을 보고, "이게 도대체 뭐야? 전혀 모르겠는데?"라고 하는 사람은 거의 없을 것이다. 주입식 어휘·문법 교육은 적어도 우리에게 이러한 기본적이고도 필수적인 지식을 선물해 주었다. 이것은 여러분들이 반복적인 훈련을 통해 쌓아온 가치 있는 재산이며, 버릴 이유도 없고 오히려 더욱 강화시켜야 할 부분이다. ==대한민국의 학교 영어 공부는 절대로 낭비가 아니다. 그러므로 이제부터는 걱정하거나 아까워하거나 후회하지 말 것. 그 지식들 덕분에 여러분의 스피킹은 이제 날개를 달게 될 테니까.==

무엇이 문제인가?

그렇다면 아마도 의문이 들 것이다.
대한민국에서 강조해온 어휘·문법 중심의 영어 공부가 정말 잘한 일이라면,
왜 우리는 아직도 영어 벙어리인가?

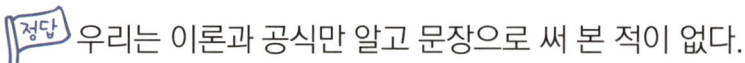

🚩 **정답** 우리는 이론과 공식만 알고 문장으로 써 본 적이 없다.

그렇다, 단순한 '경험 부족'이 문제이다.
이런 측면에서, 대한민국 영어 교육은 수준이 낮은 게 아니라 비효율적인 것이다.
그동안 수학 공부하듯 공식으로만 흡수한 지식을 써먹을 기회가 없었던 것이다.
==읽어본 예문은 많았으나 '직접 써본' 예문은 없었다.==

자가 테스트

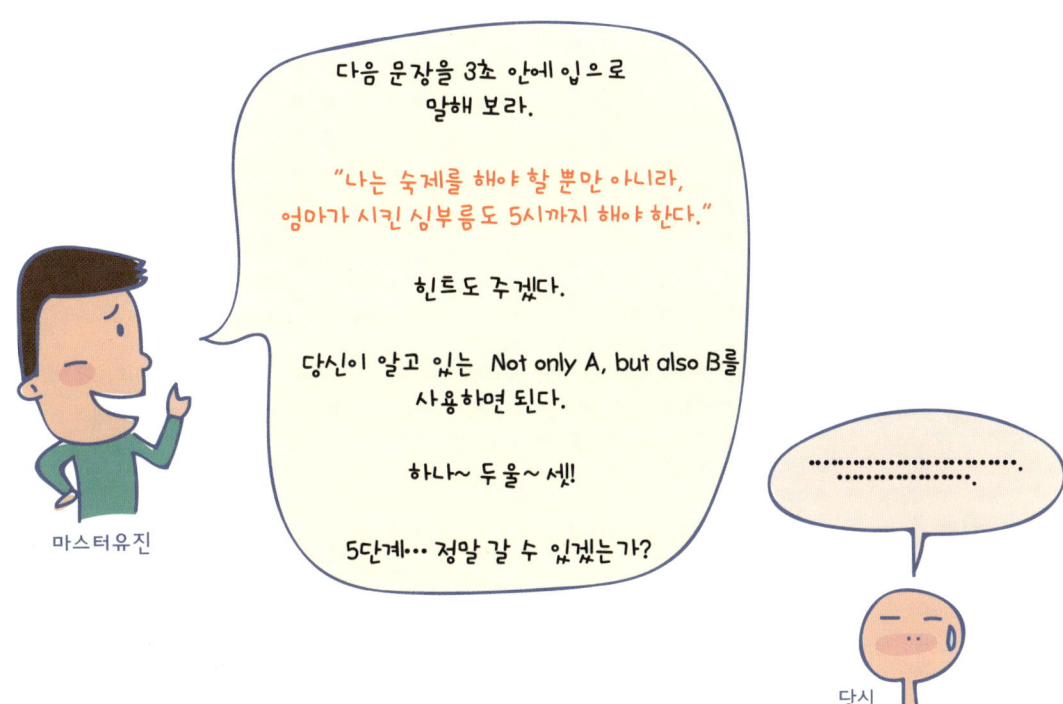

"문법이 중요한 게 아니다. 어서 스피킹을 하자!"라고 하는 말은 "1단계에서 4단계까지 모두 무시하고 5단계로 가서 단어 수준의 질 낮은 회화나 하자."라는 것과 같다. "기초공사는 일단 시간과 돈이 많이 드니까 대충 하고 그래도 있어 보여야 하니까 100층 건물을 세우고 보자."는 것과 다를 바가 없는 것이다. 얼마나 위험하고 낭비적인 생각인지 이해했으리라 믿는다. 뒤늦게 후회하고 1단계로 다시 돌아오는 학생들을 수도 없이 봐왔기에 이 점은 자신 있게 말할 수 있다. 부실 공사 하자고 부추기는 상술에 넘어가지 말고 이성적으로 생각해 보길 바란다.

'아는 것'이 아닌 '하는 것'

그렇다면 해결책은 무엇일까?
우리는 지금껏 '알아'왔다. 단어를, 표현을, 문법을, 공식을.
좋은 현상이다. 잘해 온 것이다. 절대로 시간 혹은 노력의 낭비가 아니다.
단, 이제부터는 "Do"해야 한다.

그동안의 영어 공부를 헛되지 않게 하는 유일한 길은 영어 공부의 확장이다.
말은 거창하지만 확장이라 함은 결국,

입으로 '아는 것'을 써보는 것, 그리고 많이 말해보는 것

우리의 현재 수준은 '어휘와 문법을 아는' 수준이고, 우리의 목표는 '스피킹'이다. 중요한 것은 어휘·문법과 스피킹 사이에 끊어진 고리를 연결해 줄 무언가가 필요하다는 것이다. 바로 그 다리 역할을 해주는 것이 '손 영작과 입 영작'이며, 그것이 이 책의 목표이다.

어휘·문법 ➔ 손 영작+입 영작 ➔ 스피킹

위의 순서는 병행할 수는 있으나 건너뛸 수도 없으며 바뀔 수도 없다.
물론, 문장 확장 훈련과 반복 훈련이 항상 병행되어야 한다.

또한, 시간이 부족한 학생들을 위해 어휘·문법 ➔ 입 영작 ➔ 스피킹 단계의 Special Edition을 제작하게 되었다.

이 스페셜 에디션과 팟캐스트방송으로 '아는 것'을 '하는 것'으로 바꾸는데 큰 도움이 되길 바란다.

> 마치며

진리는 변하지 않는다.
언어 습득은 반복적인 훈련이다.

어휘·문법 지식 또한 여러분들 스스로가 반복적인 훈련을 통해 얻은 것이다.

이제는 그것을 문장 만들기로 확장시키면 된다.

손을 움직이고 입을 움직이길 바란다.

영어 스피킹?
몰라서 안 되는 게 아니다.
안 해봐서 안 되는 것이다.

오늘부터는 교육 제도와 교사들에게 모든 원인을 돌리지 말길 바란다.
문제는 자기 자신이니까.
이제는 생각만 하지 말고 "Do"할 것!

My love goes out to:
사랑하는 나의 어머니,
메이슨, 장캡틴, 뿜이,
듬직한 나의 직원들, 조교들과 학생들,
영어 교육 및 출판에 도움을 주신 모든 분들

Thank you all for your unconditional love and support.

마스터유진

스피킹 코치 마스터유진이 공개하는
스피킹 천기누설 7

1 자신감을 가져라

'자신감(confidence)'이라는 단어는 언어 습득에 있어서 단지 추상적이거나 진부한 단어가 아니다. 우리가 가장 간과해온, 그러나 알고 보면 가장 중요한 요소이다.

언어를 습득하려면 목표 언어의 언어적인 부분만이 아니라, 그에 밸런스를 맞추어 문화적인 습성도 동시에 흡수해야 하며, 그렇지 않으면 흔히 말하는 '한국적인 느낌이 충만한 영어'가 될 수밖에 없다. 영어권의 문화와 태도 자체가 굉장히 적극적이며 능동적인데, 우리는 그것에 반대되는 '조용히 말하기'와 상대방이 마음을 열 때까지 기다리는 소심함으로 영어에 접근하고 있다. 우리는 어려서부터 한국인들만의 고유의 태도인 '부끄러움', '남의 눈치보기'에 익숙하다. "잘난 체하면 재수 없어", "못해서 무시당하느니 난 아예 안 하겠어."라는 태도에 익숙하다. 하지만, 영어 습득에서 이러한 태도는 쥐약이 된다.

부끄러움과 눈치보기는 다음과 같은 결과를 초래한다.
부끄러움+눈치보기 ➡ 자신감 결여 ➡ 웅얼거림 ➡ 커뮤니케이션 단절

결국, 부끄러워하고 눈치만 보면 커뮤니케이션은 이미 끝이다. 아니 시작도 없다. 아무리 진심 어린 마음으로 여자에게 다가가도 부끄러움 타고, 자신감 결여에 말까지 더듬으면 여자가 귀엽다고 봐줄 것 같겠지만 단지 귀엽다고 생각만 하고 끝인 것처럼, 그녀는 아마도 자신감을 가지고 자신의 생각을 분명히 말하는 사람을 훨씬 더 매력적이라고 생각할 것이다.

부끄러움 극복을 위한 처방

1. 큰 소리로 말한다
문법과 발음이 어느 정도 좋아지고 난 후 조용히 말해도 늦지 않음

2. 또박또박 말한다
웅얼거리면 일단 듣는 사람도 짜증나지만, 혀의 움직임과 공기의 흐름이 방해 받기 때문에 소통에 치명적인 영향을 끼침

3. 남의 눈치를 보지 않는다
이것이 이제껏 스피킹이 잘 안 되게 만든 주범이다. 처단하라.

2 기본에 충실하고 초심으로 돌아가라

자신이 어휘와 문법이 완벽하다고 쉽게 판단하지 마라. 우리가 나름 오랜 시간 동안 어휘와 문법을 접하긴 했지만, 막상 실력은 그 시간과 비례하지 않을 수도 있다. 내가 시험 영어 지문을 어느 정도 막힘 없이 독해할 수 있는지, 시중 문법 교재에서 다루고 있는 문법 사항들을 세세하게 이해하고 있는지, 어휘 실력이 정말 바닥은 아닌지, 반드시 짚고 넘어가야 한다. 기본이 부족하면 영어가 귀로 들리지도, 입으로 나오지도 않는 것은 당연한 일이다. 저학년 수준의 기초 단어 교재와 문법 교재로 돌아가도 좋다. **초심으로 돌아가서 반드시 기본을 확실하게 재정비하라.**

3 많이 쓰고 빨리 써라

문법 사항을 하나 마스터하고 나서 예문을 써 볼 때, 달랑 10문장 써보고 뿌듯해하지 마라. 우리의 입에서 한국어가 자연스럽게 나오는 것은, 같은 문법, 표현, 패턴을 이용한 문장을 살면서 수천 번, 수만 번 이상 반복하여 사용하기 때문이다. 그렇기 때문에 여러분이 본 교재로 공부하고 나서도 추가적인 문장들을 스스로 만들어가며 써보는 것이 중요하다. 하지만 한자리에서 그렇게 많은 문장들을 쓰는 것은 현실적으로도 쉽지 않고 비효율적이고 질릴 수 있기 때문에, 평소에 영어를 생활화하는 것이 중요하다. 지겨울 때까지, 진저리가 날 때까지 써봐야 한다. 언어는 반복 훈련이라는 것을 진심으로 다시 한 번 강조하고 싶다.

4 많이 말하고 빨리 말하라

이것은 많이 쓰고 빨리 쓰는 것과 같은 맥락이다. 단, 차이라고 한다면, 손으로 만들던 출력(output)을 입으로 만든다는 점이다. 기억할 것은 독해와 청취가 비슷한 채널의 입력(input)인 것처럼, 쓰기와 말하기 또한 비슷한 채널의 출력(output)이라는 것이다. 많이 쓰고 빨리 쓰게 될 때, 많이 말하고 빨리 말하는 훈련은 생각보다 수월하게 이루어질 것이다. 쓰는 훈련과 말하는 훈련은 동시에 병행해도 좋다. 이 두 영역의 훈련은 함께 시너지 효과를 낼 수 있는 훈련이다. (마찬가지로, 읽는 훈련과 듣는 훈련도 함께 하면 최상의 결과를 기대할 수 있다.)

5 3RA를 실천하라

하나만 부족해도 스피킹에 치명적인 타격을 입을 수 있는 3RA

크게 읽는 이유: 발음할 때 공기의 흐름과 혀의 움직임을 도와주어 명확한 의사 전달이 가능
많이 읽는 이유: 반복 훈련을 통해 자연스럽게 문장 구조를 이해하고, 발음+연음+억양을 익힘
비슷하게 읽는 이유: 보다 원어민에 가까운 발음과 억양을 길러주는 마무리 작업의 역할을 함

이제 더 이상, 문장 하나를 읽더라도 조용하게, 영혼 없이 읽는 일은 없어야 한다. 그렇게 오랜 시간 독해를 해왔어도 스피킹에 전혀 도움이 되지 않았다면, ==이제는 독해가 아닌, 자신감 있게 소리 내어 읽는 '낭독'을 해야 한다.==

6 집착하지 마라

우리가 문법에 익숙하다는 것에는 장점도 많지만 단점 또한 있는데, 그것은 바로 완벽주의와 피드백에 대한 집착이다. 문장 하나를 입으로 말하려고 해도 너무 작은 디테일에 연연하기 때문에 도무지 진전이 되질 않는다. 또한, "내가 말한 것이 완벽한 문장인가?"에 대한 끊임없는 의심 때문에 누군가 옆에서 고쳐주지 않으면 의미가 없다며 스피킹을 시도하는 것 자체를 거부하는 사람들도 있다.(가장 답답하고 스피킹이 늘지 않는 전형적인 케이스이다.)

지금은 피드백에 집착할 때가 아니다. 생각만 하고 있을 때가 아니다. 지금은 "Do"할 때다.
반복적인 말하기를 통해 어느 정도 스피킹에 자신감과 스피드가 붙었을 때 피드백을 받아도 늦지 않다. 문법과 영작 훈련을 반복적으로 병행하면, 입 영작을 할 때 발생하는 실수 또한 현저히 줄어들기 때문에 너무 걱정하고 눈치만 보지 말고, 이제는 입으로 내뱉어라. 좀 틀려도 죽지 않는다.

7 영어를 생활화하라

위에서 언급했듯이 언어는 반복적으로 사용하지 않으면, 실력을 유지하기조차 쉽지 않다. 하지만, 한자리에 앉아 같은 패턴의 영어 공부만 반복하면 지치게 되고, 결국 가장 무서운 포기에 이른다. 아무리 달리기가 다이어트에 좋다 한들, 매일 같은 시간에 같은 장소에서 반복한다면, 단기적인 효과는 있을지 모르지만 지겹고 힘들어서 포기하는 사람이 대부분인 것과 같다. 우리는 이제 습득한 영어 지식을 최대한 자연스럽게 우리의 일상생활에 녹여내는 작업을 해야 한다. 나는 이것을 '스스로에게 긍정적인 속임수를 건다'고 표현한다. 긍정적인 속임수들을 몇 가지 소개한다.

영어 생활화를 위한 긍정적인 속임수들

영어 채팅
자신이 습득한 표현을 실제로 써먹어봄으로써 자연스럽게 머릿속에 기억되도록 도와주며, 빠른 영어 쓰기 프로세스를 통해 스피킹을 도와주는 도구

SNS(Kakao Talk, Facebook, Twitter 등)
영어 채팅과 비슷한 효과를 얻을 수 있는 도구(영어 채팅보다 높은 접근성)

한국인 친구
에러 피드백의 목적보다는 영어로 말하는 임계량을 늘리는 것이 목적(초중급 학습자)

외국인 친구
외국인 친구와 스피킹을 할 수 있으며 피드백까지 받는 것이 목적(중고급 학습자)

영어 잡지, 신문, 교재 등
이미 알고 있는 표현이나 문장 구조를 접하면서 자연스럽게 스피킹 기본기를 강화시키는 것이 목적(반드시 자신의 관심사를 다룬 글이어야 하며, 독해만이 아닌 '낭독'이 되어야 함)

스스로 만드는 예문
하나의 표현 혹은 문법 사항을 두고 최소 100개 이상의 한글로 된 예문을 만든 후, 친구와 역할을 바꾸어 가며 입 영작하고 서로 피드백을 줌으로써 스피킹 임계량을 늘리는 것이 목적

스터디 그룹
2~4명의 스터디 그룹을 결성하여 정기적으로 자유 주제로 free talking을 실시함으로써 에러 수정보다는 output의 양을 늘리는 것이 목적(연애, 영화, 최근 이슈 등 반드시 공감할 만한 흥미로운 주제를 선택해야 함)

입영작 훈련 이 가능하게 한다!

〈영어회화 입영작 훈련〉 시리즈는 머리에만 머물러 있었던 '지식(어휘/문법)'을 입 영작을 통해 '하는 영어'로 바꾸어주는 스피킹 훈련입니다.

〈영어회화 입영작 훈련〉은 어려운 단어들, 혹은 여러분들이 평생 접해보지도 못한 새로운 문법을 다루지 않습니다. 중요한 것은 아는 지식의 양을 계속 늘리기에만 집중하는 것이 아니라, 이미 가지고 있는 지식을 최대한 많이 사용하여 그것을 '체화'시키는 것입니다. 학창 시절 시험용 영어 공부로 쌓아온 것을 '영어 공부 Version 1.0'이라고 한다면, 이 교재는 반복 훈련을 통해 그 지식을 확장시켜 줄 '영어 공부 Version 2.0'이라고 볼 수 있습니다.

입 영작 훈련을 꾸준히 하다 보면, 머릿속에서 영어 어순으로 이해하는 처리 속도가 빨라집니다. 따라서 입 영작 훈련을 하면 주어진 상황에서 적절한 표현과 문장을 순발력 있게 내뱉게 되고, 단어 단위가 아닌 문장 단위로 말하는 습관이 생길 것입니다.

〈영어회화 입영작 훈련 1-4〉는 '손 영작+입 영작'의 프로세스를 충실히 따르며 한땀한땀 영어의 단추를 끼우도록 설계하였으며 본 책인 〈영어회화 입영작 훈련 Special Edition〉은 입 영작 단계만으로 빠르게 기초 영어학습을 완성하도록 구성하였습니다. 본 책으로 영어의 기초를 다진 후, 손을 사용한 input과 입을 사용한 output 과정을 충실하게 학습하는 〈영어회화 입영작 훈련 1-4〉로 영어를 완성하세요!

입영작 훈련 Special Edition

① 실제 사용 빈도가 가장 높은 영어회화 패턴 100개를 엄선하여 구성하였으므로, 짧은 시간 내에 효율적으로 스피킹 실력을 향상시킬 수 있습니다.

② 이해하기 쉬운 패턴 설명 + 이해하기 쉬운 예문 = 쉽게 스스로 예문을 만드는 능력이 생겨납니다.

③ 영작 훈련이 어순대로 진행되기 때문에 자연스럽게 영어 어순에 익숙해집니다.

④ 반복적인 입 영작 훈련을 통해 output의 오류 횟수가 줄어들고 속도가 빨라지게 되어 스피킹 시험 즉, TOEIC Speaking, OPIc 등에서의 고득점과 직결됩니다.

⑤ 반복적인 낭독 훈련을 통해 발음과 연음은 기본이며, 문장 구조에 대한 이해력이 향상됩니다.

⑥ 스스로 문장을 만드는 과정을 통해 어휘를 문장 내에서 자연스럽게 익히게 됩니다.

입영작 훈련 Special Edition 프로세스

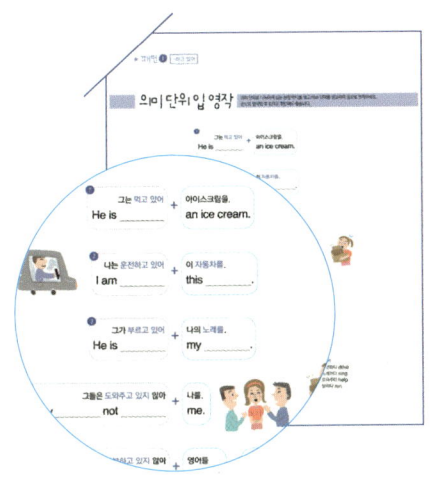

의미 단위 입 영작

긴 문장을 한꺼번에 영작하려면 부담부터 느껴지지요? '천리 길도 한 걸음부터'라는 말이 있듯이 한 걸음씩 가자구요~ 의미 단위로 잘라서 한글 문장과 비교하며 하나씩 빈칸을 채워 봅시다. 의미 단위별로 빈칸을 채우다 보면 어느새 한 문장의 빈칸이 모두 채워져 문장이 완성되어 있을 것입니다. 주어진 Hint 단어를 참고하여 빈칸을 채워 보세요!

보다 효율적인 학습을 위해 마스터유진 선생님의 팟캐스트 직강을 들으며 학습하시길 권해드립니다.

www.podbbang.com

완성 문장 낭독 훈련

의미 단위 입 영작에서 입으로 영작해 본 문장들의 정답 문장들을 가지고 네이티브 스피커의 음성을 들으면서 낭독 훈련해 봅니다. 5회 반복 음원을 활용하여 훈련하세요. 머리에서 입으로 이어지는 링크를 강화시키는 작업이기 때문에 자신감을 가지고 크게 낭독합니다.

아무 생각 없이 낭독하는 것이 아니라, 문장의 의미와 어순을 인지하면서 하는 것이 중요합니다. 1~5회까지는 천천히 또박또박 낭독하고, 6~10회까지는 속도를 내어 스피드 낭독을 해보면 더 좋습니다. 네이티브 스피커의 발음을 듣고, 발음, 연음 그리고 억양까지 신경 쓰면서 따라서 낭독해 보세요.

mp3 다운로드
www.saramin.com

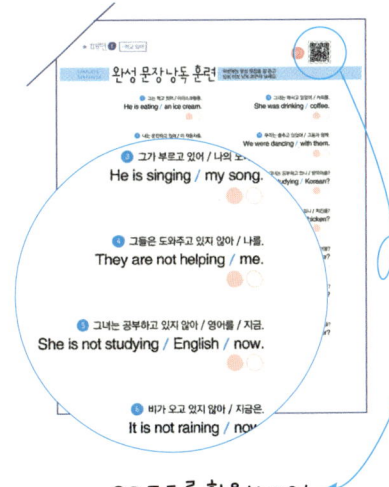

QR코드를 활용하세요!

패턴 1	be동사+-ing ~하고 있어	19
패턴 2	현재형 동사 do ~하다	23
패턴 3	have been -ing ~해오고 있어	27
패턴 4	have p.p. ~해 본 적이 있어	31
패턴 5	was/were going to ~하려고 했어	35
패턴 6	used to ~하곤 했어	39
패턴 7	-ing ~하는 것 / ~하기	43
패턴 8	to+동사원형 ~하기 위해 / ~하도록	47
패턴 9	look+형용사 ~해 보여	51
패턴 10	형용사+enough 충분히 ~한	55
패턴 11	possibly 어쩌면 / 혹시	59
패턴 12	never 절대로 아닌	63
패턴 13	because vs. because of ~이기 때문에 vs. ~ 때문에	67
패턴 14	be trying to ~하려 하고 있어	71
패턴 15	help+목적어+동사원형 …가 ~하는 것을 도와주다	75
패턴 16	help A with B A를 B와 관련해 도와주다	79
패턴 17	비교급 형용사+than …보다 더 ~한	83
패턴 18	the+최상급 형용사 가장 ~한	87
패턴 19	A is as 형용사 as B A는 B만큼이나 ~해	91
패턴 20	keep -ing 계속 ~해	95
패턴 21	stop -ing 그만 ~하다 / ~하는 것을 멈추다	99
패턴 22	be willing to ~할 의향이 있어 / 기꺼이 ~하겠어	103
패턴 23	be about to 막 ~하려는 참이야	107
패턴 24	tend to ~하는 경향이 있어	111
패턴 25	had better ~하는 게 좋을 거야	115
패턴 26	Let's ~하자	119
패턴 27	I'm afraid 유감이지만 ~야	123
패턴 28	It's too bad ~이라서 아쉬워	127
패턴 29	be tired of ~에 진저리가 나	131
패턴 30	plan to ~할 계획이야	135
패턴 31	take a look at ~을 살펴보다	139
패턴 32	Do you think 너는 ~이라고 생각하니?	143

| 패턴 33 | **figure out** ~을 알아내다 · 147
| 패턴 34 | **come up with** ~을 생각해 내다/~을 구해 오다 · 151
| 패턴 35 | **hope** ~이길 바라 · 155
| 패턴 36 | **wish** ~이라면 좋을 텐데 · 159
| 패턴 37 | **work** 효과가 있다/작동하다/되다 · 163
| 패턴 38 | **work out** ~이 잘 진행돼/잘 풀려/잘 해결돼 · 167
| 패턴 39 | **feel like -ing** ~하고 싶은 기분이 들어 · 171
| 패턴 40 | **think of -ing** ~할 것을 생각해 보다 · 175
| 패턴 41 | **have trouble -ing** ~하는 데 애먹다 · 179
| 패턴 42 | **look forward to** ~하는 것을 고대해 · 183
| 패턴 43 | **be used to 명사/-ing** ~에/~하는 것에 익숙해 · 187
| 패턴 44 | **Why don't you/we** ~하는 게 어때? · 191
| 패턴 45 | **Thank God** ~이라 다행이야 · 195
| 패턴 46 | **Let's say** ~이라고 쳐 보자/가정해 보자 · 199
| 패턴 47 | **in spite of/despite** ~에도 불구하고 · 203
| 패턴 48 | **There is no way** ~일 리가 없어 · 207
| 패턴 49 | **There is no wonder** ~인 것은 당연해 · 211
| 패턴 50 | **might as well** ~하는 게 차라리 더 낫겠어 · 215
| 패턴 51 | **pick someone up** ~을 픽업하다 · 219
| 패턴 52 | **give someone a ride** ~을 데려다 주다 · 223
| 패턴 53 | **drop someone off** ~을 내려 주다 · 227
| 패턴 54 | **so that** ~하게 · 231
| 패턴 55 | **so 형용사 + that 절** 너무 ~해서 …해 · 235
| 패턴 56 | **too 형용사 to 동사** 너무 ~해 …하기에는 · 239
| 패턴 57 | **as long as** ~인 한/~하는 한 · 243
| 패턴 58 | **unless** ~이 아닌 한/~하지 않는 한 · 247
| 패턴 59 | **even though** ~에도 불구하고 · 251
| 패턴 60 | **even if** ~일지라도 · 255
| 패턴 61 | **get to** ~하게 되다 · 259
| 패턴 62 | **as soon as** ~하자마자 · 263
| 패턴 63 | **while** ~하는 동안 · 267
| 패턴 64 | **for** ~에 대해/~한 것에 대해 · 271
| 패턴 65 | **without -ing** ~하지 않은 채 · 275
| 패턴 66 | **now that** ~이니까 · 279
| 패턴 67 | **It's not that** ~인 것은 아니야 · 283

패턴	제목	설명	페이지
68	the first family	first의 활용	287
69	not really	별로 ~가 아닌	291
70	at all *vs.* not at all	조금이라도 vs. 전혀	295
71	instead of	~ 대신에/~하는 것 대신에	299
72	in case	~일 경우를 대비하여/~의 경우에는	303
73	in that	~라는 점에서	307
74	whether~or not	~이든 아니든	311
75	A turns out to be B	A가 알고 보니 B야	315
76	It turns out	알고 보니 ~야	319
77	make sure+that 절	꼭 ~해/~인 것을 확실히 해	323
78	make sure+to 동사원형	꼭 ~해/~을 확실히 해	327
79	can't help -ing	~하지 않을 수가 없어	331
80	end up -ing	결국 ~하게 되다	335
81	must have p.p.	분명히 ~했을 거야	339
82	might have p.p.	어쩌면 ~했을지도 몰라	343
83	Just because A doesn't mean B	단지 A라고 해서 B인 것은 아냐	347
84	keep 명사+형용사	~을 …하게 유지해	351
85	with 명사+형용사	~가 …한 채	355
86	be동사+p.p.	~받아/~되어	359
87	have something p.p.	~을 …되게 해/시켜	363
88	not only A but also B	A뿐만 아니라 B도	367
89	the 비교급, the 비교급	~할수록 더 …해	371
90	be supposed to (평서문)	~하기로 되어 있어	375
91	be supposed to (의문문)	~하기로 되어 있니?	379
92	If I were ~, I could….	~라면, …할 수 있을 텐데	383
93	If I were ~, I would….	~라면, …할 텐데	387
94	should have p.p. (평서문)	~했어야 했어	391
95	should have p.p. (의문문)	~했어야 했나?	395
96	could have p.p. (평서문)	~할 수도 있었어	399
97	could have p.p. + 과거 가정	~했더라면 …할 수도 있었을 거야	403
98	could have p.p. (의문문)	~할 수도 있었을까?	407
99	would have p.p. (평서문)	~했을 거야	411
100	would have p.p. + 과거 가정	~했더라면 …했을 거야	415

패턴 1

~하고 있어

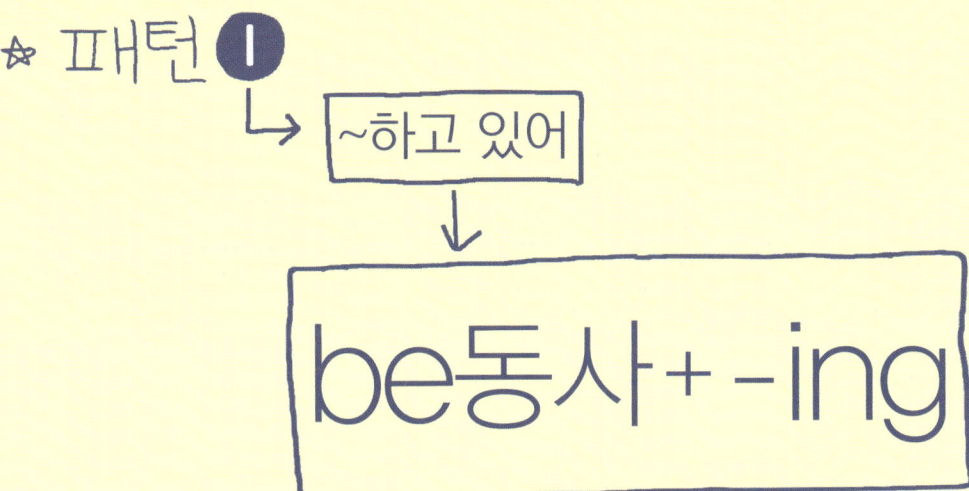

be동사 + -ing

영어에서는 **무엇인가가 진행되고 있을 때** '~하고 있다'라는 의미로 'be동사 + -ing'의 형태로 표현합니다.

현재진행형(~하고 있다)은
말하고 있는 시점 혹은 그 즈음에 한창 그 행동을 진행 중이라는 것을 강조하며,

과거진행형(~하고 있었다)은
과거의 어느 순간에 그 행동을 한창 진행 중이었다는 것을 강조합니다.

현재진행형인지 과거진행형인지는 be동사의 시제로 구분합니다.

예를 들어,
"나는 지금 달리고 있어."라고 하려면
"I am running now."라고 하면 됩니다.

또, "나는 그 시간에 달리고 있었어."라고 하려면
"I was running at that time."이라고 표현할 수 있습니다.

'be동사 + -ing'는 '가까운 미래에 ~할 것이다'라는 의미로도 사용할 수 있으나
이 Unit에서는 사용 빈도가 높은 진행형 표현에만 집중하겠습니다.

패턴 1 ~하고 있어

의미 단위 입 영작

의미 단위로 나뉘어져 있는 문장 마디를 보고 Hint 단어를 참고하여 입으로 영작하세요.
손으로 영작한 후 입으로 확인해도 좋습니다.

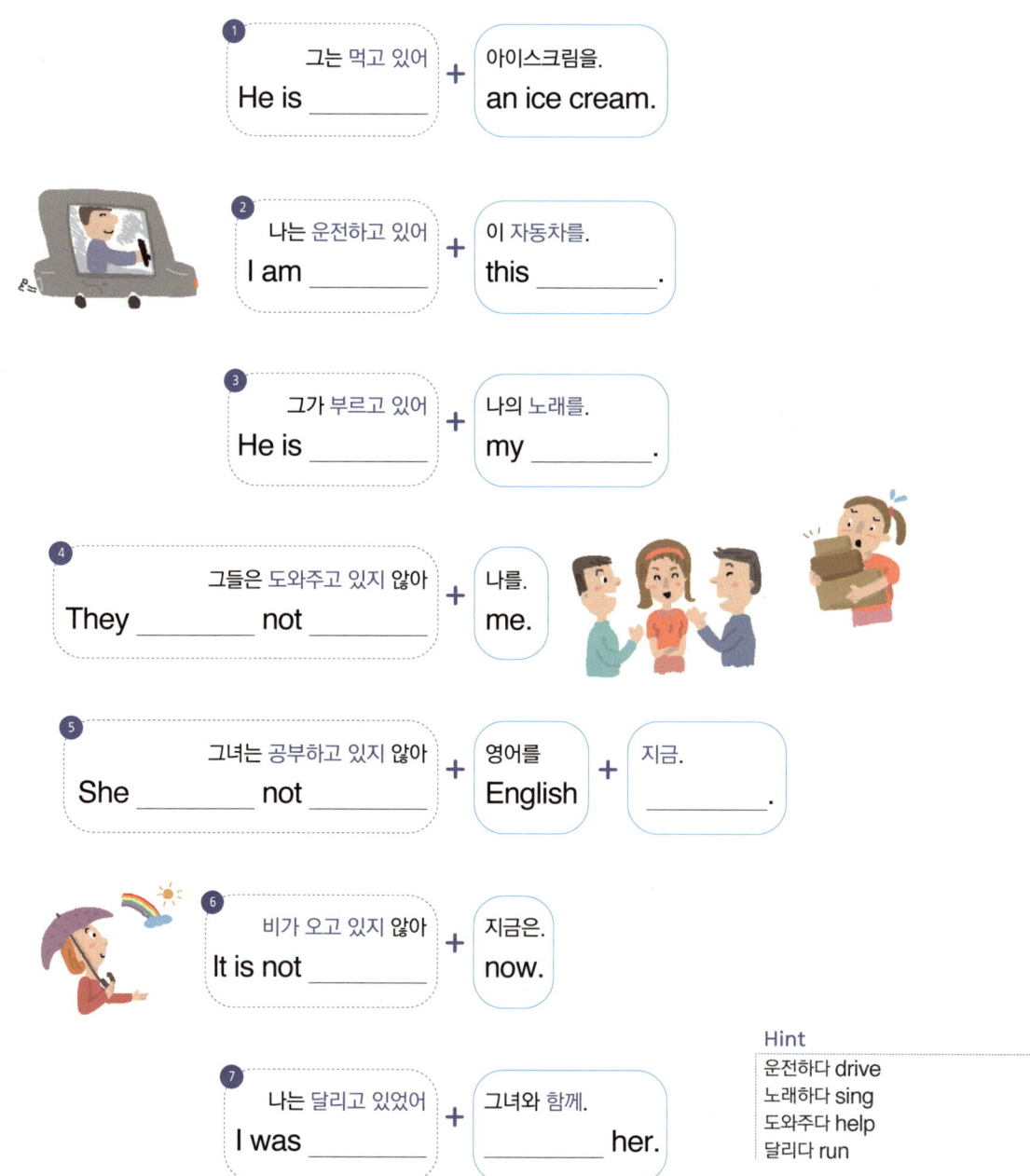

1. 그는 먹고 있어 / 아이스크림을.
   He is _____ + an ice cream.

2. 나는 운전하고 있어 / 이 자동차를.
   I am _____ + this _____.

3. 그가 부르고 있어 / 나의 노래를.
   He is _____ + my _____.

4. 그들은 도와주고 있지 않아 / 나를.
   They _____ not _____ + me.

5. 그녀는 공부하고 있지 않아 / 영어를 / 지금.
   She _____ not _____ + English + _____.

6. 비가 오고 있지 않아 / 지금은.
   It is not _____ + now.

7. 나는 달리고 있었어 / 그녀와 함께.
   I was _____ + _____ her.

Hint
운전하다 drive
노래하다 sing
도와주다 help
달리다 run

be동사 + -ing

8. 나는 공부하고 있었어 / 프랑스어를.
I _____ studying + French.

9. 그녀는 마시고 있었어 / 커피를.
She _____ + coffee.

10. 우리는 춤추고 있었어 / 그들과 함께.
We _____ + with _____.

11. 그녀는 공부하고 있니 / 한국어를?
Is she _____ + Korean?

12. 너는 먹고 있니 / 치킨을?
_____ you _____ + chicken?

13. 너는 여전히 공부하고 있니 / 일본어를?
_____ you _____ studying + _____?

14. 너는 하고 있었니 / 너의 숙제를?
Were _____ + your _____?

15. 그녀는 마시고 있었니 / 물을?
_____ she _____ + water?

Hint
마시다 drink
춤추다 dance
숙제 homework

패턴 ① be동사+-ing

패턴 1 ~하고 있어

COMPLETE SENTENCES — 완성 문장 낭독 훈련

이번에는 완성 문장을 잘 듣고 10회 이상 낭독 훈련해 보세요.

① 그는 먹고 있어 / 아이스크림을.
He is eating / an ice cream.

② 나는 운전하고 있어 / 이 자동차를.
I am driving / this car.

③ 그가 부르고 있어 / 나의 노래를.
He is singing / my song.

④ 그들은 도와주고 있지 않아 / 나를.
They are not helping / me.

⑤ 그녀는 공부하고 있지 않아 / 영어를 / 지금.
She is not studying / English / now.

⑥ 비가 오고 있지 않아 / 지금은.
It is not raining / now.

⑦ 나는 달리고 있었어 / 그녀와 함께.
I was running / with her.

⑧ 나는 공부하고 있었어 / 프랑스어를.
I was studying / French.

⑨ 그녀는 마시고 있었어 / 커피를.
She was drinking / coffee.

⑩ 우리는 춤추고 있었어 / 그들과 함께.
We were dancing / with them.

⑪ 그녀는 공부하고 있니 / 한국어를?
Is she studying / Korean?

⑫ 너는 먹고 있니 / 치킨을?
Are you eating / chicken?

⑬ 너는 여전히 공부하고 있니 / 일본어를?
Are you still studying / Japanese?

⑭ 너는 하고 있었니 / 너의 숙제를?
Were you doing / your homework?

⑮ 그녀는 마시고 있었니 / 물을?
Was she drinking / water?

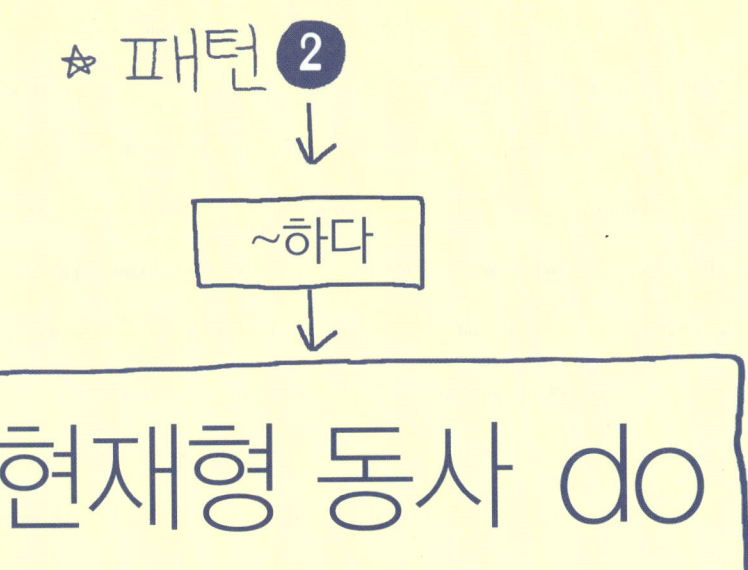

☆ 패턴 ❷ ~하다 현재형 동사 do

동사의 단순현재형은 '~하다'로 해석됩니다.
일반적인 사실, 주지의 사실, 습관적인 행동 등을 나타낼 때 사용하며,
해당 문장을 말하고 있는 현재 시점에 그 행동을 하고 있는지의 여부는 중요하지 않습니다.

예를 들어,
"나는 평소 안경을 써."라는 문장은 습관적인 주지의 사실이므로,
동사의 단순현재형을 써서 "I wear glasses."라고 표현합니다.

반면,
말하고 있는 바로 **그 순간에** 안경을 쓰고 있다며 **진행 중인 행동을 강조하고 싶다면,**
현재진행형을 써서 "I am wearing glasses."라고 표현해야 합니다.

또한 동사를 명령어로 사용하고 싶다면
동사의 단순현재형을 문장 맨 앞에 위치시키면 됩니다.

예를 들어,
"이것을 먹어!"라고 하려면
"Eat this!"라고 하면 됩니다.

패턴 2 ~하다

의미 단위 입 영작

의미 단위로 나뉘어져 있는 문장 마디를 보고 Hint 단어를 참고하여 입으로 영작하세요.
손으로 영작한 후 입으로 확인해도 좋습니다.

1. 나는 일해 + 준희와 함께.
I _____ + _____ Junhee.

2. 나는 달려 + 매일.
I _____ + every day.

3. 그녀는 공부해 + 한국어를.
She _____ + _____.

4. 우리는 좋아해 + 한국 음식을.
We _____ + _____ food.

5. 남자들은 좋아하지 않아 + 단 음식을.
_____ like + _____ food.

6. 그녀는 사랑하지 않아 + James를.
She _____ love + _____.

7. 나는 마시지 않아 + 콜라를.
I _____ + coke.

Hint
일하다 work
달리다 run
단 sweet

현재형 동사 do

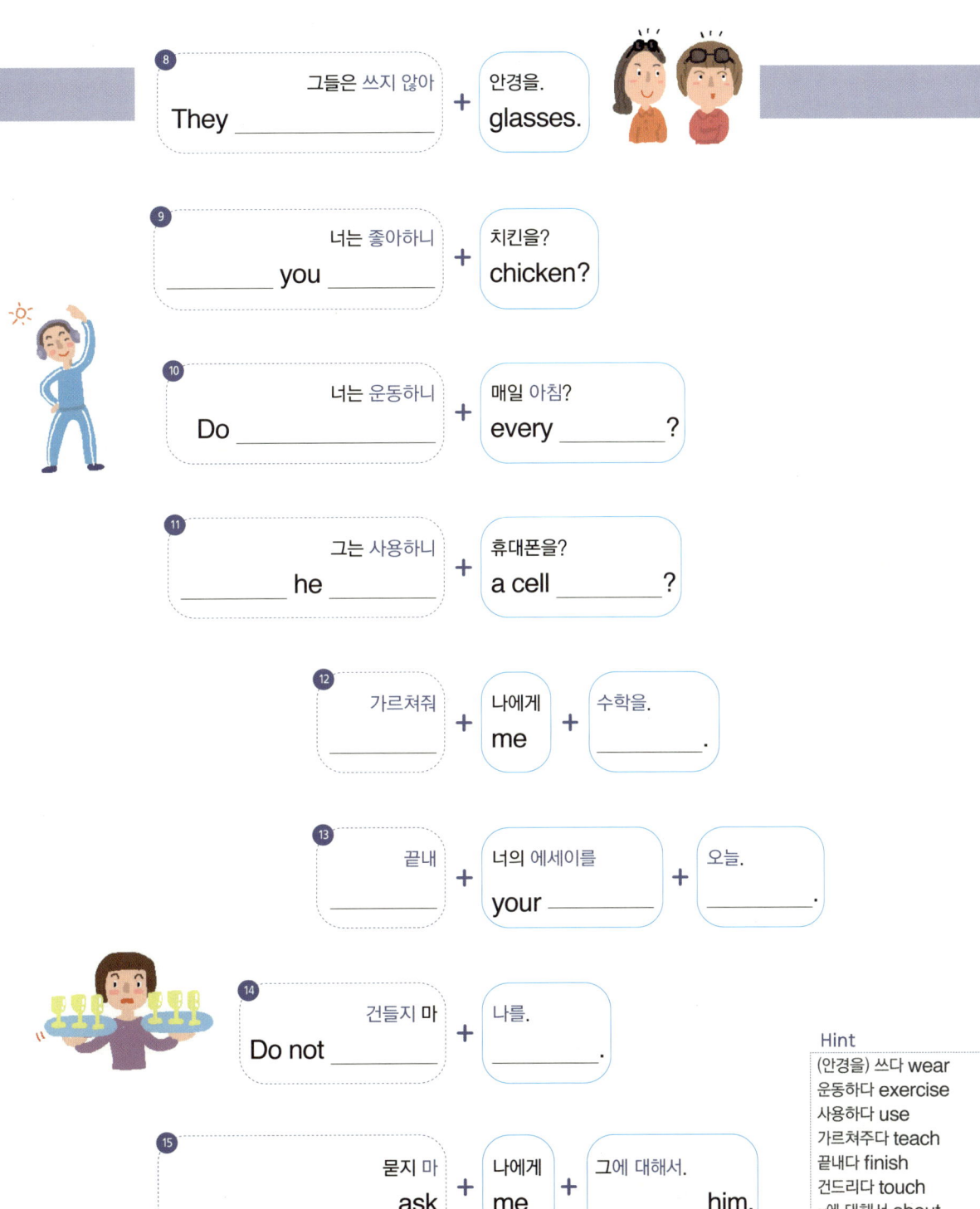

⑧ They _____ + 그들은 쓰지 않아 안경을. glasses.

⑨ _____ you _____ + 너는 좋아하니 치킨을? chicken?

⑩ Do _____ + 너는 운동하니 매일 아침? every _____?

⑪ _____ he _____ + 그는 사용하니 휴대폰을? a cell _____?

⑫ _____ + 가르쳐줘 나에게 me + 수학을. _____.

⑬ _____ + 끝내 너의 에세이를 your _____ + 오늘. _____.

⑭ Do not _____ + 건들지 마 나를. _____.

⑮ _____ ask + 묻지 마 나에게 me + 그에 대해서. _____ him.

Hint
(안경을) 쓰다 wear
운동하다 exercise
사용하다 use
가르쳐주다 teach
끝내다 finish
건드리다 touch
~에 대해서 about

패턴 ❷ 현재형 동사 do

★ 패턴 ❷ ~하다

COMPLETE SENTENCES — 완성 문장낭독 훈련

이번에는 완성 문장을 잘 듣고 10회 이상 낭독 훈련해 보세요.

❶ 나는 일해 / 준희와 함께.
I work / with Junhee.

❷ 나는 달려 / 매일.
I run / every day.

❸ 그녀는 공부해 / 한국어를.
She studies / Korean.

❹ 우리는 좋아해 / 한국 음식을.
We like / Korean food.

❺ 남자들은 좋아하지 않아 / 단 음식을.
Men do not like / sweet food.

❻ 그녀는 사랑하지 않아 / James를.
She does not love / James.

❼ 나는 마시지 않아 / 콜라를.
I do not drink / coke.

❽ 그들은 쓰지 않아 / 안경을.
They do not wear / glasses.

❾ 너는 좋아하니 / 치킨을?
Do you like / chicken?

❿ 너는 운동하니 / 매일 아침?
Do you exercise / every morning?

⓫ 그는 사용하니 / 휴대폰을?
Does he use / a cell phone?

⓬ 가르쳐줘 / 나에게 / 수학을.
Teach / me / math.

⓭ 끝내 / 너의 에세이를 / 오늘.
Finish / your essay / today.

⓮ 건들지 마 / 나를.
Do not touch / me.

⓯ 묻지 마 / 나에게 / 그에 대해서.
Do not ask / me / about him.

✯ 패턴 ❸
↓
~해오고 있어
↓

have been -ing

현재완료 진행형이라고 부르는 'have been + -ing'는
과거에서부터 현재까지 그 행동을 해왔다는 사실을 강조할 때 씁니다.

말하는 시점에도 계속 그 행동이 진행되고 있을 수도 있고
방금 그 행동을 마쳤을 수도 있지만,
핵심은 현재 당장의 시점에서 하고 있다는 것이 아니며
그러한 행동을 줄곧 해왔다는 것입니다.

예를 들어,
"당신을 줄곧 사랑해오고 있어."라고 하려면
"I have been loving you."라고 표현합니다.

"너는 이 아이스크림을 먹어오고 있었니?"라고 하려면
"Have you been eating this ice cream?"이라고 표현합니다.

패턴 ❸ ~해오고 있어

의미 단위 입 영작

의미 단위로 나뉘어져 있는 문장 마디를 보고 Hint 단어를 참고하여 입으로 영작하세요.
손으로 영작한 후 입으로 확인해도 좋습니다.

1. 나는 공부해오고 있어 / I have been _____ + 영어를 / English + 3년 동안. / for 3 years.

2. 민지는 일해오고 있어 / Minji _____ working + 이 회사를 위해서. / for this _____.

3. 나는 살아오고 있어 / I _____ + 한국에서 / in Korea + 10년 동안. / for _____.

4. 그녀는 운동해오고 있어 / She _____ been _____ + 세 시간 이상. / for more than _____.

5. 비가 내리고 있어 / It has _____ + 열흘 동안. / _____ 10 days.

6. 나는 사용해오고 있어 / I _____ been _____ + 이 컴퓨터를 / this _____ + 2년 동안. / _____ 2 years.

7. 나는 일해오고 있어 / I _____ been _____ + 그와 함께 / with _____ + 작년 이후로. / since last year.

Hint
일하다 work
운동하다 exercise
비가 오다 rain
컴퓨터 computer

have been -ing

8 나는 울어오고 있어 + 다섯 시간 동안.
I have _____   _____ 5 hours.

9 그녀는 마셔오고 있어 + 맥주를 + 세 시간 동안.
She _____ been _____   beer   _____ 3 _____.

10 그들은 거짓말을 해오고 있어 + 나에게.
_____ have _____   to _____.

11 나는 읽어오고 있어 + 이 책을 + 이 도서관에서.
I _____ reading   _____   in this _____.

12 너는 달려오고 있니 + 30분 동안?
Have _____ been _____   _____ 30 _____?

13 너는 일해 오고 있니 + 그를 위해 + 오랫동안?
_____ you been _____   _____ him   for a _____ time?

14 너는 기다려오고 있니 + 나를. + 여기서?
Have _____ been _____   for _____   _____?

Hint
울다 cry
거짓말하다 lie
기다리다 wait
작년 last year

15 그들은 공부해 오고 있니 + 한국어를 + 작년 이후로?
_____ they been _____   Korean   since _____?

패턴 **3** have been -ing

패턴 ③ ~해오고 있어

COMPLETE SENTENCES 완성 문장 낭독 훈련 이번에는 완성 문장을 잘 듣고 10회 이상 낭독 훈련해 보세요.

① 나는 공부해오고 있어 / 영어를 / 3년 동안.
I have been studying / English / for 3 years.

② 민지는 일해오고 있어 / 이 회사를 위해서.
Minji has been working / for this company.

③ 나는 살아오고 있어 / 한국에서 / 10년 동안.
I have been living / in Korea / for 10 years.

④ 그녀는 운동해오고 있어 / 세 시간 이상.
She has been exercising / for more than 3 hours.

⑤ 비가 내리고 있어 / 열흘 동안.
It has been raining / for 10 days.

⑥ 나는 사용해오고 있어 / 이 컴퓨터를 / 2년 동안.
I have been using / this computer / for 2 years.

⑦ 나는 일해오고 있어 / 그와 함께 / 작년 이후로.
I have been working / with him / since last year.

⑧ 나는 울어오고 있어 / 다섯 시간 동안.
I have been crying / for 5 hours.

⑨ 그녀는 마셔오고 있어 / 맥주를 / 세 시간 동안.
She has been drinking / beer / for 3 hours.

⑩ 그들은 거짓말을 해오고 있어 / 나에게.
They have been lying / to me.

⑪ 나는 읽어오고 있어 / 이 책을 / 이 도서관에서.
I have been reading / this book / in this library.

⑫ 너는 달려오고 있니 / 30분 동안?
Have you been running / for 30 minutes?

⑬ 너는 일해오고 있니 / 그를 위해 / 오랫동안?
Have you been working / for him / for a long time?

⑭ 너는 기다려오고 있니 / 나를 / 여기서?
Have you been waiting / for me / here?

⑮ 그들은 공부해오고 있니 / 한국어를 / 작년 이후로?
Have they been studying / Korean / since last year?

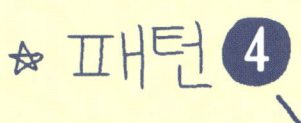

~해 본 적이 있어

have p.p.

현재완료 형태인 have p.p.는 과거에 겪은 일을 표현할 때 가장 많이 사용합니다.

have p.p.는 '과거부터 현재까지 ~해왔다'식으로 시제에 집중한 해석도 가능하지만,
이 Unit에서는 사용 빈도가 높은 '~해본 적이 있다'라는 '경험' 의 의미에만 집중하겠습니다.

예를 들어,
"나는 전에 누군가를 사랑해 본 적이 있어."라고 하려면
"I have loved someone before."라고 표현합니다.

반대로, '~해 본 적이 없다'라고 하려면 have 뒤에 not 혹은 never를 붙입니다.

예를 들어,
"나는 전에 미소를 지어본 적이 없어."라고 하려면
"I have not smiled before."라고 표현합니다.

마지막으로, 동사의 과거분사는 불규칙한 경우가 많으므로, 반드시 암기해 두는 것이 좋습니다.

Ex. give – given / teach – taught / run – run / show – shown 등

패턴 4 ~해 본 적이 있어

의미 단위 입 영작

의미 단위로 나뉘어져 있는 문장 마디를 보고 Hint 단어를 참고하여 입으로 영작하세요.
손으로 영작한 후 입으로 확인해도 좋습니다.

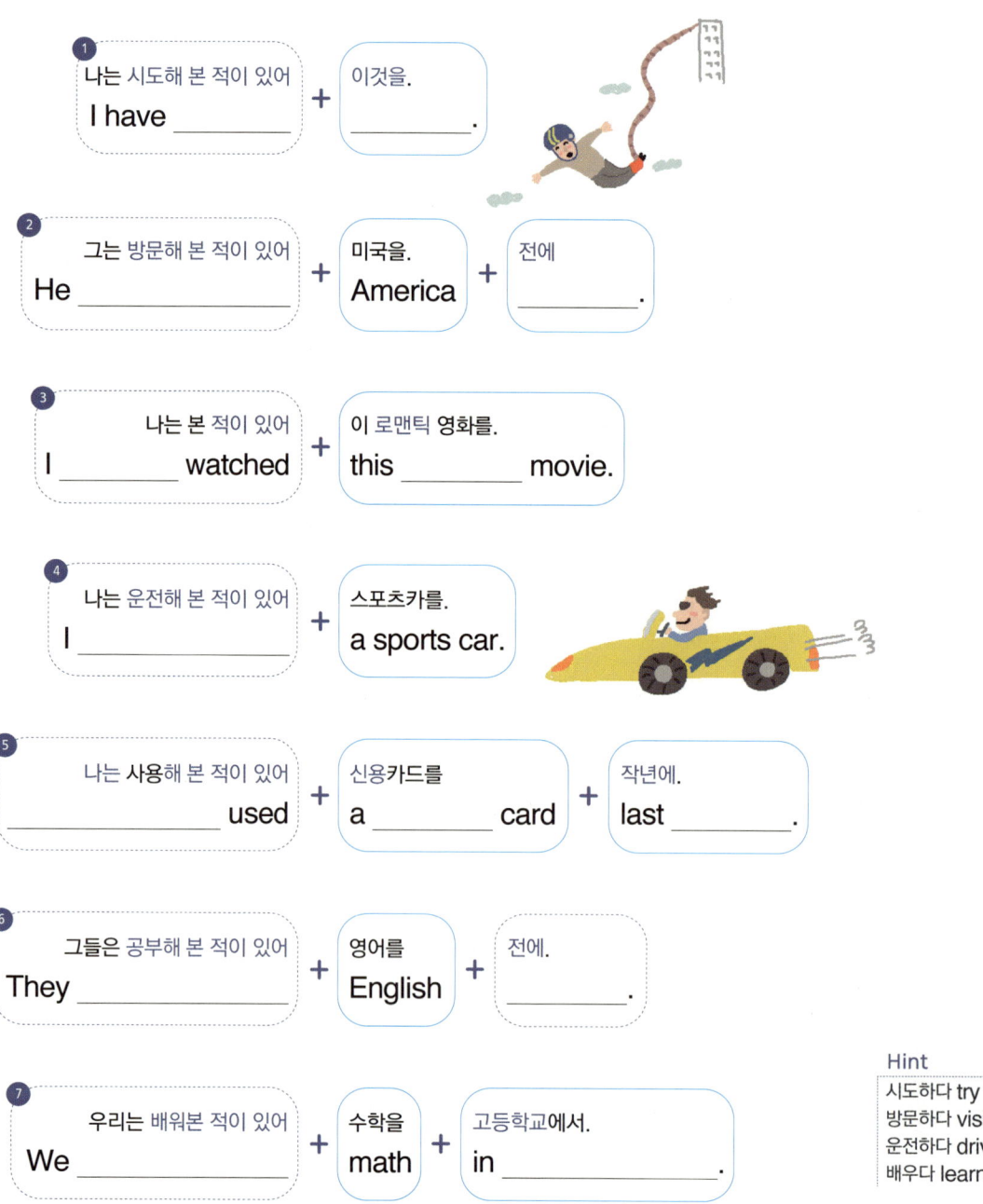

1. 나는 시도해 본 적이 있어 I have _____ + 이것을. _____.

2. 그는 방문해 본 적이 있어 He _____ + 미국을. America + 전에 _____.

3. 나는 본 적이 있어 I _____ watched + 이 로맨틱 영화를. this _____ movie.

4. 나는 운전해 본 적이 있어 I _____ + 스포츠카를. a sports car.

5. 나는 사용해 본 적이 있어 _____ used + 신용카드를 a _____ card + 작년에. last _____.

6. 그들은 공부해 본 적이 있어 They _____ + 영어를 English + 전에. _____.

7. 우리는 배워본 적이 있어 We _____ + 수학을 math + 고등학교에서. in _____.

Hint
시도하다 try
방문하다 visit
운전하다 drive
배우다 learn

have p.p.

8. 나는 시도해 본 적이 없어 + 이것을.
I have not _____ + _____ .

9. 나는 울어본 적이 없어 + 내 일생에.
I _____ not _____ + in my _____ .

10. 나는 사용해 본 적이 전혀 없어 + 컴퓨터를.
I _____ never _____ + a _____ .

11. 나는 요리해 본 적이 전혀 없어 + 내 일생에.
I _____ + in my life.

12. 너는 울어본 적이 있니 + 전에?
Have you _____ + before?

13. 너는 가져본 적이 있니 + 직업을 + 전에?
_____ you _____ + a job + _____ ?

14. 너는 방문해 본 적이 있니 + 한국을?
_____ you visited + _____ ?

15. 그녀는 불러본 적이 있니 + 이 노래를 + 전에?
_____ she _____ + this _____ + _____ ?

Hint
사용하다 use
요리하다 cook
노래 부르다 sing

패턴 ❹ have p.p.

패턴 4 ~해 본 적이 있어

COMPLETE SENTENCES 완성 문장낭독 훈련
이번에는 완성 문장을 잘 듣고 10회 이상 낭독 훈련해 보세요.

① 나는 시도해 본 적이 있어 / 이것을.
I have tried / this.

② 그는 방문해 본 적이 있어 / 미국을 / 전에.
He has visited / America / before.

③ 나는 본 적이 있어 / 이 로맨틱 영화를.
I have watched / this romantic movie.

④ 나는 운전해 본 적이 있어 / 스포츠카를.
I have driven / a sports car.

⑤ 나는 사용해 본 적이 있어 / 신용카드를 / 작년에.
I have used / a credit card / last year.

⑥ 그들은 공부해 본 적이 있어 / 영어를 / 전에.
They have studied / English / before.

⑦ 우리는 배워본 적이 있어 / 수학을 / 고등학교에서.
We have learned / math / in high school.

⑧ 나는 시도해 본 적이 없어 / 이것을.
I have not tried / this.

⑨ 나는 울어본 적이 없어 / 내 일생에.
I have not cried / in my life.

⑩ 나는 사용해 본 적이 전혀 없어 / 컴퓨터를.
I have never used / a computer.

⑪ 나는 요리해 본 적이 전혀 없어 / 내 일생에.
I have never cooked / in my life.

⑫ 너는 울어본 적이 있니 / 전에?
Have you cried / before?

⑬ 너는 가져본 적이 있니 / 직업을 / 전에?
Have you had / a job / before?

⑭ 너는 방문해 본 적이 있니 / 한국을?
Have you visited / Korea?

⑮ 그녀는 불러본 적이 있니 / 이 노래를 / 전에?
Has she sung / this song / before?

✱ 패턴 ❺ ~하려고 했어

was/were going to

was/were going to는 '과거에 ~하려고 했다'라고 해석이 되며,
'실제로는 안 했다/못 했다'라는 느낌을 담고 있습니다.

예를 들어,
그녀에게 전화하려고 했으나 실제로는 하지 않았을 때는
"I was going to call her."라고 표현합니다.

반대로, **부정문에서는 '~ 안 하려고 했다'라고 해석**이 되며,
'실제로는 했다'라는 느낌을 담고 있습니다.

예를 들어,
그녀에게 전화 안 하려고 했으나 실제로는 했을 때는
"I was not going to call her."라고 표현합니다.

참고로, 구어에서는 going to 대신 gonna[고너]라고 발음하는 경우가 많으므로,
함께 연습해 두면 좋습니다.

패턴 5 ~하려고 했어

의미 단위 입 영작
의미 단위로 나뉘어져 있는 문장 마디를 보고 Hint 단어를 참고하여 입으로 영작하세요.
손으로 영작한 후 입으로 확인해도 좋습니다.

1. 나는 가려고 했어 / 거기에.
I was going to _____ + there.

2. 나는 하려고 했어 / 나의 숙제를.
I _____ to do + my _____.

3. 나는 물어보려고 했어 / 같은 질문을.
I _____ ask + the _____ question.

4. 그는 고소하려고 했어 / 그들을.
He _____ sue + _____.

5. 그녀는 보려고 했어 / 그 시험을
She _____ going to _____ + the test.

6. 그들은 방문하려고 했어 / 한국을 / 작년에.
They _____ going to _____ + Korea + last _____.

7. 나는 도와주려고 했어 / 너를 / 어제.
I _____ to _____ + you + _____.

Hint
숙제 homework
고소하다 sue
방문하다 visit
도와주다 help

was / were going to

8 나는 전화하려 하지 않았어
I was not going to _____ + 그녀에게.
her.

9 나는 입으려 하지 않았어
I _____ going to _____ + 이 스커트를
this _____ + 어제.
yesterday.

10 그는 오려 하지 않았어
He was not going to _____ + 이 파티에
to this _____ + 오늘.
_____.

11 그들은 이사하려 하지 않았어
They _____ not going to _____ + 미국으로.
_____ America.

12 너는 오려고 했니
_____ you _____ to come + 내 파티에?
to _____?

13 그는 담배를 피우려고 했니
_____ he going to _____ + 이 빌딩 안에서?
in this _____?

14 그녀는 포기하려고 했니
Was _____ going to _____ up + 모든 것을?
_____?

15 Dean은 이사하려고 했니
_____ Dean _____ to _____ + 미국으로
_____ America + 작년에?
_____?

Hint
전화하다 call
입다 wear
이사하다 move
담배를 피우다 smoke
포기하다 give up
이사하다 move

패턴 5 ~하려고 했어

COMPLETE SENTENCES 완성 문장 낭독 훈련 이번에는 완성 문장을 잘 듣고 10회 이상 낭독 훈련해 보세요.

① 나는 가려고 했어 / 거기에.
I was going to go / there.

② 나는 하려고 했어 / 나의 숙제를.
I was going to do / my homework.

③ 나는 물어보려고 했어 / 같은 질문을.
I was going to ask / the same question.

④ 그는 고소하려고 했어 / 그들을.
He was going to sue / them.

⑤ 그녀는 보려고 했어 / 그 시험을.
She was going to take / the test.

⑥ 그들은 방문하려고 했어 / 한국을 / 작년에.
They were going to visit / Korea / last year.

⑦ 나는 도와주려고 했어 / 너를 / 어제.
I was going to help / you / yesterday.

⑧ 나는 전화하려 하지 않았어 / 그녀에게.
I was not going to call / her.

⑨ 나는 입으려 하지 않았어 / 이 스커트를 / 어제.
I was not going to wear / this skirt / yesterday.

⑩ 그는 오려 하지 않았어 / 이 파티에 / 오늘.
He was not going to come / to this party / today.

⑪ 그들은 이사하려 하지 않았어 / 미국으로.
They were not going to move / to America.

⑫ 너는 오려고 했니 / 내 파티에?
Were you going to come / to my party?

⑬ 그는 담배를 피우려고 했니 / 이 빌딩 안에서?
Was he going to smoke / in this building?

⑭ 그녀는 포기하려고 했니 / 모든 것을?
Was she going to give up / everything?

⑮ Dean은 이사하려고 했니 / 미국으로 / 작년에?
Was Dean going to move / to America / last year?

☆ 패턴 ❻

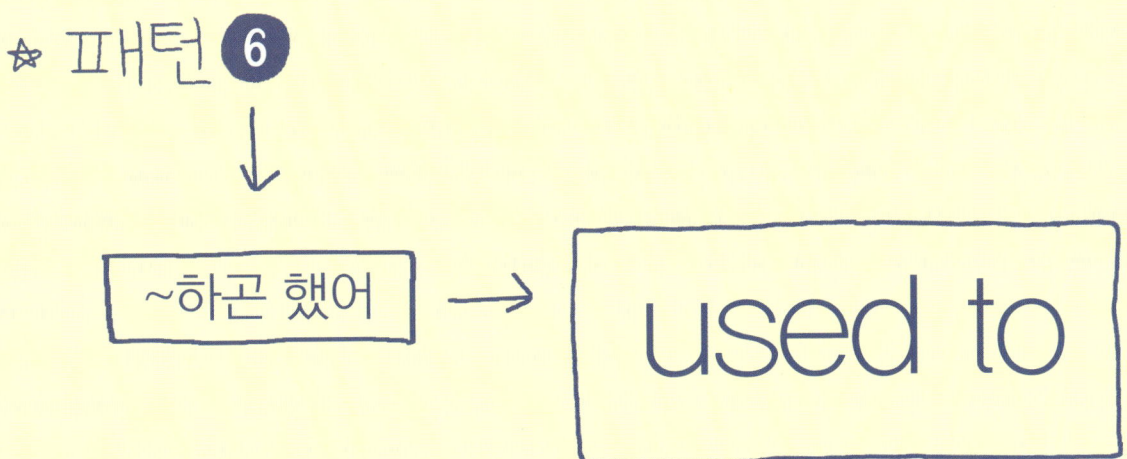

~하곤 했어 → used to

used to 뒤에 동사원형이 붙으면 '~하곤 했다'라고 해석이 됩니다.
'과거에는 규칙적으로 했었으나 현재는 그렇지 않다'는 것을 강조합니다.
시제는 항상 과거인 used to로 정해져 있습니다.

예를 들어,
"나는 그녀를 좋아하곤 했어."라고 하려면
"I used to like her."라고 말하면 됩니다.

의문문에서는 did가 문장 앞에 붙으며, 그럴 경우 동사는 동사원형인 use to를 씁니다.

예를 들어,
"너는 영어를 공부하곤 했니?"라고 하려면
"Did you use to study English?"라고 표현합니다.

'be used to -ing = ~하는 것에 익숙하다'라는 표현과 헷갈리기 쉬운 표현이므로,
많은 손 영작과 입 영작을 필요로 합니다.

패턴 6 ~하곤 했어

의미 단위 입 영작

의미 단위로 나뉘어져 있는 문장 마디를 보고 Hint 단어를 참고하여 입으로 영작하세요.
손으로 영작한 후 입으로 확인해도 좋습니다.

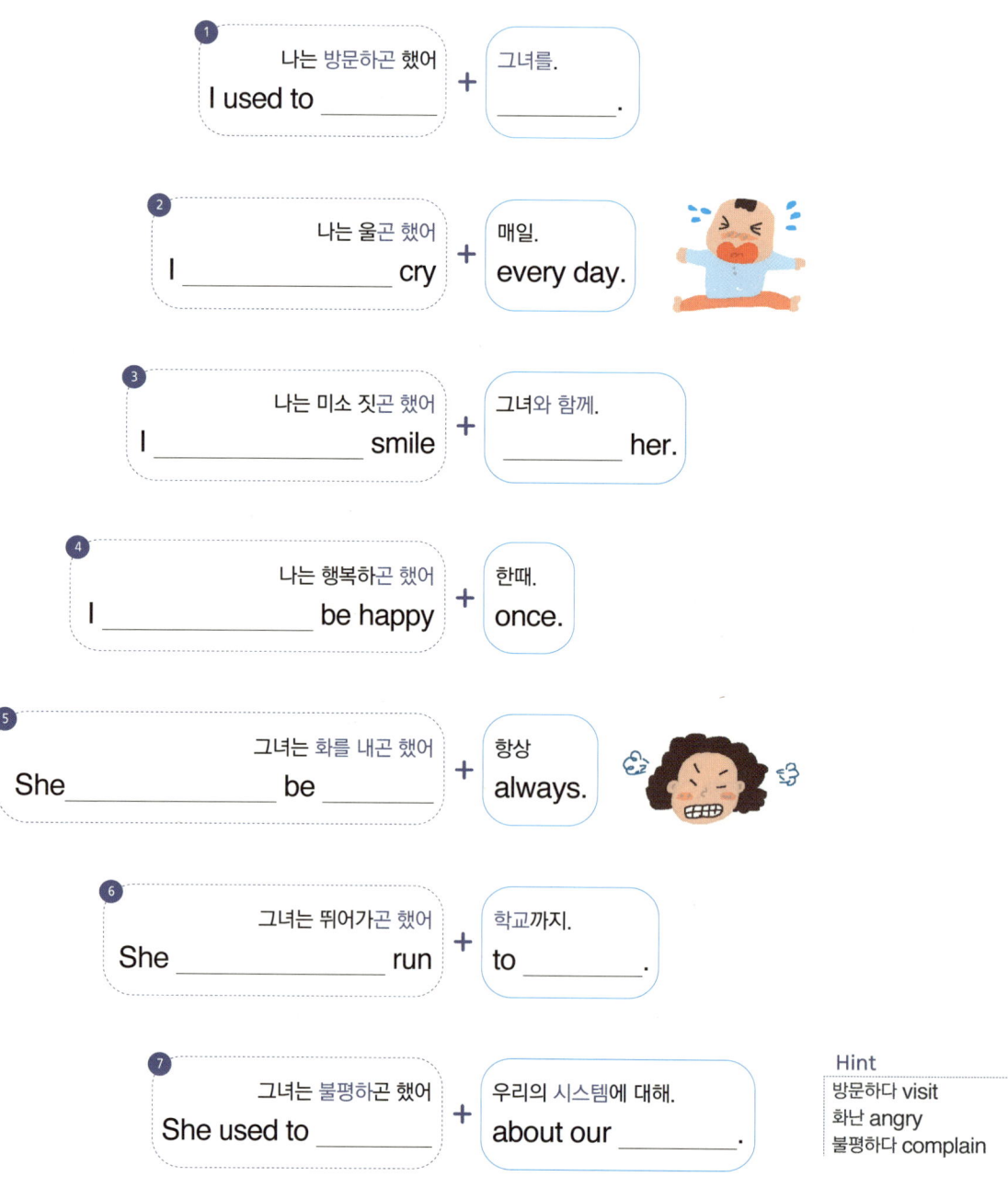

1. 나는 방문하곤 했어 + 그녀를.
   I used to _____ + _____.

2. 나는 울곤 했어 + 매일.
   I _____ cry + every day.

3. 나는 미소 짓곤 했어 + 그녀와 함께.
   I _____ smile + _____ her.

4. 나는 행복하곤 했어 + 한때.
   I _____ be happy + once.

5. 그녀는 화를 내곤 했어 + 항상.
   She _____ be _____ + always.

6. 그녀는 뛰어가곤 했어 + 학교까지.
   She _____ run + to _____.

7. 그녀는 불평하곤 했어 + 우리의 시스템에 대해.
   She used to _____ + about our _____.

Hint
방문하다 visit
화난 angry
불평하다 complain

used to

8 나는 게으르곤 했어
I _____ be lazy + 전에.
_____ .

9 그들은 춤추곤 했어
They _____ + 함께.
together.

10 우리는 공부하곤 했어
We _____ + 영어를
English + 함께.
_____ .

11 나는 운전하곤 했어
I used to _____ + 비싼 차들을.
_____ cars.

12 넌 운동하곤 했니?
Did you use to _____ ?

13 그녀는 걷곤 했니
_____ she _____ walk + 너와 함께
_____ you?

14 그들은 부르곤 했니
_____ they _____ sing + 이 노래를?
this _____ ?

Hint
운전하다 drive
비싼 expensive
운동하다 exercise
똑똑한 smart
아이 child

15 넌 똑똑하곤 했니
_____ you _____ be _____ + 네가 아이였을 때?
when you were a _____ ?

패턴 **6** used to

패턴 6 ~하곤 했어

COMPLETE SENTENCES 완성 문장낭독 훈련 이번에는 완성 문장을 잘 듣고 10회 이상 낭독 훈련해 보세요.

① 나는 방문하곤 했어 / 그녀를.
I used to visit / her.

② 나는 울곤 했어 / 매일.
I used to cry / every day.

③ 나는 미소 짓곤 했어 / 그녀와 함께.
I used to smile / with her.

④ 나는 행복하곤 했어 / 한때.
I used to be happy / once.

⑤ 그녀는 화를 내곤 했어 / 항상.
She used to be angry / always.

⑥ 그녀는 뛰어가곤 했어 / 학교까지.
She used to run / to school.

⑦ 그녀는 불평하곤 했어 / 우리의 시스템에 대해.
She used to complain / about our system.

⑧ 나는 게으르곤 했어 / 전에.
I used to be lazy / before.

⑨ 그들은 춤추곤 했어 / 함께.
They used to dance / together.

⑩ 우리는 공부하곤 했어 / 영어를 / 함께.
We used to study / English / together.

⑪ 나는 운전하곤 했어 / 비싼 차들을.
I used to drive / expensive cars.

⑫ 넌 운동하곤 했니?
Did you use to exercise?

⑬ 그녀는 걷곤 했니 / 너와 함께?
Did she use to walk / with you?

⑭ 그들은 부르곤 했니 / 이 노래를?
Did they use to sing / this song?

⑮ 넌 똑똑하곤 했니 / 네가 아이였을 때?
Did you use to be smart / when you were a child?

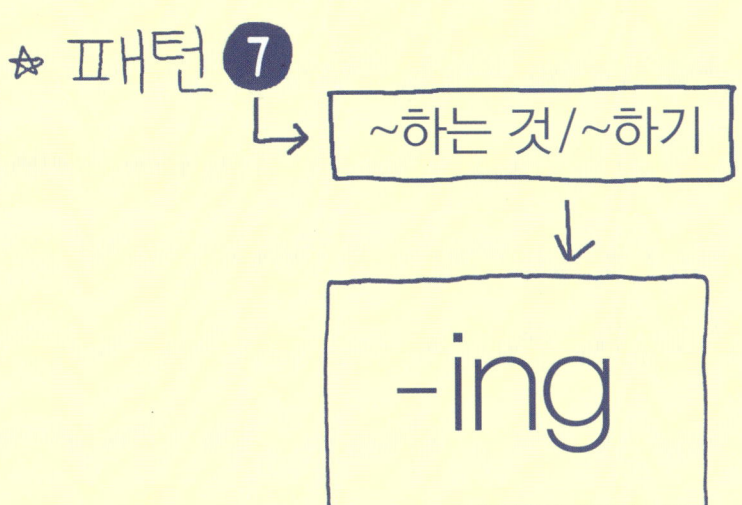

★ 패턴 7 — ~하는 것/~하기 → -ing

-ing는 '~하는 것 / ~하기'로 해석이 되며,
주어로도 혹은 목적어로도 사용이 가능합니다.

예를 들어,
'eat = 먹다'는 'eating = 먹는 것 / 먹기',
'love = 사랑하다'는 'loving = 사랑하는 것 / 사랑하기',
'smile = 미소 짓다'는 'smiling = 미소 짓는 것 / 미소 짓기',
등으로 바꿀 수 있습니다.

'사랑하는 것 = loving'을 주어로 써서
"사랑하는 것은 아름다운 것이야."라고 하려면
"Loving is a beautiful thing."이라고 표현합니다.

'먹는 것 = eating'을 목적어로 써서
"나는 먹는 것을 좋아해."라고 하려면
"I like eating."이라고 표현합니다.

★ 패턴 7 ~하는 것/~하기

의미 단위 입 영작
의미 단위로 나뉘어져 있는 문장 마디를 보고 Hint 단어를 참고하여 입으로 영작하세요.
손으로 영작한 후 입으로 확인해도 좋습니다.

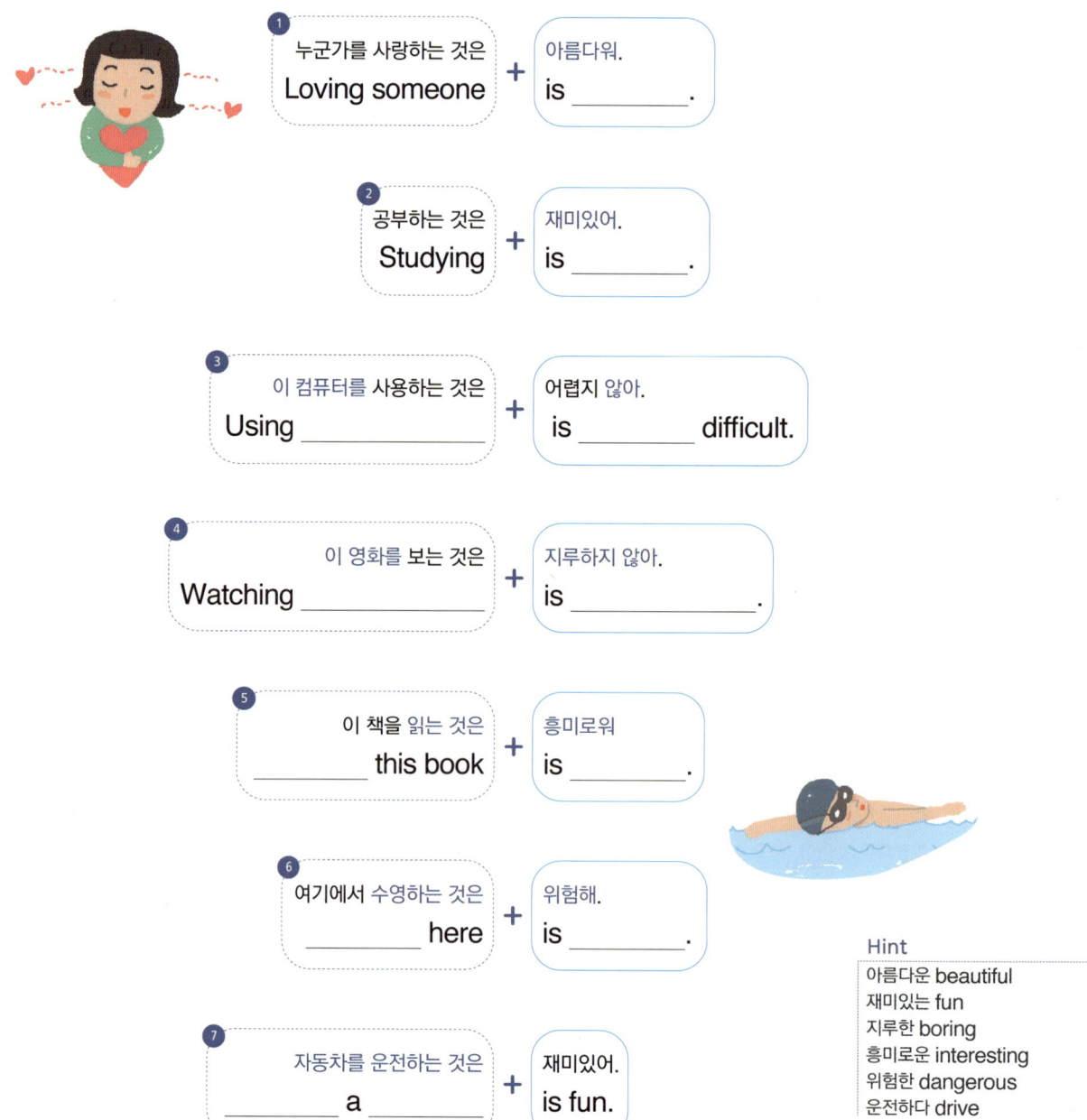

1. 누군가를 사랑하는 것은 / Loving someone + 아름다워. / is _____.

2. 공부하는 것은 / Studying + 재미있어. / is _____.

3. 이 컴퓨터를 사용하는 것은 / Using _____ + 어렵지 않아. / is _____ difficult.

4. 이 영화를 보는 것은 / Watching _____ + 지루하지 않아. / is _____.

5. 이 책을 읽는 것은 / _____ this book + 흥미로워. / is _____.

6. 여기에서 수영하는 것은 / _____ here + 위험해. / is _____.

7. 자동차를 운전하는 것은 / _____ a _____ + 재미있어. / is fun.

Hint
아름다운 beautiful
재미있는 fun
지루한 boring
흥미로운 interesting
위험한 dangerous
운전하다 drive

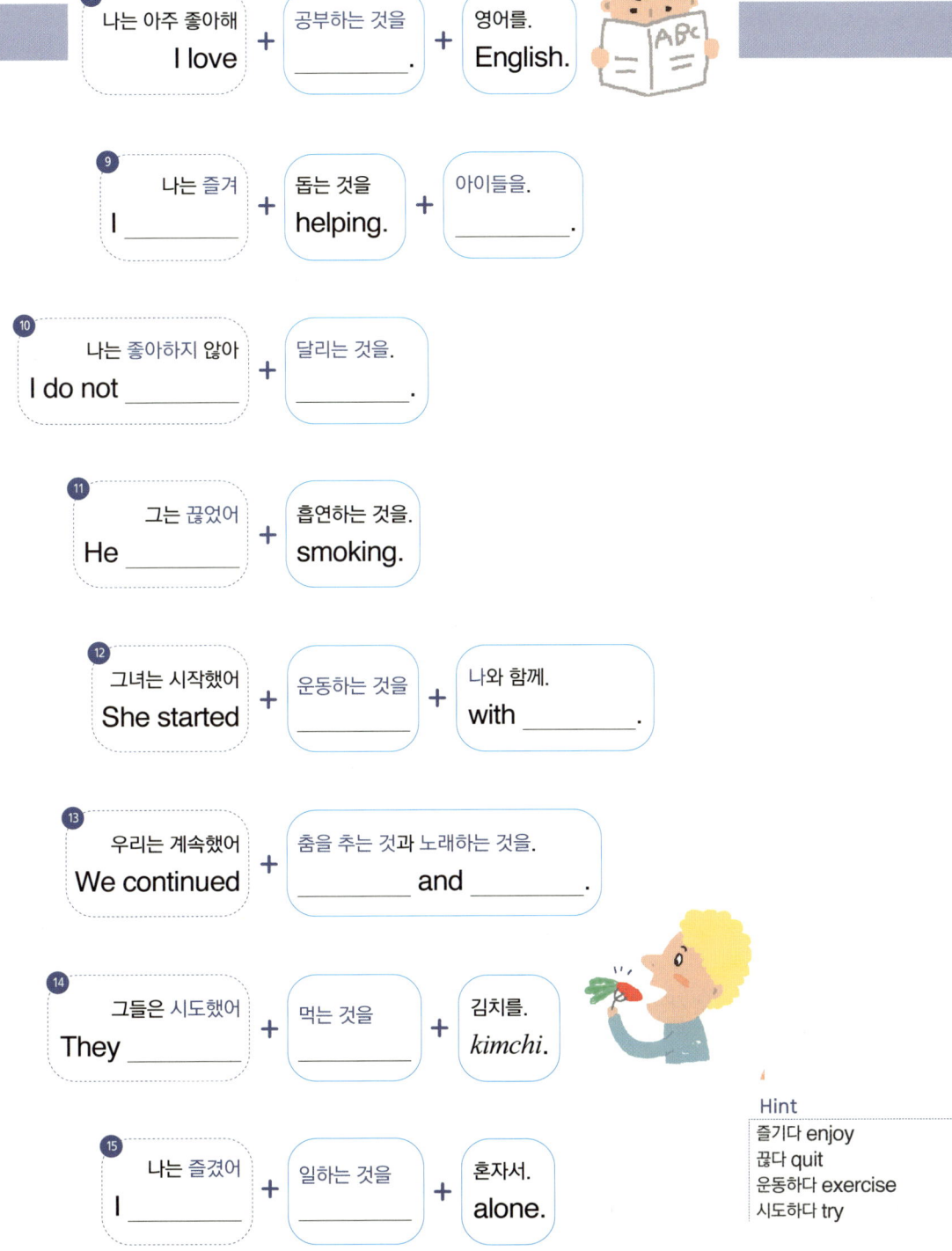

⑧ 나는 아주 좋아해 + 공부하는 것을 + 영어를.
I love _____. English.

⑨ 나는 즐겨 + 돕는 것을 + 아이들을.
I _____ helping. _____.

⑩ 나는 좋아하지 않아 + 달리는 것을.
I do not _____ _____.

⑪ 그는 끊었어 + 흡연하는 것을.
He _____ smoking.

⑫ 그녀는 시작했어 + 운동하는 것을 + 나와 함께.
She started _____ with _____.

⑬ 우리는 계속했어 + 춤을 추는 것과 노래하는 것을.
We continued _____ and _____.

⑭ 그들은 시도했어 + 먹는 것을 + 김치를.
They _____ _____ *kimchi*.

⑮ 나는 즐겼어 + 일하는 것을 + 혼자서.
I _____ _____ alone.

Hint
즐기다 enjoy
끊다 quit
운동하다 exercise
시도하다 try

패턴 ❼ -ing 45

패턴 7 ~하는 것/~하기

COMPLETE SENTENCES 완성 문장낭독 훈련 이번에는 완성 문장을 잘 듣고 10회 이상 낭독 훈련해 보세요.

① 누군가를 사랑하는 것은 / 아름다워.
Loving someone / is beautiful.

② 공부하는 것은 / 재미있어.
Studying / is fun.

③ 이 컴퓨터를 사용하는 것은 / 어렵지 않아.
Using this computer / is not difficult.

④ 이 영화를 보는 것은 / 지루하지 않아.
Watching this movie / is not boring.

⑤ 이 책을 읽는 것은 / 흥미로워.
Reading this book / is interesting.

⑥ 여기에서 수영하는 것은 / 위험해.
Swimming here / is dangerous.

⑦ 자동차를 운전하는 것은 / 재미있어.
Driving a car / is fun.

⑧ 나는 아주 좋아해 / 공부하는 것을 / 영어를.
I love / studying / English.

⑨ 나는 즐겨 / 돕는 것을 / 아이들을.
I enjoy / helping / children.

⑩ 나는 좋아하지 않아 / 달리는 것을.
I do not like / running.

⑪ 그는 끊었어 / 흡연하는 것을.
He quit / smoking.

⑫ 그녀는 시작했어 / 운동하는 것을 / 나와 함께.
She started / exercising / with me.

⑬ 우리는 계속했어 / 춤을 추는 것과 노래하는 것을.
We continued / dancing and singing.

⑭ 그들은 시도했어 / 먹는 것을 / 김치를.
They tried / eating / *kimchi*.

⑮ 나는 즐겼어 / 일하는 것을 / 혼자서.
I enjoyed / working / alone.

패턴 ❽

~하기 위해/~하도록

↓

to + 동사원형

to 뒤에 동사원형이 오는 것을 흔히 '**to부정사**'라고 부르며,
'**~하기 위해 / ~하도록**'으로 가장 많이 해석됩니다.

예를 들어,

"나는 그를 돕기 위해 일찍 일어났어."라고 하려면

"I woke up early to help him."이라고 표현합니다.

또한 의문문 형태로

"너는 그녀를 보려고 여기 왔니?"라고 하려면

"Are you here to see her?"라고 표현합니다.

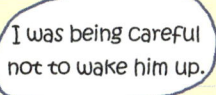

반대로, '**~하지 않기 위해 / ~하지 않도록**'이라고 하려면
to 앞에 **not**을 넣습니다.

예를 들어,

"나는 그를 깨우지 않기 위해 조심했어."라고 하려면

"I was being careful not to wake him up."이라고 표현합니다.

패턴 8 ~하기 위해/~하도록

의미 단위 입 영작

의미 단위로 나뉘어져 있는 문장 마디를 보고 Hint 단어를 참고하여 입으로 영작하세요.
손으로 영작한 후 입으로 확인해도 좋습니다.

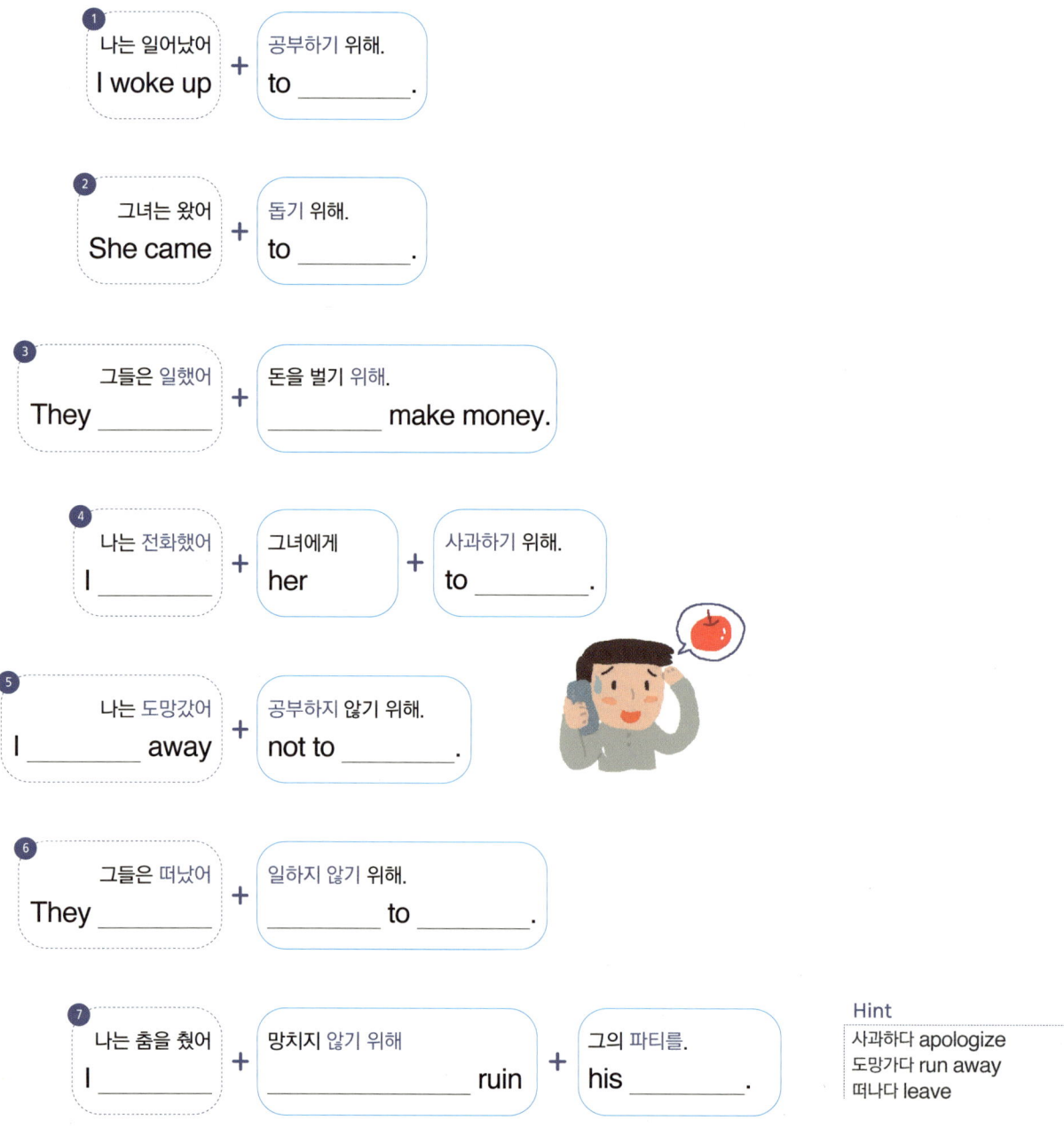

1. 나는 일어났어 I woke up + 공부하기 위해. to _____.

2. 그녀는 왔어 She came + 돕기 위해. to _____.

3. 그들은 일했어 They _____ + 돈을 벌기 위해. _____ make money.

4. 나는 전화했어 I _____ + 그녀에게 her + 사과하기 위해. to _____.

5. 나는 도망갔어 I _____ away + 공부하지 않기 위해. not to _____.

6. 그들은 떠났어 They _____ + 일하지 않기 위해. _____ to _____.

7. 나는 춤을 췄어 I _____ + 망치지 않기 위해 _____ ruin + 그의 파티를. his _____.

Hint
사과하다 apologize
도망가다 run away
떠나다 leave

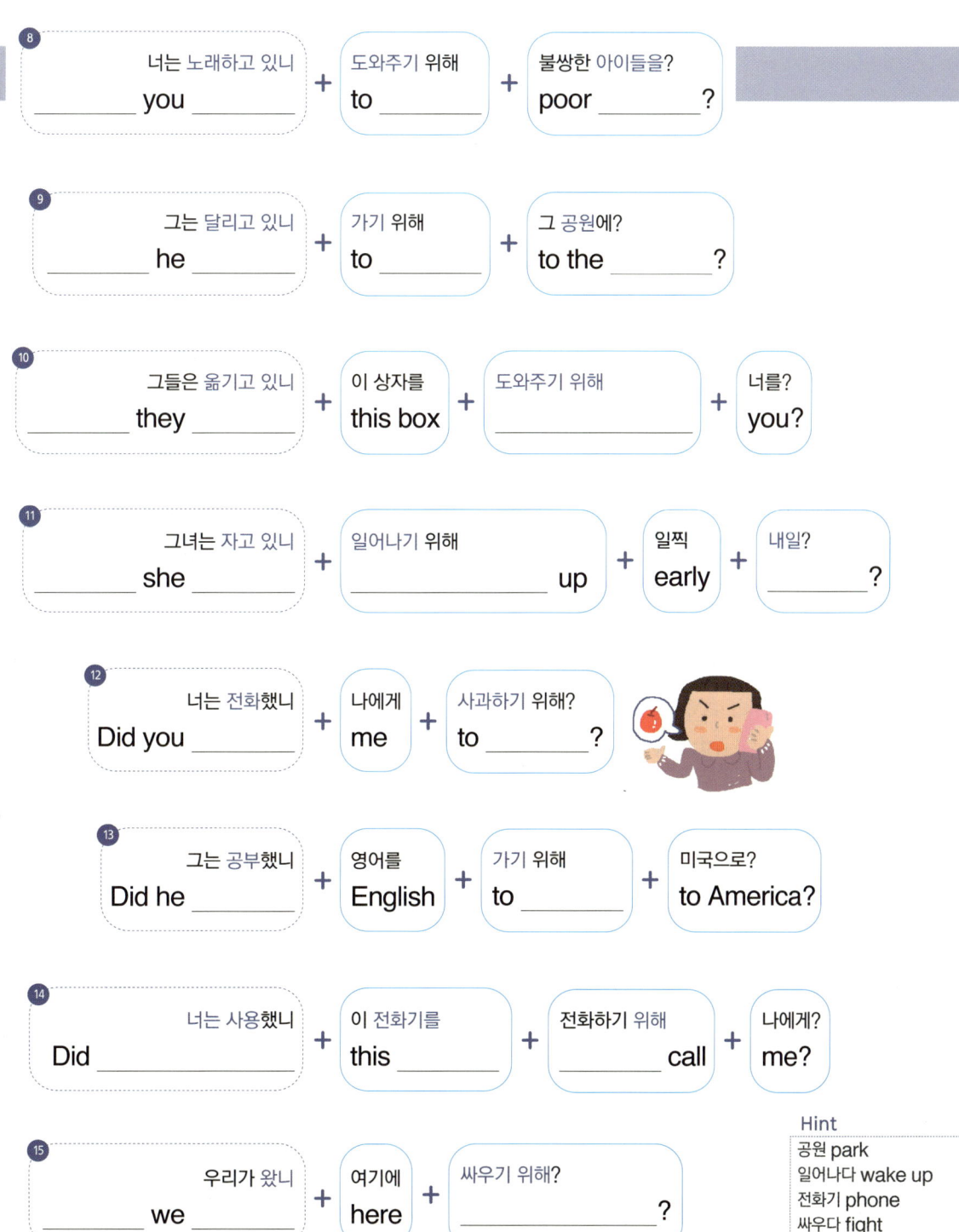

패턴 8 ~하기 위해/~하도록

COMPLETE SENTENCES 완성 문장낭독 훈련 이번에는 완성 문장을 잘 듣고 10회 이상 낭독 훈련해 보세요.

① 나는 일어났어 / 공부하기 위해.
I woke up / to study.

② 그녀는 왔어 / 돕기 위해.
She came / to help.

③ 그들은 일했어 / 돈을 벌기 위해.
They worked / to make money.

④ 나는 전화했어 / 그녀에게 / 사과하기 위해.
I called / her / to apologize.

⑤ 나는 도망갔어 / 공부하지 않기 위해.
I ran away / not to study.

⑥ 그들은 떠났어 / 일하지 않기 위해.
They left / not to work.

⑦ 나는 춤을 췄어 / 망치지 않기 위해 / 그의 파티를.
I danced / not to ruin / his party.

⑧ 너는 노래하고 있니 / 도와주기 위해 / 불쌍한 아이들을?
Are you singing / to help / poor children?

⑨ 그는 달리고 있니 / 가기 위해 / 그 공원에?
Is he running / to go / to the park?

⑩ 그들은 옮기고 있니 / 이 상자를 / 도와주기 위해 / 너를?
Are they moving / this box / to help / you?

⑪ 그녀는 자고 있니 / 일어나기 위해 / 일찍 / 내일?
Is she sleeping / to wake up / early / tomorrow?

⑫ 너는 전화했니 / 나에게 / 사과하기 위해?
Did you call / me / to apologize?

⑬ 그는 공부했니 / 영어를 / 가기 위해 / 미국으로?
Did he study / English / to go / to America?

⑭ 너는 사용했니 / 이 전화기를 / 전화하기 위해 / 나에게?
Did you use / this phone / to call / me?

⑮ 우리가 왔니 / 여기에 / 싸우기 위해?
Did we come / here / to fight?

★ 패턴 ❾ ~해 보여 → look + 형용사

동사 look 뒤에 형용사가 오면
'~해 보이다'로 해석하면 됩니다.
주의해야 할 점은 'look like +형용사'와 같이 말하지는 **않는다**는 것입니다.

예를 들어,
"너 요즘 행복해 보여."라고 하려면
"You look happy these days."라고 표현합니다.
"You look like happy these days."는 틀린 표현입니다.

'look like'가 쓰이는 경우는
뒤에 절 혹은 명사가 동반될 경우이므로 혼동해서는 안 됩니다.
흔히 저지르는 실수이므로 주의해야 합니다.

You look happy these days.

패턴 9 ~해 보여

의미단위 입 영작
의미 단위로 나뉘어져 있는 문장 마디를 보고 Hint 단어를 참고하여 입으로 영작하세요.
손으로 영작한 후 입으로 확인해도 좋습니다.

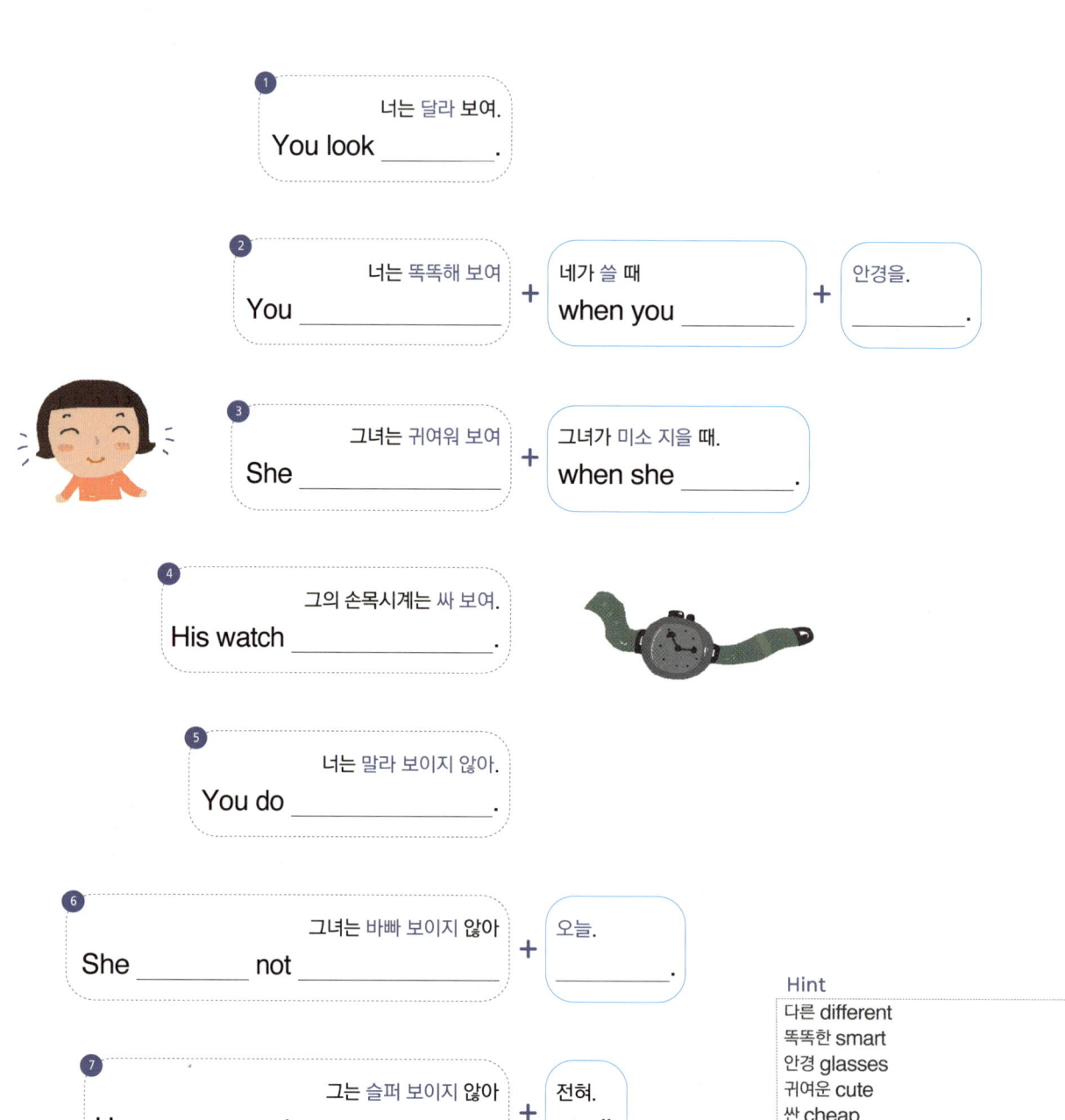

1. 너는 달라 보여.
You look _____.

2. 너는 똑똑해 보여 + 네가 쓸 때 + 안경을.
You _____ + when you _____ + _____.

3. 그녀는 귀여워 보여 + 그녀가 미소 지을 때.
She _____ + when she _____.

4. 그의 손목시계는 싸 보여.
His watch _____.

5. 너는 말라 보이지 않아.
You do _____.

6. 그녀는 바빠 보이지 않아 + 오늘.
She _____ not _____ + _____.

7. 그는 슬퍼 보이지 않아 + 전혀.
He _____ not _____ + at all.

Hint
다른 different
똑똑한 smart
안경 glasses
귀여운 cute
싼 cheap
마른 skinny
바쁜 busy

look + 형용사

⑧ 그는 흥분되어 보였어
He looked _____ + 어제.
_____ .

⑨ 너는 행복해 보였어
You _____ + 네가 받았을 때
when you _____ + 이 편지를.
this _____ .

⑩ 그녀는 아름다워 보였어
She _____ + 그 사진에서.
in the _____ .

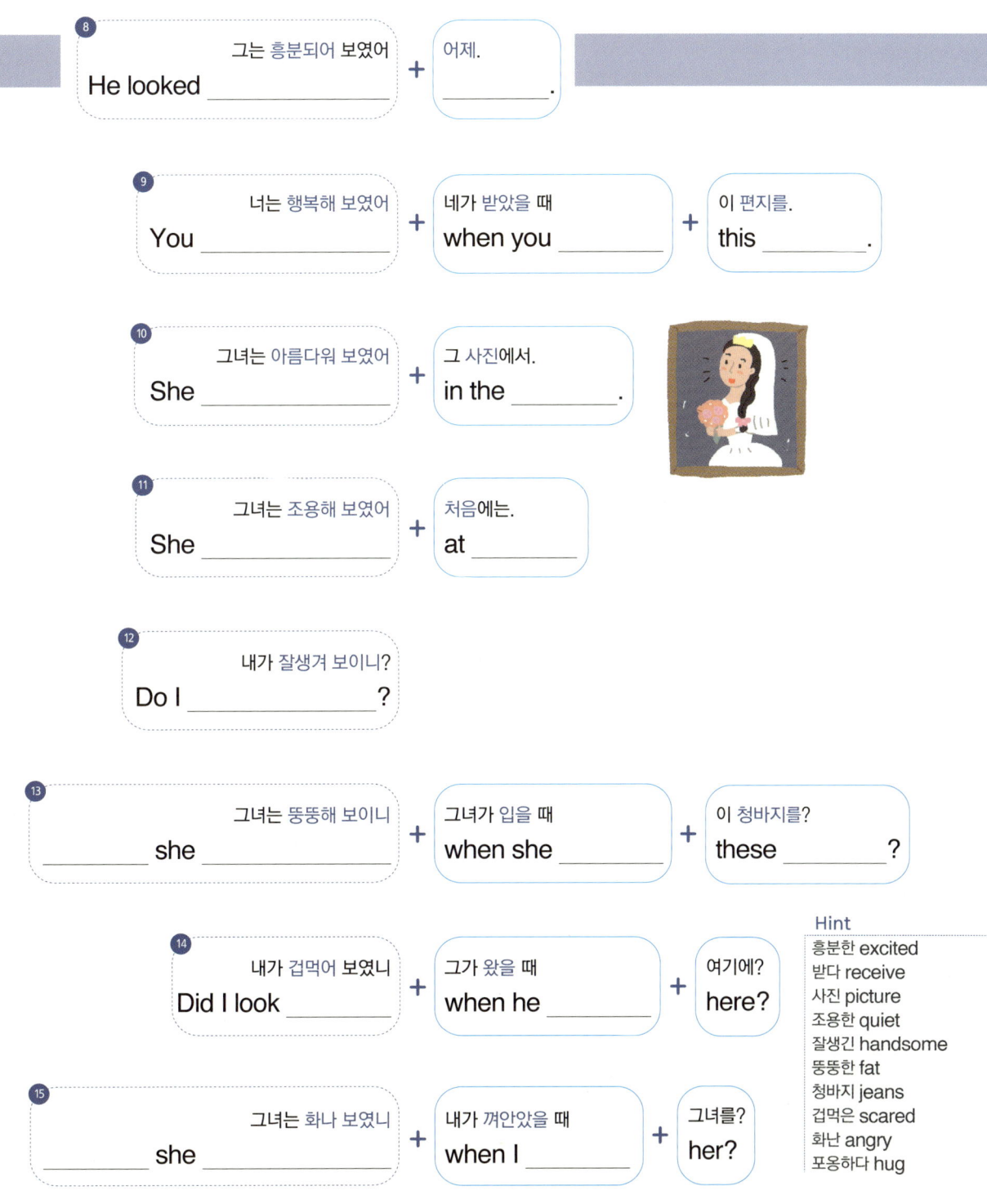

⑪ 그녀는 조용해 보였어
She _____ + 처음에는.
at _____

⑫ 내가 잘생겨 보이니?
Do I _____ ?

⑬ _____ she _____ 그녀는 뚱뚱해 보이니 + 그녀가 입을 때
when she _____ + 이 청바지를?
these _____ ?

⑭ 내가 겁먹어 보였니
Did I look _____ + 그가 왔을 때
when he _____ + 여기에?
here?

⑮ _____ she _____ 그녀는 화나 보였니 + 내가 껴안을 때
when I _____ + 그녀를?
her?

Hint
흥분한 excited
받다 receive
사진 picture
조용한 quiet
잘생긴 handsome
뚱뚱한 fat
청바지 jeans
겁먹은 scared
화난 angry
포옹하다 hug

패턴 9 ~해 보여

COMPLETE SENTENCES 완성 문장 낭독 훈련 — 이번에는 완성 문장을 잘 듣고 10회 이상 낭독 훈련해 보세요.

① 너는 달라 보여.
You look different.

② 너는 똑똑해 보여 / 네가 쓸 때 / 안경을.
You look smart / when you wear / glasses.

③ 그녀는 귀여워 보여 / 그녀가 미소 지을 때.
She looks cute / when she smiles.

④ 그의 손목시계는 싸 보여.
His watch looks cheap.

⑤ 너는 말라 보이지 않아.
You do not look skinny.

⑥ 그녀는 바빠 보이지 않아 / 오늘.
She does not look busy / today.

⑦ 그는 슬퍼 보이지 않아 / 전혀.
He does not look sad / at all.

⑧ 그는 흥분되어 보였어 / 어제.
He looked excited / yesterday.

⑨ 너는 행복해 보였어 / 네가 받았을 때 / 이 편지를.
You looked happy / when you received / this letter.

⑩ 그녀는 아름다워 보였어 / 그 사진에서.
She looked beautiful / in the picture.

⑪ 그녀는 조용해 보였어 / 처음에는.
She looked quiet / at first.

⑫ 내가 잘생겨 보이니?
Do I look handsome?

⑬ 그녀는 뚱뚱해 보이니 / 그녀가 입을 때 / 이 청바지를?
Does she look fat / when she wears / these jeans?

⑭ 내가 겁먹어 보였니 / 그가 왔을 때 / 여기에?
Did I look scared / when he came / here?

⑮ 그녀는 화나 보였니 / 내가 껴안았을 때 / 그녀를?
Did she look angry / when I hugged / her?

★ 패턴 ⑩ 충분히 ~한

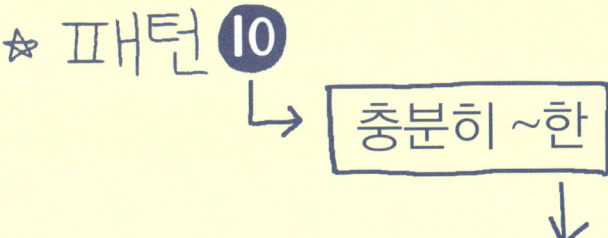

형용사 + enough

'**형용사 + enough**'는 '**충분히 ~(형용사)한**'으로 해석이 됩니다.
중요한 것은 한글 어순과는 반대로
enough가 형용사 뒤에 온다는 것입니다.

예를 들어,
"넌 충분히 예뻐."라고 하려면
"You are enough pretty."는 틀린 표현이며,
"You are pretty enough."라고 표현해야 합니다.

또한 문장 뒤에 '~할 정도로 / ~하기에'라는 표현을 추가하고 싶다면,
'형용사 + enough' 뒤에 'to + 동사원형'을 붙여서 표현합니다.

예를 들어,
"나는 일하기에 충분히 나이 들었어."라고 하려면
"I am old enough to work."라고 표현합니다.

I am old enough to work.

패턴 ⑩ 형용사 + enough

패턴 ⑩ 충분히 ~한

의미 단위 입 영작

의미 단위로 나뉘어져 있는 문장 마디를 보고 Hint 단어를 참고하여 입으로 영작하세요. 손으로 영작한 후 입으로 확인해도 좋습니다.

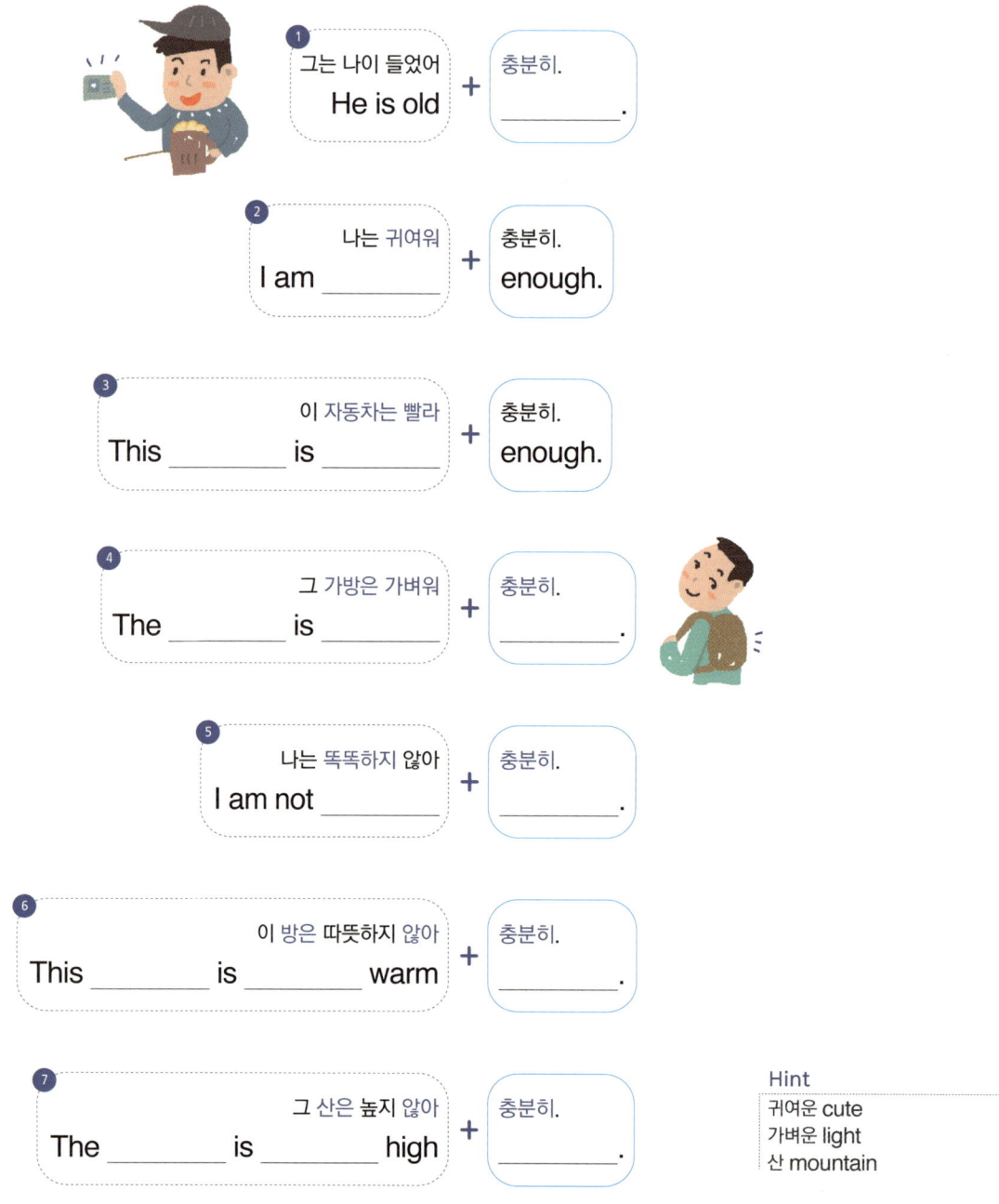

1. 그는 나이 들었어 / He is old + 충분히. _____.
2. 나는 귀여워 / I am _____ + 충분히. enough.
3. 이 자동차는 빨라 / This _____ is _____ + 충분히. enough.
4. 그 가방은 가벼워 / The _____ is _____ + 충분히. _____.
5. 나는 똑똑하지 않아 / I am not _____ + 충분히. _____.
6. 이 방은 따뜻하지 않아 / This _____ is _____ warm + 충분히. _____.
7. 그 산은 높지 않아 / The _____ is _____ high + 충분히. _____.

Hint
귀여운 cute
가벼운 light
산 mountain

형용사 + enough

⑧ 이 기차는 빠르지 않아 충분히.
This _____ is not _____ + enough.

⑨ 그는 나이 들었어 충분히 운전하기에.
He is _____ + enough. + to _____.

⑩ 그녀는 예뻐 충분히 내 여자 친구가 되기에.
She is _____ + _____ + to be my _____.

⑪ 나는 똑똑하지 않아 충분히 공부하기에 한국어를.
I am not _____ + enough + to _____ + Korean.

⑫ 너는 행복하니 충분히?
Are you _____ + enough?

⑬ 그녀는 귀엽니 충분히?
_____ she _____ + _____?

⑭ 이 산은 높니 충분히 오르기에?
Is this _____ high + enough + _____?

⑮ 그는 강하니 충분히 도와주기에 우리를?
_____ he _____ + enough + _____ help + us?

Hint
빠른 fast
나이 든 old
오르다 climb
강한 strong

패턴 ⑩ 형용사+enough 57

패턴 ⑩ 충분히 ~한

COMPLETE SENTENCES
완성 문장 낭독 훈련

이번에는 완성 문장을 잘 듣고 10회 이상 낭독 훈련해 보세요.

① 그는 나이 들었어 / 충분히.
He is old / enough.

② 나는 귀여워 / 충분히.
I am cute / enough.

③ 이 자동차는 빨라 / 충분히.
This car is fast / enough.

④ 그 가방은 가벼워 / 충분히.
The bag is light / enough.

⑤ 나는 똑똑하지 않아 / 충분히.
I am not smart / enough.

⑥ 이 방은 따뜻하지 않아 / 충분히.
This room is not warm / enough.

⑦ 그 산은 높지 않아 / 충분히.
The mountain is not high / enough.

⑧ 이 기차는 빠르지 않아 / 충분히.
This train is not fast / enough.

⑨ 그는 나이 들었어 / 충분히 / 운전하기에.
He is old / enough / to drive.

⑩ 그녀는 예뻐 / 충분히 / 내 여자 친구가 되기에.
She is pretty / enough / to be my girlfriend.

⑪ 나는 똑똑하지 않아 / 충분히 / 공부하기에 / 한국어를.
I am not smart / enough / to study / Korean.

⑫ 너는 행복하니 / 충분히?
Are you happy / enough?

⑬ 그녀는 귀엽니 / 충분히?
Is she cute / enough?

⑭ 이 산은 높니 / 충분히 / 오르기에?
Is this mountain high / enough / to climb?

⑮ 그는 강하니 / 충분히 / 도와주기에 / 우리를?
Is he strong / enough / to help / us?

★ 패턴 ⑪

어쩌면/혹시 → **possibly**

possibly는 평서문에 쓰이면 '어쩌면'으로, 의문문에 쓰이면 '혹시'로 해석이 됩니다.
위치는 일반적인 부사의 자리에 오게 됩니다.

또한 평서문에서 '어쩌면'이라는 뜻으로 possibly를 쓸 때,
'might = ~할지도 모른다(현재)' 혹은
'might have p.p. = ~했었는지도 모른다(과거)'가 함께 올 가능성이 굉장히 높으므로, 반드시 같이 알아두는 것이 좋습니다.
이런 경우에는 might 뒤에 possibly가 옵니다.

예를 들어, 평서문 현재로 "그가 어쩌면 그것을 알지도 몰라."라고 하려면
"He might possibly know that."이라고 표현합니다.

평서문 과거로 "그가 어쩌면 알았었는지도 몰라."라고 말하고 싶다면,
"He might possibly have known that."이라고 표현합니다.

의문문으로 "혹시 차가 있으세요?"라고 말하려면 "Do you possibly have a car?"라고 표현합니다.

패턴 ⑪ 어쩌면/혹시

의미 단위 입 영작

의미 단위로 나뉘어져 있는 문장 마디를 보고 Hint 단어를 참고하여 입으로 영작하세요.
손으로 영작한 후 입으로 확인해도 좋습니다.

1 그는 어쩌면 알지도 몰라 + 나를.
He might possibly _____ + _____.

2 그녀는 어쩌면 슬플지도 몰라.
She might possibly be _____.

3 나는 어쩌면 그만둘지도 몰라 + 곧.
I might _____ quit + _____.

4 너는 어쩌면 알지도 몰라 + 그 답을.
You _____ know + the _____.

5 그는 어쩌면 통과할지도 몰라 + 그 시험을.
He _____ possibly _____ + the _____.

6 그는 어쩌면 좋아했었는지 몰라 + 너를.
He might _____ have liked + you.

7 그녀는 어쩌면 사랑했었는지 몰라 + 그를.
She might _____ have _____ + him.

Hint
곧 soon
통과하다 pass

possibly

8
그녀는 어쩌면 거짓말했었는지도 몰라 너에게.
She might possibly _____ + to _____.

9
너는 혹시 아니 그녀를?
Do you possibly _____ + _____?

10
너는 혹시 즐기니 음악을?
Do you _____ + music?

11
그녀는 혹시 너의 여자 친구니?
Is she possibly _____?

12
너는 혹시 먹니 김치를?
Do you _____ + *kimchi*?

13
너는 혹시 학생이니?
Are you _____ a _____?

14
너는 혹시 훔쳤니 이 차를?
Did you _____ + this car?

15
그가 혹시 전화했니 너에게?
Did he _____ + _____?

Hint
거짓말하다 lie
즐기다 enjoy
훔치다 steal

패턴 ⑪ 어쩌면/혹시

COMPLETE SENTENCES 완성 문장낭독 훈련 이번에는 완성 문장을 잘 듣고 10회 이상 낭독 훈련해 보세요.

① 그는 어쩌면 알지도 몰라 / 나를.
He might possibly know / me.

② 그녀는 어쩌면 슬플지도 몰라.
She might possibly be sad.

③ 나는 어쩌면 그만둘지도 몰라 / 곧.
I might possibly quit / soon.

④ 너는 어쩌면 알지도 몰라 / 그 답을.
You might possibly know / the answer.

⑤ 그는 어쩌면 통과할지도 몰라 / 그 시험을.
He might possibly pass / the test.

⑥ 그는 어쩌면 좋아했었는지도 몰라 / 너를.
He might possibly have liked / you.

⑦ 그녀는 어쩌면 사랑했었는지도 몰라 / 그를.
She might possibly have loved / him.

⑧ 그녀는 어쩌면 거짓말했었는지도 몰라 / 너에게.
She might possibly have lied / to you.

⑨ 너는 혹시 아니 / 그녀를?
Do you possibly know / her?

⑩ 너는 혹시 즐기니 / 음악을?
Do you possibly enjoy / music?

⑪ 그녀는 혹시 너의 여자 친구니?
Is she possibly your girlfriend?

⑫ 너는 혹시 먹니 / 김치를?
Do you possibly eat / *kimchi*?

⑬ 너는 혹시 학생이니?
Are you possibly a student?

⑭ 너는 혹시 훔쳤니 / 이 차를?
Did you possibly steal / this car?

⑮ 그가 혹시 전화했니 / 너에게?
Did he possibly call / you?

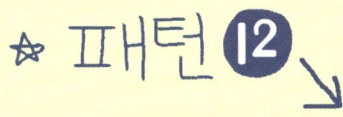

never

'not = 아닌'보다 더 강한 부정어가 바로 'never = 절대로 아닌 또는 전혀 아닌'입니다.
중요한 것은 never는 이미 부정의 의미를 갖고 있는 단어이기 때문에
다시 not을 넣으면 이중 부정이 되어 버린다는 것입니다.

예를 들어, "그는 그것을 절대로 싫어해."는, "He never likes it."이라고 표현합니다.
("He never does not like it."이라든지 "He never not likes it."은 틀림.)

또한 never 뒤에 나오는 동사는 주어와 일치시켜야 합니다.
"He never like it."이 아니라, "He never likes it."이 맞습니다.

일반동사가 아닌 be동사와 함께 쓸 때 never가 be동사 앞에 와도 좋고 뒤에 와도 좋으나,
be동사 뒤에 오는 것이 가장 일반적입니다.

예를 들어, "그는 절대로 행복하지 않아."라고 말하려면 "He is never happy."라고 표현합니다.

마지막으로, **경험에 해당하는 'have+p.p.'를 쓸 때는 never가 have와 p.p. 사이에 오는 것이 가장 일반적입니다.**

예를 들어,
"나는 누군가를 사랑해 본 적이 전혀 없어."라고 하려면 "I have never loved anyone."이라고 표현합니다.

패턴 12 절대로 아닌

의미 단위 입 영작

의미 단위로 나뉘어져 있는 문장 마디를 보고 Hint 단어를 참고하여 입으로 영작하세요.
손으로 영작한 후 입으로 확인해도 좋습니다.

1. 그들은 절대로 공부하지 않아.
They _____ study.

2. 그는 절대로 뛰지 않아 + 학교까지.
He _____ to _____.

3. 그녀는 절대로 미소 짓지 않아 + 내 앞에서.
She never _____ in front of _____.

4. 우리는 절대로 포기하지 않아 + 쉽게.
We never _____ up _____.

5. 그는 절대로 늦지 않아.
He is _____ late.

6. 나는 절대로 훔치지 않았어 + 그것을.
I never _____ _____.

7. 그녀는 절대로 도와주지 않았어 + 나를.
She _____ me.

Hint
포기하다 give up
훔치다 steal

never

8 절대로 웃지 마
_____ laugh
+ 여기에서.
here.

9 절대로 노래하지 마
Never _____
+ 이 도서관 안에서.
in _____.

10 절대로 떠나지 마
Never _____
+ 나 없이.
_____ me.

11 절대로 만지지 마
Never _____
+ 내 손목시계를.
my _____.

12 나는 공부해 본 적이 전혀 없어.
I have never _____.

13 나는 운동해 본 적이 전혀 없어
I have _____
+ 여기에서.
here.

14 그녀는 울어본 적이 전혀 없어
She _____ never _____
+ 전에.
before.

15 그들은 연습해 본 적이 전혀 없어
They _____ never _____
+ 이 노래를.
this _____.

Hint
떠나다 leave
만지다 touch
운동하다 exercise
연습하다 practice

패턴 12 절대로 아닌

COMPLETE SENTENCES — 완성 문장낭독 훈련

이번에는 완성 문장을 잘 듣고 10회 이상 낭독 훈련해 보세요.

① 그들은 절대로 공부하지 않아.
They never study.

② 그는 절대로 뛰지 않아 / 학교까지.
He never runs / to school.

③ 그녀는 절대로 미소 짓지 않아 / 내 앞에서.
She never smiles / in front of me.

④ 우리는 절대로 포기하지 않아 / 쉽게.
We never give up / easily.

⑤ 그는 절대로 늦지 않아.
He is never late.

⑥ 나는 절대로 훔치지 않았어 / 그것을.
I never stole / it.

⑦ 그녀는 절대로 도와주지 않았어 / 나를.
She never helped / me.

⑧ 절대로 웃지 마 / 여기에서.
Never laugh / here.

⑨ 절대로 노래하지 마 / 이 도서관 안에서.
Never sing / in this library.

⑩ 절대로 떠나지 마 / 나 없이.
Never leave / without me.

⑪ 절대로 만지지 마 / 내 손목시계를.
Never touch / my watch.

⑫ 나는 공부해 본 적이 전혀 없어.
I have never studied.

⑬ 나는 운동해 본 적이 전혀 없어 / 여기에서.
I have never exercised / here.

⑭ 그녀는 울어본 적이 전혀 없어 / 전에.
She has never cried / before.

⑮ 그들은 연습해 본 적이 전혀 없어 / 이 노래를.
They have never practiced / this song.

★ 패턴 ⑬

~이기 때문에 vs. ~ 때문에

because *vs.* because of

because 뒤에는 '주어 + 동사' 형태를 갖춘 절이 오며 '~이기 때문에'로,
because of 뒤에는 '명사/명사구/-ing'가 오며 '~ 때문에'로 해석이 됩니다.

예를 들어,
'나는 그녀가 귀엽기 때문에 그녀를 좋아해.'라고 하려면
'그녀가 귀엽다'라는 것이 절이므로 because를 써서
"I like her because she is cute."라고 표현합니다.

만약 "나는 그녀의 귀여운 눈 때문에 그녀를 좋아해."라고 말하려면
'그녀의 귀여운 눈'이라는 것이 명사구이므로 because of를 써서
"I like her because of her cute eyes."라고 표현합니다.

참고로, because of와 비슷한 표현으로는
due to, owing to, on account of가 있습니다.

패턴 13 ~이기 때문에 vs. ~ 때문에

의미 단위 입 영작
의미 단위로 나뉘어져 있는 문장 마디를 보고 Hint 단어를 참고하여 입으로 영작하세요. 손으로 영작한 후 입으로 확인해도 좋습니다.

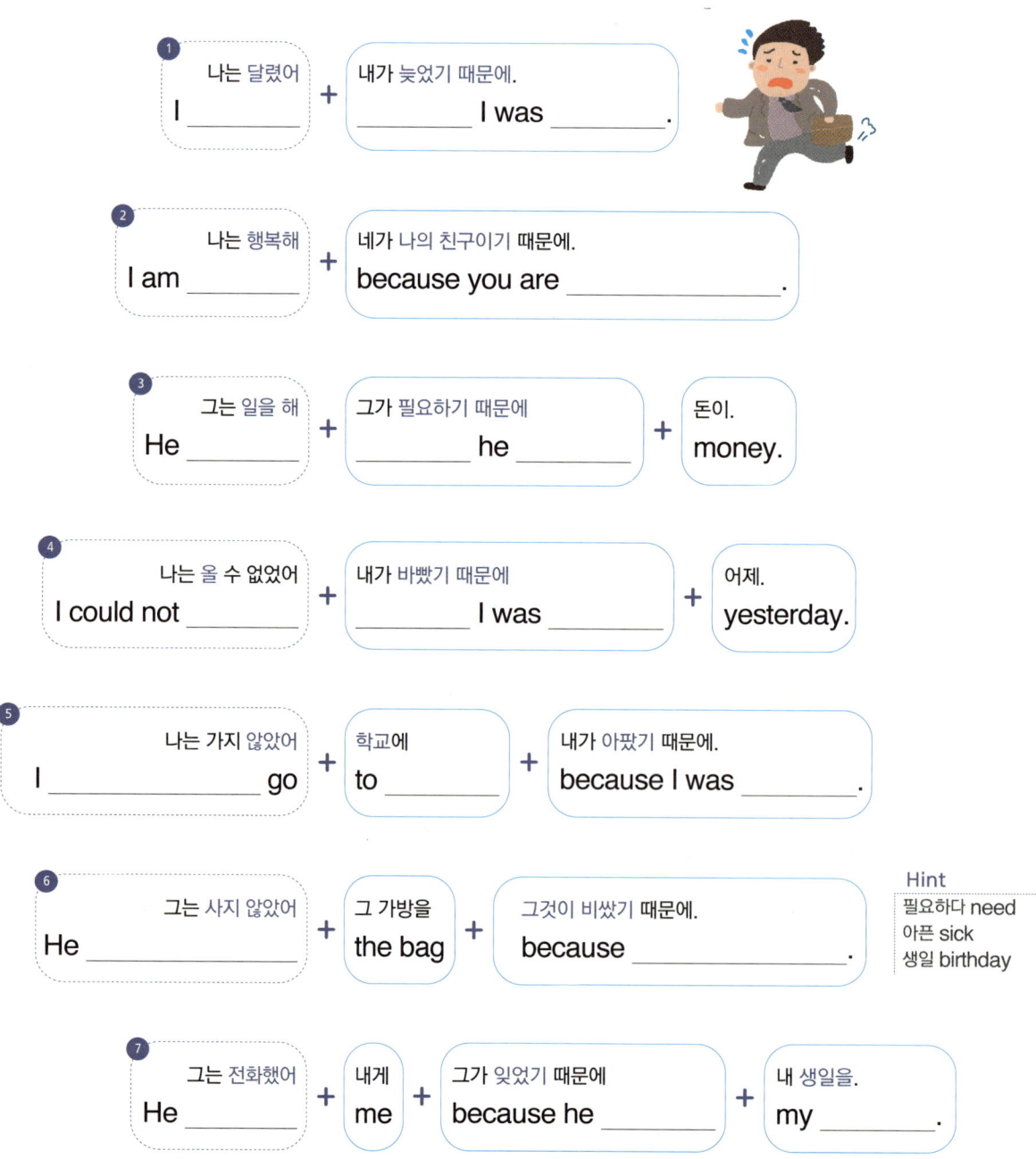

1. 나는 달렸어 I _____ + 내가 늦었기 때문에. _____ I was _____.

2. 나는 행복해 I am _____ + 네가 나의 친구이기 때문에. because you are _____.

3. 그는 일을 해 He _____ + 그가 필요하기 때문에 _____ he _____ + 돈이. money.

4. 나는 올 수 없었어 I could not _____ + 내가 바빴기 때문에 _____ I was _____ + 어제. yesterday.

5. 나는 가지 않았어 I _____ go + 학교에 to _____ + 내가 아팠기 때문에. because I was _____.

6. 그는 사지 않았어 He _____ + 그 가방을 the bag + 그것이 비쌌기 때문에. because _____.

Hint
필요하다 need
아픈 sick
생일 birthday

7. 그는 전화했어 He _____ + 내게 me + 그가 잊었기 때문에 because he _____ + 내 생일을. my _____.

because vs. because of

8 나는 화가 나 있어
I am _____ + 너의 실수 때문에.
_____ your mistake.

9 그녀는 떠나야 해
She has to _____ + 나 때문에.
_____ of _____

10 나는 이사할 수 없어
I _____ move + 비 때문에.
_____ the _____ .

11 그녀는 울었니
Did she _____ + 그 영화가 무서웠기 때문에?
because the movie _____ ?

12 너는 마셨니
_____ you _____ + 물을
water + 네가 목이 말랐기 때문에?
_____ you were _____ ?

13 너는 키스했니
_____ you _____ + 그녀에게
her + 네가 사랑했기 때문에
because _____ + 그녀를?
her?

14 그녀는 울었니
Did she _____ + 그의 죽음 때문에?
because _____ his _____ ?

15 그들은 죽었니
_____ they _____ + 그 사고 때문에?
_____ the _____ ?

Hint
무서운 scary
목이 마른 thirsty
키스하다 kiss
죽음 death
사고 accident

패턴 **13** because vs. because of

패턴 ⑬ ~이기 때문에 vs. ~ 때문에

COMPLETE SENTENCES 완성 문장낭독 훈련 이번에는 완성 문장을 잘 듣고 10회 이상 낭독 훈련해 보세요.

① 나는 달렸어 / 내가 늦었기 때문에.
I ran / because I was late.

② 나는 행복해 / 네가 나의 친구이기 때문에.
I am happy / because you are my friend.

③ 그는 일을 해 / 그가 필요하기 때문에 / 돈이.
He works / because he needs / money.

④ 나는 올 수 없었어 / 내가 바빴기 때문에 / 어제.
I could not come / because I was busy / yesterday.

⑤ 나는 가지 않았어 / 학교에 / 내가 아팠기 때문에.
I did not go / to school / because I was sick.

⑥ 그는 사지 않았어 / 그 가방을 / 그것이 비쌌기 때문에.
He did not buy / the bag / because it was expensive.

⑦ 그는 전화했어 / 나에게 / 그가 잊었기 때문에 / 내 생일을.
He called / me / because he forgot / my birthday.

⑧ 나는 화가 나 있어 / 너의 실수 때문에.
I am angry / because of your mistake.

⑨ 그녀는 떠나야 해 / 나 때문에.
She has to leave / because of me.

⑩ 나는 이사할 수 없어 / 비 때문에.
I cannot move / because of the rain.

⑪ 그녀는 울었니 / 그 영화가 무서웠기 때문에?
Did she cry / because the movie was scary?

⑫ 너는 마셨니 / 물을 / 네가 목이 말랐기 때문에?
Did you drink / water / because you were thirsty?

⑬ 너는 키스했니 / 그녀에게 / 네가 사랑했기 때문에 / 그녀를?
Did you kiss / her / because you loved / her?

⑭ 그녀는 울었니 / 그의 죽음 때문에?
Did she cry / because of his death?

⑮ 그들은 죽었니 / 그 사고 때문에?
Did they die / because of the accident?

패턴 14

~하려 하고 있어

be trying to

try to는 '~하려고 하다'로 해석되며 '노력한다'는 느낌을 가집니다.

이 Unit에서는 단순 현재와 단순 과거보다 빈도가 높은 현재진행과 과거진행 형태에만 집중하도록 하겠습니다.

현재진행형으로 am/are/is trying to를 쓰면 '~하려 하고 있다'라고 해석됩니다.

예를 들어,

"나는 너를 도와주려 하고 있어."라고 하려면

"I am trying to help you."라고 표현합니다.

> I am trying to help you.

과거진행형으로 was/were trying to를 쓰면 '~하려 하고 있었다'로 해석됩니다.

예를 들어,

"나는 너를 도와주려 하고 있었어."라고 말할 때는

"I was trying to help you."라고 표현합니다.

패턴 14 ~하려 하고 있어

의미 단위 입 영작

의미 단위로 나뉘어져 있는 문장 마디를 보고 Hint 단어를 참고하여 입으로 영작하세요.
손으로 영작한 후 입으로 확인해도 좋습니다.

1. 나는 도와주려 하고 있어 / 나의 삼촌을
   I am _____ help + my _____ .

2. 나는 일하려 하고 있어 / 여기에서.
   I am _____ to _____ + here.

3. 나는 끝마치려 하고 있어 / 나의 숙제를.
   _____ am _____ to _____ + my _____ .

4. 그녀는 배우려 하고 있어 / 영어를.
   She _____ trying to _____ + English.

5. 우리는 이해하려 하고 있어 / 그의 질문을.
   We _____ trying to _____ + his _____ .

6. 그는 누르려 하고 있어 / 그 버튼을 / 그의 손가락으로.
   He _____ to press + the _____ + with _____ .

7. 너는 거짓말하려 하고 있어 / 나에게 / 지금
   You _____ trying to _____ + _____ me + now.

Hint
마치다 finish
이해하다 understand
버튼 button
손가락 finger

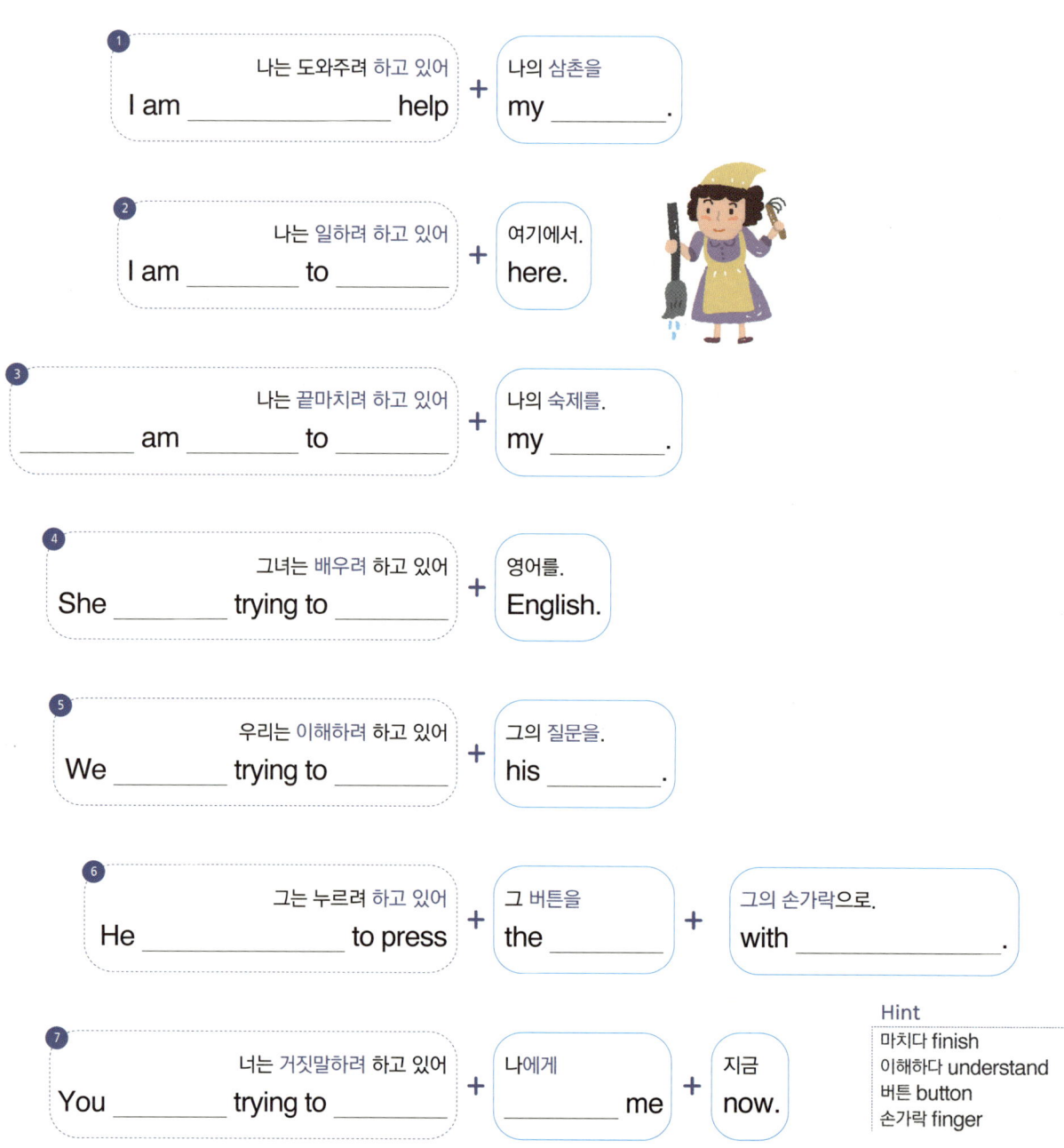

be trying to

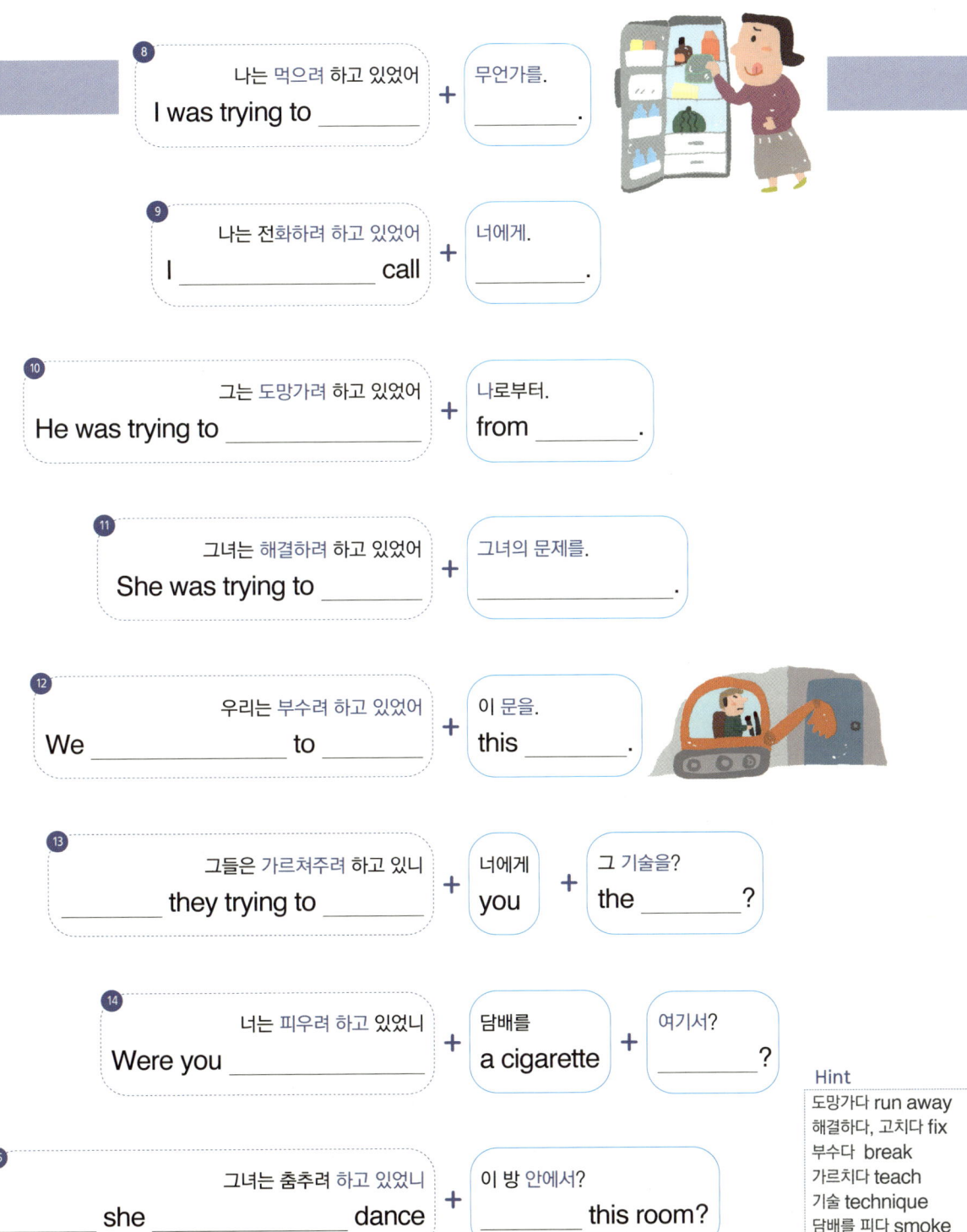

8 나는 먹으려 하고 있었어　　무언가를.
I was trying to _____ + _____.

9 나는 전화하려 하고 있었어　　너에게.
I _____ call + _____.

10 그는 도망가려 하고 있었어　　나로부터.
He was trying to _____ + from _____.

11 그녀는 해결하려 하고 있었어　　그녀의 문제를.
She was trying to _____ + _____.

12 우리는 부수려 하고 있었어　　이 문을.
We _____ to _____ + this _____.

13 그들은 가르쳐주려 하고 있니　　너에게　　그 기술을?
_____ they trying to _____ + you + the _____?

14 너는 피우려 하고 있었니　　담배를　　여기서?
Were you _____ + a cigarette + _____?

15 그녀는 춤추려 하고 있니　　이 방 안에서?
_____ she _____ dance + _____ this room?

Hint
도망가다 run away
해결하다, 고치다 fix
부수다 break
가르치다 teach
기술 technique
담배를 피다 smoke

패턴 14 be trying to 73

패턴 14 ~하려 하고 있어

COMPLETE SENTENCES — 완성 문장낭독 훈련

이번에는 완성 문장을 잘 듣고 10회 이상 낭독 훈련해 보세요.

① 나는 도와주려 하고 있어 / 나의 삼촌을.
I am trying to help / my uncle.

② 나는 일하려 하고 있어 / 여기에서.
I am trying to work / here.

③ 나는 끝마치려 하고 있어 / 나의 숙제를.
I am trying to finish / my homework.

④ 그녀는 배우려 하고 있어 / 영어를.
She is trying to learn / English.

⑤ 우리는 이해하려 하고 있어 / 그의 질문을.
We are trying to understand / his question.

⑥ 그는 누르려 하고 있어 / 그 버튼을 / 그의 손가락으로.
He is trying to press / the button / with his finger.

⑦ 너는 거짓말하려 하고 있어 / 나에게 / 지금.
You are trying to lie / to me / now.

⑧ 나는 먹으려 하고 있었어 / 무언가를.
I was trying to eat / something.

⑨ 나는 전화하려 하고 있었어 / 너에게.
I was trying to call / you.

⑩ 그는 도망가려 하고 있었어 / 나로부터.
He was trying to run away / from me.

⑪ 그녀는 해결하려 하고 있었어 / 그녀의 문제를.
She was trying to fix / her problem.

⑫ 우리는 부수려 하고 있었어 / 이 문을.
We were trying to break / this door.

⑬ 그들은 가르쳐주려 하고 있니 / 너에게 / 그 기술을?
Are they trying to teach / you / the technique?

⑭ 너는 피우려 하고 있었니 / 담배를 / 여기서?
Were you trying to smoke / a cigarette / here?

⑮ 그녀는 춤추려 하고 있었니 / 이 방 안에서?
Was she trying to dance / in this room?

※ 패턴 ⑮ → …가 ~하는 것을 도와주다

help + 목적어 + 동사원형

'help + 목적어 + 동사원형'은 '(목적어)가 (동사)하는 것을 (하게끔) 도와주다'로 해석이 됩니다.
이때 목적어는 명사의 형태를 띠고 있어야 하며,
동사는 동사원형의 형태를 띠고 있어야 합니다.

동사를 강조하기 위해 동사원형 대신 'to부정사'를 쓸 수도 있으나,
사용 빈도가 현저히 떨어지기 때문에 쓰지 않는 것이 좋습니다.

예를 들어,
"나는 그녀가 공부하는 것을 도와줬어."라고 하려면
"I helped her study."라고 표현합니다.

"Rae는 내가 스웨터를 고르는 것을 도와줬어."라고 말하고 싶다면
"Rae helped me choose a sweater."라고 표현합니다.

또한 의문문 형태로
"너는 그녀가 살을 빼게끔 도와줬니?"라고 하려면
"Did you help her lose weight?"라고 표현합니다.

패턴 15 …가 ~하는 것을 도와주다

의미 단위 입 영작

의미 단위로 나뉘어져 있는 문장 마디를 보고 Hint 단어를 참고하여 입으로 영작하세요.
손으로 영작한 후 입으로 확인해도 좋습니다.

1. 나는 도와줘 I ____ + 그들이 ____ + 공부하는 것을 study + 영어를. English.

2. 나는 도와줬어 I helped + 그녀가 ____ + 탈출하는 것을. ____.

3. 그녀는 도와줬어 She ____ + 내가 me + 운동하는 것을. ____.

4. 그는 도와줬어 He ____ + 우리가 ____ + 이해하는 것을 understand + 서로를. each other.

5. 나는 도와주고 있어 I am helping + 그들이 ____ + 배우는 것을. ____.

6. 그녀는 도와주고 있어 She ____ + 그 아이가 the child + 쓰는 것을. ____.

7. 그들은 도와주고 있어 They ____ + 나의 할머니가 my grandma + 걷는 것을. ____.

Hint
탈출하다 escape
쓰다 write
걷다 walk

help + 목적어 + 동사원형

8. James는 도와주고 있었어 / 내가 / 고치는 것을 / 이 자동차를.
James was _____ + me + _____ + this _____.

9. Olivia는 도와주고 있었어 / 그 환자가 / 움직이는 것을.
Olivia _____ + the patient + _____.

10. 너는 도와줄 수 있니 / 그가 / 하는 것을 / 그의 숙제를?
_____ you _____ + him + do + his _____?

11. 그는 도와줄 수 있니 / 그녀가 / 읽는 것을 / 이 책을?
Can _____ + her + _____ + this _____?

12. 그들은 도와줄 수 있니 / 내가 / 찾는 것을 / 이 빌딩을?
Can _____ + _____ + _____ + this building?

13. 당신은 도와줬나요 / 그가 / 찾는 것을 / 그의 지갑을?
_____ help + _____ + _____ + his wallet?

14. Michael은 도와줬니 / 네가 / 노래하는 것을 / 잘?
_____ Michael help + _____ + _____ + well?

15. Ken은 도와줬니 / 우리가 / 옮기는 것을 / 이 상자를?
Did Ken _____ + _____ + move + this _____?

Hint
고치다 fix
찾다 find

패턴 15 …가 ~하는 것을 도와주다

COMPLETE SENTENCES 완성 문장 낭독 훈련
이번에는 완성 문장을 잘 듣고 10회 이상 낭독 훈련해 보세요.

① 나는 도와줘 / 그들이 / 공부하는 것을 / 영어를.
I help / them / study / English.

② 나는 도와줬어 / 그녀가 / 탈출하는 것을.
I helped / her / escape.

③ 그녀는 도와줬어 / 내가 / 운동하는 것을.
She helped / me / exercise.

④ 그는 도와줬어 / 우리가 / 이해하는 것을 / 서로를.
He helped / us / understand / each other.

⑤ 나는 도와주고 있어 / 그들이 / 배우는 것을.
I am helping / them / learn.

⑥ 그녀는 도와주고 있어 / 그 아이가 / 쓰는 것을.
She is helping / the child / write.

⑦ 그들은 도와주고 있어 / 나의 할머니가 / 걷는 것을.
They are helping / my grandmother / walk.

⑧ James는 도와주고 있었어 / 내가 / 고치는 것을 / 이 자동차를.
James was helping / me / fix / this car.

⑨ Olivia는 도와주고 있었어 / 그 환자가 / 움직이는 것을.
Olivia was helping / the patient / move.

⑩ 너는 도와줄 수 있니 / 그가 / 하는 것을 / 그의 숙제를?
Can you help / him / do / his homework?

⑪ 그는 도와줄 수 있니 / 그녀가 / 읽는 것을 / 이 책을?
Can he help / her / read / this book?

⑫ 그들은 도와줄 수 있니 / 내가 / 찾는 것을 / 이 빌딩을?
Can they help / me / find / this building?

⑬ 당신은 도와줬나요 / 그가 / 찾는 것을 / 그의 지갑을?
Did you help / him / find / his wallet?

⑭ Michael은 도와줬니 / 네가 / 노래하는 것을 / 잘?
Did Michael help / you / sing / well?

⑮ Ken은 도와줬니 / 우리가 / 옮기는 것을 / 이 상자를?
Did Ken help / us / move / this box?

패턴 16

A를 B와 관련해 도와주다

help A with B

'help A with B'는 'A를 B와 관련해 도와주다'라고 해석합니다.
해석이 애매하게 느껴질 수도 있기에 부가 설명을 하겠습니다.

이 표현은 **B와 관련해 어떻게 도와준 것인지를 언급하지 않음으로써
문장에 융통성을 주는 표현**입니다.

예를 들어, "I helped him with the movie."라고 하면,
나는 그가 그 영화를 제작하는 것과 관련해 도와주었을 수도 있고,
그 영화를 편집하는 것과 관련해 도와주었을 수도 있으며,
그 영화에 대해 공부하는 것과 관련해 도와주었을 수도 있다는 말이 됩니다.

또한, "She helped me with this pizza."라고 하면
그녀는 내가 이 피자를 먹는 것을 도와주었을 수도 있고,
이 피자를 요리하는 것과 관련해 도와주었을 수도 있으며,
이 피자를 옮기는 것과 관련해 도와주었을 수도 있다는 말이 됩니다.

결국, 'help A with B'는 말하는 이와 듣는 이가
대화의 흐름을 어느 정도 파악하고 있을 때 쓰는 표현이라고 볼 수 있습니다.

패턴 16 · A를 B와 관련해 도와주다

의미 단위 입 영작

의미 단위로 나뉘어져 있는 문장 마디를 보고 Hint 단어를 참고하여 입으로 영작하세요.
손으로 영작한 후 입으로 확인해도 좋습니다.

1. 나는 도와줘 I _____ + 그녀를 _____ + 그녀의 숙제와 관련해. with her homework.

2. 나는 도와줘 I _____ + 그를 him + 그의 영어와 관련해. _____ his English.

3. 그녀는 도와줘 She _____ + 그를 _____ + 그의 프로젝트와 관련해. with his _____.

4. 나는 도와줬어 I helped + 그녀를 _____ + 그녀의 문제와 관련해. _____ her problem.

5. 우리는 도와줬어 We _____ + 그를 him + 그의 계획과 관련해. _____ his _____.

6. 그는 도와줬어 He _____ + 나를 _____ + 이 영화와 관련해. with this _____.

7. 그들은 도와줬어 _____ helped + 그녀를 _____ + 그녀의 이력서와 관련해. with her _____.

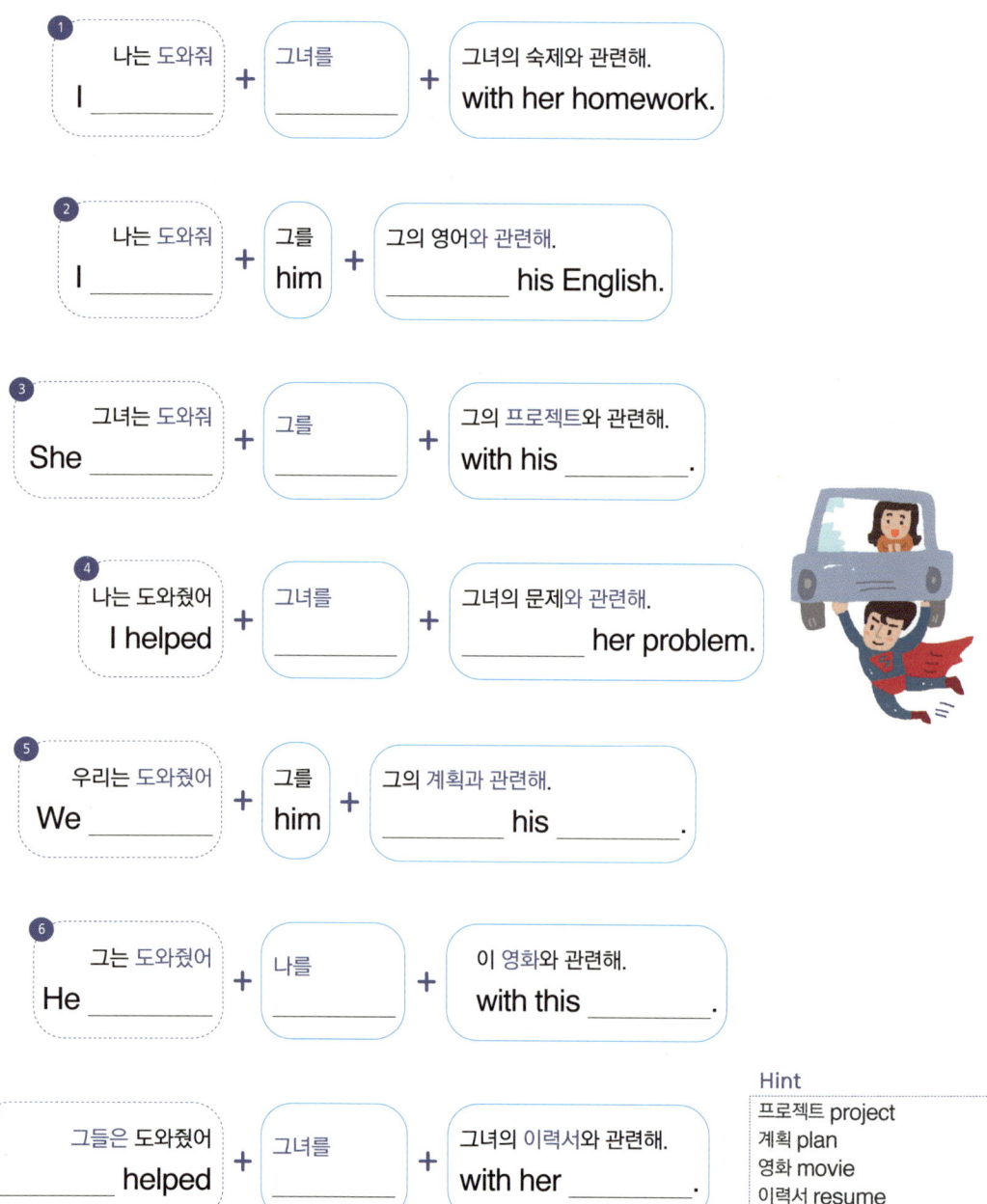

Hint
프로젝트 project
계획 plan
영화 movie
이력서 resume

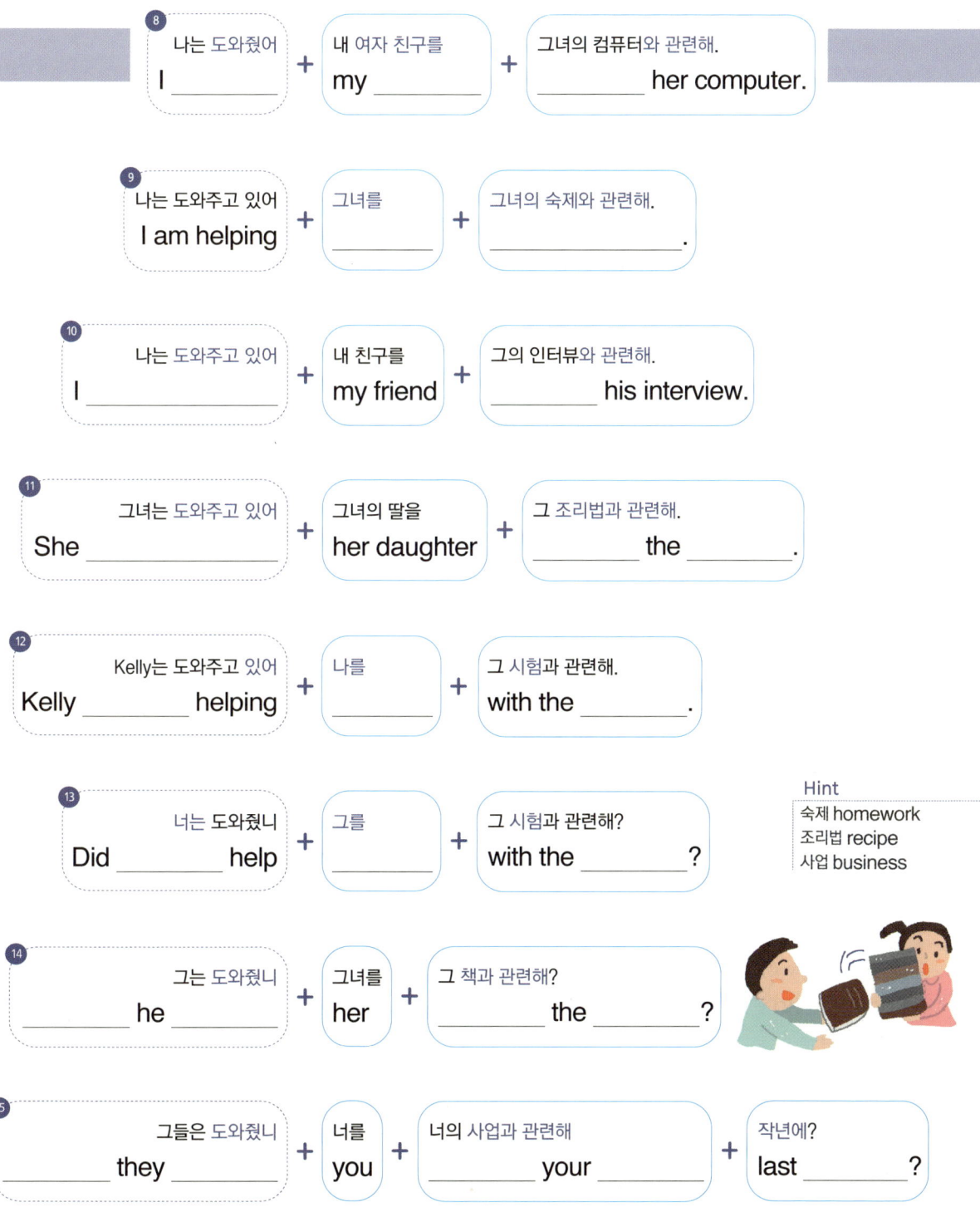

패턴 16 A를 B와 관련해 도와주다

COMPLETE SENTENCES 완성 문장 낭독 훈련 이번에는 완성 문장을 잘 듣고 10회 이상 낭독 훈련해 보세요.

1. 나는 도와줘 / 그녀를 / 그녀의 숙제와 관련해.
I help / her / with her homework.

2. 나는 도와줘 / 그를 / 그의 영어와 관련해.
I help / him / with his English.

3. 그녀는 도와줘 / 그를 / 그의 프로젝트와 관련해.
She helps / him / with his project.

4. 나는 도와줬어 / 그녀를 / 그녀의 문제와 관련해.
I helped / her / with her problem.

5. 우리는 도와줬어 / 그를 / 그의 계획과 관련해.
We helped / him / with his plan.

6. 그는 도와줬어 / 나를 / 이 영화와 관련해.
He helped / me / with this movie.

7. 그들은 도와줬어 / 그녀를 / 그녀의 이력서와 관련해.
They helped / her / with her resume.

8. 나는 도와줬어 / 내 여자 친구를 / 그녀의 컴퓨터와 관련해.
I helped / my girlfriend / with her computer.

9. 나는 도와주고 있어 / 그녀를 / 그녀의 숙제와 관련해.
I am helping / her / with her homework.

10. 나는 도와주고 있어 / 내 친구를 / 그의 인터뷰와 관련해.
I am helping / my friend / with his interview.

11. 그녀는 도와주고 있어 / 그녀의 딸을 / 그 조리법과 관련해.
She is helping / her daughter / with the recipe.

12. Kelly는 도와주고 있어 / 나를 / 그 시험과 관련해.
Kelly is helping / me / with the test.

13. 너는 도와줬니 / 그를 / 그 시험과 관련해?
Did you help / him / with the test?

14. 그는 도와줬니 / 그녀를 / 그 책과 관련해?
Did he help / her / with the book?

15. 그들은 도와줬니 / 너를 / 너의 사업과 관련해 / 작년에?
Did they help / you / with your business / last year?

✦ 패턴 ⑰ → …보다 더 ~한

비교급 형용사 + than

than이라는 단어 자체는 '~보다'라는 뜻을 가지고 있습니다.
그러므로 **'비교급 형용사' 뒤에 than이 붙으면, '~보다 더 (형용사)한'으로 해석**할 수 있습니다.
비교의 대상은 than 뒤에 목적어의 형태로 오게 됩니다.

예를 들어,
"나는 너보다 더 빨라."라고 하려면 "I am faster than you."라고 표현합니다.

'훨씬'이라는 말을 넣어 강조하고 싶다면 '비교급 형용사' 앞에 much를 넣어주면 됩니다.

예를 들어,
"나는 너보다 훨씬 더 빨라."라고 하려면 "I am much faster than you."라고 표현합니다.

또한 일반 형용사를 비교급 형용사로 만들 때 **형용사의 음절이 2개 이상이면**
형용사 뒤에 -er을 붙이는 대신 앞에 more를 붙여주어야 합니다.

예를 들어,
"나는 너보다 더 아름다워."라고 하려면 "I am more beautiful than you."라고 표현합니다.

fast란 형용사는 음절이 1개이므로 faster로, beautiful이란 형용사는 음절이 3개이므로 more beautiful로 쓰는 것입니다.

패턴 17 …보다 더 ~한

의미 단위 입 영작

의미 단위로 나뉘어져 있는 문장 마디를 보고 Hint 단어를 참고하여 입으로 영작하세요.
손으로 영작한 후 입으로 확인해도 좋습니다.

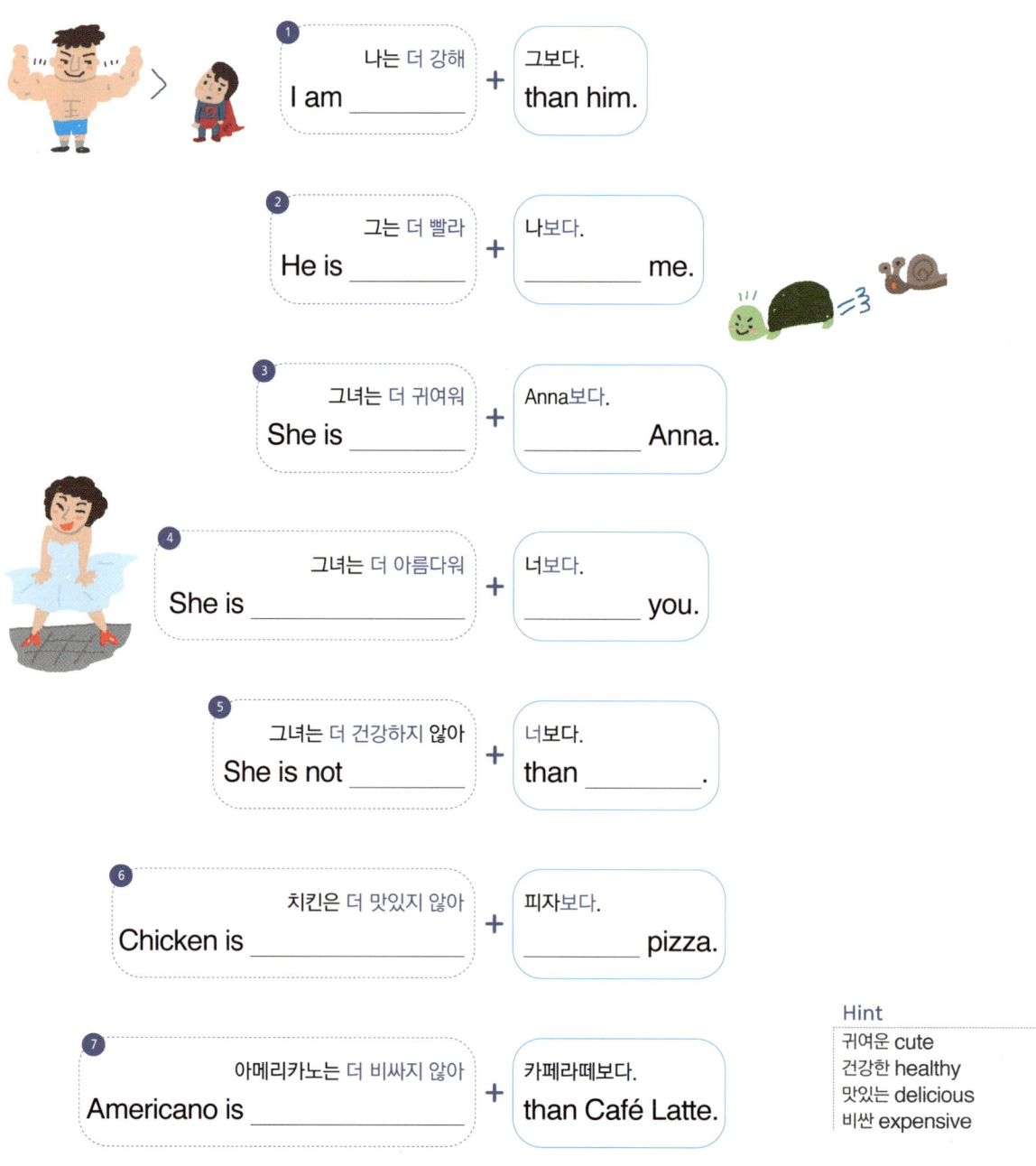

1. 나는 더 강해 / 그보다.
   I am _____ + than him.

2. 그는 더 빨라 / 나보다.
   He is _____ + _____ me.

3. 그녀는 더 귀여워 / Anna보다.
   She is _____ + _____ Anna.

4. 그녀는 더 아름다워 / 너보다.
   She is _____ + _____ you.

5. 그녀는 더 건강하지 않아 / 너보다.
   She is not _____ + than _____ .

6. 치킨은 더 맛있지 않아 / 피자보다.
   Chicken is _____ + _____ pizza.

7. 아메리카노는 더 비싸지 않아 / 카페라떼보다.
   Americano is _____ + than Café Latte.

Hint
귀여운 cute
건강한 healthy
맛있는 delicious
비싼 expensive

비교급 형용사 + than

8 내 차는 훨씬 더 빨라 + 네 차보다.
My car is much _____ + _____ your car.

9 나는 훨씬 더 무거워 + 너보다.
I am _____ + _____ you.

10 나의 직업은 훨씬 더 어려워 + 너의 것보다.
My job is _____ difficult + _____ yours.

11 그녀의 집은 훨씬 더 커 + 너의 것보다.
Her house is _____ + than _____.

12 너는 키가 더 크니 + 그보다?
Are you _____ + than _____?

13 너는 더 똑똑하니 + 그들보다?
Are you _____ + _____ them?

14 이 차가 더 무겁니 + 네 차보다?
Is this car _____ + _____ your car?

15 이 비행기가 훨씬 더 빠르니 + 저 기차보다?
Is this plane _____ + than _____?

Hint
무거운 heavy
똑똑한 smart

패턴 ⑰ 비교급 형용사 + than

패턴 17 …보다 더 ~한

COMPLETE SENTENCES

완성 문장 낭독 훈련

이번에는 완성 문장을 잘 듣고 10회 이상 낭독 훈련해 보세요.

① 나는 더 강해 / 그보다.
I am stronger / than him.

② 그는 더 빨라 / 나보다.
He is faster / than me.

③ 그녀는 더 귀여워 / Anna보다.
She is cuter / than Anna.

④ 그녀는 더 아름다워 / 너보다.
She is more beautiful / than you.

⑤ 그녀는 더 건강하지 않아 / 너보다.
She is not healthier / than you.

⑥ 치킨은 더 맛있지 않아 / 피자보다.
Chicken is not more delicious / than pizza.

⑦ 아메리카노는 더 비싸지 않아 / 카페라떼보다.
Americano is not more expensive / than Café Latte.

⑧ 내 차는 훨씬 더 빨라 / 네 차보다.
My car is much faster / than your car.

⑨ 나는 훨씬 더 무거워 / 너보다.
I am much heavier / than you.

⑩ 나의 직업은 훨씬 더 어려워 / 너의 것보다.
My job is much more difficult / than yours.

⑪ 그녀의 집은 훨씬 더 커 / 너의 것보다.
Her house is much bigger / than yours.

⑫ 너는 키가 더 크니 / 그보다?
Are you taller / than him?

⑬ 너는 더 똑똑하니 / 그들보다?
Are you smarter / than them?

⑭ 이 차가 더 무겁니 / 네 차보다?
Is this car heavier / than your car?

⑮ 이 비행기가 훨씬 더 빠르니 / 저 기차보다?
Is this plane much faster / than that train?

☆ 패턴 ⑱

> 가장 ~한

the + 최상급 형용사

'**the + 최상급 형용사**'는 '**가장 (형용사)한**'으로 해석이 됩니다.

예를 들어,
"나는 가장 빨라."라고 하려면
"I am the fastest."라고 표현합니다.

또한, **일반 형용사를 최상급 형용사로 만들 때 형용사의 음절이 2개 이상이면 형용사 뒤에 -est를 붙이는 대신 앞에 most를 붙여주어야 합니다.**

예를 들어,
"나는 가장 아름다워."라고 하려면
"I am the most beautiful."이라고 표현합니다.

최상급을 만들 때 형용사 fast는 음절이 1개이므로 fastest라 하고,
형용사 beautiful은 음절이 3개이므로 most beautiful이라고 해야 합니다.

I am the most beautiful.

패턴 18 가장 ~한

의미단위 입 영작

의미 단위로 나뉘어져 있는 문장 마디를 보고 Hint 단어를 참고하여 입으로 영작하세요.
손으로 영작한 후 입으로 확인해도 좋습니다.

1. 나는 가장 강해.
I am the _____.

2. 그는 가장 빨라.
He is _____.

3. 그는 가장 느려 + 우리들 중에.
He is the _____ + _____ us.

4. 그녀는 가장 못생겼어 + 그들 중에.
She is the _____ + _____ them.

5. 이 가방은 가장 비싸 + 세상에서.
This bag is _____ + in the world.

6. 이 자동차는 가장 싸 + 세상에서.
This car is _____ + _____.

7. 그녀는 가장 인기 있어 + 우리 반에서.
She is the _____ + in our _____.

Hint
못 생긴 ugly
비싼 expensive
싼 cheap
인기 있는 popular

the + 최상급 형용사

8. 그녀는 가장 귀여운 소녀야.
She is _____ girl.

9. 이것은 가장 쉬운 시험이야.
This is the _____.

10. 이것은 가장 큰 집이 아니야 + 세상에서.
This is not _____ house + _____.

11. 이것은 가장 큰 트럭이 아니야 + 내가 본 중에.
This is _____ the _____ truck + I have seen.

12. 이것이 가장 무겁니?
Is this _____?

13. 이것이 가장 싸니 + 여기에서?
Is this _____ + here?

14. 이 마우스가 가장 비싸니 + 여기에서?
_____ this _____ the most expensive + _____?

15. 이 커피가 가장 달콤하니?
Is this coffee _____?

Hint
시험 exam
마우스 mouse
달콤한 sweet

패턴 18 가장 ~한

COMPLETE SENTENCES 완성 문장 낭독 훈련 이번에는 완성 문장을 잘 듣고
10회 이상 낭독 훈련해 보세요.

① 나는 가장 강해.
I am the strongest.

② 그는 가장 빨라.
He is the fastest.

③ 그는 가장 느려 / 우리들 중에.
He is the slowest / of us.

④ 그녀는 가장 못생겼어 / 그들 중에.
She is the ugliest / of them.

⑤ 이 가방은 가장 비싸 / 세상에서.
This bag is the most expensive / in the world.

⑥ 이 자동차는 가장 싸 / 세상에서.
This car is the cheapest / in the world.

⑦ 그녀는 가장 인기 있어 / 우리 반에서.
She is the most popular / in our class.

⑧ 그녀는 가장 귀여운 소녀야.
She is the cutest girl.

⑨ 이것은 가장 쉬운 시험이야.
This is the easiest exam.

⑩ 이것은 가장 큰 집이 아니야 / 세상에서.
This is not the biggest house / in the world.

⑪ 이것은 가장 큰 트럭이 아니야 / 내가 본 중에.
This is not the biggest truck / I have seen.

⑫ 이것이 가장 무겁니?
Is this the heaviest?

⑬ 이것이 가장 싸니 / 여기에서?
Is this the cheapest / here?

⑭ 이 마우스가 가장 비싸니 / 여기에서?
Is this mouse the most expensive / here?

⑮ 이 커피가 가장 달콤하니?
Is this coffee the sweetest?

★ 패턴 ⑲

A는 B만큼이나 ~해

A is as 형용사 as B

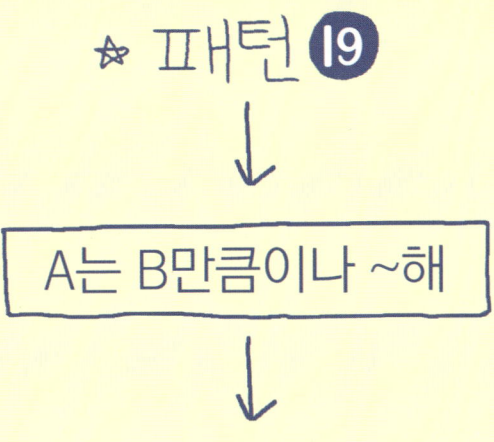

'A is as 형용사 as B'는 'A는 B만큼이나 (형용사)하다'라고 해석하여 A와 B의 수준이 비슷하다는 것을 강조합니다.

예를 들어,
"그녀는 나만큼이나 행복해."라고 하려면
"She is as happy as me."라고 표현합니다.

반대로 not을 넣은 'A is not as 형용사 as B'는
'A는 B만큼이나 (형용사)하지는 않다'라고 해석됩니다.

예를 들어,
"그녀는 나만큼이나 행복하지는 않아."라고 하려면
"She is not as happy as me."라고 표현합니다.

패턴 19 : A는 B만큼이나 ~해

의미 단위 입 영작

의미 단위로 나뉘어져 있는 문장 마디를 보고 Hint 단어를 참고하여 입으로 영작하세요.
손으로 영작한 후 입으로 확인해도 좋습니다.

1. 이 책상은 가벼워 / 내 책상만큼이나.
This desk is as light + as _____.

2. 그녀는 아름다워 / 내 어머니만큼이나.
She is _____ + _____ my mother.

3. 이 스커트는 짧아 / 이 드레스만큼이나.
This _____ is _____ + as this _____.

4. 이 커피는 써 / 이 알약만큼이나.
This coffee is _____ + _____ this pill.

5. 오늘은 더워 / 어제만큼이나.
Today is as _____ + _____.

6. 영어는 쉬워 / 일본어만큼이나.
English is _____ + _____ Japanese.

7. 그녀는 무겁지는 않아 / 나만큼이나.
She is not _____ + as me.

Hint
짧은 short
쓴 bitter
더운 hot
무거운 heavy

A is as 형용사 as B

8. 나는 쿨하지는 않아 / 너만큼이나.
I am _____ as _____ + _____ you.

9. 내 컴퓨터는 빠르지는 않아 / 너의 것만큼이나.
My computer is _____ + _____ yours.

10. 내 피부는 가무잡잡하지는 않아 / 너의 것만큼이나.
My skin is _____ + as _____.

11. 내 코는 날카롭지는 않아 / 그녀의 것만큼이나
My nose is _____ + as _____.

12. 네 남자 친구는 게으르니 / 내 남자 친구만큼이나?
Is your _____ + as my _____?

13. 네 여자 친구는 느리니 / 내 여자 친구만큼이나?
Is your _____ as _____ + _____ my girlfriend?

14. 네 언니는 친절하니 / 네 남동생만큼이나?
Is your _____ as _____ + _____ your _____?

15. 너의 소파는 작니 / 이 상자만큼이나?
Is your _____ as _____ + as _____?

Hint
멋진 cool
가무잡잡한 dark
날카로운 sharp
게으른 lazy
느린 slow
친절한 kind

패턴 ⑲ A is as 형용사 as B   93

패턴 19 · A는 B만큼이나 ~해

COMPLETE SENTENCES
완성 문장 낭독 훈련

이번에는 완성 문장을 잘 듣고 10회 이상 낭독 훈련해 보세요.

① 이 책상은 가벼워 / 내 책상만큼이나.
This desk is as light / as my desk.

② 그녀는 아름다워 / 내 어머니만큼이나.
She is as beautiful / as my mother.

③ 이 스커트는 짧아 / 이 드레스만큼이나.
This skirt is as short / as this dress.

④ 이 커피는 써 / 이 알약만큼이나.
This coffee is as bitter / as this pill.

⑤ 오늘은 더워 / 어제만큼이나.
Today is as hot / as yesterday.

⑥ 영어는 쉬워 / 일본어만큼이나.
English is as easy / as Japanese.

⑦ 그녀는 무겁지는 않아 / 나만큼이나.
She is not as heavy / as me.

⑧ 나는 쿨하지는 않아 / 너만큼이나.
I am not as cool / as you.

⑨ 내 컴퓨터는 빠르지는 않아 / 너의 것만큼이나.
My computer is not as fast / as yours.

⑩ 내 피부는 가무잡잡하지는 않아 / 너의 것만큼이나.
My skin is not as dark / as yours.

⑪ 내 코는 날카롭지는 않아 / 그녀의 것만큼이나.
My nose is not as sharp / as hers.

⑫ 네 남자 친구는 게으르니 / 내 남자 친구만큼이나?
Is your boyfriend as lazy / as my boyfriend?

⑬ 네 여자 친구는 느리니 / 내 여자 친구만큼이나?
Is your girlfriend as slow / as my girlfriend?

⑭ 네 언니는 친절하니 / 네 남동생만큼이나?
Is your sister as kind / as your brother?

⑮ 너의 소파는 작니 / 이 상자만큼이나?
Is your sofa as small / as this box?

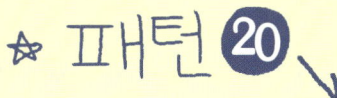

계속 ~해

keep -ing

**keep -ing는 '계속 ~하다'로 해석이 되며,
keep은 진행형으로 사용하지 않습니다.**

예를 들어,
"그녀는 내게 계속 전화했어."라고 하려면
"She kept calling me."라고 표현합니다.

또한 의문형으로
"그들이 너를 계속 무시하니?"라고 하려면
"Do they keep ignoring you?"라고 표현합니다.

참고로 keep과 -ing 사이에 on을 추가할 수도 있습니다.
on은 keep을 강조해, 조금 더 '반복적/지속적'이라는 느낌을 주지만,
생략 가능하며 사용 빈도도 많이 떨어지는 편입니다.
이 Unit에서는 on을 전부 생략하겠습니다.

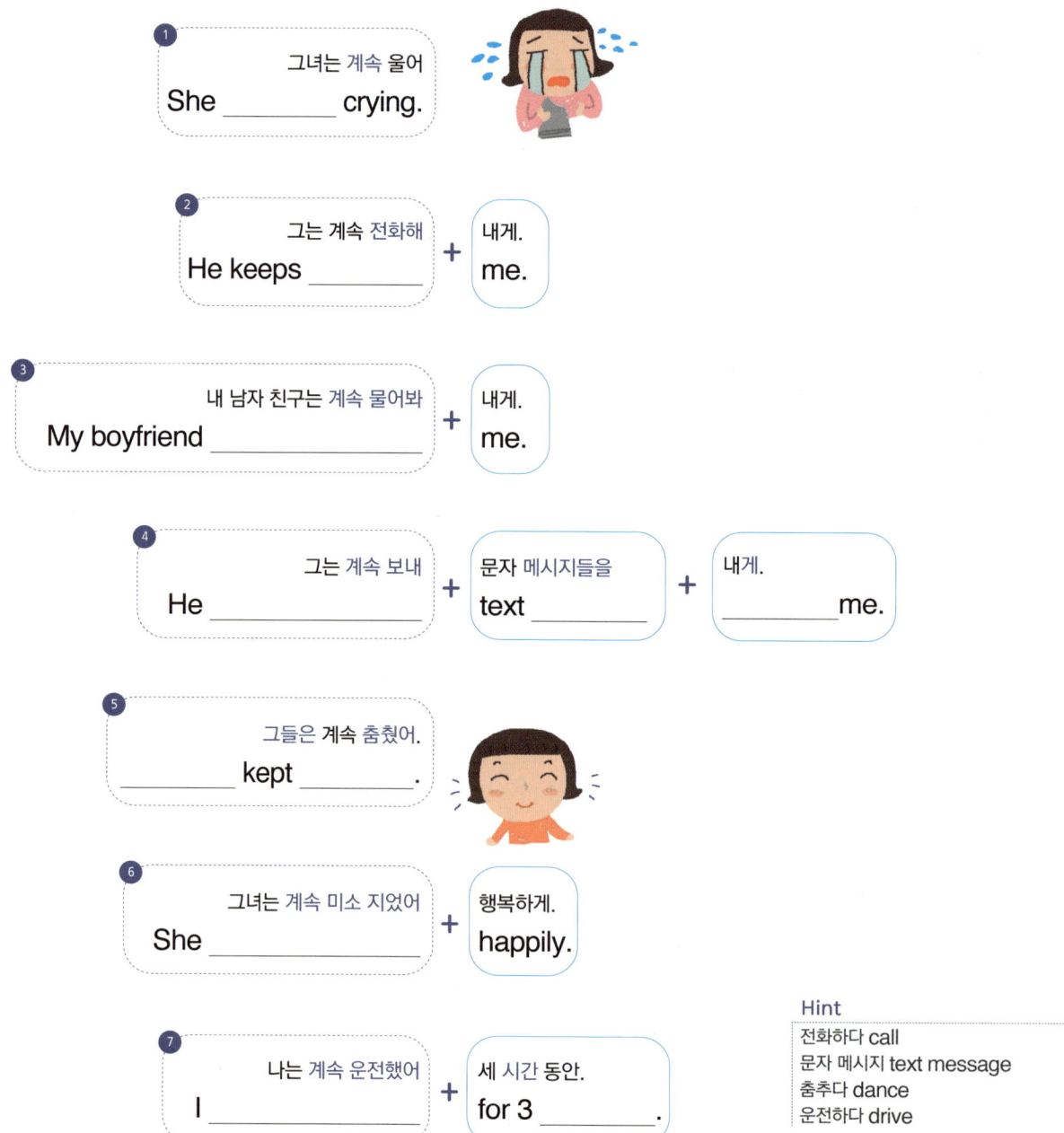

keep -ing

8 나는 계속 마셨어 물을.
I _____ + water.

9 그는 계속 사용했어 내 컴퓨터를.
He _____ + my _____.

10 그는 계속 물어봤어 같은 질문들을.
He _____ + the same _____.

11 그녀는 계속 때렸어 그녀의 남자 친구를.
She _____ + her _____.

12 그가 계속 괴롭히니 너를?
_____ he _____ bothering + _____?

13 그가 계속 부르니 같은 노래를?
Does he _____ + the _____?

14 그들은 계속 불평했니 너에게?
Did they keep _____ + to _____?

Hint
때리다 hit
불평하다 complain
움직이다 move
만지다 touch

15 그 장난감은 계속 움직였니 네가 만졌을 때 그것을?
_____ the _____ keep _____ + when you _____ + it?

패턴 ⑳ keep -ing   97

패턴 20 계속 ~해

COMPLETE SENTENCES 완성 문장 낭독 훈련

이번에는 완성 문장을 잘 듣고 10회 이상 낭독 훈련해 보세요.

① 그녀는 계속 울어.
She keeps crying.

② 그는 계속 전화해 / 내게.
He keeps calling / me.

③ 내 남자 친구는 계속 물어봐 / 내게.
My boyfriend keeps asking / me.

④ 그는 계속 보내 / 문자 메시지들을 / 내게.
He keeps sending / text messages / to me.

⑤ 그들은 계속 춤췄어.
They kept dancing.

⑥ 그녀는 계속 미소 지었어 / 행복하게.
She kept smiling / happily.

⑦ 나는 계속 운전했어 / 세 시간 동안.
I kept driving / for 3 hours.

⑧ 나는 계속 마셨어 / 물을.
I kept drinking / water.

⑨ 그는 계속 사용했어 / 내 컴퓨터를.
He kept using / my computer.

⑩ 그는 계속 물어봤어 / 같은 질문들을.
He kept asking / the same questions.

⑪ 그녀는 계속 때렸어 / 그녀의 남자 친구를.
She kept hitting / her boyfriend.

⑫ 그가 계속 괴롭히니 / 너를?
Does he keep bothering / you?

⑬ 그가 계속 부르니 / 같은 노래를?
Does he keep singing / the same song?

⑭ 그들은 계속 불평했니 / 너에게?
Did they keep complaining / to you?

⑮ 그 장난감은 계속 움직였니 / 네가 만졌을 때 / 그것을?
Did the toy keep moving / when you touched / it?

☆ 패턴 21

그만 ~하다 / ~하는 것을 멈추다

stop -ing

stop -ing는 '그만 ~하다 / ~하는 것을 멈추다'로 해석이 되며, '**이미 하고 있던 것을 멈추다**'라는 느낌이 있는 점에서 '아예 하지 않다'라고 해석되는 'don't + 동사원형'과는 다릅니다.

예를 들어,
담배를 피우기도 전에 "담배 피우지 마."라고 하려면
"Don't smoke."라고 표현합니다.

그러나 이미 담배를 피우고 있는 상황에서 "담배 그만 피워."라고 하려면
"Stop smoking."이라고 표현하는 것이 정확합니다.

또한 **stop은 진행형으로 사용하지 않는다는 것도 기억**해 두세요!
예를 들어, "I was stopping studying."은 틀린 표현이며,
"I stopped studying."이 맞는 표현입니다.

패턴 21 그만 ~하다/~하는 것을 멈추다

의미단위 입영작

의미 단위로 나뉘어져 있는 문장 마디를 보고 Hint 단어를 참고하여 입으로 영작하세요. 손으로 영작한 후 입으로 확인해도 좋습니다.

1. 그만 먹어! / Stop _____!

2. 그만 울어! / _____ crying!

3. 그만 전화해 / Stop _____ + 나에게. / me.

4. 그만 쳐다봐 / _____ + 내 얼굴을. / at my _____.

5. 그들은 멈췄어 / They _____ + 먹는 것을. / eating.

6. 나는 멈췄어 / I _____ + 방문하는 것을 _____ + 그녀를. _____.

7. 그녀는 멈췄어 / She _____ + 사용하는 것을 _____ + 그녀의 전화기를. / her phone.

Hint
전화하다 call
쳐다보다 look at
방문하다 visit

stop -ing

8. 그들은 멈췄어 They stopped + 공격하는 것을 _____ + 우리를. _____.

9. 우리는 멈췄어 We _____ + 보는 것을 _____ + TV를. TV.

10. 나는 멈췄어 I _____ + 쓰는 것을 _____ + 그 편지를. the letter.

11. 그녀는 멈췄어 She _____ + 찍는 것을 taking + 사진들을. _____.

12. 그는 멈췄니 _____ he _____ + 하는 것을 _____ + 그의 숙제를? his homework?

13. 그녀는 멈췄니 _____ she stop + 먹는 것을 _____ + 그 치즈케이크를? the cheesecake?

14. 네 오빠는 멈췄니 _____ your _____ stop + 코를 고는 것을 _____ + 어젯밤에? last night?

Hint
공격하다 attack
보다 watch
쓰다 write
사진을 찍다 take pictures
코를 골다 snore
요리하다 cook

15. 네 누나는 멈췄니 Did your _____ stop + 요리하는 것을 _____ + 너를 위해? for you?

패턴 21 stop -ing   101

패턴 21 그만 ~하다/~하는 것을 멈추다

COMPLETE SENTENCES 완성 문장낭독 훈련 이번에는 완성 문장을 잘 듣고 10회 이상 낭독 훈련해 보세요.

① 그만 먹어!
Stop eating!

② 그만 울어!
Stop crying!

③ 그만 전화해 / 나에게.
Stop calling / me.

④ 그만 쳐다봐 / 내 얼굴을.
Stop looking / at my face.

⑤ 그들은 멈췄어 / 먹는 것을.
They stopped / eating.

⑥ 나는 멈췄어 / 방문하는 것을 / 그녀를.
I stopped / visiting / her.

⑦ 그녀는 멈췄어 / 사용하는 것을 / 그녀의 전화기를.
She stopped / using / her phone.

⑧ 그들은 멈췄어 / 공격하는 것을 / 우리를.
They stopped / attacking / us.

⑨ 우리는 멈췄어 / 보는 것을 / TV를.
We stopped / watching / TV.

⑩ 나는 멈췄어 / 쓰는 것을 / 그 편지를.
I stopped / writing / the letter.

⑪ 그녀는 멈췄어 / 찍는 것을 / 사진들을.
She stopped / taking / pictures.

⑫ 그는 멈췄니 / 하는 것을 / 그의 숙제를?
Did he stop / doing / his homework?

⑬ 그녀는 멈췄니 / 먹는 것을 / 그 치즈케이크를?
Did she stop / eating / the cheesecake?

⑭ 네 오빠는 멈췄니 / 코를 고는 것을 / 어젯밤에?
Did your brother stop / snoring / last night?

⑮ 네 누나는 멈췄니 / 요리하는 것을 / 너를 위해?
Did your sister stop / cooking / for you?

패턴 22

~할 의향이 있어 / 기꺼이 ~하겠어

be willing to

---

be willing to는 '~할 의향이 있다' 혹은 '기꺼이 ~하겠다'로 해석이 되며,
to 뒤에는 동사원형이 오게 됩니다.
시제는 be동사에서 바꾸어 주면 됩니다.

예를 들어,
"나는 너를 도와줄 의향이 있어."라고 하려면
"I am willing to help you."라고 표현합니다.

비슷하게,
"나는 기꺼이 그것을 포기하겠어."라고 하려면
"I am willing to give it up."이라고 표현합니다.

또한 의문형으로
"너는 나를 도와줄 의향이 있니?"라고 하려면
be동사를 문장 맨 앞으로 내보내
"Are you willing to help me?"라고 표현합니다.

패턴 22 ~할 의향이 있어 / 기꺼이 ~하겠어

의미 단위 입 영작

의미 단위로 나뉘어져 있는 문장 마디를 보고 Hint 단어를 참고하여 입으로 영작하세요.
손으로 영작한 후 입으로 확인해도 좋습니다.

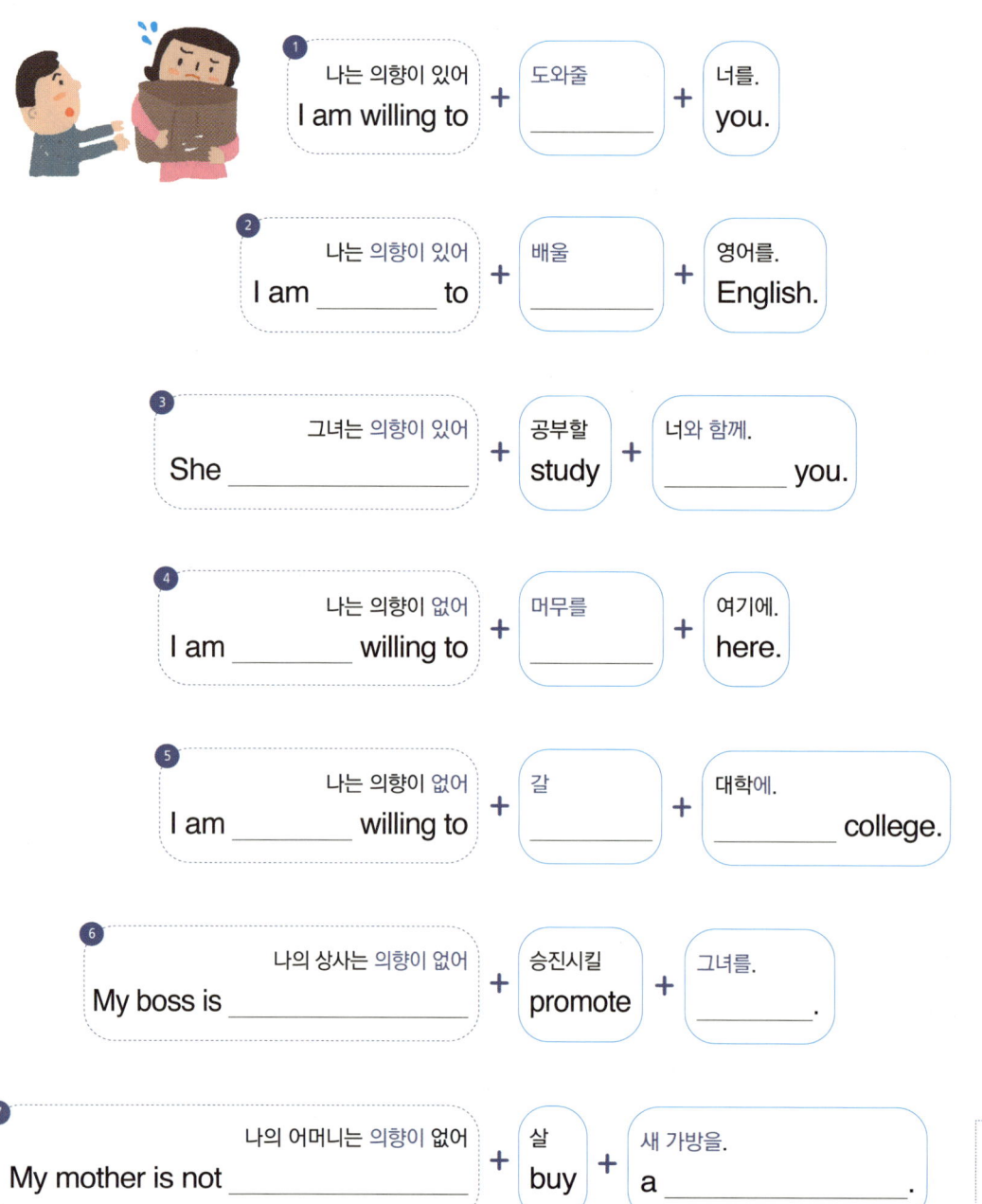

1. 나는 의향이 있어 I am willing to + 도와줄 _____ + 너를. you.

2. 나는 의향이 있어 I am _____ to + 배울 _____ + 영어를. English.

3. 그녀는 의향이 있어 She _____ + 공부할 study + 너와 함께. _____ you.

4. 나는 의향이 없어 I am _____ willing to + 머무를 _____ + 여기에. here.

5. 나는 의향이 없어 I am _____ willing to + 갈 _____ + 대학에. _____ college.

6. 나의 상사는 의향이 없어 My boss is _____ + 승진시킬 promote + 그녀를. _____.

7. 나의 어머니는 의향이 없어 My mother is not _____ + 살 buy + 새 가방을. a _____.

Hint
돕다 help
배우다 learn
머무르다 stay

be willing to

8. I was _____ 나는 의향이 있었어 + _____ 올 + to the _____. 그 파티에.

9. She _____ to 그녀는 의향이 있었어 + _____ 방문할 + Italy. 이탈리아를.

10. He _____ to 그는 의향이 있었어 + move 이사 갈 + to _____. 서울로.

11. My _____ was willing _____ 나의 삼촌은 의향이 있었어 + sell 팔 + _____. 그의 차를.

12. Are you _____ 너는 의향이 있니 + _____ 결혼할 + me? 나와?

13. _____ she _____ to 그녀는 의향이 있니 + walk 걸을 + _____ us? 우리와 함께?

14. Were they _____ 그들은 의향이 있었니 + help 도울 + _____ other? 서로를?

15. _____ you _____ 너는 의향이 있니 + watch 볼 + this _____? 이 영화를?

Hint
방문하다 visit
삼촌 uncle
결혼하다 marry
영화 movie

패턴 22 be willing to   105

패턴 22 ~할 의향이 있어 / 기꺼이 ~하겠어

COMPLETE SENTENCES 완성 문장 낭독 훈련
이번에는 완성 문장을 잘 듣고 10회 이상 낭독 훈련해 보세요.

① 나는 의향이 있어 / 도와줄 / 너를.
I am willing to / help / you.

② 나는 의향이 있어 / 배울 / 영어를.
I am willing to / learn / English.

③ 그녀는 의향이 있어 / 공부할 / 너와 함께.
She is willing to / study / with you.

④ 나는 의향이 없어 / 머무를 / 여기에.
I am not willing to / stay / here.

⑤ 나는 의향이 없어 / 갈 / 대학에.
I am not willing to / go / to college.

⑥ 나의 상사는 의향이 없어 / 승진시킬 / 그녀를.
My boss is not willing to / promote / her.

⑦ 나의 어머니는 의향이 없어 / 살 / 새 가방을.
My mother is not willing to / buy / a new bag.

⑧ 나는 의향이 있었어 / 올 / 그 파티에.
I was willing to / come / to the party.

⑨ 그녀는 의향이 있었어 / 방문할 / 이탈리아를.
She was willing to / visit / Italy.

⑩ 그는 의향이 있었어 / 이사 갈 / 서울로.
He was willing to / move / to Seoul.

⑪ 나의 삼촌은 의향이 있었어 / 팔 / 그의 차를.
My uncle was willing to / sell / his car.

⑫ 너는 의향이 있니 / 결혼할 / 나와?
Are you willing to / marry / me?

⑬ 그녀는 의향이 있니 / 걸을 / 우리와 함께?
Is she willing to / walk / with us?

⑭ 그들은 의향이 있었니 / 도울 / 서로를?
Were they willing to / help / each other?

⑮ 너는 의향이 있었니 / 볼 / 이 영화를?
Were you willing to / watch / this movie?

패턴 ㉓

막 ~하려는 참이야

be about to

be about to는 '**막 ~하려는 참이다**'로 해석이 되며,
to 뒤에는 **동사원형**이 오게 됩니다.
시제는 be동사에서 바꾸어주면 됩니다.

예를 들어,
"나는 막 떠나려는 참이야."라고 하려면
"I am about to leave."라고 표현합니다.

또한 과거형으로
"나는 막 떠나려던 참이었어."라고 말하려면
be동사를 과거형으로 바꿔서
"I was about to leave."라고 표현합니다.

의문문의 형태로
"너는 막 떠나려는 참이니?"라고 물어보려면
be동사를 문장 맨 앞으로 내보내
"Are you about to leave?"라고 표현하면 됩니다.

패턴 ㉓ be about to 107

패턴 23 막 ~하려는 참이야

의미 단위 입 영작

의미 단위로 나뉘어져 있는 문장 마디를 보고 Hint 단어를 참고하여 입으로 영작하세요.
손으로 영작한 후 입으로 확인해도 좋습니다.

1 나는 막 가려는 참이야 + 학교에.
I _____ go + _____ school.

2 그녀는 막 울려는 참이야.
She is about to _____.

3 그는 막 걸으려는 참이야 + 그의 여자 친구와.
He _____ walk + _____ his girlfriend.

4 우리는 막 방문하려던 참이야 + 너를.
We _____ about to _____ + you

5 나는 막 물어보려던 참이었어 + 질문을.
I was about to _____ + a _____.

6 그녀는 막 가려던 참이었어 + 집에.
She _____ about to _____ + home.

7 그들은 막 훔치려던 참이었어 + 이 차를.
They _____ about to _____ + this _____.

Hint
방문하다 visit
훔치다 steal

be about to

8. 우리는 막 팔리던 참이었어 / 이 보트를.
We _____ about to _____ + this _____.

9. 너는 막 주문할 참이니 / 아메리카노를?
_____ you about _____ + an Americano?

10. 그녀는 막 포기할 참이니 / 그녀의 꿈을?
_____ she about to _____ up + her _____?

11. 그들은 막 해고할 참이니 / 그녀를?
_____ they _____ to _____ + her?

12. 너는 막 떠나려던 참이었니 / 한국을?
Were you _____ to _____ + Korea?

13. 너는 막 끄려던 참이었니 / 이 컴퓨터를?
_____ you about to _____ + this _____?

14. 그녀는 막 먹으려던 참이었니 / 점심을?
_____ she _____ have + _____?

15. 그는 막 그리려던 참이었니 / 동물을?
_____ he _____ to draw + an _____?

Hint
팔다 sell
주문하다 order
포기하다 give up
해고하다 fire
떠나다 leave
끄다 turn off
그리다 draw

패턴 ㉓ be about to

패턴 23 막 ~하려는 참이야

COMPLETE SENTENCES 완성 문장 낭독 훈련
이번에는 완성 문장을 잘 듣고 10회 이상 낭독 훈련해 보세요.

① 나는 막 가려는 참이야 / 학교에.
I am about to go / to school.

② 그녀는 막 울려는 참이야.
She is about to cry.

③ 그는 막 걸으려는 참이야 / 그의 여자 친구와.
He is about to walk / with his girlfriend.

④ 우리는 막 방문하려는 참이야 / 너를.
We are about to visit / you.

⑤ 나는 막 물어보려던 참이었어 / 질문을.
I was about to ask / a question.

⑥ 그녀는 막 가려던 참이었어 / 집에.
She was about to go / home.

⑦ 그들은 막 훔치려던 참이었어 / 이 차를.
They were about to steal / this car.

⑧ 우리는 막 팔려던 참이었어 / 이 보트를.
We were about to sell / this boat.

⑨ 너는 막 주문할 참이니 / 아메리카노를?
Are you about to order / an Americano?

⑩ 그녀는 막 포기할 참이니 / 그녀의 꿈을?
Is she about to give up / her dream?

⑪ 그들은 막 해고할 참이니 / 그녀를?
Are they about to fire / her?

⑫ 너는 막 떠나려던 참이었니 / 한국을?
Were you about to leave / Korea?

⑬ 너는 막 끄려던 참이었니 / 이 컴퓨터를?
Were you about to turn off / this computer?

⑭ 그녀는 막 먹으려던 참이었니 / 점심을?
Was she about to have / lunch?

⑮ 그는 막 그리려던 참이었니 / 동물을?
Was he about to draw / an animal?

패턴 24

~하는 경향이 있어

tend to

tend to는 '~하는 경향이 있다'로 **해석**이 됩니다.
tend는 동사이므로 절대로 앞에 be동사를 넣어선 안 됩니다.
흔히 하는 실수이므로 각별히 신경을 써야 합니다.

예를 들어,
"나는 너무 많이 웃는 경향이 있어."라고 하려면
"I tend to laugh too much."라고 하면 됩니다.
"I am tend to laugh too much."(×)라고 해서는 안 되겠죠.

반대로 '~하지 않는 경향이 있다'라고 하려면
to 앞에 not만 붙이면 됩니다.

예를 들어,
"나는 웃지 않는 경향이 있어."라고 하려면
"I tend not to laugh."라고 표현합니다.

tend to와 비슷한 표현으로는 have a tendency to가 있습니다.
이 Unit에서는 tend to에만 집중하겠습니다.

패턴 24 ~하는 경향이 있어

의미 단위 입 영작

의미 단위로 나뉘어져 있는 문장 마디를 보고 Hint 단어를 참고하여 입으로 영작하세요.
손으로 영작한 후 입으로 확인해도 좋습니다.

1. 나는 거짓말하는 경향이 있어.
   I tend to _____.

2. 나는 수줍어하는 경향이 있어.
   I _____ be shy.

3. 그녀는 일어나는 경향이 있어 + 일찍.
   She _____ to wake _____ + early.

4. 그는 말하는 경향이 있어 + 빨리.
   He _____ talk + fast.

5. 우리는 걷는 경향이 있어 + 너무 천천히.
   We _____ to _____ + too _____.

6. 나는 가는 경향이 있어 + 학교에 + 늦게.
   I tend to _____ + _____ school + _____.

7. 그들은 방어하는 경향이 있어 + 그들 자신을.
   They _____ defend + _____.

Hint
거짓말하다 lie
천천히 slowly
늦게 late

tend to

⑧ 나는 울지 않는 경향이 있어.
I tend _____ to _____.

⑨ 나는 일어나지 않는 경향이 있어
I tend not to _____ + 일찍.
early.

⑩ 그녀는 마시지 않는 경향이 있어
She _____ drink + 커피를.
_____.

⑪ 그들은 고용하지 않는 경향이 있어
They _____ to _____ + 남자들을.
_____.

⑫ 내가 말하는 경향이 있니
Do I tend to _____ + 너무 많이?
_____ much?

⑬ 그녀는 오는 경향이 있니
_____ she tend to _____ + 여기에
here + 자주?
_____?

⑭ 그는 먹는 경향이 있니
_____ he _____ to _____ + 너무 빨리?
_____ fast?

⑮ 너는 까먹는 경향이 있니
_____ you _____ to _____ + 너의 생일을?
your _____?

Hint
일어나다 wake up
고용하다 hire
잊다 forget

패턴 24 ~하는 경향이 있어

COMPLETE SENTENCES 완성 문장 낭독 훈련 — 이번에는 완성 문장을 잘 듣고 10회 이상 낭독 훈련해 보세요.

1. 나는 거짓말하는 경향이 있어.
   I tend to lie.

2. 나는 수줍어하는 경향이 있어.
   I tend to be shy.

3. 그녀는 일어나는 경향이 있어 / 일찍.
   She tends to wake up / early.

4. 그는 말하는 경향이 있어 / 빨리.
   He tends to talk / fast.

5. 우리는 걷는 경향이 있어 / 너무 천천히.
   We tend to walk / too slowly.

6. 나는 가는 경향이 있어 / 학교에 / 늦게.
   I tend to go / to school / late.

7. 그들은 방어하는 경향이 있어 / 그들 자신을.
   They tend to defend / themselves.

8. 나는 울지 않는 경향이 있어.
   I tend not to cry.

9. 나는 일어나지 않는 경향이 있어 / 일찍.
   I tend not to wake up / early.

10. 그녀는 마시지 않는 경향이 있어 / 커피를.
    She tends not to drink / coffee.

11. 그들은 고용하지 않는 경향이 있어 / 남자들을.
    They tend not to hire / men.

12. 내가 말하는 경향이 있니 / 너무 많이?
    Do I tend to talk / too much?

13. 그녀는 오는 경향이 있니 / 여기에 / 자주?
    Does she tend to come / here / often?

14. 그는 먹는 경향이 있니 / 너무 빨리?
    Does he tend to eat / too fast?

15. 너는 까먹는 경향이 있니 / 너의 생일을?
    Do you tend to forget / your birthday?

☆ 패턴 25 → ~하는 게 좋을 거야

had better

had better는 '**~하는 게 좋다**'라고 해석되며,
반드시 해야 한다는 '강한 의견 혹은 경고'의 느낌을 담고 있는 표현입니다.
had better 뒤에 곧바로 동사원형이 온다는 데 주의하세요.

예를 들어,
"너는 서두르는 게 좋을 거야."라고 하려면 "You had better hurry."라고 표현합니다.

반대로 '~하지 않는 게 좋을 거야'라고 말할 때는 동사 바로 앞에 not을 넣어주면 됩니다.

예를 들어,
"너는 내게 전화하지 않는 게 좋을 거야."라고 말하려면 "You had better not call me."라고 하면 됩니다.

또한 일반동사 대신 be동사가 와야 한다면 be동사의 모양은 그대로 be를 유지합니다.

예를 들어,
"그녀가 예쁜 게 좋을 거야."라고 하려면
"She had better is pretty."가 아니라 "She had better be pretty."라고 표현합니다.

구어에서는 had 대신 주어 뒤에 'd로 줄여서 쓰는 경우가 많습니다.
You had better = You'd better

패턴 25 ~하는 게 좋을 거야

의미 단위 입영작

의미 단위로 나뉘어져 있는 문장 마디를 보고 Hint 단어를 참고하여 입으로 영작하세요.
손으로 영작한 후 입으로 확인해도 좋습니다.

1. 너는 좋을 거야 **You had better** + 떠나는 게. _____.

2. 그녀는 좋을 거야 **She** _____ + 포기하는 게. _____ up.

3. 너는 좋을 거야 **You** _____ + 멈추는 게 _____ + 지금. _____.

4. 우리는 좋을 거야 **We** _____ + 달리는 게 _____ + 빨리. **fast.**

5. 그들은 좋을 거야 **They** _____ + 오는 게 **come** + 나의 파티에. _____ my _____.

6. 그녀는 좋을 거야 **She** _____ + 멈추는 게 _____ + 일하는 것을. **working.**

7. 너는 좋을 거야 **You** _____ + 하는 게 **do** + 너의 숙제를. **your** _____.

Hint
떠나다 leave
포기하다 give up
멈추다 stop

had better

8. 나의 상사는 좋을 거야 _____ had better + 멈추는 게 _____. + 전화하는 것을 calling + 내게. me.

9. 너는 좋을 거야 You _____ + 끝마치는 게 _____ + 이 에세이를. this _____.

10. 너는 좋을 거야 You _____ + 사용하지 않는 게 _____ use + 내 카메라를. my _____.

11. 그들은 좋을 거야 They _____ + 해고시키지 않는 게 not _____ + 나를. me.

12. 그녀는 좋을 거야 She _____ + 만족해하는 게. be _____.

13. 이 차는 좋을 거야 This _____ had _____ + 빠른 게. be _____.

14. 우리는 좋을 거야 We _____ + 늦지 않는 게. _____ be _____.

15. 이 차는 좋을 거야 _____ had better + 느리지 않는 게. _____ slow.

Hint
상사 boss
카메라 carmera
해고하다 fire
만족해하는 satisfied
늦은 late

패턴 25 had better

패턴 25 ~하는 게 좋을 거야

COMPLETE SENTENCES 완성 문장 낭독 훈련
이번에는 완성 문장을 잘 듣고 10회 이상 낭독 훈련해 보세요.

① 너는 좋을 거야 / 떠나는 게.
You had better / leave.

② 그녀는 좋을 거야 / 포기하는 게.
She had better / give up.

③ 너는 좋을 거야 / 멈추는 게 / 지금.
You had better / stop / now.

④ 우리는 좋을 거야 / 달리는 게 / 빨리.
We had better / run / fast.

⑤ 그들은 좋을 거야 / 오는 게 / 나의 파티에.
They had better / come / to my party.

⑥ 그녀는 좋을 거야 / 멈추는 게 / 일하는 것을.
She had better / stop / working.

⑦ 너는 좋을 거야 / 하는 게 / 너의 숙제를.
You had better / do / your homework.

⑧ 나의 상사는 좋을 거야 / 멈추는 게 / 전화하는 것을 / 내게.
My boss had better / stop / calling / me.

⑨ 너는 좋을 거야 / 끝마치는 게 / 이 에세이를.
You had better / finish / this essay.

⑩ 너는 좋을 거야 / 사용하지 않는 게 / 내 카메라를.
You had better / not use / my camera.

⑪ 그들은 좋을 거야 / 해고시키지 않는 게 / 나를.
They had better / not fire / me.

⑫ 그녀는 좋을 거야 / 만족해하는 게.
She had better / be satisfied.

⑬ 이 차는 좋을 거야 / 빠른 게.
This car had better / be fast.

⑭ 우리는 좋을 거야 / 늦지 않는 게.
We had better / not be late.

⑮ 이 차는 좋을 거야 / 느리지 않는 게.
This car had better / not be slow.

✱ 패턴 26

~하자

Let's

**Let's는 Let us를 줄인 말로,
뒤에 '동사 원형'이 오면서 '~하자'라는 뜻이 됩니다.
Let's는 문장 맨 앞에 오게 됩니다.**

Let's hang out tonight.

예를 들어,

"오늘 밤에 놀자."라고 하려면

"Let's hang out tonight."이라고 표현합니다.

반대로 '~하지 말자'라고 표현하고 싶다면 Let's 뒤에 not을 넣어주면 됩니다.

예를 들어,

"오늘 밤에는 놀지 말자."라고 하려면

"Let's not hang out tonight."이라고 표현합니다.

패턴 26 ~하자

의미 단위 입 영작

의미 단위로 나뉘어져 있는 문장 마디를 보고 Hint 단어를 참고하여 입으로 영작하세요.
손으로 영작한 후 입으로 확인해도 좋습니다.

1. 먹자. Let's _____.

2. 마시자 Let's _____ + 콜라를. coke.

3. 나가자 _____ go out + 오늘 밤. _____.

4. 끝내자 _____ finish + 이 숙제를 this _____ + 지금. now.

5. 도와주자 _____ + 그녀를 her + 내일. _____.

6. 가자 _____ + 학교에 to _____ + 3시에. at 3.

7. 전화하자 _____ + 그녀에게 her + 5시에. _____ 5.

Hint
마시다 drink
도와주다 help

Let's

8 방문하자 + 너의 부모님들을 + 이번 주말에.
_____ + your _____ + this _____.

9 먹지 말자.
Let's not _____.

10 마시지 말자 + 맥주를.
Let's _____ + beer.

11 가지 말자 + 그의 파티에 + 다시는.
_____ + to his _____ + again.

12 낭비하지 말자 + 우리의 시간을.
Let's _____ + our _____.

13 뛰지 말자 + 이 방 안에서는.
_____ not _____ + in _____.

14 걸어가지 말자 + 학교로 + 오늘은.
_____ + to _____ + today.

15 잊지 말자 + 그의 생일을.
_____ + his _____.

Hint
방문하다 visit
주말 weekend
낭비하다 waste
걷다 walk
잊다 forget

패턴 26 ~하자

COMPLETE SENTENCES 완성 문장낭독 훈련
이번에는 완성 문장을 잘 듣고 10회 이상 낭독 훈련해 보세요.

① 먹자.
Let's eat.

② 마시자 / 콜라를.
Let's drink / coke.

③ 나가자 / 오늘 밤.
Let's go out / tonight.

④ 끝내자 / 이 숙제를 / 지금.
Let's finish / this homework / now.

⑤ 도와주자 / 그녀를 / 내일.
Let's help / her / tomorrow.

⑥ 가자 / 학교에 / 3시에.
Let's go / to school / at 3.

⑦ 전화하자 / 그녀에게 / 5시에.
Let's call / her / at 5.

⑧ 방문하자 / 너의 부모님들을 / 이번 주말에.
Let's visit / your parents / this weekend.

⑨ 먹지 말자.
Let's not eat.

⑩ 마시지 말자 / 맥주를.
Let's not drink / beer.

⑪ 가지 말자 / 그의 파티에 / 다시는.
Let's not go / to his party / again.

⑫ 낭비하지 말자 / 우리의 시간을.
Let's not waste / our time.

⑬ 뛰지 말자 / 이 방 안에서는.
Let's not run / in this room.

⑭ 걸어가지 말자 / 학교로 / 오늘은.
Let's not walk / to school / today.

⑮ 잊지 말자 / 그의 생일을.
Let's not forget / his birthday.

패턴 27

유감이지만 ~야

I'm afraid

I'm afraid 뒤에는 that 절이 오면서 '유감이지만 ~이다'로 해석됩니다.

예를 들어,

"유감이지만 그는 더 이상 우리와 일하지 않아."라고 하려면

"I'm afraid (that) he does not work with us any longer."라고 표현합니다.

또한 좀 더 비격식적인 표현으로

'I'm sorry but + that 절'을 사용할 수도 있습니다.

예를 들어,

위의 문장을 I'm afraid 대신 I'm sorry but을 사용하여

"I'm sorry but (that) he does not work with us any longer."라고도 표현합니다.

that 절 내의 that은 생략 가능한데,

이 Unit에서는 that을 모두 생략하겠습니다.

또한 I'm sorry but보다는 더욱 격식을 차린 I'm afraid에만 집중하겠습니다.

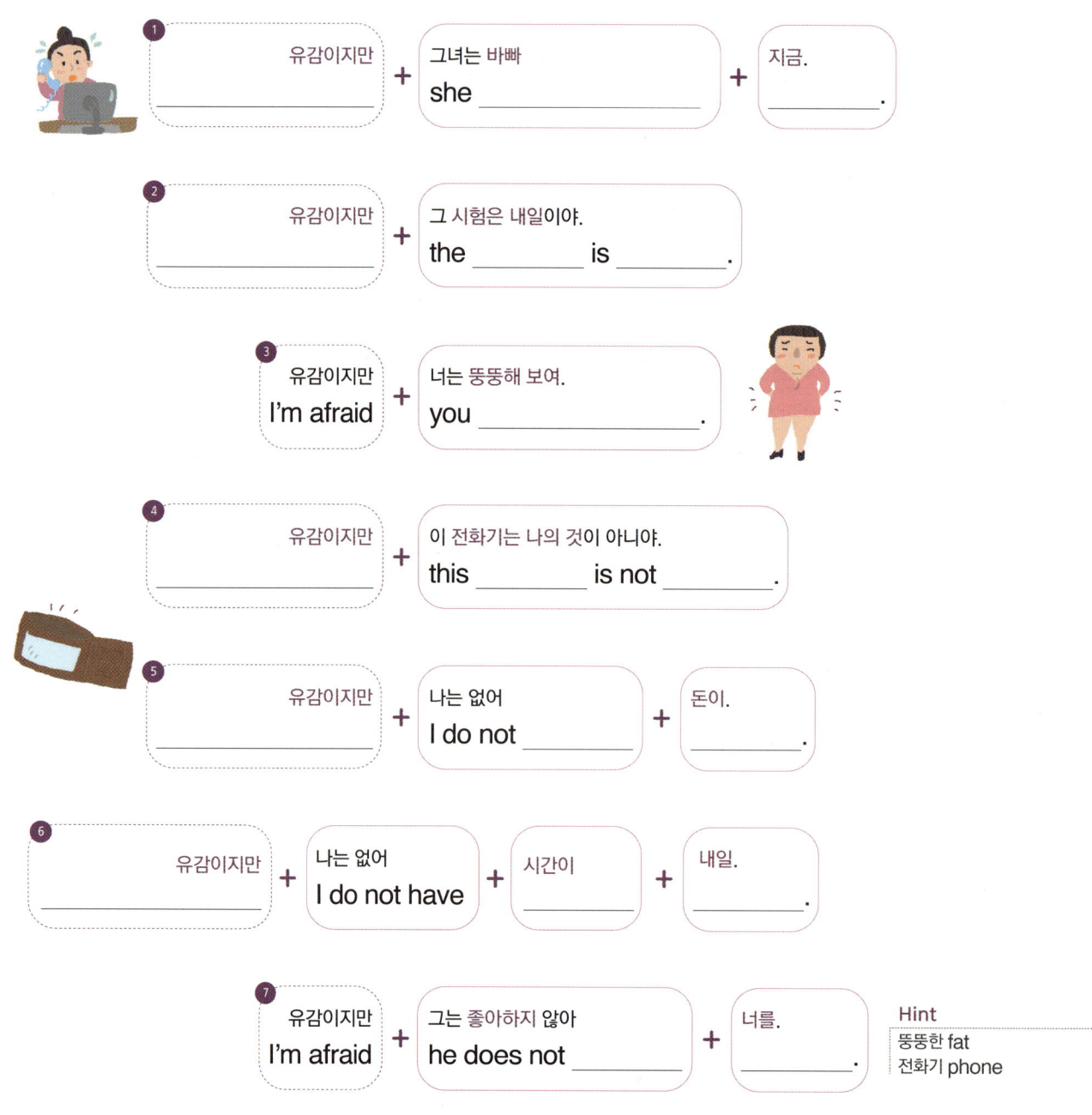

I'm afraid

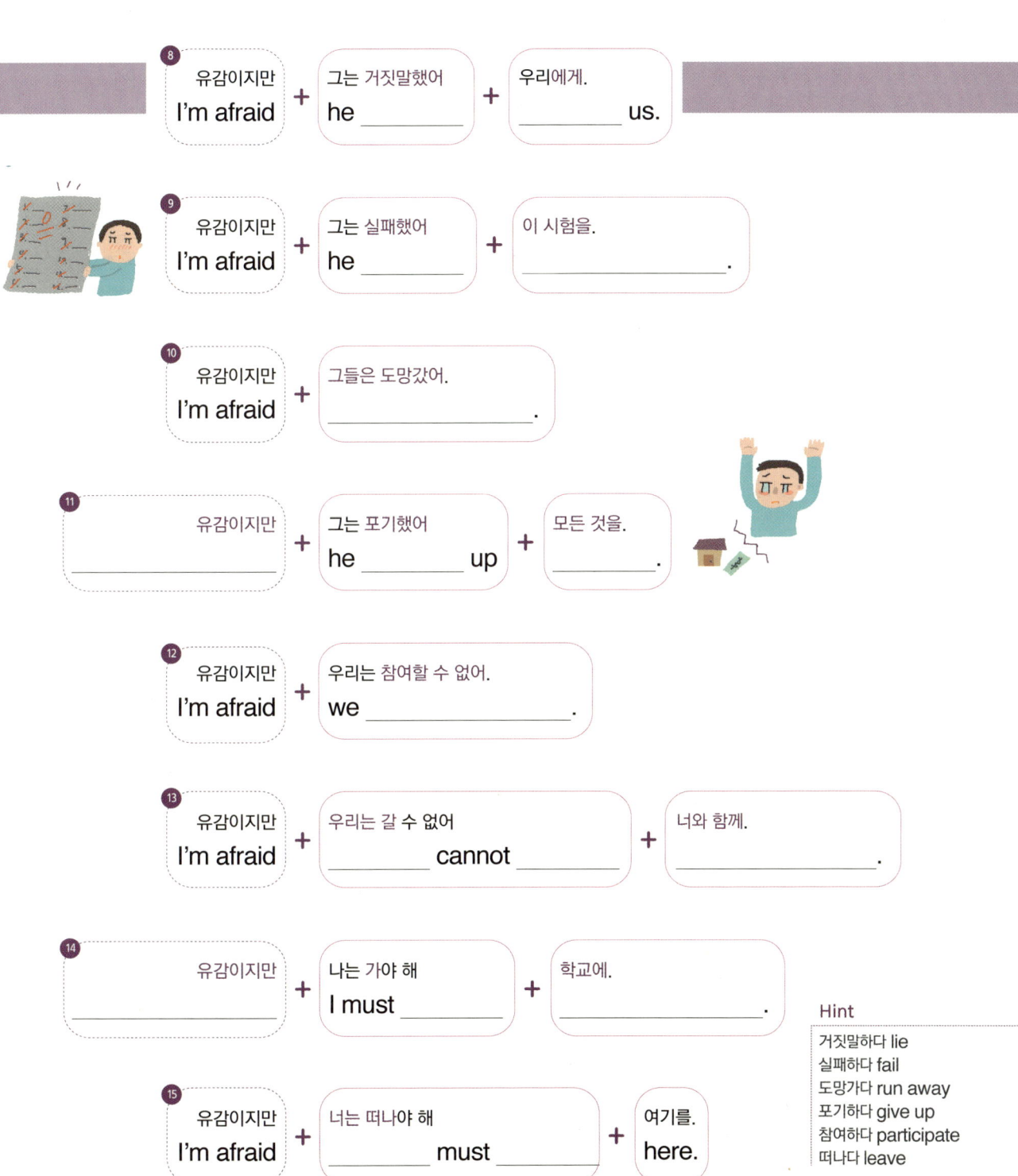

Hint
거짓말하다 lie
실패하다 fail
도망가다 run away
포기하다 give up
참여하다 participate
떠나다 leave

패턴 27 유감이지만 ~야

COMPLETE SENTENCES 완성 문장낭독 훈련 이번에는 완성 문장을 잘 듣고 10회 이상 낭독 훈련해 보세요.

① 유감이지만 / 그녀는 바빠 / 지금.
I'm afraid / she is busy / now.

② 유감이지만 / 그 시험은 내일이야.
I'm afraid / the test is tomorrow.

③ 유감이지만 / 너는 뚱뚱해 보여.
I'm afraid / you look fat.

④ 유감이지만 / 이 전화기는 나의 것이 아니야.
I'm afraid / this phone is not mine.

⑤ 유감이지만 / 나는 없어 / 돈이.
I'm afraid / I do not have / money.

⑥ 유감이지만 / 나는 없어 / 시간이 / 내일.
I'm afraid / I do not have / time / tomorrow.

⑦ 유감이지만 / 그는 좋아하지 않아 / 너를.
I'm afraid / he does not like / you.

⑧ 유감이지만 / 그는 거짓말했어 / 우리에게.
I'm afraid / he lied / to us.

⑨ 유감이지만 / 그는 실패했어 / 이 시험을.
I'm afraid / he failed / this test.

⑩ 유감이지만 / 그들은 도망갔어.
I'm afraid / they ran away.

⑪ 유감이지만 / 그는 포기했어 / 모든 것을.
I'm afraid / he gave up / everything.

⑫ 유감이지만 / 우리는 참여할 수 없어.
I'm afraid / we cannot participate.

⑬ 유감이지만 / 우리는 갈 수 없어 / 너와 함께.
I'm afraid / we cannot go / with you.

⑭ 유감이지만 / 나는 가야 해 / 학교에.
I'm afraid / I must go / to school.

⑮ 유감이지만 / 너는 떠나야 해 / 여기를.
I'm afraid / you must leave / here.

패턴 28 ~이라서 아쉬워

It's too bad

It's too bad 뒤에는 that 절이 오면서 '~이라서 아쉽다'로 해석됩니다.

예를 들어,
"네가 지금 떠나야 해서 아쉬워."라고 하려면
"It's too bad (that) you have to leave now."라고 표현합니다.

비슷하게,
"이 파티가 끝나서 아쉬워."라고 하려면
"It's too bad (that) this party is over."라고 표현합니다.

that 절의 that은 생략 가능한데,
이 Unit에서는 that을 모두 생략하겠습니다.
참고로, 구어에서는 It's도 많이 생략됩니다.

It's too bad you have to leave now.

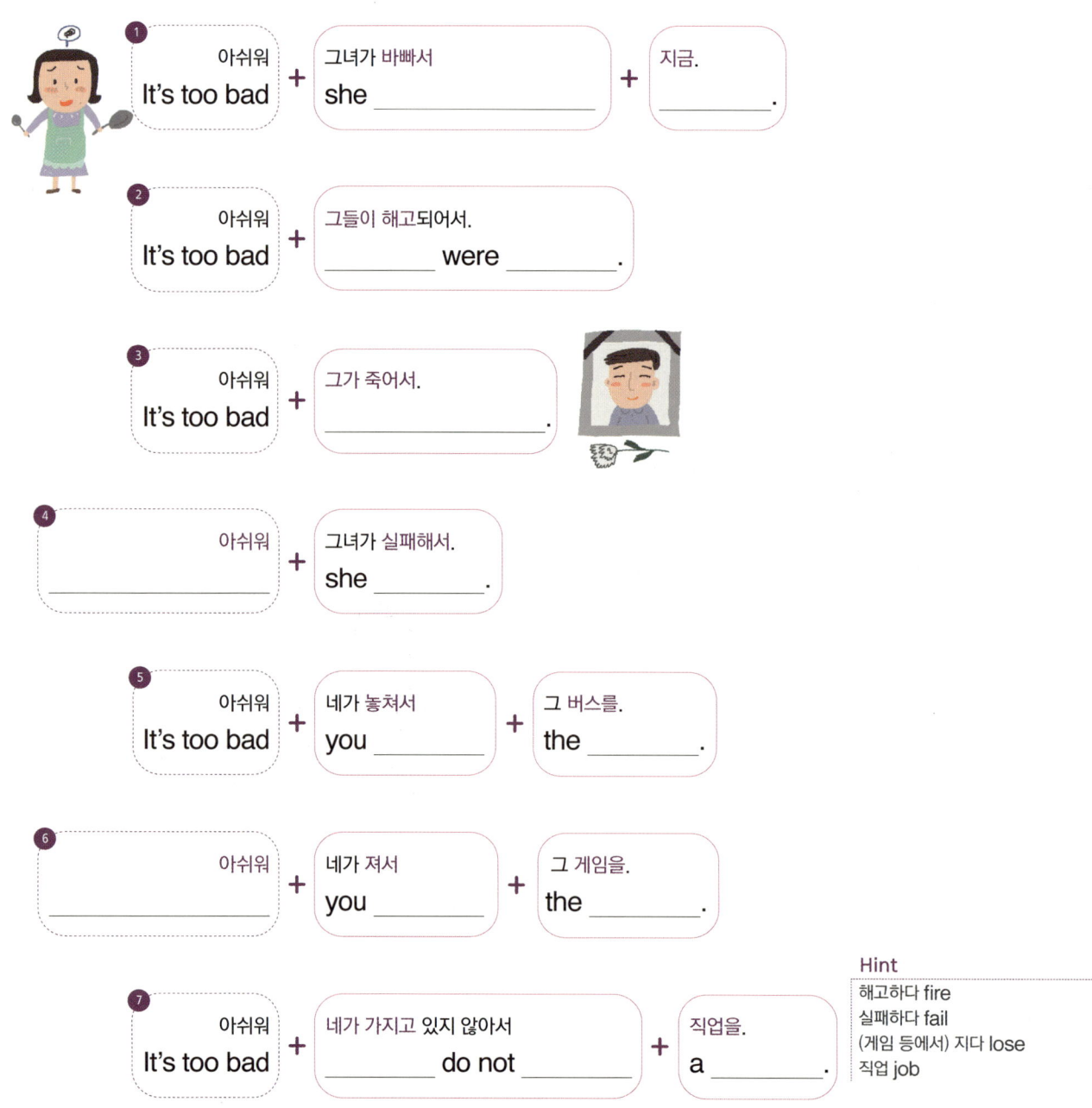

It's too bad

8. 아쉬워 It's too bad + 네가 오지 않아서 you did _____ + 어제. _____.

9. 아쉬워 _____ + 우리가 도와줄 수 없어서 we cannot _____ + 너를. _____.

10. 아쉬워 _____ + 그들이 머물 수 없어서 they _____ + 여기에. here.

11. 아쉬워 _____ + 네가 운전할 수 없어서 you _____ + 이 차를. this _____.

12. 아쉬워 It's too bad + 네가 올 수 없어서 you _____ + 나의 콘서트에. _____ my _____.

13. 아쉬워 It's too bad + 네가 놀 수 없어서 you _____ hang out + 우리와 함께. _____.

14. 아쉬워 It's too bad + 네가 떠나야 해서 you have to _____ + 지금. _____.

15. 아쉬워 It's too bad + 네가 공부해야 해서 you _____ to _____ + 오늘 밤. tonight.

Hint
머무르다 stay
어울려 놀다 hang out with
떠나다 leave

패턴 28 It's too bad

패턴 28 ~이라서 아쉬워

완성 문장낭독 훈련

이번에는 완성 문장을 잘 듣고 10회 이상 낭독 훈련해 보세요.

① 아쉬워 / 그녀가 바빠서 / 지금.
It's too bad / she is busy / now.

② 아쉬워 / 그들이 해고되어서.
It's too bad / they were fired.

③ 아쉬워 / 그가 죽어서.
It's too bad / he died.

④ 아쉬워 / 그녀가 실패해서.
It's too bad / she failed.

⑤ 아쉬워 / 네가 놓쳐서 / 그 버스를.
It's too bad / you missed / the bus.

⑥ 아쉬워 / 네가 져서 / 그 게임을.
It's too bad / you lost / the game.

⑦ 아쉬워 / 네가 가지고 있지 않아서 / 직업을.
It's too bad / you do not have / a job.

⑧ 아쉬워 / 네가 오지 않아서 / 어제.
It's too bad / you did not come / yesterday.

⑨ 아쉬워 / 우리가 도와줄 수 없어서 / 너를.
It's too bad / we cannot help / you.

⑩ 아쉬워 / 그들이 머물 수 없어서 / 여기에.
It's too bad / they cannot stay / here.

⑪ 아쉬워 / 네가 운전할 수 없어서 / 이 차를.
It's too bad / you cannot drive / this car.

⑫ 아쉬워 / 네가 올 수 없어서 / 나의 콘서트에.
It's too bad / you cannot come / to my concert.

⑬ 아쉬워 / 네가 놀 수 없어서 / 우리와 함께.
It's too bad / you cannot hang out / with us.

⑭ 아쉬워 / 네가 떠나야 해서 / 지금.
It's too bad / you have to leave / now.

⑮ 아쉬워 / 네가 공부해야 해서 / 오늘 밤.
It's too bad / you have to study / tonight.

패턴 29

~에 진저리가 나

be tired of

'~에 진저리가 나다'라는 표현은 여러 가지로 나타낼 수 있습니다.
보통 be tired of < be fed up with < be sick of < be sick and tired of의 순서로 느낌이 강해집니다.
이 Unit에서는 사용 빈도가 가장 높은 be tired of에 집중하겠습니다.
또한 of 뒤에는 명사 혹은 -ing가 모두 올 수 있습니다.

예를 들어,
"난 네가 진저리가 나."라고 하려면
'너 = you'는 명사이므로
"I am tired of you."라고 표현합니다.

또한
"난 공부하는 것이 진저리가 나."라고 하려면
동명사 '공부하는 것 = studying'을 넣어
"I am tired of studying."이라고 표현합니다.

패턴 29 be tired of　131

패턴 29 ~에 진저리가 나

의미 단위 입 영작
의미 단위로 나뉘어져 있는 문장 마디를 보고 Hint 단어를 참고하여 입으로 영작하세요.
손으로 영작한 후 입으로 확인해도 좋습니다.

1 나는 진저리가 나 **I am tired** + 너의 변명에. **of _____.**

2 나는 진저리가 나 **I _____** + 이 상황에. **_____ this situation.**

3 나는 진저리가 나 **I am _____** + 노래하는 것에 **_____** + 매일. **every day.**

4 나는 진저리가 나 **I am _____** + 공부하는 것에 **_____** + 수학을. **math.**

5 그는 진저리가 나 **He _____** + 너의 바보 같은 거짓말들에. **of your _____.**

6 우리는 진저리가 나 **_____** + 이 프로젝트에. **_____ this project.**

7 그녀는 진저리가 나 **She _____** + 읽는 것에 **_____** + 이 책을. **this book.**

Hint
변명 excuse
바보 같은 stupid
거짓말 lie

132 입영훈

be tired of

8. I was _____ + of _____ + _____ you.

9. I _____ + of going + _____ school + _____ .

10. I was _____ + of _____ + this _____ .

11. They _____ + _____ homework.

12. Aren't you _____ + of your _____ ?

13. _____ you _____ + _____ this _____ ?

14. _____ she _____ + _____ eating + *ramen*?

15. _____ they _____ + of _____ + every _____ ?

Hint
노래 song
운전하다 drive

패턴 29 ~에 진저리가 나

완성 문장 낭독 훈련
이번에는 완성 문장을 잘 듣고 10회 이상 낭독 훈련해 보세요.

① 나는 진저리가 나 / 너의 변명에.
I am tired / of your excuses.

② 나는 진저리가 나 / 이 상황에.
I am tired / of this situation.

③ 나는 진저리가 나 / 노래하는 것에 / 매일.
I am tired / of singing / every day.

④ 나는 진저리가 나 / 공부하는 것에 / 수학을.
I am tired / of studying / math.

⑤ 그는 진저리가 나 / 너의 바보 같은 거짓말들에.
He is tired / of your stupid lies.

⑥ 우리는 진저리가 나 / 이 프로젝트에.
We are tired / of this project.

⑦ 그녀는 진저리가 나 / 읽는 것에 / 이 책을.
She is tired / of reading / this book.

⑧ 나는 진저리가 났어 / 일하는 것에 / 너와 함께.
I was tired / of working / with you.

⑨ 나는 진저리가 났어 / 가는 것에 / 학교에 / 매일.
I was tired / of going / to school / every day.

⑩ 나는 진저리가 났어 / 사용하는 것에 / 이 오래된 전화기를.
I was tired / of using / this old phone.

⑪ 그들은 진저리가 났어 / 그들의 숙제에.
They were tired / of their homework.

⑫ 너는 진저리가 나지 않니 / 너의 남자 친구에?
Aren't you tired / of your boyfriend?

⑬ 너는 진저리가 나지 않니 / 이 노래에?
Aren't you tired / of this song?

⑭ 그녀는 진저리가 나지 않나 / 먹는 것에 / 라면을?
Isn't she tired / of eating / *ramen*?

⑮ 그들은 진저리가 나지 않나 / 운전하는 것에 / 매일 아침?
Aren't they tired / of driving / every morning?

패턴 ③⓪

~할 계획이야

plan to

'~할 계획이다'라는 표현은
'**plan to** + 동사원형' 혹은 '**plan on** -ing'로 모두 표현할 수 있습니다.

예를 들어,
"난 곧 뉴욕을 방문할 계획 중이야."라고 하려면
"I am planning to visit New York soon." 또는
"I am planning on visiting New York soon."이라고 표현합니다.

또한 의문형으로
"넌 곧 뉴욕을 방문할 계획 중이니?"라고 하려면
"Are you planning to visit New York soon?" 또는
"Are you planning on visiting New York soon?"이라고 표현합니다.

이 Unit에서는 사용 빈도가 더 높은 'plan to + 동사원형' 가운데
특히 사용 빈도가 가장 높은 '진행형' 시제에 집중하도록 하겠습니다.

I am planning to visit New York soon.

패턴 ③⓪ plan to   135

패턴 30 ~할 계획이야

의미 단위 입 영작

의미 단위로 나뉘어져 있는 문장 마디를 보고 Hint 단어를 참고하여 입으로 영작하세요. 손으로 영작한 후 입으로 확인해도 좋습니다.

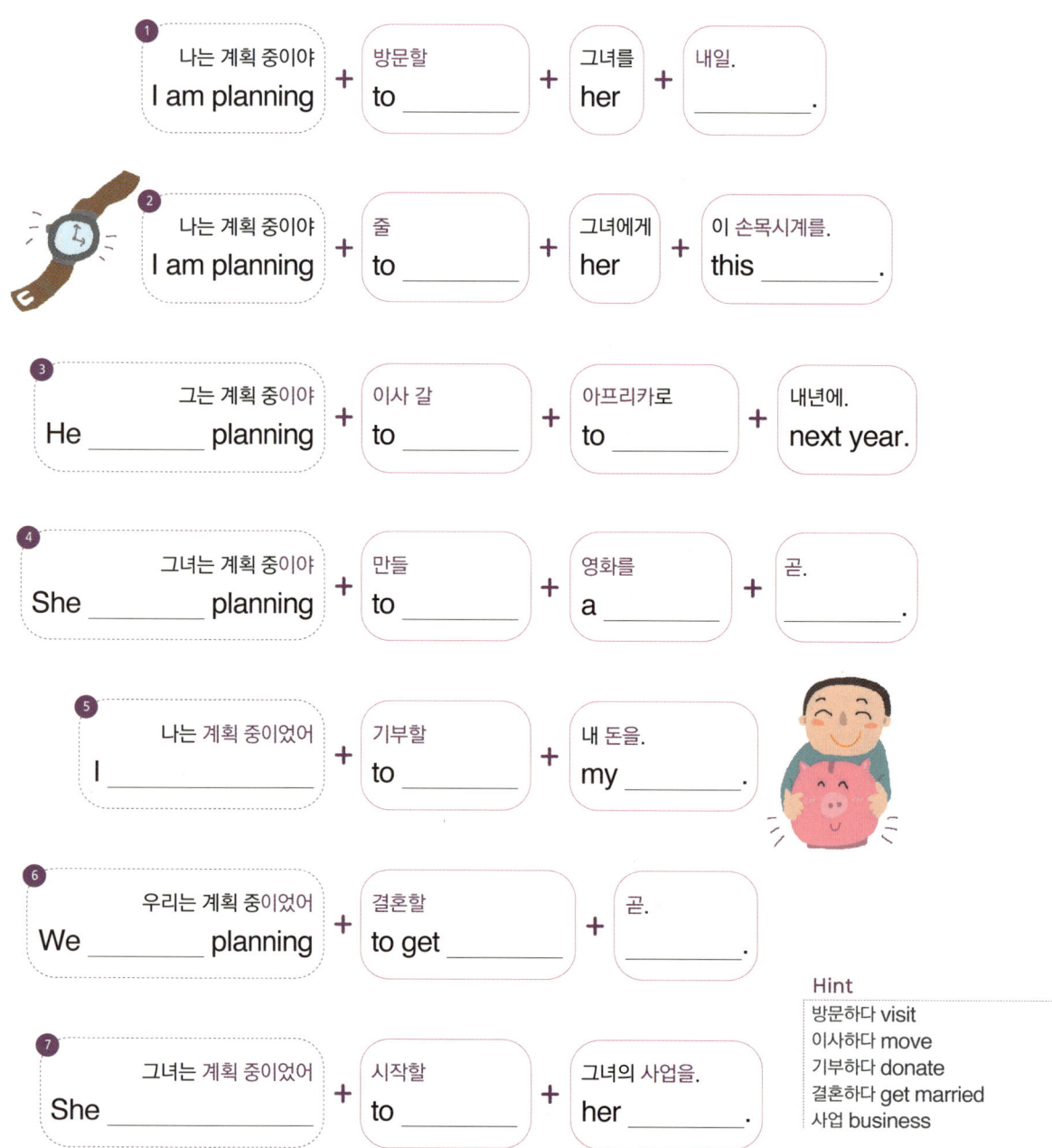

1. 나는 계획 중이야 I am planning + 방문할 to _____ + 그녀를 her + 내일. _____.

2. 나는 계획 중이야 I am planning + 줄 to _____ + 그녀에게 her + 이 손목시계를. this _____.

3. 그는 계획 중이야 He _____ planning + 이사 갈 to _____ + 아프리카로 to _____ + 내년에. next year.

4. 그녀는 계획 중이야 She _____ planning + 만들 to _____ + 영화를 a _____ + 곧. _____.

5. 나는 계획 중이었어 I _____ + 기부할 to _____ + 내 돈을. my _____.

6. 우리는 계획 중이었어 We _____ planning + 결혼할 to get _____ + 곧. _____.

7. 그녀는 계획 중이었어 She _____ + 시작할 to _____ + 그녀의 사업을. her _____.

Hint
방문하다 visit
이사하다 move
기부하다 donate
결혼하다 get married
사업 business

plan to

8 너는 계획 중이니 / 살 / 트럭을?
Are you _____ + to _____ + a _____?

9 너는 계획 중이니 / 돌아올 / 우리의 회사로?
_____ you planning + to _____ back + to our _____?

10 그는 계획 중이니 / 요리할 / 무언가를 / 그녀를 위해?
_____ he _____ + to _____ + _____ + _____ her?

11 그들은 계획 중이니 / 연기할 / 이 콘서트를?
_____ they _____ + to _____ + this _____?

12 너는 계획 중이었니 / 팔 / 이 중고차를?
Were you planning + to _____ + this _____?

13 너는 계획 중이었니 / 고칠 / 이 집을?
_____ + to _____ + this _____?

14 그들은 계획 중이었니 / 머물 / 이 호텔에?
_____ they planning + to _____ + at this _____?

15 그는 계획 중이었니 / 떠날 / 오늘이나 내일?
_____ he planning + to _____ + _____ or _____?

Hint
돌아오다 come back
요리하다 cook
연기하다 postpone
팔다 sell
중고의 used
고치다 fix
머무르다 stay
떠나다 leave

패턴 30 plan to 137

패턴 30 ~할 계획이야

COMPLETE SENTENCES
완성 문장낭독 훈련
이번에는 완성 문장을 잘 듣고 10회 이상 낭독 훈련해 보세요.

① 나는 계획 중이야 / 방문할 / 그녀를 / 내일.
I am planning / to visit / her / tomorrow.

② 나는 계획 중이야 / 줄 / 그녀에게 / 이 손목시계를.
I am planning / to give / her / this watch.

③ 그는 계획 중이야 / 이사 갈 / 아프리카로 / 내년에.
He is planning / to move / to Africa / next year.

④ 그녀는 계획 중이야 / 만들 / 영화를 / 곧.
She is planning / to make / a movie / soon.

⑤ 나는 계획 중이었어 / 기부할 / 내 돈을.
I was planning / to donate / my money.

⑥ 우리는 계획 중이었어 / 결혼할 / 곧.
We were planning / to get married / soon.

⑦ 그녀는 계획 중이었어 / 시작할 / 그녀의 사업을.
She was planning / to start / her business.

⑧ 너는 계획 중이니 / 살 / 트럭을?
Are you planning / to buy / a truck?

⑨ 너는 계획 중이니 / 돌아올 / 우리의 회사로?
Are you planning / to come back / to our company?

⑩ 그는 계획 중이니 / 요리할 / 무언가를 / 그녀를 위해?
Is he planning / to cook / something / for her?

⑪ 그들은 계획 중이니 / 연기할 / 이 콘서트를?
Are they planning / to postpone / this concert?

⑫ 너는 계획 중이었니 / 팔 / 이 중고차를?
Were you planning / to sell / this used car?

⑬ 너는 계획 중이었니 / 고칠 / 이 집을?
Were you planning / to fix / this house?

⑭ 그들은 계획 중이었니 / 머물 / 이 호텔에?
Were they planning / to stay / at this hotel?

⑮ 그는 계획 중이었니 / 떠날 / 오늘이나 내일?
Was he planning / to leave / today or tomorrow?

패턴 ③

~을 살펴보다

take a look at

take a look at은 '~을 살펴보다' 혹은 '~을 한번 봐보다'라고 해석이 되며, 뒤에 목적어가 오지 않는다면 at은 필요 없습니다.

예를 들어,
"이거 한번 봐봐."라고 하려면
"Take a look at this."라고 표현합니다.

만약 목적어 없이
"한번 봐보실래요?"라고 하려면 at을 사용하지 않고
"Would you take a look?"이라고 표현합니다.

비슷한 표현으로는 check something out이 있습니다.
예를 들어, take a look at it은 check it out과 같습니다.
하지만 take a look (at)이 사용 빈도가 더 높고 더 격식을 차린 표현이므로
이 Unit에서는 take a look (at)에만 집중하겠습니다.

패턴 31 ~을 살펴보다

의미 단위 입 영작

의미 단위로 나뉘어져 있는 문장 마디를 보고 Hint 단어를 참고하여 입으로 영작하세요.
손으로 영작한 후 입으로 확인해도 좋습니다.

1. 한번 봐봐 + 내 새 전화기를.
   Take a look + at _____.

2. 한번 봐봐 + 이 사진을.
   _____ + _____ this picture.

3. 살펴봐봐 + 이것을 + 조심스럽게.
   _____ look + at _____ + _____.

4. 살펴봐봐 + 그녀의 상처를.
   Take a look + at her _____.

5. 나는 살펴봤어 + 그의 중고차를.
   I took a _____ + at his _____.

6. 나는 살펴봤어 + 그녀의 상황을.
   I _____ + at her _____.

7. 그는 살펴봤어 + 나의 에세이를 + 나를 위해.
   He _____ + _____ my essay + _____ me.

Hint
조심스럽게 carefully
상처 wound
상황 situation

take a look at

8. Let's _____ 한번 봐보자 + at his _____ 그의 고장 난 자동차를 + today. 오늘.

9. _____ a look 한번 봐보자 + _____ our _____ 우리의 새 집을 + tomorrow. 내일.

10. Let's _____ 한번 살펴보자 + at her _____ and _____. 그녀의 인생과 경력을.

11. _____ a _____ 한번 살펴보자 + _____ today's _____ 오늘의 승자들을 + now. 지금.

12. Did you _____ a _____ 너는 살펴봤니 + at her _____? 그녀의 점수를?

13. _____ you _____ a look 너는 살펴봤니 + at the _____ 그 장소를 + last _____? 지난주에?

14. Did you _____ 너는 살펴봤니 + _____ my _____ computer? 내 고장 난 컴퓨터를?

15. Did _____ take a _____ 너의 부모님들은 살펴보셨니 + _____ my _____? 내 사진들을?

Hint
고장 난 broken
인생 life
경력 career
승자 winner
점수 score

패턴 ㉛ take a look at 141

패턴 31 ~을 살펴보다

COMPLETE SENTENCES — 완성 문장 낭독 훈련

이번에는 완성 문장을 잘 듣고 10회 이상 낭독 훈련해 보세요.

① 한번 봐봐 / 내 새 전화기를.
Take a look / at my new phone.

② 한번 봐봐 / 이 사진을.
Take a look / at this picture.

③ 살펴봐봐 / 이것을 / 조심스럽게.
Take a look / at this / carefully.

④ 살펴봐봐 / 그녀의 상처를.
Take a look / at her wound.

⑤ 나는 살펴봤어 / 그의 중고차를.
I took a look / at his used car.

⑥ 나는 살펴봤어 / 그녀의 상황을.
I took a look / at her situation.

⑦ 그는 살펴봤어 / 나의 에세이를 / 나를 위해.
He took a look / at my essay / for me.

⑧ 한번 봐보자 / 그의 고장 난 자동차를 / 오늘.
Let's take a look / at his broken car / today.

⑨ 한번 봐보자 / 우리의 새 집을 / 내일.
Let's take a look / at our new house / tomorrow.

⑩ 한번 살펴보자 / 그녀의 인생과 경력을.
Let's take a look / at her life and career.

⑪ 한번 살펴보자 / 오늘의 승자들을 / 지금.
Let's take a look / at today's winners / now.

⑫ 너는 살펴봤니 / 그녀의 점수를?
Did you take a look / at her score?

⑬ 너는 살펴봤니 / 그 장소를 / 지난주에?
Did you take a look / at the place / last week?

⑭ 너는 살펴봤니 / 내 고장 난 컴퓨터를?
Did you take a look / at my broken computer?

⑮ 너의 부모님들은 살펴보셨니 / 내 사진들을?
Did your parents take a look / at my pictures?

패턴 32

너는 ~이라고 생각하니?

Do you think

Do you think 뒤에 that 절이 오면
"너는 ~이라고 생각하니?"로 해석됩니다.

예를 들어,
"너는 내가 널 좋아한다고 생각해?"라고 하려면
"Do you think (that) I like you?"라고 표현합니다.

반대로, "너는 ~이라고 생각하지 않니?"라고 하려면
Do 대신 Don't를 사용합니다.

예를 들어,
"너는 내가 널 좋아한다고 생각하지 않니?"라고 하려면
"Don't you think (that) I like you?"라고 표현합니다.

that 절에서 that은 생략이 가능한데,
이 Unit에서는 that을 모두 생략하겠습니다.

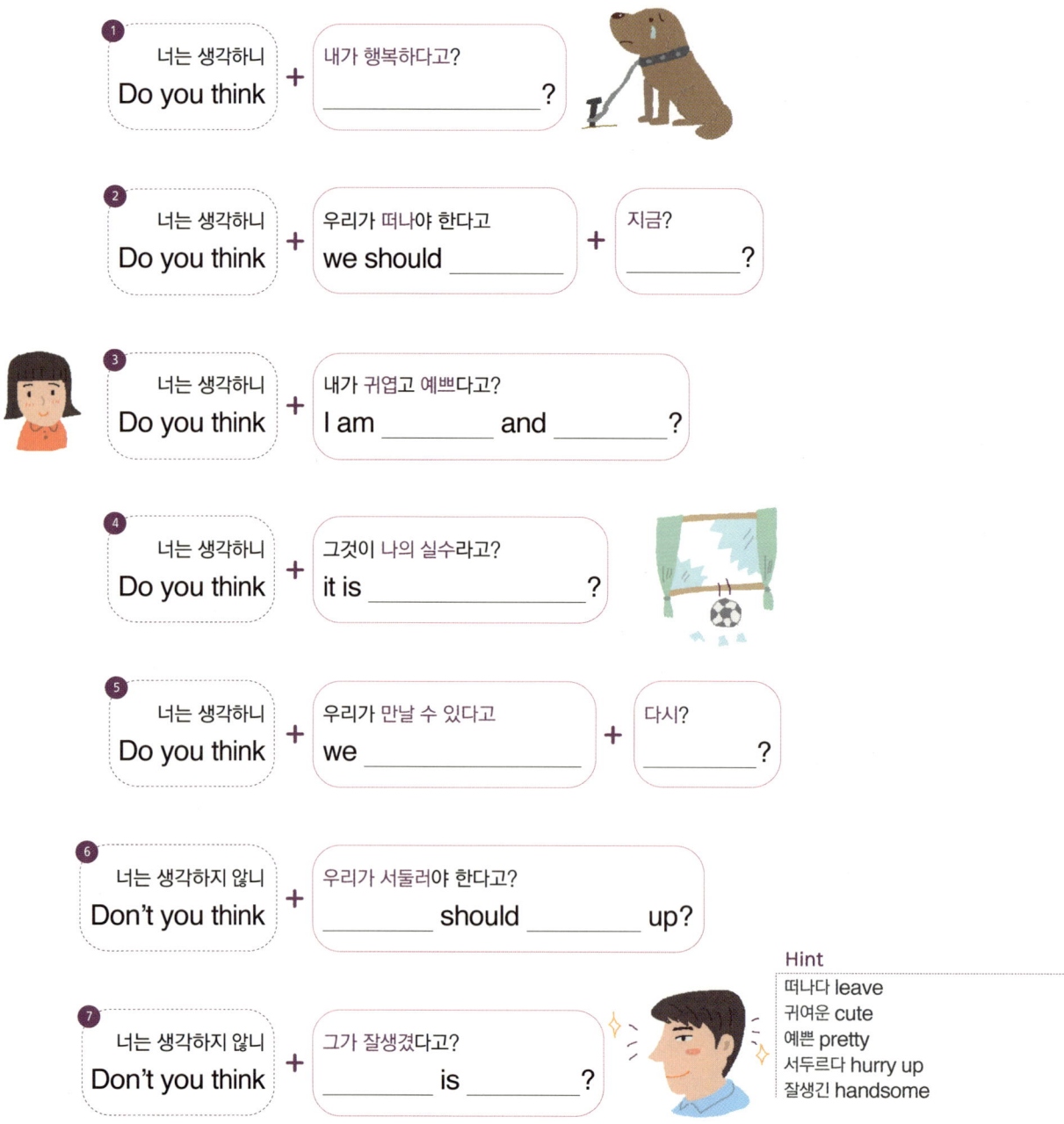

Do you think

8. 너는 생각하지 않니 _____ + 이것이 불공평하다고? this is _____ ?

9. 너는 생각하지 않니 _____ + 그녀가 거짓말쟁이라고? she is a _____ ?

10. 너는 생각하니 _____ + 내가 훔쳤다고 I _____ + 이 비싼 가방을? this _____ ?

11. 너는 생각하니 _____ + 그녀가 정말 뚱뚱했었다고 she _____ really _____ + 그녀가 젊었을 때? _____ she was _____ ?

12. 너는 생각하니 _____ + 내가 몰랐다고 I _____ not _____ + 그 진실을? the _____ ?

13. 너는 생각하지 않니 Don't you think + 그것이 너의 잘못이었다고? it was _____ ?

14. 너는 생각하지 않니 _____ + 그녀가 숨기고 있었다고 she was _____ + 그녀의 비밀을? her _____ ?

15. 너는 생각하지 않니 Don't you _____ + 너의 방이 너무 어두웠다고? your _____ was _____ ?

Hint
불공평한 unfair
거짓말쟁이 liar
비싼 expensive
뚱뚱한 fat
젊은 young
진실 truth
잘못 fault
숨기다 hide
비밀 secret
어두운 dark

패턴 ㉜ Do you think

패턴 32 너는 ~이라고 생각하니?

완성 문장낭독 훈련

이번에는 완성 문장을 잘 듣고 10회 이상 낭독 훈련해 보세요.

① 너는 생각하니 / 내가 행복하다고?
Do you think / I am happy?

② 너는 생각하니 / 우리가 떠나야 한다고 / 지금?
Do you think / we should leave / now?

③ 너는 생각하니 / 내가 귀엽고 예쁘다고?
Do you think / I am cute and pretty?

④ 너는 생각하니 / 그것이 나의 실수라고?
Do you think / it is my mistake?

⑤ 너는 생각하니 / 우리가 만날 수 있다고 / 다시?
Do you think / we can meet / again?

⑥ 너는 생각하지 않니 / 우리가 서둘러야 한다고?
Don't you think / we should hurry up?

⑦ 너는 생각하지 않니 / 그가 잘생겼다고?
Don't you think / he is handsome?

⑧ 너는 생각하지 않니 / 이것이 불공평하다고?
Don't you think / this is unfair?

⑨ 너는 생각하지 않니 / 그녀가 거짓말쟁이라고?
Don't you think / she is a liar?

⑩ 너는 생각하니 / 내가 훔쳤다고 / 이 비싼 가방을?
Do you think / I stole / this expensive bag?

⑪ 너는 생각하니 / 그녀가 정말 뚱뚱했다고 / 그녀가 젊었을 때?
Do you think / she was really fat / when she was young?

⑫ 너는 생각하니 / 내가 몰랐다고 / 그 진실을?
Do you think / I did not know / the truth?

⑬ 너는 생각하지 않니 / 그것이 너의 잘못이었다고?
Don't you think / it was your fault?

⑭ 너는 생각하지 않니 / 그녀가 숨기고 있었다고 / 그녀의 비밀을?
Don't you think / she was hiding / her secret?

⑮ 너는 생각하지 않니 / 너의 방이 너무 어두웠다고?
Don't you think / your room was too dark?

✱ 패턴 ③③

`~을 알아내다` → **figure out**

figure out은 '~을 알아내다'로 해석되며,
단순히 '알아내다'라는 느낌보다는
'곰곰이 생각한 후에 알아내거나 이해하다'라는 느낌의 표현입니다.

예를 들어,
"난 정답을 알아냈어."라고 하려면
"I figured out the answer."라고 표현합니다.

> I figured out the answer.

figure out의 목적어로 대명사가 오면
목적어의 위치는 반드시 figure와 out 사이가 되어야 합니다.

예를 들어,
'정답'이란 일반 명사 대신 '그것'이란 대명사를 사용하여
"난 그것을 알아냈어."라고 하려면
"I figured it out."이라고 표현합니다. ("I figured out it."은 틀림)

패턴 33 ~을 알아내다

의미 단위 입 영작

의미 단위로 나뉘어져 있는 문장 마디를 보고 Hint 단어를 참고하여 입으로 영작하세요.
손으로 영작한 후 입으로 확인해도 좋습니다.

1. 나는 알아냈어 / 나의 실수를.
I _____ + my _____.

2. 그는 알아냈어 / 그녀의 패스워드를.
He _____ + her _____.

3. 그녀는 알아냈어 / 우리의 비밀을.
She _____ + our _____.

4. 우리는 알아냈어 / 그의 나이를.
We figured _____ + _____.

5. 나는 알아냈어 / 어떻게 잠그는지 / 그 창문을.
I figured out + how to _____ + the _____.

6. 나는 알아냈어 / 어떻게 끄는지 / 이 전화기를.
I _____ + _____ to _____ off + this _____.

7. 그녀는 알아냈어 / 어떻게 운전하는지 / 이 자동차를.
She _____ out + _____ drive + this _____.

Hint
비밀번호 password
잠그다 lock
끄다 turn off
운전하다 drive

figure out

8
나는 알아내야 해
I _____ figure out
+
그녀의 비밀을.
_____.

9
그들은 그것을 알아낼 수 없었어.
They could _____ figure _____ out.

10
나는 이것을 알아낼 수 없었어
I could not _____
+
전혀.
_____.

11
너는 그것을 알아냈니?
Did you _____?

12
너는 알아냈니
_____ you figure _____
+
그것의 의미를?
its _____?

13
너는 알아냈니
_____ you _____
+
어떻게 지우는지
_____
+
이 파일을?
this _____?

14
어떻게
_____
+
너는 그것을 알아냈니?
did you _____?

Hint
비밀 secret
의미 meaning
나이 age

15
언제
_____
+
너는 알아냈니
did you _____
+
내 나이를?
my _____?

패턴 ㉝ figure out   149

패턴 33 ~을 알아내다

COMPLETE SENTENCES 완성 문장낭독 훈련 이번에는 완성 문장을 잘 듣고 10회 이상 낭독 훈련해 보세요.

① 나는 알아냈어 / 나의 실수를.
I figured out / my mistake.

② 그는 알아냈어 / 그녀의 패스워드를.
He figured out / her password.

③ 그녀는 알아냈어 / 우리의 비밀을.
She figured out / our secret.

④ 우리는 알아냈어 / 그의 나이를.
We figured out / his age.

⑤ 나는 알아냈어 / 어떻게 잠그는지 / 그 창문을.
I figured out / how to lock / the window.

⑥ 나는 알아냈어 / 어떻게 끄는지 / 이 전화기를.
I figured out / how to turn off / this phone.

⑦ 그녀는 알아냈어 / 어떻게 운전하는지 / 이 자동차를.
She figured out / how to drive / this car.

⑧ 나는 알아내야 해 / 그녀의 비밀을.
I must figure out / her secret.

⑨ 그들은 그것을 알아낼 수 없었어.
They could not figure it out.

⑩ 나는 이것을 알아낼 수 없었어 / 전혀.
I could not figure this out / at all.

⑪ 너는 그것을 알아냈니?
Did you figure it out?

⑫ 너는 알아냈니 / 그것의 의미를?
Did you figure out / its meaning?

⑬ 너는 알아냈니 / 어떻게 지우는지 / 이 파일을?
Did you figure out / how to delete / this file?

⑭ 어떻게 / 너는 그것을 알아냈니?
How / did you figure it out?

⑮ 언제 / 너는 알아냈니 / 내 나이를?
When / did you figure out / my age?

패턴 34

~을 생각해 내다 / ~을 구해 오다

come up with

come up with 뒤에는 명사가 오면서
'(아이디어·계획·방법 등)을 생각해 내다'로 해석됩니다.

예를 들어,
"내가 그 아이디어를 생각해 냈어."라고 하려면
"I came up with the idea."라고 표현합니다.

come up with는 '(돈·월세·자금 등)을 구해 오다'로도 해석 가능합니다.

예를 들어,
"너는 월세를 내일까지 구해 오는 것이 좋을 거야."라고 하려면
"You had better come up with the rent by tomorrow."라고 표현합니다.

단, come up with는 진행형을 쓰지 않습니다.

패턴 34 ~을 생각해 내다 / ~을 구해 오다

의미 단위 입 영작

의미 단위로 나뉘어져 있는 문장 마디를 보고 Hint 단어를 참고하여 입으로 영작하세요. 손으로 영작한 후 입으로 확인해도 좋습니다.

1 내가 생각해 냈어 + 그의 이름을.
I came up _____ + _____.

2 내가 생각해 냈어 + 그 바보 같은 아이디어를.
I _____ + the _____.

3 그는 생각해 냈어 + 무언가 새로운 것을.
He _____ + something _____.

4 그들은 생각해 냈어 + 새로운 해결책을.
They _____ + a _____.

5 우리는 생각해 냈어 + 변명을.
We came up _____ + an _____.

6 네가 생각해 냈니 + 그 아이디어를?
Did you _____ + the _____?

7 그녀가 생각해 냈니 + 이 조리법을?
_____ she _____ + this _____?

Hint
바보 같은 stupid
해결책 solution
변명 excuse
조리법 recipe

come up with

8. 누가 생각해 냈니 / 이 놀라운 마술을?
Who _____ up _____ + this amazing _____ ?

9. 나는 생각해 내야 해 / 좋은 아이디어를.
I must come up with + a _____ .

10. 너는 생각해 내는 것이 좋을 거야 / 새로운 계획을.
You had better _____ + a _____ .

11. 너는 구해 와야 해 / 그 돈을. / 내일까지.
You must _____ + the _____ . + by _____ .

12. 나는 구해 올 수 없었어 / 그 돈을.
I could _____ come up _____ + the _____ .

13. 나는 구해 올 수 있었어 / 그 돈을 / 그녀 덕분에.
I _____ come up _____ + the _____ + thanks _____ her.

14. 어떻게 너는 구해 왔니 / 이 돈을?
How _____ you come up _____ + this _____ ?

15. 언제 너는 구해 왔니 / 너의 월세를?
When _____ come up with + your _____ ?

Hint
마술 magic
~ 덕분에 thanks to
월세 rent

패턴 ㉞ come up with

패턴 34 ~을 생각해 내다/~을 구해 오다

완성 문장낭독 훈련

이번에는 완성 문장을 잘 듣고 10회 이상 낭독 훈련해 보세요.

① 내가 생각해 냈어 / 그의 이름을.
I came up with / his name.

② 내가 생각해 냈어 / 그 바보 같은 아이디어를.
I came up with / the stupid idea.

③ 그는 생각해 냈어 / 무언가 새로운 것을.
He came up with / something new.

④ 그들은 생각해 냈어 / 새로운 해결책을.
They came up with / a new solution.

⑤ 우리는 생각해 냈어 / 변명을.
We came up with / an excuse.

⑥ 네가 생각해 냈니 / 그 아이디어를?
Did you come up with / the idea?

⑦ 그녀가 생각해 냈니 / 이 조리법을?
Did she come up with / this recipe?

⑧ 누가 생각해 냈니 / 이 놀라운 마술을?
Who came up with / this amazing magic?

⑨ 나는 생각해 내야 해 / 좋은 아이디어를.
I must come up with / a good idea.

⑩ 너는 생각해 내는 것이 좋을 거야 / 새로운 계획을.
You had better come up with / a new plan.

⑪ 너는 구해 와야 해 / 그 돈을 / 내일까지.
You must come up with / the money / by tomorrow.

⑫ 나는 구해 올 수 없었어 / 그 돈을.
I could not come up with / the money.

⑬ 나는 구해 올 수 있었어 / 그 돈을 / 그녀 덕분에.
I could come up with / the money / thanks to her.

⑭ 어떻게 너는 구해 왔니 / 이 돈을?
How did you come up with / this money?

⑮ 언제 너는 구해 왔니 / 너의 월세를?
When did you come up with / your rent?

✭ 패턴 35

~이길 바라

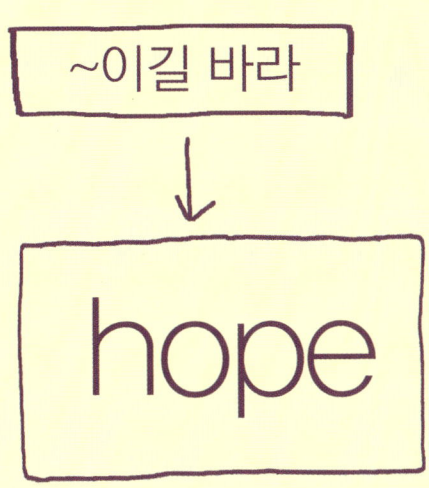

hope 뒤에 **that** 절이 오면 '**~이길 바라다**'로 해석됩니다. 구어체에서는 접속사 that이 대부분 생략됩니다.

hope는 '**가능성 있는 일에 대하여 바란다**'라는 **느낌**이라서
wish와는 다릅니다.
wish는 일어날 가능성이 희박하거나 없는 것을 표현하기 때문에
'**바람**'보다는 '**아쉬움**'의 느낌을 담고 있습니다.

예를 들어,
"네가 내 파티에 오면 좋겠어."라고 하려면
올 수도 있는 일에 대하여 바라는 것이기 때문에
"I hope (that) you come to my party."라고 씁니다.

그러나 만약 친구가 해외에 있어서 올 수 없는 상황이라면
"I wish (that) you could come to my party."를 쓰게 되는 것입니다.

wish 가정 표현은 다음 Unit에서 자세히 다루겠습니다.

패턴 35 ~이길 바라

의미 단위 입 영작

의미 단위로 나뉘어져 있는 문장 마디를 보고 Hint 단어를 참고하여 입으로 영작하세요.
손으로 영작한 후 입으로 확인해도 좋습니다.

1. 나는 바라 I hope + 네가 좋아하기를 you _____ + 그것을. _____.

2. 나는 바라 I _____ + 그녀가 좋아하기를 she likes + 나를. _____.

3. 나는 바라 I _____ + 이 컴퓨터가 작동하기를. this _____ works.

4. 나는 바라 I _____ + 그가 전화하기를 he _____ + 나에게. _____.

5. 나는 바라 I _____ + 내가 할 수 있기를 I _____ do + 그 프로젝트를. the _____.

6. 나는 바라 I _____ + 우리가 되기를 _____ become + 친구들이. _____.

7. 나는 바라 I _____ + 그가 미소 짓기를 he _____ + 다시. again.

Hint
프로젝트 project
미소 짓다 smile

hope

⑧ 나는 바라 + 비가 오기를 + 내일.
I _____ it rains _____ .

⑨ 나는 바라 + 그녀가 화나 있지 않기를.
I _____ she is _____ angry.

⑩ 우리는 바라 + 당신이 행복하기를.
We _____ _____ are _____ .

⑪ 그는 바라 + 그녀가 떠나지 않기를.
He _____ she does _____ .

⑫ 그녀는 바라 + 그녀가 마치기를 + 이것을.
She _____ she _____ _____ .

⑬ Anne은 바라 + Michael이 그만두기를 + 그의 일을.
Anne _____ Michael _____ _____ job.

⑭ 우리의 회사는 바라 + 그가 돌아오기를.
Our _____ hopes + he _____ back.

⑮ 나의 부모님들은 바라셔 + 내가 벌기를 + 돈을.
My _____ I _____ money.

Hint
떠나다 leave
마치다 finish
그만두다 quit
돈을 벌다 make money

패턴 ㉟ hope　157

패턴 35 ~이길 바라

COMPLETE SENTENCES — 완성 문장 낭독 훈련
이번에는 완성 문장을 잘 듣고 10회 이상 낭독 훈련해 보세요.

① 나는 바라 / 네가 좋아하기를 / 그것을.
I hope / you like / it.

② 나는 바라 / 그녀가 좋아하기를 / 나를.
I hope / she likes / me.

③ 나는 바라 / 이 컴퓨터가 작동하기를.
I hope / this computer works.

④ 나는 바라 / 그가 전화하기를 / 나에게.
I hope / he calls / me.

⑤ 나는 바라 / 내가 할 수 있기를 / 그 프로젝트를.
I hope / I can do / the project.

⑥ 나는 바라 / 우리가 되기를 / 친구들이.
I hope / we become / friends.

⑦ 나는 바라 / 그가 미소 짓기를 / 다시.
I hope / he smiles / again.

⑧ 나는 바라 / 비가 오기를 / 내일.
I hope / it rains / tomorrow.

⑨ 나는 바라 / 그녀가 화나 있지 않기를.
I hope / she is not angry.

⑩ 우리는 바라 / 당신이 행복하기를.
We hope / you are happy.

⑪ 그는 바라 / 그녀가 떠나지 않기를.
He hopes / she does not leave.

⑫ 그녀는 바라 / 그녀가 마치기를 / 이것을.
She hopes / she finishes / this.

⑬ Anne은 바라 / Michael이 그만두기를 / 그의 일을.
Anne hopes / Michael quits / his job.

⑭ 우리의 회사는 바라 / 그가 돌아오기를.
Our company hopes / he comes back.

⑮ 나의 부모님들은 바라셔 / 내가 벌기를 / 돈을.
My parents hope / I make / money.

패턴 36

~이라면 좋을 텐데

wish

wish는 hope와는 다르게
현재나 미래에 가능성 있는 것을 '바란다'라는 느낌보다는
가능성이 희박하거나 없는 일에 대해 실제 일어나지않아 '아쉽다'라는 감정을 담고 있습니다.

wish 뒤에는 that 절이 오고
that은 생략 가능한데,
이 Unit에서는 모두 생략하겠습니다.

that 절의 시제는
현재를 가정할 때는 과거를, 과거를 가정할 때는 'had+p.p.'를 사용합니다.
이 Unit에서는 현재 가정 wish에 집중하겠습니다.

예를 들어,
내가 남자인데 "내가 여자라면 좋을 텐데."라고 하려면
가능성이 희박하거나 없는 일이기 때문에
"I wish I were(혹은 was) a girl."이라고 표현합니다.

패턴 36 ~이라면 좋을 텐데

의미 단위 입 영작

의미 단위로 나뉘어져 있는 문장 마디를 보고 Hint 단어를 참고하여 입으로 영작하세요.
손으로 영작한 후 입으로 확인해도 좋습니다.

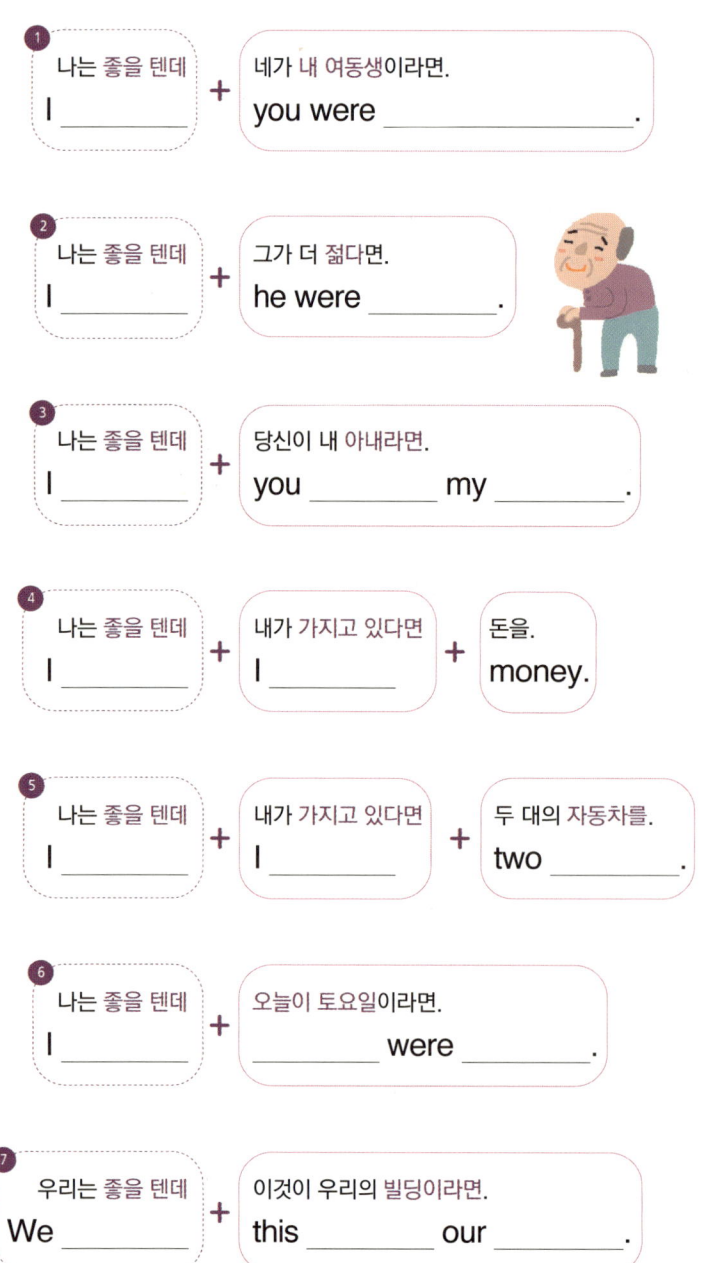

1. 나는 좋을 텐데 / 네가 내 여동생이라면.
   I _____ + you were _____.

2. 나는 좋을 텐데 / 그가 더 젊다면.
   I _____ + he were _____.

3. 나는 좋을 텐데 / 당신이 내 아내라면.
   I _____ + you _____ my _____.

4. 나는 좋을 텐데 / 내가 가지고 있다면 / 돈을.
   I _____ + I _____ + money.

5. 나는 좋을 텐데 / 내가 가지고 있다면 / 두 대의 자동차를.
   I _____ + I _____ + two _____.

6. 나는 좋을 텐데 / 오늘이 토요일이라면.
   I _____ + _____ were _____.

7. 우리는 좋을 텐데 / 이것이 우리의 빌딩이라면.
   We _____ + this _____ our _____.

Hint
여동생 sister
젊은 young
아내 wife
토요일 Saturaday

wish

8 그녀는 좋을 텐데 + 네가 그녀의 아들이라면.
She wishes   you _____ her _____.

9 그는 좋을 텐데 + 우리가 있다면. + 그와 함께
He _____   we _____   with _____.

10 나는 좋을 텐데 + 내가 수영을 할 수 있다면 + 잘.
I _____   I could _____   well.

11 나는 좋을 텐데 + 내가 도와줄 수 있다면 + 너를.
I _____   I _____ help   _____.

12 나는 좋을 텐데 + 내가 출 수 있다면 + 살사를.
I _____   I _____   salsa.

13 나는 좋을 텐데 + 네가 있을 수 있다면 + 여기에.
I _____   you _____ be   _____.

14 나는 좋을 텐데 + 네가 올 수 있다면 + 우리와 함께.
I _____   you _____ _____ us.

15 나는 좋을 텐데 + 그가 운전할 수 있다면.
I _____   he _____.

Hint
아들 son
춤추다 dance
여기에 here
운전하다 drive

패턴 ㉟ wish

패턴 36 ~이라면 좋을 텐데

완성 문장낭독 훈련

이번에는 완성 문장을 잘 듣고 10회 이상 낭독 훈련해 보세요.

① 나는 좋을 텐데 / 네가 내 여동생이라면.
I wish / you were my sister.

② 나는 좋을 텐데 / 그가 더 젊다면.
I wish / he were younger.

③ 나는 좋을 텐데 / 당신이 내 아내라면.
I wish / you were my wife.

④ 나는 좋을 텐데 / 내가 가지고 있다면 / 돈을.
I wish / I had / money.

⑤ 나는 좋을 텐데 / 내가 가지고 있다면 / 두 대의 자동차를.
I wish / I had / two cars.

⑥ 나는 좋을 텐데 / 오늘이 토요일이라면.
I wish / today were Saturday.

⑦ 우리는 좋을 텐데 / 이것이 우리의 빌딩이라면.
We wish / this were our building.

⑧ 그녀는 좋을 텐데 / 네가 그녀의 아들이라면.
She wishes / you were her son.

⑨ 그는 좋을 텐데 / 우리가 있다면 / 그와 함께.
He wishes / we were / with him.

⑩ 나는 좋을 텐데 / 내가 수영을 할 수 있다면 / 잘.
I wish / I could swim / well.

⑪ 나는 좋을 텐데 / 내가 도와줄 수 있다면 / 너를.
I wish / I could help / you.

⑫ 나는 좋을 텐데 / 내가 출 수 있다면 / 살사를.
I wish / I could dance / salsa.

⑬ 나는 좋을 텐데 / 네가 있을 수 있다면 / 여기에.
I wish / you could be / here.

⑭ 나는 좋을 텐데 / 네가 올 수 있다면 / 우리와 함께.
I wish / you could come / with us.

⑮ 나는 좋을 텐데 / 그가 운전할 수 있다면.
I wish / he could drive.

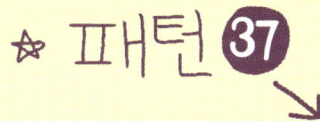

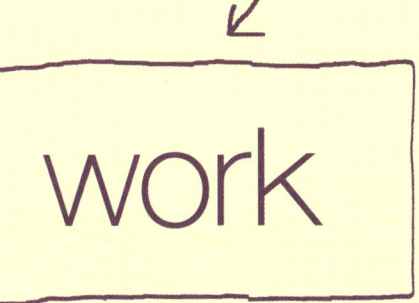

work는 단순히 '일하다'라는 뜻 이외에
'**효과가 있다, 작동하다, 되다**'라는 뜻도 가지고 있습니다.
또한 work는 동사이므로 주어와 일치시켜야 하며 시제도 맞춰 주어야 합니다.
사용 빈도가 굉장히 높기 때문에 반드시 알아두어야 하는 유용한 단어입니다.

예를 들어,
"이 컴퓨터는 잘 작동해."라고 하려면
"This computer works well."이라고 표현합니다.

비슷하게 work를 '효과가 있다'라는 뜻으로 사용하여
"이 알약은 효과가 좋아요."라고 하려면
"This pill works well."이라고 표현합니다.

또한 의문형으로
"이게 정말 효과가 있어요?"라고 하려면
"Does this really work?"라고 말하면 됩니다.

패턴 37 — 효과가 있다/작동하다/되다

의미 단위 입 영작

의미 단위로 나뉘어져 있는 문장 마디를 보고 Hint 단어를 참고하여 입으로 영작하세요.
손으로 영작한 후 입으로 확인해도 좋습니다.

1 이 시스템은 효과가 있어.
_____ works.

2 이 알약은 정말로 효과가 있어.
This _____ really _____.

3 이 엘리베이터는 작동해.
This _____.

4 너의 컴퓨터는 작동해 + 잘.
Your _____ well.

5 그녀의 마술은 효과가 없어.
Her _____ does not _____.

6 이 다이어트 알약들은 효과가 없어.
These diet pills _____.

7 나의 프린터는 작동하지 않아 + 전혀.
My _____ not _____ + _____.

Hint
알약 pill
엘리베이터 elevator
마술 magic
전혀 at all

8 그녀의 계획이 효과가 있었어.
_______________ worked.

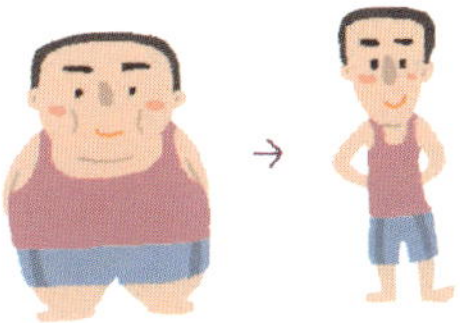

9 그의 다이어트가 효과가 있었어 + 완벽하게.
His diet _________ + _________.

10 이 기계가 작동했어 + 드디어.
This _______________ + _________.

11 이 엔진은 작동하고 있어 + 문제없이.
This _________ is _________ + _________ a _________.

12 우리의 계획은 되고 있어 + 완벽하게.
Our _________ is _________ + _________.

13 이 로봇이 작동하니?
Does this _______________?

14 너의 아이디어가 효과가 있니 + 모두를 위해?
_________ your _______________ + for _________?

15 그게 정말 효과가 있었니?
Did _________ really _________?

Hint
계획 plan
완벽하게 perfectly
기계 machine
엔진 engine

패턴 37 효과가 있다/작동하다/되다

COMPLETE SENTENCES
완성 문장 낭독 훈련

이번에는 완성 문장을 잘 듣고 10회 이상 낭독 훈련해 보세요.

❶ 이 시스템은 효과가 있어.
This system works.

❷ 이 알약은 정말로 효과가 있어.
This pill really works.

❸ 이 엘리베이터는 작동해.
This elevator works.

❹ 너의 컴퓨터는 작동해 / 잘.
Your computer works / well.

❺ 그녀의 마술은 효과가 없어.
Her magic does not work.

❻ 이 다이어트 알약들은 효과가 없어.
These diet pills do not work.

❼ 나의 프린터는 작동하지 않아 / 전혀.
My printer does not work / at all.

❽ 그녀의 계획이 효과가 있었어.
Her plan worked.

❾ 그의 다이어트가 효과가 있었어 / 완벽하게.
His diet worked / perfectly.

❿ 이 기계가 작동했어 / 드디어.
This machine worked / finally.

⓫ 이 엔진은 작동하고 있어 / 문제없이.
This engine is working / without a problem.

⓬ 우리의 계획은 되고 있어 / 완벽하게.
Our plan is working / perfectly.

⓭ 이 로봇이 작동하니?
Does this robot work?

⓮ 너의 아이디어가 효과가 있니 / 모두를 위해?
Does your idea work / for everyone?

⓯ 그게 정말 효과가 있었니?
Did it really work?

패턴 38

~이 잘 진행돼 / 잘 풀려 / 잘 해결돼

work out

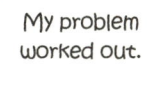

My problem worked out.

work out은 흔히 '운동하다'라는 뜻으로 쓰이지만,
'~이 잘 진행되다 / 잘 풀리다 / 잘 해결되다'로도 자주 해석됩니다.
work out은 동사이므로 주어와 일치시켜야 하며 시제도 맞춰 주어야 합니다.
사용 빈도가 굉장히 높기 때문에 반드시 알아두어야 하는 어휘입니다.

예를 들어,
"나의 문제가 잘 풀렸어."라고 하려면
"My problem worked out."이라고 표현합니다.

또한 의문형으로
"너의 문제가 잘 풀렸니?"라고 하려면
"Did your problem work out?"이라고 표현합니다.

패턴 38 ~이 잘 진행돼/잘 풀려/잘 해결돼

의미 단위 입 영작

의미 단위로 나뉘어져 있는 문장 마디를 보고 Hint 단어를 참고하여 입으로 영작하세요.
손으로 영작한 후 입으로 확인해도 좋습니다.

1 그녀의 인터뷰가 잘 풀렸어.
_____ worked out.

2 모든 것이 잘 풀렸어 + 우리를 위해.
Everything _____ for _____.

3 오늘의 모임은 잘 진행되었어.
Today's _____.

4 그 중요한 프레젠테이션이 잘 진행되었어.
The _____ presentation _____.

5 나의 개인적인 문제가 잘 풀리지 않았어.
My _____ problem did not _____.

6 그녀와의 그 문제가 잘 풀리지 않았어.
The _____ with her _____.

7 그들의 결혼이 잘 풀리지 않았어.
_____ did not _____.

Hint
인터뷰 interview
모임 meeting
개인적인 personal
결혼 marriage

⁸ 그것이 잘 해결되었니?
Did it _____?

⁹ 그녀와의 그 문제가 잘 해결되었니?
_____ the problem _____ her work out?

¹⁰ 모든 것이 잘 풀렸니 + 네가 기대했던 것처럼?
Did _____ work out + _____ you had _____?

¹¹ 나는 바라 + 모든 것이 잘 풀리기를.
I _____ + _____ works _____.

¹² 나는 바라 + 너의 문제가 잘 해결되기를.
I _____ + your _____.

¹³ 우리는 바라 + 너의 인터뷰가 잘 풀리기를 + 문제없이.
We _____ + your _____ + _____ a problem.

¹⁴ 나의 특별한 계획은 잘 진행되고 있어.
My _____ is _____.

¹⁵ 그녀의 새로운 사업은 잘 진행되고 있어 + 문제없이.
Her _____ out + _____ a _____.

Hint
~ 없이 without
특별한 special
사업 business

패턴 38 ~이 잘 진행돼/잘 풀려/잘 해결돼

COMPLETE SENTENCES
완성 문장낭독 훈련

이번에는 완성 문장을 잘 듣고
10회 이상 낭독 훈련해 보세요.

❶ 그녀의 인터뷰가 잘 풀렸어.
Her interview worked out.

❷ 모든 것이 잘 풀렸어 / 우리를 위해.
Everything worked out / for us.

❸ 오늘의 모임은 잘 진행되었어.
Today's meeting worked out.

❹ 그 중요한 프레젠테이션이 잘 진행되었어.
The important presentation worked out.

❺ 나의 개인적인 문제가 잘 풀리지 않았어.
My personal problem did not work out.

❻ 그녀와의 그 문제가 잘 풀리지 않았어.
The problem with her did not work out.

❼ 그들의 결혼이 잘 풀리지 않았어.
Their marriage did not work out.

❽ 그것이 잘 해결되었니?
Did it work out?

❾ 그녀와의 그 문제가 잘 해결되었니?
Did the problem with her work out?

❿ 모든 것이 잘 풀렸니 / 네가 기대했던 것처럼?
Did everything work out / as you had expected?

⓫ 나는 바라 / 모든 것이 잘 풀리기를.
I hope / everything works out.

⓬ 나는 바라 / 너의 문제가 잘 해결되기를.
I hope / your problem works out.

⓭ 우리는 바라 / 너의 인터뷰가 잘 풀리기를 / 문제없이.
We hope / your interview works out / without a problem.

⓮ 나의 특별한 계획은 잘 진행되고 있어.
My special plan is working out.

⓯ 그녀의 새로운 사업은 잘 진행되고 있어 / 문제없이.
Her new business is working out / without a problem.

★ 패턴 ㊴ → ~하고 싶은 기분이 들어

feel like -ing

feel like 뒤에 -ing가 붙으면 '~하고 싶다'라는 해석이 가능합니다.
하지만 사실상 'want to + 동사'보다는 '~하고 싶다'는 의지가 조금 약하기 때문에
'~하고 싶은 기분이 들다'라고 해석하는 것이 더욱 정확하다고 하겠습니다.
이때 중요한 것은 동사 feel 자체는 진행형을 쓰지 않는다는 것입니다.

예를 들어,
"나는 아이스크림을 먹고 싶은 기분이 들어."라고 하려면
"I feel like eating an ice cream."이라고 표현합니다.
("I'm feeling like eating an ice cream."은 틀림)

또한 의문형으로,
"너는 포기하고 싶은 기분이 드니?"라고 하려면
"Do you feel like giving up?"이라고 표현합니다.
("Are you feeling like giving up?"은 틀림)

★ 패턴 39 ~하고 싶은 기분이 들어

의미 단위 입 영작

의미 단위로 나뉘어져 있는 문장 마디를 보고 Hint 단어를 참고하여 입으로 영작하세요.
손으로 영작한 후 입으로 확인해도 좋습니다.

1 나는 기분이 들어 I _____ + 보고 싶은 watching + 영화를 a _____ + 그녀와. _____ her.

2 나는 기분이 들어 I _____ + 읽고 싶은 _____ + 이 소설을. this _____.

3 나는 기분이 들어 I feel _____ + 울고 싶은 _____ + 갑자기. _____.

4 나는 기분이 들었어 I _____ + 감고 싶은 _____ + 내 눈들을. my _____.

5 나는 기분이 들었어 I _____ like + 뛰어가고 싶은 _____ + 학교로. _____ school.

6 그녀는 기분이 들었어 _____ felt + 걷고 싶은 walking + 숙녀처럼. like a _____.

7 그는 기분이 들었어 He _____ + 가고 싶은 _____ + 쇼핑을. shopping.

Hint
영화 movie
소설 novel
울다 cry
감다 close
쇼핑을 가다 go shopping

feel like -ing

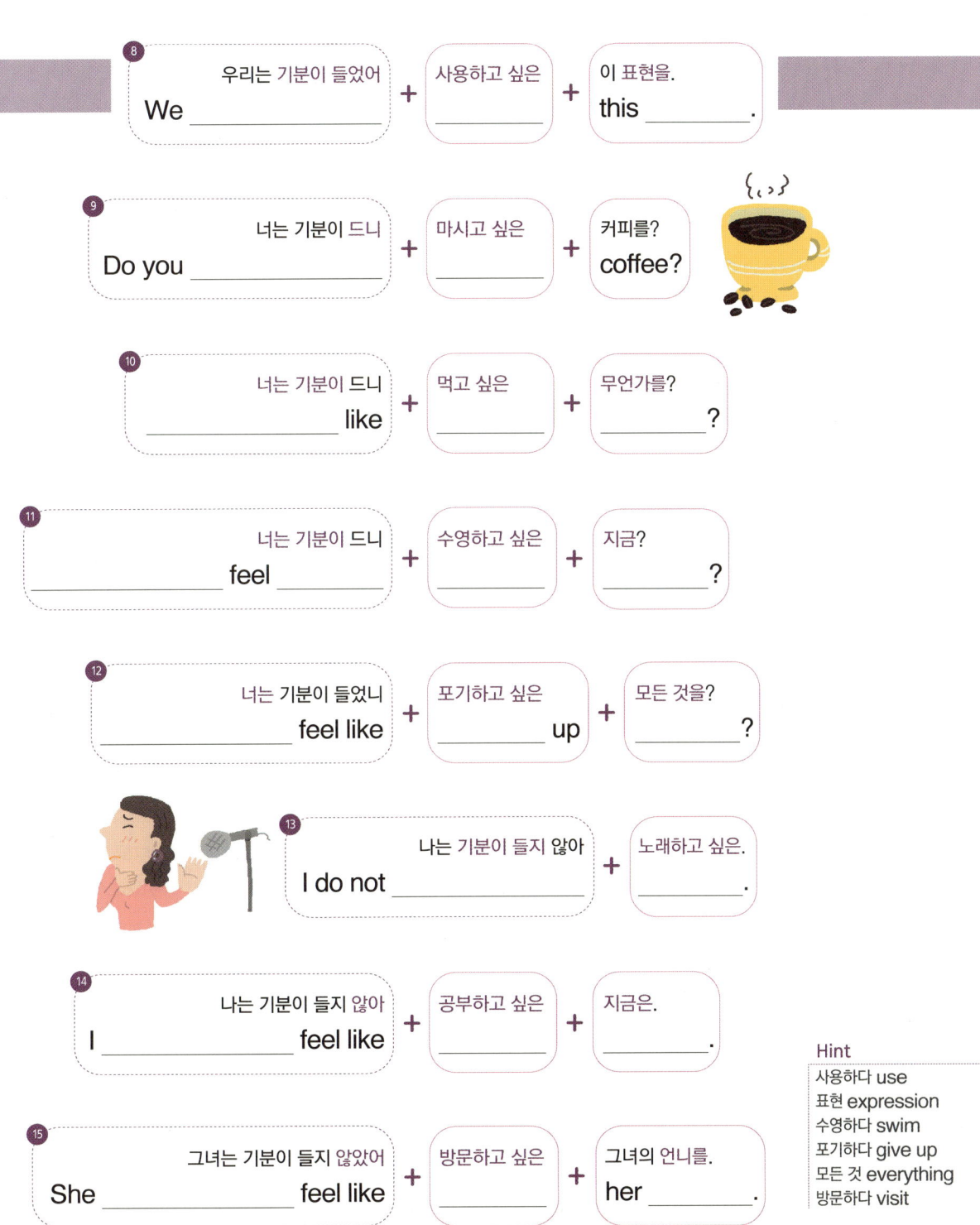

8. 우리는 기분이 들었어 + 사용하고 싶은 + 이 표현을.
We _____ + _____ + this _____.

9. 너는 기분이 드니 + 마시고 싶은 + 커피를?
Do you _____ + _____ + coffee?

10. 너는 기분이 드니 + 먹고 싶은 + 무언가를?
_____ like + _____ + _____?

11. 너는 기분이 드니 + 수영하고 싶은 + 지금?
_____ feel _____ + _____ + _____?

12. 너는 기분이 들었니 + 포기하고 싶은 + 모든 것을?
_____ feel like + _____ up + _____?

13. 나는 기분이 들지 않아 + 노래하고 싶은.
I do not _____ + _____.

14. 나는 기분이 들지 않아 + 공부하고 싶은 + 지금은.
I _____ feel like + _____ + _____.

15. 그녀는 기분이 들지 않았어 + 방문하고 싶은 + 그녀의 언니를.
She _____ feel like + _____ + her _____.

Hint
사용하다 use
표현 expression
수영하다 swim
포기하다 give up
모든 것 everything
방문하다 visit

패턴 39 feel like -ing

패턴 39 ~하고 싶은 기분이 들어

COMPLETE SENTENCES — 완성 문장 낭독 훈련
이번에는 완성 문장을 잘 듣고 10회 이상 낭독 훈련해 보세요.

① 나는 기분이 들어 / 보고 싶은 / 영화를 / 그녀와.
I feel like / watching / a movie / with her.

② 나는 기분이 들어 / 읽고 싶은 / 이 소설을.
I feel like / reading / this novel.

③ 나는 기분이 들어 / 울고 싶은 / 갑자기.
I feel like / crying / suddenly.

④ 나는 기분이 들었어 / 감고 싶은 / 내 눈들을.
I felt like / closing / my eyes.

⑤ 나는 기분이 들었어 / 뛰어가고 싶은 / 학교로.
I felt like / running / to school.

⑥ 그녀는 기분이 들었어 / 걷고 싶은 / 숙녀처럼.
She felt like / walking / like a lady.

⑦ 그는 기분이 들었어 / 가고 싶은 / 쇼핑을.
He felt like / going / shopping.

⑧ 우리는 기분이 들었어 / 사용하고 싶은 / 이 표현을.
We felt like / using / this expression.

⑨ 너는 기분이 드니 / 마시고 싶은 / 커피를?
Do you feel like / drinking / coffee?

⑩ 너는 기분이 드니 / 먹고 싶은 / 무언가를?
Do you feel like / eating / something?

⑪ 너는 기분이 드니 / 수영하고 싶은 / 지금?
Do you feel like / swimming / now?

⑫ 너는 기분이 들었니 / 포기하고 싶은 / 모든 것을?
Did you feel like / giving up / everything?

⑬ 나는 기분이 들지 않아 / 노래하고 싶은.
I do not feel like / singing.

⑭ 나는 기분이 들지 않아 / 공부하고 싶은 / 지금은.
I do not feel like / studying / now.

⑮ 그녀는 기분이 들지 않았어 / 방문하고 싶은 / 그녀의 언니를.
She did not feel like / visiting / her sister.

패턴 40

~할 것을 생각해 보다

think of -ing

think of 뒤에 -ing가 오면 '~할 것을 생각해 보다'로 해석됩니다.
이 구조는 '현재진행형'으로 쓰이는 경우가 가장 많기 때문에
대부분 '~해 볼까 생각 중이다'라고 해석됩니다.
이 Unit에서는 사용 빈도가 가장 높은 현재진행형에만 집중하겠습니다.

예를 들어,
"나는 영어를 배워볼까 생각 중이야."라고 하려면
"I am thinking of learning English."라고 표현합니다.

또한 과거진행형으로
"나는 내 차를 팔까 생각 중이었어."라고 하려면
"I was thinking of selling my car."라고 표현합니다.

만약 의문문 형태로
"너는 너의 차를 팔까 생각 중이니?"라고 하려면
be동사를 문장 앞으로 옮겨
"Are you thinking of selling your car?"라고 표현합니다.

패턴 40 ~할 것을 생각해 보다

의미 단위 입 영작
의미 단위로 나뉘어져 있는 문장 마디를 보고 Hint 단어를 참고하여 입으로 영작하세요.
손으로 영작한 후 입으로 확인해도 좋습니다.

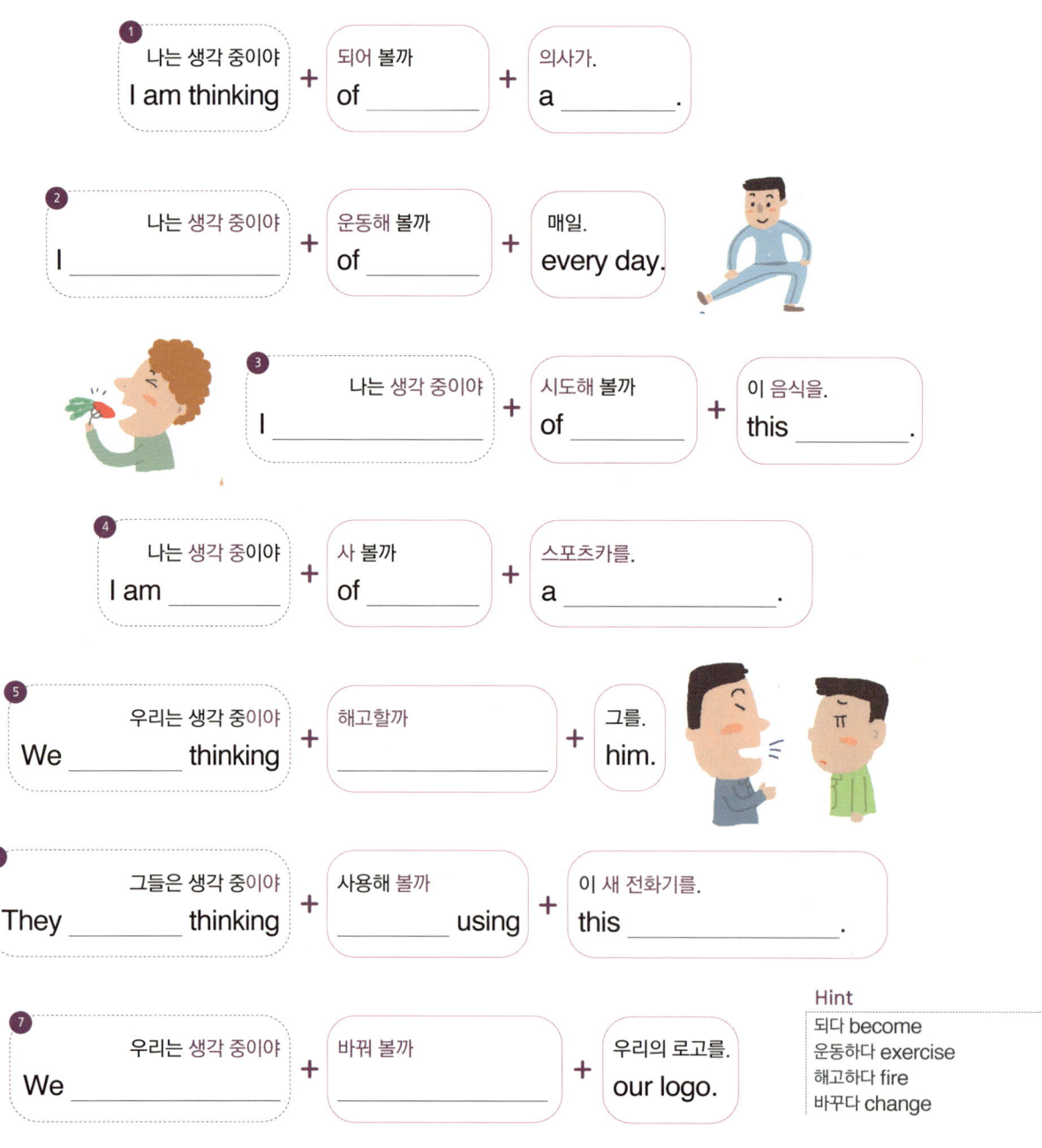

1. 나는 생각 중이야 / 되어 볼까 / 의사가.
   I am thinking + of _____ + a _____.

2. 나는 생각 중이야 / 운동해 볼까 / 매일.
   I _____ + of _____ + every day.

3. 나는 생각 중이야 / 시도해 볼까 / 이 음식을.
   I _____ + of _____ + this _____.

4. 나는 생각 중이야 / 사 볼까 / 스포츠카를.
   I am _____ + of _____ + a _____.

5. 우리는 생각 중이야 / 해고할까 / 그를.
   We _____ thinking + _____ + him.

6. 그들은 생각 중이야 / 사용해 볼까 / 이 새 전화기를.
   They _____ thinking + _____ using + this _____.

7. 우리는 생각 중이야 / 바꿔 볼까 / 우리의 로고를.
   We _____ + _____ + our logo.

Hint
되다 become
운동하다 exercise
해고하다 fire
바꾸다 change

think of -ing

8 너는 생각 중이니 + 헤어져 볼까 + 그녀와?
Are you _____ + of _____ up + _____ her?

9 너는 생각 중이니 + 쳐 볼까 + 이 시험을?
_____ you _____ + of _____ + this _____?

10 너는 생각 중이니 + 도와줘 볼까 + 불쌍한 사람들을?
Are _____ + _____ helping + _____ people?

11 그는 생각 중이니 + 배워 볼까 + 한국어를?
_____ he _____ + of _____ + Korean?

12 그녀는 생각 중이니 + 줄여 볼까 + 체중을?
_____ she _____ + _____ + weight?

13 그들은 생각 중이니 + 먹어 볼까 + 이탈리아 음식을?
_____ they _____ + _____ + Italian _____?

14 그녀의 언니는 생각 중이니 + 사 볼까 + 그 비싼 드레스를?
_____ thinking + of _____ + the _____ dress?

15 너는 생각 중이니 + 바꿔 볼까 + 너의 스타일을?
_____ you _____ + _____ + your style?

Hint
헤어지다 break up with
시험을 보다 take a test
불쌍한 poor
체중을 줄이다 lose weight
음식 food
비싼 expensive

패턴 ㊵ think of -ing

패턴 40 ~할 것을 생각해 보다

Complete Sentences — 완성 문장낭독 훈련

이번에는 완성 문장을 잘 듣고 10회 이상 낭독 훈련해 보세요.

① 나는 생각 중이야 / 되어 볼까 / 의사가.
I am thinking / of becoming / a doctor.

② 나는 생각 중이야 / 운동해 볼까 / 매일.
I am thinking / of exercising / every day.

③ 나는 생각 중이야 / 시도해 볼까 / 이 음식을.
I am thinking / of trying / this food.

④ 나는 생각 중이야 / 사 볼까 / 스포츠카를.
I am thinking / of buying / a sports car.

⑤ 우리는 생각 중이야 / 해고할까 / 그를.
We are thinking / of firing / him.

⑥ 그들은 생각 중이야 / 사용해 볼까 / 이 새 전화기를.
They are thinking / of using / this new phone.

⑦ 우리는 생각 중이야 / 바꿔 볼까 / 우리의 로고를.
We are thinking / of changing / our logo.

⑧ 너는 생각 중이니 / 헤어져 볼까 / 그녀와?
Are you thinking / of breaking up / with her?

⑨ 너는 생각 중이니 / 쳐 볼까 / 이 시험을?
Are you thinking / of taking / this test?

⑩ 너는 생각 중이니 / 도와줘 볼까 / 불쌍한 사람들을?
Are you thinking / of helping / poor people?

⑪ 그는 생각 중이니 / 배워 볼까 / 한국어를?
Is he thinking / of learning / Korean?

⑫ 그녀는 생각 중이니 / 줄여 볼까 / 체중을?
Is she thinking / of losing / weight?

⑬ 그들은 생각 중이니 / 먹어 볼까 / 이탈리아 음식을?
Are they thinking / of eating / Italian food?

⑭ 그녀의 언니는 생각 중이니 / 사 볼까 / 그 비싼 드레스를?
Is her sister thinking / of buying / the expensive dress?

⑮ 너는 생각 중이니 / 바꿔 볼까 / 너의 스타일을?
Are you thinking / of changing / your style?

★ 패턴 **41**

~하는 데 애먹다

have trouble -ing

have trouble 뒤에 -ing가 오면,
'~하는 데 애먹다/~을 잘하지 못하다'라고 해석됩니다.
trouble 대신 difficulty, a problem, a hard time을 쓸 수도 있습니다.
이 Unit에서는 사용 빈도가 가장 높은 trouble에만 집중하겠습니다.

예를 들어,
"나는 이곳을 찾는 데 애먹었어."라고 하려면
"I had trouble finding here."라고 표현합니다.

비슷하게,
"나는 수학 문제들을 잘 풀지 못해."라고 하려면
"I have trouble solving math problems."라고 표현합니다.

또한 의문문의 형태로,
"너는 걷는 것을 잘 못하니?"라고 하려면
"Do you have trouble walking?"이라고 표현합니다.

패턴 ㊶ have trouble -ing   **179**

패턴 41 ~하는 데 애먹다

의미 단위 입 영작

의미 단위로 나뉘어져 있는 문장 마디를 보고 Hint 단어를 참고하여 입으로 영작하세요. 손으로 영작한 후 입으로 확인해도 좋습니다.

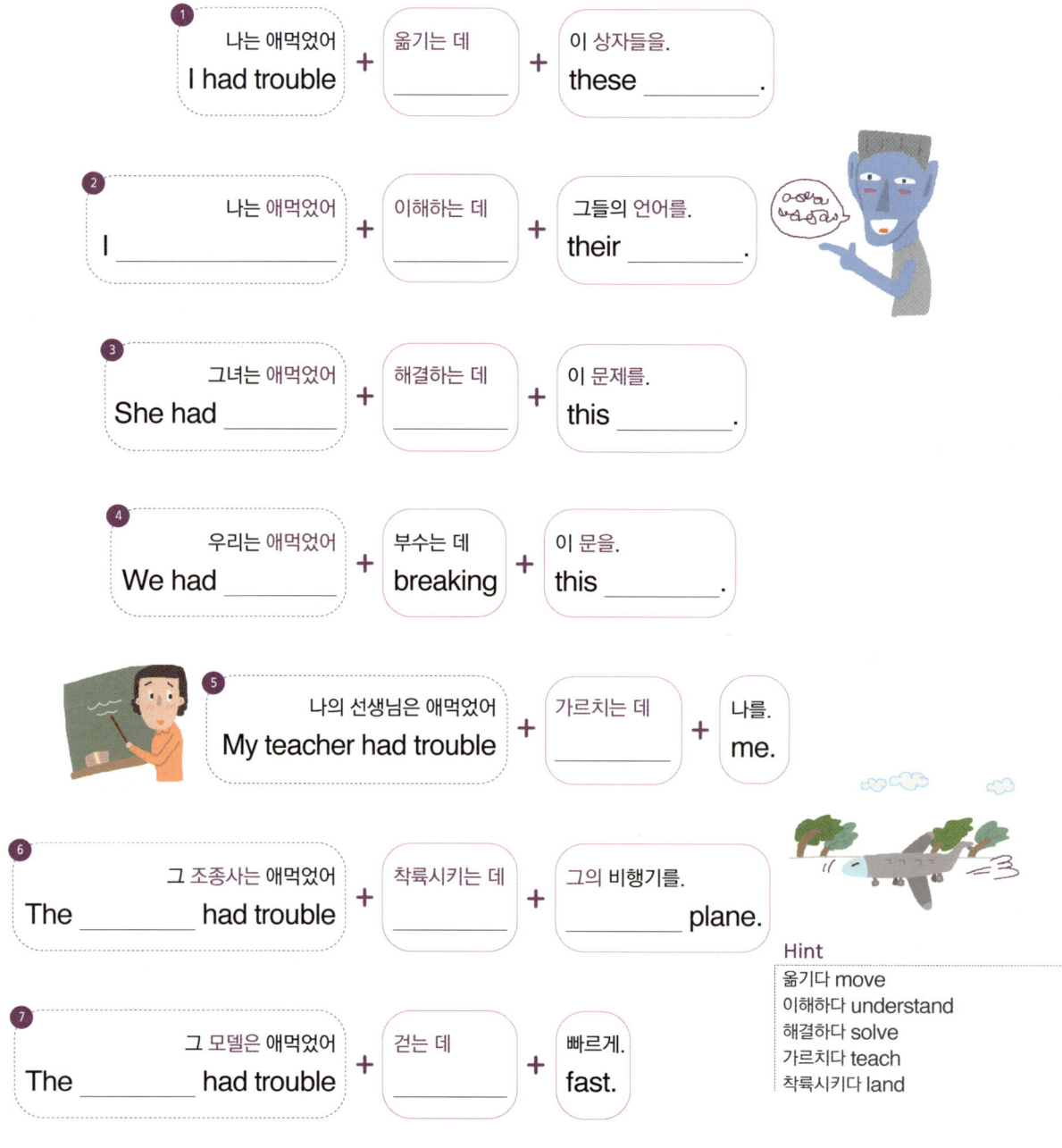

1. 나는 애먹었어 / 옮기는 데 / 이 상자들을.
   I had trouble + _____ + these _____ .

2. 나는 애먹었어 / 이해하는 데 / 그들의 언어를.
   I _____ + _____ + their _____ .

3. 그녀는 애먹었어 / 해결하는 데 / 이 문제를.
   She had _____ + _____ + this _____ .

4. 우리는 애먹었어 / 부수는 데 / 이 문을.
   We had _____ + breaking + this _____ .

5. 나의 선생님은 애먹었어 / 가르치는 데 / 나를.
   My teacher had trouble + _____ + me.

6. 그 조종사는 애먹었어 / 착륙시키는 데 / 그의 비행기를.
   The _____ had trouble + _____ + _____ plane.

7. 그 모델은 애먹었어 / 걷는 데 / 빠르게.
   The _____ had trouble + _____ + fast.

Hint
옮기다 move
이해하다 understand
해결하다 solve
가르치다 teach
착륙시키다 land

have trouble -ing

8. 나는 애먹고 있어 / 렌트하는 데 / 자동차를.
I am having _____ + _____ + a _____.

9. 나는 애먹고 있어 / 배우는 데 / 중국어를.
I _____ + _____ + Chinese.

10. 그녀는 애먹고 있어 / 끄는 데 / 이 컴퓨터를.
She _____ having trouble + _____ off + this _____.

11. 그 택시 기사는 애먹고 있어 / 찾는 데 / 그 공원을.
The _____ is having trouble + _____ + the _____.

12. 그 축구 선수는 애먹고 있어 / 넣는 데 / 골을.
The _____ is _____ trouble + scoring + a _____.

13. 너는 애먹었니 / 이해하는 데 / 이 공식을?
Did you _____ + _____ + this _____?

14. 그녀는 애먹었니 / 일하는 데 / 우리와 함께?
Did _____ trouble + _____ + _____ us?

15. 그들은 애먹었니 / 고치는 데 / 내 스포츠카를?
_____ have _____ + _____ + my _____?

Hint
렌트하다 rent
배우다 learn
끄다 turn off
공식 formula
고치다 fix

패턴 ㊶ have trouble -ing 181

패턴 41 ~하는 데 애먹다

COMPLETE SENTENCES 완성 문장 낭독 훈련 이번에는 완성 문장을 잘 듣고 10회 이상 낭독 훈련해 보세요.

① 나는 애먹었어 / 옮기는 데 / 이 상자들을.
I had trouble / moving / these boxes.

② 나는 애먹었어 / 이해하는 데 / 그들의 언어를.
I had trouble / understanding / their language.

③ 그녀는 애먹었어 / 해결하는 데 / 이 문제를.
She had trouble / solving / this problem.

④ 우리는 애먹었어 / 부수는 데 / 이 문을.
We had trouble / breaking / this door.

⑤ 나의 선생님은 애먹었어 / 가르치는 데 / 나를.
My teacher had trouble / teaching / me.

⑥ 그 조종사는 애먹었어 / 착륙시키는 데 / 그의 비행기를.
The pilot had trouble / landing / his plane.

⑦ 그 모델은 애먹었어 / 걷는 데 / 빠르게.
The model had trouble / walking / fast.

⑧ 나는 애먹고 있어 / 렌트하는 데 / 자동차를.
I am having trouble / renting / a car.

⑨ 나는 애먹고 있어 / 배우는 데 / 중국어를.
I am having trouble / learning / Chinese.

⑩ 그녀는 애먹고 있어 / 끄는 데 / 이 컴퓨터를.
She is having trouble / turning off / this computer.

⑪ 그 택시 기사는 애먹고 있어 / 찾는 데 / 그 공원을.
The taxi driver is having trouble / finding / the park.

⑫ 그 축구 선수는 애먹고 있어 / 넣는 데 / 골을.
The soccer player is having trouble / scoring / a goal.

⑬ 너는 애먹었니 / 이해하는 데 / 이 공식을?
Did you have trouble / understanding / this formula?

⑭ 그녀는 애먹었니 / 일하는 데 / 우리와 함께?
Did she have trouble / working / with us?

⑮ 그들은 애먹었니 / 고치는 데 / 내 스포츠카를?
Did they have trouble / fixing / my sports car?

★ 패턴 42

~하는 것을 고대해

look forward to

look forward to 뒤에는 명사 혹은 -ing가 올 수 있습니다.
명사가 올 경우에는 '(명사)를 고대하다'라고 해석하고,
-ing가 올 경우에는 '-ing하는 것을 고대하다'라고 해석합니다.

예를 들어,
'우리의 데이트'라는 명사를 사용하여
"나는 우리의 데이트를 고대하고 있어."라고 하려면
"I am looking forward to our date."라고 표현합니다.

'보는 것'이라는 -ing를 사용하여
"나는 너를 보는 것을 고대하고 있어."라고 하려면
"I am looking forward to seeing you."라고 표현합니다.

현재진행형의 시제가 가장 사용 빈도가 높으므로
이 Unit에서는 현재진행형에만 집중하겠습니다.

I am looking forward to our date.

패턴 42 ~하는 것을 고대해

의미 단위 입 영작

의미 단위로 나뉘어져 있는 문장 마디를 보고 Hint 단어를 참고하여 입으로 영작하세요.
손으로 영작한 후 입으로 확인해도 좋습니다.

1. 나는 고대하고 있어 + 너의 콘서트를.
   I am looking forward to + _____.

2. 나는 고대하고 있어 + 그 새로운 디자인을.
   I _____ to + the _____.

3. 그녀는 고대하고 있어 + 그녀의 면접을.
   She _____ looking _____ + her _____.

4. 나는 고대하고 있어 + 읽는 것을 + 너의 책을.
   I am looking forward to + _____ + _____.

5. 나는 고대하고 있어 + 일하는 것을 + 내일.
   I am looking forward to + _____ + _____.

   Hint
   면접 interview
   ~와 어울려 놀다 hang out with

6. 그녀는 고대하고 있어 + 가는 것을 + 그의 쇼에.
   She _____ looking _____ to + _____ + _____ his _____.

7. 그는 고대하고 있어 + 노는 것을 + 우리와 함께.
   He is looking forward to + _____ + _____ us.

look forward to

8 그들은 고대하고 있어 / 보는 것을 / 이 영화를.
They _____ forward to + _____ + this _____.

9 너는 고대하고 있니 / 내 이메일을?
Are you _____ to + my _____?

10 그는 고대하고 있니 / 나의 방문을?
_____ he _____ to + my _____?

11 너는 고대하고 있니 / 나의 새로운 아이디어들을?
_____ you looking forward to + my _____?

12 너의 상사는 고대하고 있니 / 너의 보고서를?
_____ your _____ looking forward to + _____?

Hint
방문 visit
상사 boss
보고서 report
소식 news
쇼핑을 가다 go shopping

13 그녀는 고대하고 있니 / 받는 것을 / 이 물건을?
_____ she looking forward to + _____ + _____?

14 그들은 고대하고 있니 / 듣는 것을 / 소식을 / 나로부터?
_____ they looking _____ to + hearing + _____ + _____ me?

15 너는 고대하고 있니 / 가는 것을 / 쇼핑을?
_____ you _____ forward to + _____ + _____?

패턴 ㊷ look forward to 185

패턴 42 ~하는 것을 고대해

COMPLETE SENTENCES 완성 문장 낭독 훈련 이번에는 완성 문장을 잘 듣고 10회 이상 낭독 훈련해 보세요.

① 나는 고대하고 있어 / 너의 콘서트를.
I am looking forward to / your concert.

② 나는 고대하고 있어 / 그 새로운 디자인을.
I am looking forward to / the new design.

③ 그녀는 고대하고 있어 / 그녀의 면접을.
She is looking forward to / her interview.

④ 나는 고대하고 있어 / 읽는 것을 / 너의 책을.
I am looking forward to / reading / your book.

⑤ 나는 고대하고 있어 / 일하는 것을 / 내일.
I am looking forward to / working / tomorrow.

⑥ 그녀는 고대하고 있어 / 가는 것을 / 그의 쇼에.
She is looking forward to / going / to his show.

⑦ 그는 고대하고 있어 / 노는 것을 / 우리와 함께.
He is looking forward to / hanging out / with us.

⑧ 그들은 고대하고 있어 / 보는 것을 / 이 영화를.
They are looking forward to / watching / this movie.

⑨ 너는 고대하고 있니 / 내 이메일을?
Are you looking forward to / my email?

⑩ 그는 고대하고 있니 / 나의 방문을?
Is he looking forward to / my visit?

⑪ 너는 고대하고 있니 / 나의 새로운 아이디어들을?
Are you looking forward to / my new ideas?

⑫ 너의 상사는 고대하고 있니 / 너의 보고서를?
Is your boss looking forward to / your report?

⑬ 그녀는 고대하고 있니 / 받는 것을 / 이 물건을?
Is she looking forward to / receiving / this item?

⑭ 그들은 고대하고 있니 / 듣는 것을 / 소식을 / 나로부터?
Are they looking forward to / hearing / news / from me?

⑮ 너는 고대하고 있니 / 가는 것을 / 쇼핑을?
Are you looking forward to / going / shopping?

☆ 패턴 43

~에/~하는 것에 익숙해

be used to 명사/-ing

**be used to 뒤에 -ing 혹은 명사가 오면,
'-ing하는 것에 익숙하다 혹은 (명사)에 익숙하다'라고 해석됩니다.**

예를 들어,
"나는 영어를 공부하는 것에 익숙해."라고 하려면
'공부하는 것 = studying'이라는 동명사를 써서
"I am used to studying English."라고 표현합니다.

"나는 이 게임에 익숙해."라고 하려면
'게임 = game'이라는 명사를 써서
"I am used to this game."이라고 표현합니다.

이 표현은 'used to = ~하곤 했다'라는 표현과 혼동하기 쉬운 표현이므로
많은 영작과 입 영작을 필요로 합니다.

패턴 43 ~에/~하는 것에 익숙해

의미 단위 입 영작

의미 단위로 나뉘어져 있는 문장 마디를 보고 Hint 단어를 참고하여 입으로 영작하세요.
손으로 영작한 후 입으로 확인해도 좋습니다.

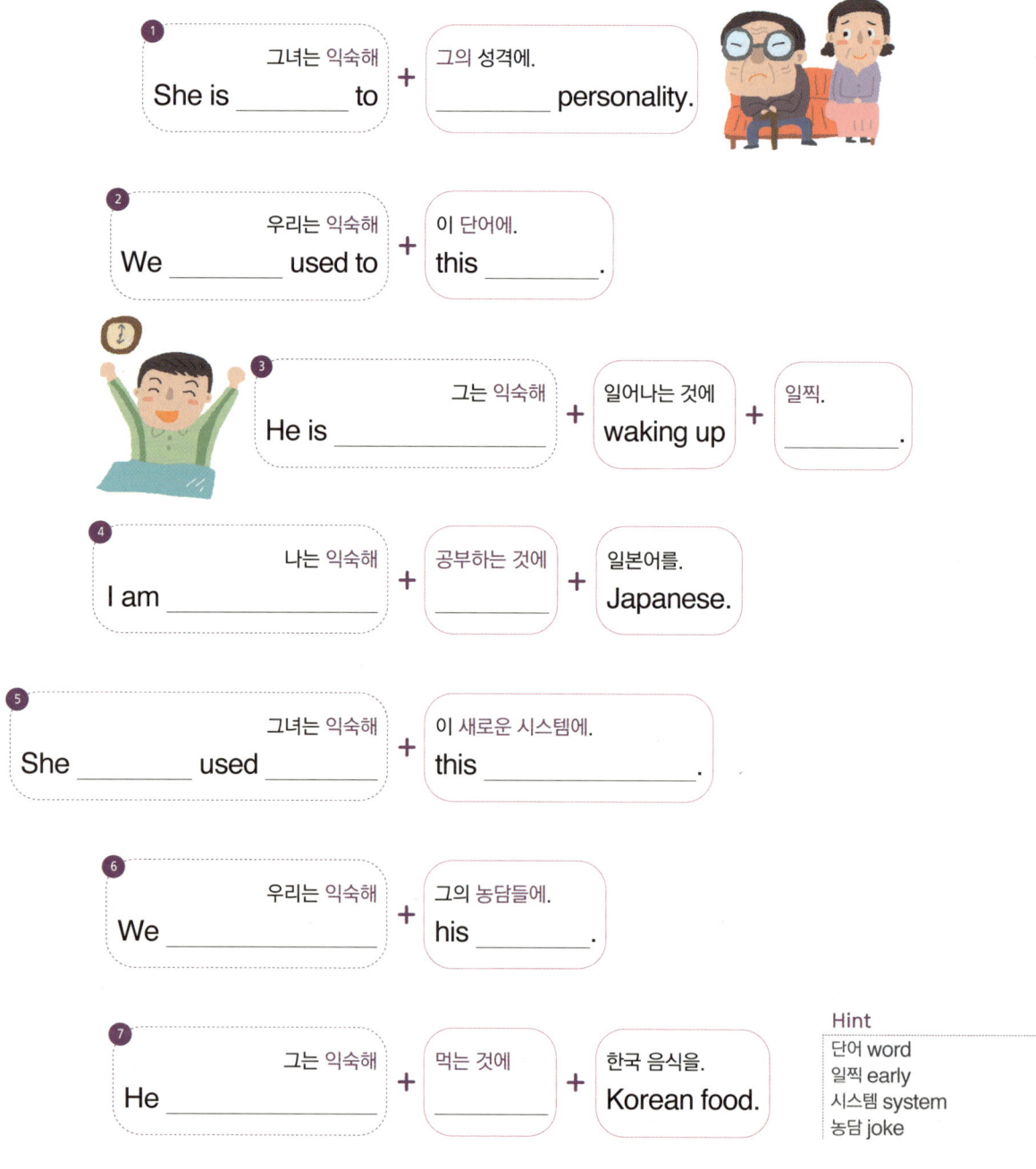

1. 그녀는 익숙해 / 그의 성격에.
   She is _____ to + _____ personality.

2. 우리는 익숙해 / 이 단어에.
   We _____ used to + this _____.

3. 그는 익숙해 / 일어나는 것에 / 일찍.
   He is _____ + waking up + _____.

4. 나는 익숙해 / 공부하는 것에 / 일본어를.
   I am _____ + _____ + Japanese.

5. 그녀는 익숙해 / 이 새로운 시스템에.
   She _____ used _____ + this _____.

6. 우리는 익숙해 / 그의 농담들에.
   We _____ + his _____.

7. 그는 익숙해 / 먹는 것에 / 한국 음식을.
   He _____ + _____ + Korean food.

Hint
단어 word
일찍 early
시스템 system
농담 joke

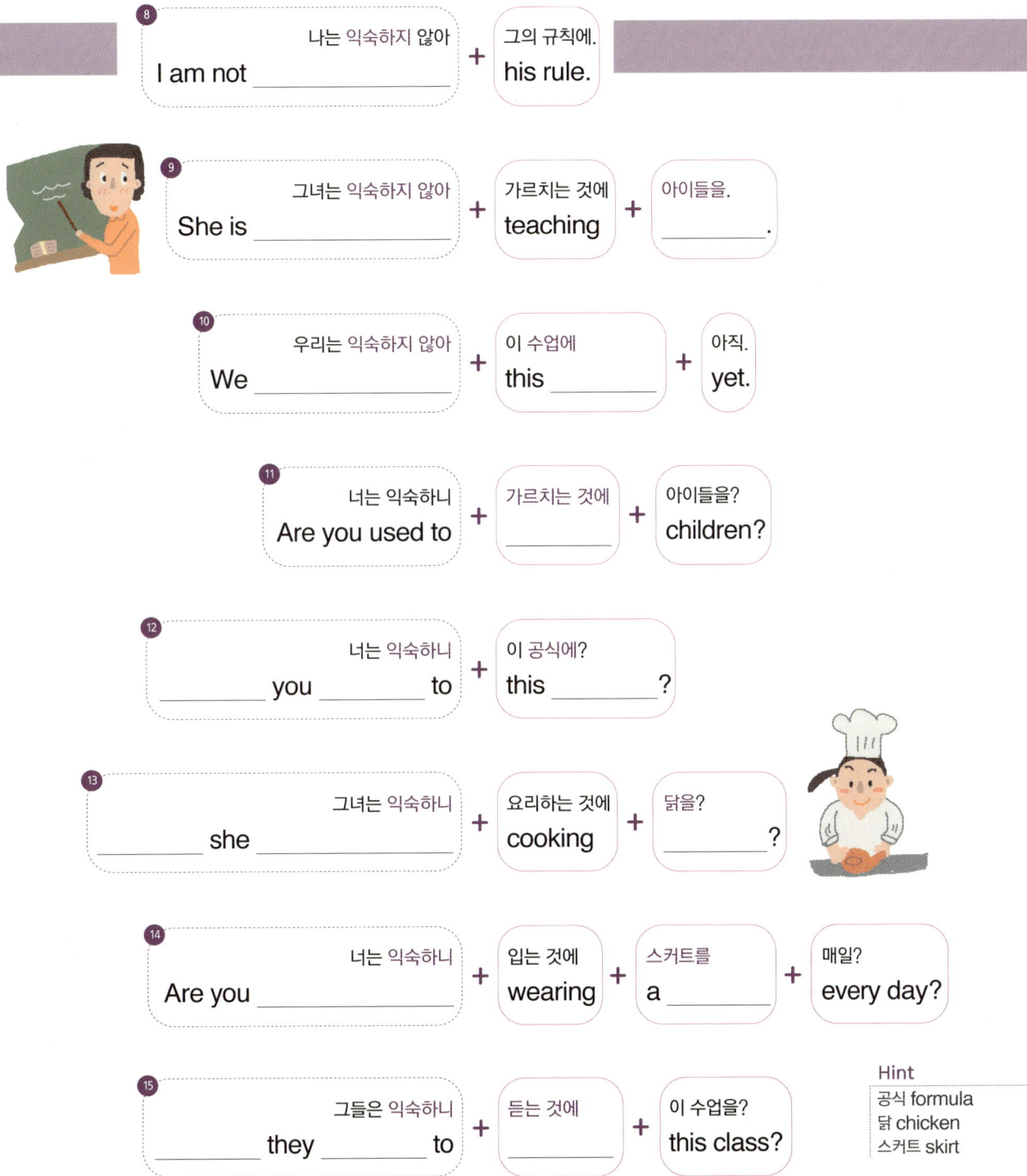

패턴 43 ~에/~하는 것에 익숙해

COMPLETE SENTENCES 완성 문장 낭독 훈련

이번에는 완성 문장을 잘 듣고 10회 이상 낭독 훈련해 보세요.

1. 그녀는 익숙해 / 그의 성격에.
   She is used to / his personality.

2. 우리는 익숙해 / 이 단어에.
   We are used to / this word.

3. 그는 익숙해 / 일어나는 것에 / 일찍.
   He is used to / waking up / early.

4. 나는 익숙해 / 공부하는 것에 / 일본어를.
   I am used to / studying / Japanese.

5. 그녀는 익숙해 / 이 새로운 시스템에.
   She is used to / this new system.

6. 우리는 익숙해 / 그의 농담들에.
   We are used to / his jokes.

7. 그는 익숙해 / 먹는 것에 / 한국 음식을.
   He is used to / eating / Korean food.

8. 나는 익숙하지 않아 / 그의 규칙에.
   I am not used to / his rule.

9. 그녀는 익숙하지 않아 / 가르치는 것에 / 아이들을.
   She is not used to / teaching / children.

10. 우리는 익숙하지 않아 / 이 수업에 / 아직.
    We are not used to / this class / yet.

11. 너는 익숙하니 / 가르치는 것에 / 아이들을?
    Are you used to / teaching / children?

12. 너는 익숙하니 / 이 공식에?
    Are you used to / this formula?

13. 그녀는 익숙하니 / 요리하는 것에 / 닭을?
    Is she used to / cooking / chicken?

14. 너는 익숙하니 / 입는 것에 / 스커트를 / 매일?
    Are you used to / wearing / a skirt / every day?

15. 그들은 익숙하니 / 듣는 것에 / 이 수업을?
    Are they used to / taking / this class?

패턴 44

~하는 게 어때?

Why don't you/we

Why don't you/we ~는 의견을 제시할 때 사용할 수 있으며, **'~하는 게 어때?'로 해석**됩니다.

상대방에 대한 의견을 제시할 때는 주어 you를, 함께 하자는 의견을 제시할 때는 주어 we를 씁니다. 그리고 you/we 뒤에는 '동사원형'이 옵니다.

Why don't we have lunch?

예를 들어,
함께 먹자는 의미로 친구에게 "우리 점심 먹는 거 어때?"라고 말하려면
"Why don't we have lunch?"라고 표현합니다.

상대에게 먹으라는 의미로 "너 점심 먹는 거 어때?"라고 말하려면
"Why don't you have lunch?"라고 표현합니다.

패턴 44 ~하는 게 어때?

의미 단위 입 영작

의미 단위로 나뉘어져 있는 문장 마디를 보고 Hint 단어를 참고하여 입으로 영작하세요.
손으로 영작한 후 입으로 확인해도 좋습니다.

1. 너 어때 Why don't you + 전화하는 게 _____ + 그녀에게? her?

2. 너 어때 _____ you + 가는 게 _____ + 집으로? home?

3. 너 어때 _____ + 공부하는 게 _____ + 그 퀴즈를 위해? _____ the quiz?

4. 너 어때 _____ + 마시는 게 _____ + 아메리카노를? Americano?

5. 너 어때 Why don't you + 요리하는 게 _____ + 너의 여자 친구를 위해? _____ girlfriend?

6. 너 어때 Why don't you + 씻는 게 _____ + 네가 떠나기 전에? before _____?

7. Why _____ 너 어때 + 오는 게 _____ + 나의 생일 파티에? to my birthday _____?

Hint
전화하다 call
씻다 wash
오다 come

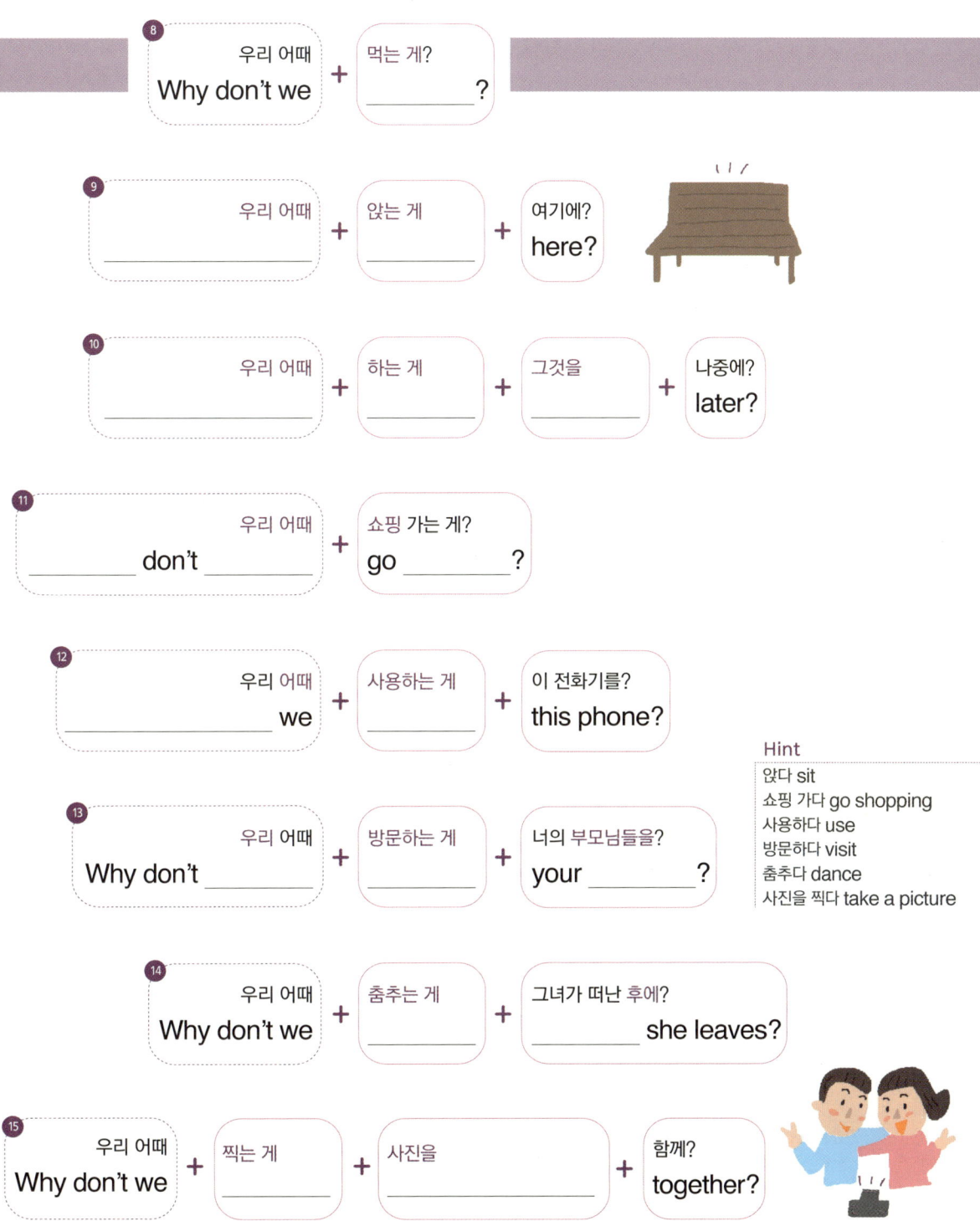

패턴 44 ~하는 게 어때?

완성 문장낭독 훈련

이번에는 완성 문장을 잘 듣고 10회 이상 낭독 훈련해 보세요.

① 너 어때 / 전화하는 게 / 그녀에게?
Why don't you / call / her?

② 너 어때 / 가는 게 / 집으로?
Why don't you / go / home?

③ 너 어때 / 공부하는 게 / 그 퀴즈를 위해?
Why don't you / study / for the quiz?

④ 너 어때 / 마시는 게 / 아메리카노를?
Why don't you / drink / Americano?

⑤ 너 어때 / 요리하는 게 / 너의 여자 친구를 위해?
Why don't you / cook / for your girlfriend?

⑥ 너 어때 / 씻는 게 / 네가 떠나기 전에?
Why don't you / wash / before you leave?

⑦ 너 어때 / 오는 게 / 나의 생일 파티에?
Why don't you / come / to my birthday party?

⑧ 우리 어때 / 먹는 게?
Why don't we / eat?

⑨ 우리 어때 / 앉는 게 / 여기에?
Why don't we / sit / here?

⑩ 우리 어때 / 하는 게 / 그것을 / 나중에?
Why don't we / do / it / later?

⑪ 우리 어때 / 쇼핑 가는 게?
Why don't we / go shopping?

⑫ 우리 어때 / 사용하는 게 / 이 전화기를?
Why don't we / use / this phone?

⑬ 우리 어때 / 방문하는 게 / 너의 부모님들을?
Why don't we / visit / your parents?

⑭ 우리 어때 / 춤추는 게 / 그녀가 떠난 후에?
Why don't we / dance / after she leaves?

⑮ 우리 어때 / 찍는 게 / 사진을 / 함께?
Why don't we / take / a picture / together?

★ 패턴 **45**

~이라 다행이야

Thank God

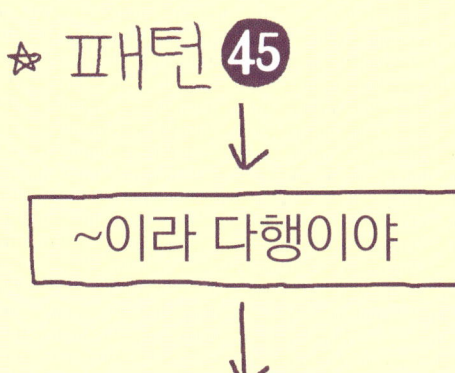

Thank God 뒤에 '주어 + 동사'형태의 절이 오게 되면 '~이라 다행이다'라고 해석됩니다.

예를 들어,
"금요일이라 다행이야."라고 하려면
"Thank God it's Friday."라고 표현합니다.

Thank God는 뒤에 절 없이 독립적으로도 사용되며 그런 경우 감탄사로 "아, 다행이야!"라고 해석합니다.

또한 Thank God 대신
좋다는 느낌이 조금 약한 'I'm glad + 절' 혹은 'I'm happy + 절'을 사용할 수도 있습니다.
이 Unit에서는 Thank God에 집중하도록 하겠습니다.

Thank God it's Friday.

패턴 ㊺ Thank God 195

패턴 45 ~이라 다행이야

의미 단위 입 영작

의미 단위로 나뉘어져 있는 문장 마디를 보고 Hint 단어를 참고하여 입으로 영작하세요.
손으로 영작한 후 입으로 확인해도 좋습니다.

1 다행이야 Thank God + 우리가 친구라서. _____ are _____ .

2 다행이야 Thank God + 오늘이 토요일이라서. _____ is _____ .

3 다행이야 Thank God + 그들이 성인들이라서. they _____ .

4 다행이야 Thank God + 네가 가지고 있어서. you _____ + 자동차를. a _____ .

5 다행이야 Thank God + 우리가 남자들이 아니라서. we are not _____ .

6 다행이야 Thank God + 그녀가 너의 동생이 아니라서. she is _____ your _____ .

7 다행이야 Thank God + 그가 있지 않아서. _____ is _____ + 한국에. in _____ .

Hint
토요일 Saturday
성인 adult
남자 man

Thank God

8. 다행이야 Thank God + 우리가 가지고 있지 않아서 we do _____ + 문제를. a _____.

9. 다행이야 Thank God + 그녀가 일어났어서 she _____ + 일찍 early + 어제. _____.

10. 다행이야 Thank God + 우리가 통과했어서 we _____ + 그 시험을. the _____.

11. 다행이야 Thank God + 그들이 도와줬어서 _____ + 우리를 us + 어제. _____.

12. _____ 다행이야 + 네가 가져갔어서 you _____ + 내 우산을. my _____.

13. 다행이야 Thank God + 그녀가 _____ + 오지 않았어서 did not _____ + 여기에 here + 어제. _____.

14. 다행이야 Thank God + 그 시험이 어렵지 않았어서. the test _____.

Hint
문제 problem
일어나다 wake up
통과하다 pass
가져가다 take
어려운 difficult
고장 난 broken

15. 다행이야 Thank God + 네가 사지 않았어서 you did _____ + 이 고장 난 손목시계를. this _____.

패턴 45 ~이라 다행이야

COMPLETE SENTENCES 완성 문장 낭독 훈련 이번에는 완성 문장을 잘 듣고 10회 이상 낭독 훈련해 보세요.

① 다행이야 / 우리가 친구라서.
Thank God / we are friends.

② 다행이야 / 오늘이 토요일이라서.
Thank God / today is Saturday.

③ 다행이야 / 그들이 성인들이라서.
Thank God / they are adults.

④ 다행이야 / 네가 가지고 있어서 / 자동차를.
Thank God / you have / a car.

⑤ 다행이야 / 우리가 남자들이 아니라서.
Thank God / we are not men.

⑥ 다행이야 / 그녀가 너의 동생이 아니라서.
Thank God / she is not your sister.

⑦ 다행이야 / 그가 있지 않아서 / 한국에.
Thank God / he is not / in Korea.

⑧ 다행이야 / 우리가 가지고 있지 않아서 / 문제를.
Thank God / we do not have / a problem.

⑨ 다행이야 / 그녀가 일어났어서 / 일찍 / 어제.
Thank God / she woke up / early / yesterday.

⑩ 다행이야 / 우리가 통과했어서 / 그 시험을.
Thank God / we passed / the test.

⑪ 다행이야 / 그들이 도와줬어서 / 우리를 / 어제.
Thank God / they helped / us / yesterday.

⑫ 다행이야 / 네가 가져갔어서 / 내 우산을.
Thank God / you took / my umbrella.

⑬ 다행이야 / 그녀가 오지 않았어서 / 여기에 / 어제.
Thank God / she did not come / here / yesterday.

⑭ 다행이야 / 그 시험이 어렵지 않았어서.
Thank God / the test was not difficult.

⑮ 다행이야 / 네가 사지 않았어서 / 이 고장 난 손목시계를.
Thank God / you did not buy / this broken watch.

패턴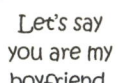

~이라고 쳐 보자/가정해 보자

Let's say

Let's say 뒤에는 '주어 + 동사' 형태의 that 절이 오게 되며,
'~이라고 가정해 보자' 혹은 '~이라고 쳐 보자'라고 해석합니다.

예를 들어,
"네가 내 남자 친구라 쳐 보자."라고 하려면
"Let's say (that) you are my boyfriend."라고 표현합니다.

비슷하게, 과거형으로
"그가 널 정말 좋아했다고 쳐 보자."라고 하려면
"Let's say (that) he really liked you."라고 표현합니다.

that 절 내의 that은 생략 가능한데,
이 Unit에서는 that을 모두 생략하겠습니다.

패턴 46 ~이라고 쳐 보자/가정해 보자

의미 단위 입 영작

의미 단위로 나뉘어져 있는 문장 마디를 보고 Hint 단어를 참고하여 입으로 영작하세요.
손으로 영작한 후 입으로 확인해도 좋습니다.

1. 쳐 보자 **Let's say** + 그녀가 너의 여자 친구라고. **she is _____.**

2. 쳐 보자 **_____** + 내가 좋아한다고 **I _____** + 너를. **you.**

3. 쳐 보자 **_____** + 이것이 너의 스포츠카라고. **this is _____.**

4. 쳐 보자 **_____** + 네가 뛸 수 있다고 **you can _____** + 높이. **high.**

5. 쳐 보자 **_____** + 우리가 외계인들이라고. **we are _____.**

6. 쳐 보자 **_____** + 네가 더 젊다고 **you are _____** + 나보다. **than me.**

7. 쳐 보자 **_____** + 그녀가 더 귀엽다고 **she is _____** + 너보다. **_____ you.**

Hint
외계인 alien
귀여운 cute

Let's say

8 쳐 보자 Let's say + 이것이 내 가방이라고. this is my _____.

9 쳐 보자 Let's say + 동물들이 말을 할 수 있다고. _____ talk.

10 쳐 보자 _____ + 그가 우리 회사의 회장이라고. he is the _____ of our company.

11 쳐 보자 _____ + 그것은 나의 실수였다고. it _____ my _____.

12 쳐 보자 Let's say + 네가 보았다고 you _____ + 귀신을 a _____ + 어제. yesterday.

13 쳐 보자 _____ + 그 스파이가 일했다고 the _____ + 너를 위해. _____ you.

14 쳐 보자 _____ + 그들이 싸웠다고 they _____ + 어제. yesterday.

15 쳐 보자 Let's say + 그가 예약하지 않았다고 he _____ + 그 방을. the _____.

Hint
동물 animal
회장 chairman
실수 mistake
귀신 ghost
스파이 spy
싸우다 fight
예약하다 reserve

패턴 46 ~이라고 쳐 보자/가정해 보자

COMPLETE SENTENCES
완성 문장 낭독 훈련
이번에는 완성 문장을 잘 듣고
10회 이상 낭독 훈련해 보세요.

① 쳐 보자 / 그녀가 너의 여자 친구라고.
Let's say / she is your girlfriend.

② 쳐 보자 / 내가 좋아한다고 / 너를.
Let's say / I like / you.

③ 쳐 보자 / 이것이 너의 스포츠카라고.
Let's say / this is your sports car.

④ 쳐 보자 / 네가 뛸 수 있다고 / 높이.
Let's say / you can jump / high.

⑤ 쳐 보자 / 우리가 외계인들이라고.
Let's say / we are aliens.

⑥ 쳐 보자 / 네가 더 젊다고 / 나보다.
Let's say / you are younger / than me.

⑦ 쳐 보자 / 그녀가 더 귀엽다고 / 너보다.
Let's say / she is cuter / than you.

⑧ 쳐 보자 / 이것이 내 가방이라고.
Let's say / this is my bag.

⑨ 쳐 보자 / 동물들이 말할 수 있다고.
Let's say / animals can talk.

⑩ 쳐 보자 / 그가 우리 회사의 회장이라고.
Let's say / he is the chairman of our company.

⑪ 쳐 보자 / 그것이 나의 실수였다고.
Let's say / it was my mistake.

⑫ 쳐 보자 / 네가 보았다고 / 귀신을 / 어제.
Let's say / you saw / a ghost / yesterday.

⑬ 쳐 보자 / 그 스파이가 일했다고 / 너를 위해.
Let's say / the spy worked / for you.

⑭ 쳐 보자 / 그들이 싸웠다고 / 어제.
Let's say / they fought / yesterday.

⑮ 쳐 보자 / 그가 예약하지 않았다고 / 그 방을.
Let's say / he did not reserve / the room.

패턴 47

~에도 불구하고

in spite of/despite

in spite of는 '~에도 불구하고'라고 해석된다는 점에서
although나 even though와 비슷하지만,
although나 even though 뒤에는 절이 오는 반면
in spite of 뒤에는 명사 혹은 -ing가 온다는 점에서 차이가 있습니다.

또한 **in spite of** 대신 **despite**를 써도 무방합니다.
단, **despite** 뒤에는 **of**가 들어가지 않는다는 점에 유의해야 합니다.

예를 들어 in spite of를 써서
"나의 문제들에도 불구하고, 그녀는 나를 사랑해."라고 하려면
"In spite of my problems, she loves me."라고 표현합니다.

또한 위와 같은 말을 despite를 써서 하려면
"Despite my problems, she loves me."라고 표현합니다.

(In spite of my problems, she loves me.)

패턴 47 ~에도 불구하고

의미 단위 입 영작

의미 단위로 나뉘어져 있는 문장 마디를 보고 Hint 단어를 참고하여 입으로 영작하세요.
손으로 영작한 후 입으로 확인해도 좋습니다.

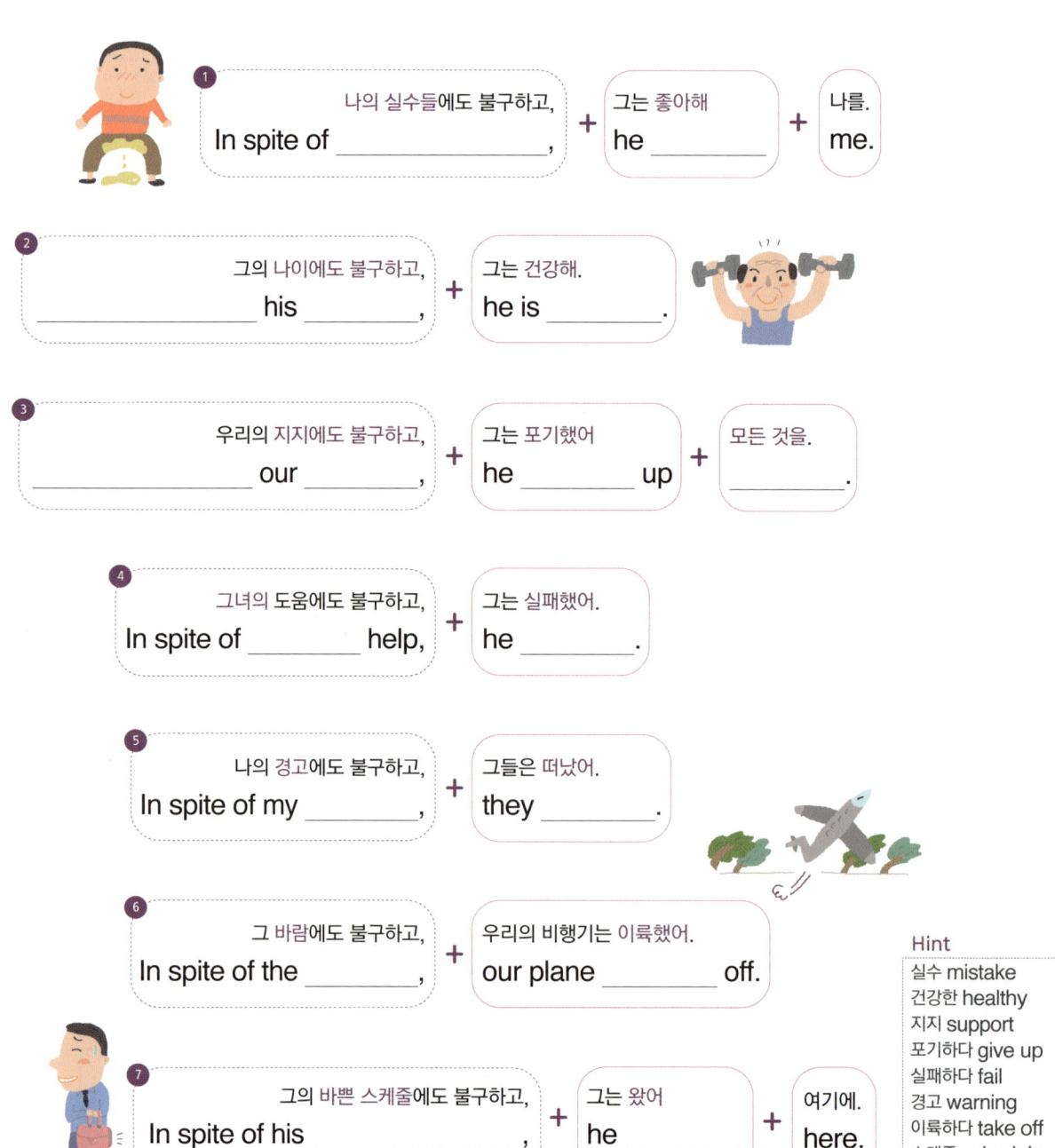

1. 나의 실수들에도 불구하고, In spite of _____, + 그는 좋아해 he _____ + 나를. me.

2. 그의 나이에도 불구하고, _____ his _____, + 그는 건강해. he is _____.

3. 우리의 지지에도 불구하고, _____ our _____, + 그는 포기했어 he _____ up + 모든 것을. _____.

4. 그녀의 도움에도 불구하고, In spite of _____ help, + 그는 실패했어. he _____.

5. 나의 경고에도 불구하고, In spite of my _____, + 그들은 떠났어. they _____.

6. 그 바람에도 불구하고, In spite of the _____, + 우리의 비행기는 이륙했어. our plane _____ off.

7. 그의 바쁜 스케줄에도 불구하고, In spite of his _____, + 그는 왔어 he _____ + 여기에. here.

Hint
실수 mistake
건강한 healthy
지지 support
포기하다 give up
실패하다 fail
경고 warning
이륙하다 take off
스케줄 schedule

in spite of/despite

8 그 폭풍에도 불구하고, + 우리는 걸었어.
In spite of the _____, we _____.

9 그의 규칙에도 불구하고, + 나는 돌아왔어 + 늦게.
In spite of _____, I _____ back late.

10 그 추운 날씨에도 불구하고, + 그들은 수영을 했어.
In spite of the _____, they _____.

11 나의 상황에도 불구하고, + 나는 포기하지 않았어.
Despite _____, I did not _____.

12 그 비에도 불구하고, + 나는 갔어 + 학교에.
_____ the _____, I _____ to _____.

13 그 눈에도 불구하고, + 그는 왔어 + 나의 파티에.
_____ the _____, he _____ _____ my _____.

14 그 더운 날씨에도 불구하고, + 나는 입었어 + 스웨터를.
Despite the _____, I _____ a sweater.

15 나의 충고에도 불구하고, + 그는 먹었어 + 피자를.
Despite _____, he _____ pizza.

Hint
폭풍 storm
룰, 규칙 rule
상황 situation
더운 hot
날씨 weather
충고 advice

패턴 47 in spite of/despite   205

패턴 47 ~에도 불구하고

COMPLETE SENTENCES 완성 문장 낭독 훈련 이번에는 완성 문장을 잘 듣고 10회 이상 낭독 훈련해 보세요.

① 나의 실수들에도 불구하고, / 그는 좋아해 / 나를.
In spite of my mistakes, / he likes / me.

② 그의 나이에도 불구하고, / 그는 건강해.
In spite of his age, / he is healthy.

③ 우리의 지지에도 불구하고, / 그는 포기했어 / 모든 것을.
In spite of our support, / he gave up / everything.

④ 그녀의 도움에도 불구하고, / 그는 실패했어.
In spite of her help, / he failed.

⑤ 나의 경고에도 불구하고, / 그들은 떠났어.
In spite of my warning, / they left.

⑥ 그 바람에도 불구하고, / 우리의 비행기는 이륙했어.
In spite of the wind, / our plane took off.

⑦ 그의 바쁜 스케줄에도 불구하고, / 그는 왔어 / 여기에.
In spite of his busy schedule, / he came / here.

⑧ 그 폭풍에도 불구하고, / 우리는 걸었어.
In spite of the storm, / we walked.

⑨ 그의 규칙에도 불구하고, / 나는 돌아왔어 / 늦게.
In spite of his rule, / I came back / late.

⑩ 그 추운 날씨에도 불구하고, / 그들은 수영을 했어.
In spite of the cold weather, / they swam.

⑪ 나의 상황에도 불구하고, / 나는 포기하지 않았어.
Despite my situation, / I did not give up.

⑫ 그 비에도 불구하고, / 나는 갔어 / 학교에.
Despite the rain, / I went / to school.

⑬ 그 눈에도 불구하고, / 그는 왔어 / 나의 파티에.
Despite the snow, / he came / to my party.

⑭ 그 더운 날씨에도 불구하고, / 나는 입었어 / 스웨터를.
Despite the hot weather, / I wore / a sweater.

⑮ 나의 충고에도 불구하고, / 그는 먹었어 / 피자를.
Despite my advice, / he ate / pizza.

패턴 48

~일 리가 없어

There is no way

There is no way 뒤에는 **that** 절이 오면서 '~일 리가 없다'로 해석됩니다.

예를 들어,
"그녀가 네 여자 친구일 리가 없어."라고 하려면
"There is no way (that) she is your girlfriend."라고 표현합니다.

비슷하게 that 절을 과거형으로 만들어
"그녀가 나에게 거짓말했었을 리가 없어."라고 하려면
"There's no way (that) she lied to me."라고 표현합니다.

that 절의 that은 생략 가능한데,
이 Unit에서는 that을 모두 생략하겠습니다.

패턴 48 ~일 리가 없어

의미 단위 입 영작

의미 단위로 나뉘어져 있는 문장 마디를 보고 Hint 단어를 참고하여 입으로 영작하세요.
손으로 영작한 후 입으로 확인해도 좋습니다.

1. 그럴 리가 없어 There is no way + 그들이 너의 부모님들일 리가. _____ are your _____.

2. 그럴 리가 없어 _____ + 그녀가 한국인일 리가. she is _____.

3. 그럴 리가 없어 _____ + 그가 너의 상사일 리가. he is _____ boss.

4. 그럴 리가 없어 _____ + 이것이 너의 자동차일 리가. this is _____.

5. 그럴 리가 없어 There is no way + 그가 좋아할 리가. he _____ + 너를. _____.

6. 그럴 리가 없어 There is no way + 이 가방이 너의 것일 리가. _____ is _____.

7. 그럴 리가 없어 _____ + 그가 사용할 리가. _____ + 너의 전화기를. your _____.

Hint
한국인 Korean
전화기 phone

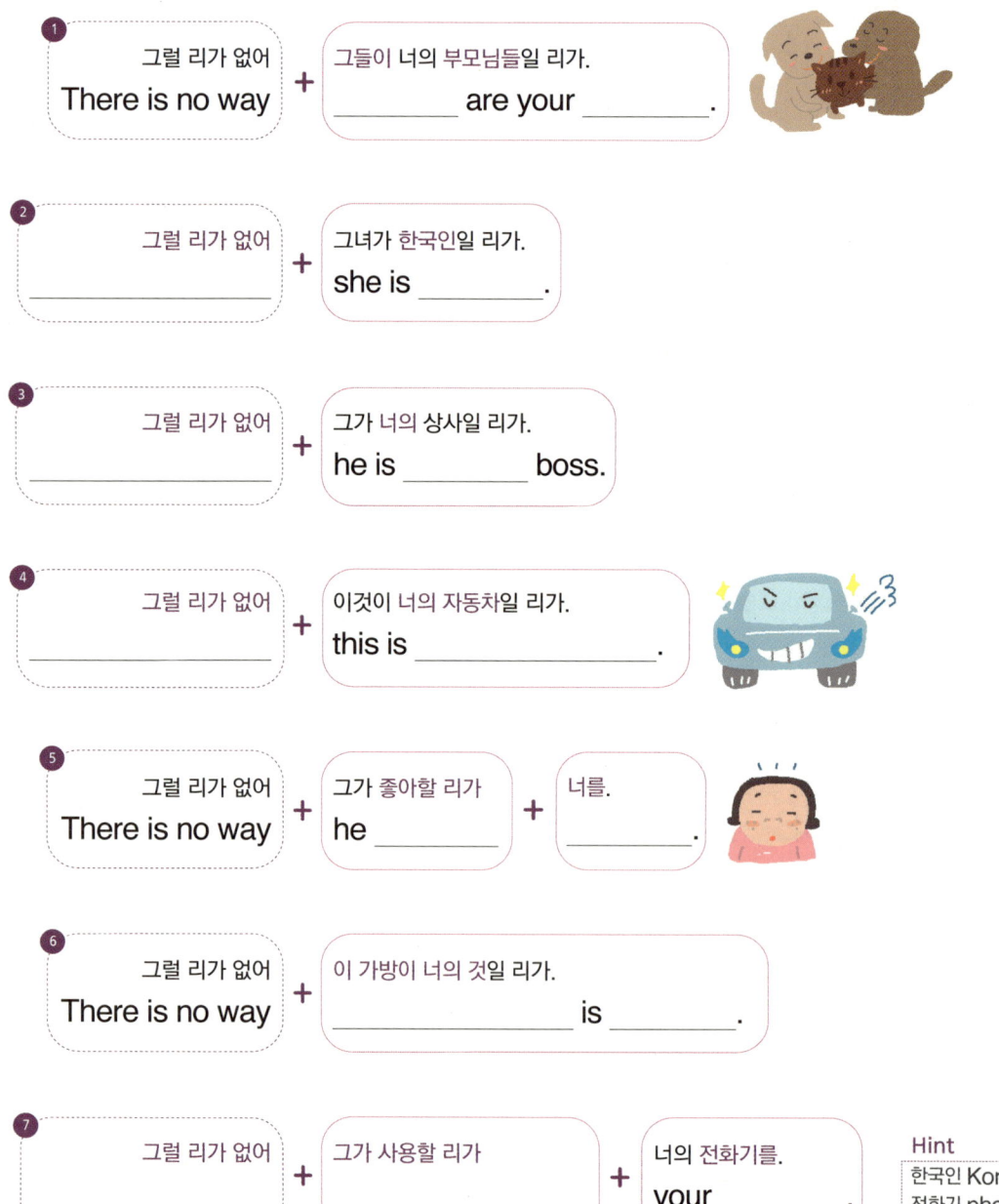

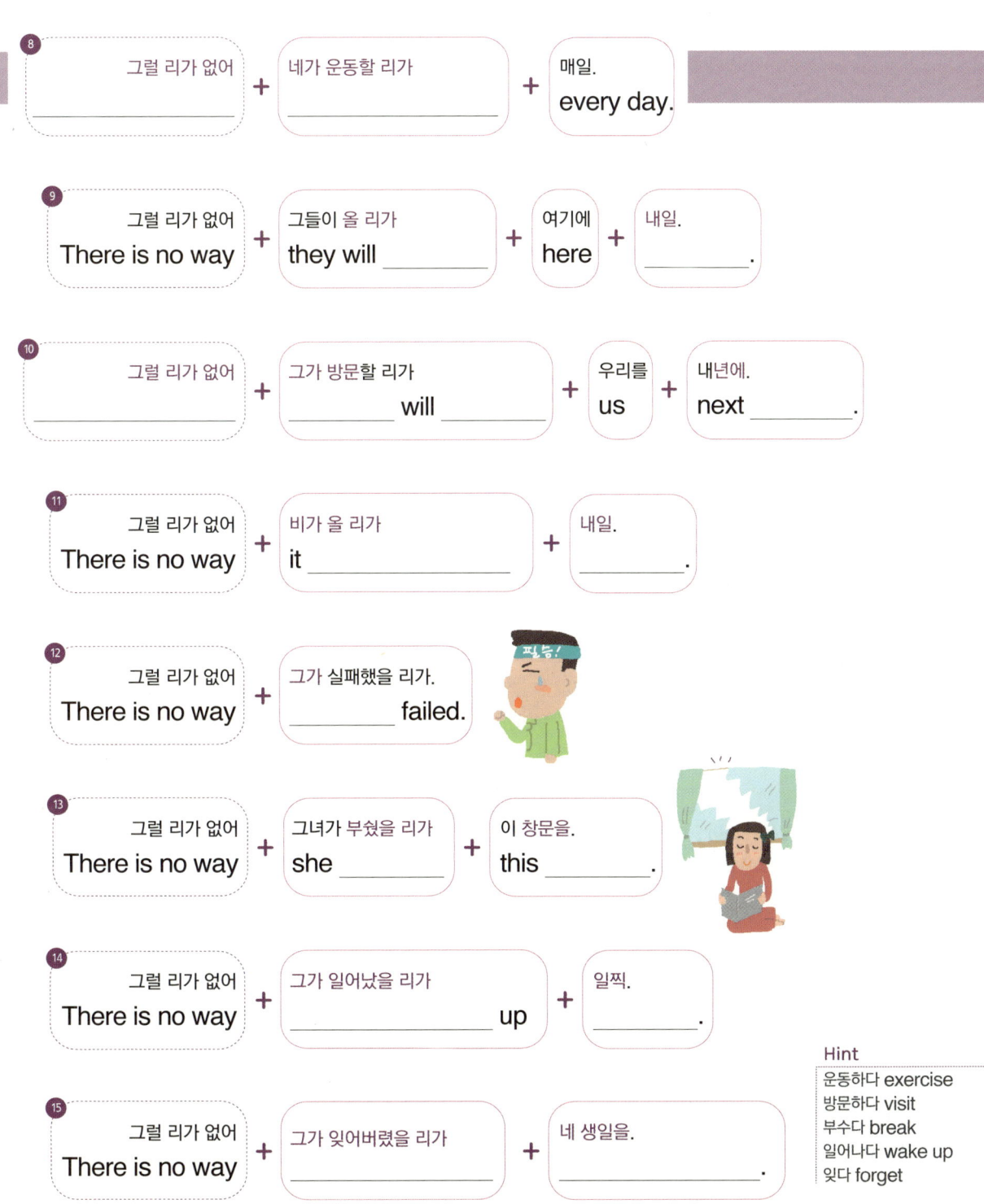

패턴 48 ~일 리가 없어

COMPLETE SENTENCES 완성 문장낭독 훈련 이번에는 완성 문장을 잘 듣고 10회 이상 낭독 훈련해 보세요.

① 그럴 리가 없어 / 그들이 너의 부모님들일 리가.
There is no way / they are your parents.

② 그럴 리가 없어 / 그녀가 한국인일 리가.
There is no way / she is Korean.

③ 그럴 리가 없어 / 그가 너의 상사일 리가.
There is no way / he is your boss.

④ 그럴 리가 없어 / 이것이 너의 자동차일 리가.
There is no way / this is your car.

⑤ 그럴 리가 없어 / 그가 좋아할 리가 / 너를.
There is no way / he likes / you.

⑥ 그럴 리가 없어 / 이 가방이 너의 것일 리가.
There is no way / this bag is yours.

⑦ 그럴 리가 없어 / 그가 사용할 리가 / 너의 전화기를.
There is no way / he uses / your phone.

⑧ 그럴 리가 없어 / 네가 운동할 리가 / 매일.
There is no way / you exercise / every

⑨ 그럴 리가 없어 / 그들이 올 리가 / 여기에 / 내일.
There is no way / they will come / here / tomorrow.

⑩ 그럴 리가 없어 / 그가 방문할 리가 / 우리를 / 내년에.
There is no way / he will visit / us / next year.

⑪ 그럴 리가 없어 / 비가 올 리가 / 내일.
There is no way / it will rain / tomorrow.

⑫ 그럴 리가 없어 / 그가 실패했을 리가.
There is no way / he failed.

⑬ 그럴 리가 없어 / 그녀가 부쉈을 리가 / 이 창문을.
There is no way / she broke / this window.

⑭ 그럴 리가 없어 / 그가 일어났을 리가 / 일찍.
There is no way / he woke up / early.

⑮ 그럴 리가 없어 / 그가 잊어버렸을 리가 / 네 생일을.
There is no way / he forgot / your birthday.

☆ 패턴 49

~인 것은 당연해
↓

There is no wonder

There is no wonder 뒤에는 that 절이 오면서
'~인 것은 당연하다'로 해석됩니다.

예를 들어,
"그들이 그를 해고한 것은 당연해."라고 하려면
"There is no wonder (that) they fired him."이라고 표현합니다.

또한 조금 더 비격식적인 표현으로
wonder 대신 doubt을 쓸 수도 있습니다.

예를 들어, 위의 문장을 wonder 대신 doubt을 써서
"There is no doubt (that) they fired him."이라고도 표현합니다.

이때 that 절의 that은 생략 가능한데,
이 Unit에서는 that을 모두 생략하겠습니다.
또한 doubt보다는 더욱 격식을 차린 wonder에만 집중하겠습니다.

There is no wonder they fired him.

패턴 49 ~인 것은 당연해

의미 단위 입 영작

의미 단위로 나뉘어져 있는 문장 마디를 보고 Hint 단어를 참고하여 입으로 영작하세요.
손으로 영작한 후 입으로 확인해도 좋습니다.

1
당연해
There is no wonder
+
그가 행복한 것은.
he _____.

2
당연해
There is no wonder
+
그녀가 흥분해 있는 것은.
she _____.

3
당연해
_____
+
네가 배고픈 것은.
you _____.

4
당연해
_____
+
그들이 게으른 것은.
_____ are _____.

5
당연해
_____
+
너의 바지가 젖어 있는 것은.
your _____ are _____.

6
당연해
_____
+
이것이 더 비싼 것은.
this is _____
+
너의 가방보다.
than _____.

7
당연해
_____
+
이 차가 빠르지 않은 것은.
_____ is not _____.

Hint
흥분한 excited
게으른 lazy
젖은 wet
비싼 expensive

There is no wonder

8. There is no wonder + 그가 좋아하지 않는 것은 _____ does not _____ + 이 노래를. this _____.

9. There is no wonder + 그가 잊어버렸던 것은 he _____ + 내 이름을. my _____.

10. _____ 당연해 + 그가 고소했던 것은 he _____ + 그녀를. her.

11. _____ 당연해 + 그녀가 받았던 것은 she _____ + A학점을. an _____.

12. There is no wonder + 그가 실수를 했던 것은 he _____ a _____ + 어제. _____.

13. There is no wonder + 그 콘서트가 취소되었던 것은. the _____ was _____.

14. There is no wonder + 그들이 올 수 없었던 것은 they _____ come + 여기에. _____.

15. There is no wonder + 네가 포기했어야 했던 것은. _____ had to _____.

Hint
잊다 forget
고소하다 sue
취소하다 cancel
포기하다 give up

패턴 49 There is no wonder   213

패턴 49 ~인 것은 당연해

COMPLETE SENTENCES 완성 문장낭독 훈련
이번에는 완성 문장을 잘 듣고 10회 이상 낭독 훈련해 보세요.

① 당연해 / 그가 행복한 것은.
There is no wonder / he is happy.

② 당연해 / 그녀가 흥분해 있는 것은.
There is no wonder / she is excited.

③ 당연해 / 네가 배고픈 것은.
There is no wonder / you are hungry.

④ 당연해 / 그들이 게으른 것은.
There is no wonder / they are lazy.

⑤ 당연해 / 너의 바지가 젖어 있는 것은.
There is no wonder / your pants are wet.

⑥ 당연해 / 이것이 더 비싼 것은 / 너의 가방보다.
There is no wonder / this is more expensive / than your bag.

⑦ 당연해 / 이 차가 빠르지 않은 것은.
There is no wonder / this car is not fast.

⑧ 당연해 / 그가 좋아하지 않는 것은 / 이 노래를.
There is no wonder / he does not like / this song.

⑨ 당연해 / 그가 잊어버렸던 것은 / 내 이름을.
There is no wonder / he forgot / my name.

⑩ 당연해 / 그가 고소했던 것은 / 그녀를.
There is no wonder / he sued / her.

⑪ 당연해 / 그녀가 받았던 것은 / A학점을.
There is no wonder / she got / an A.

⑫ 당연해 / 그가 실수를 했던 것은 / 어제.
There is no wonder / he made a mistake / yesterday.

⑬ 당연해 / 그 콘서트가 취소되었던 것은.
There is no wonder / the concert was canceled.

⑭ 당연해 / 그들이 올 수 없었던 것은 / 여기에.
There is no wonder / they could not come / here.

⑮ 당연해 / 네가 포기했어야 했던 것은.
There is no wonder / you had to give up.

패턴 50

~하는 게 차라리 더 낫겠어

might as well

had better가 경고에 가까운 강한 느낌을 갖고 있다면,
might as well은 좀 더 부드러운 의견의 느낌을 갖고 있습니다.
자신을 포함한 누군가가 **주어진 선택권 내에서 고민할 때 사용**할 수 있는 표현이며,
'**~하는 게 차라리 더 낫겠다**'라고 해석됩니다.
might as well 뒤에는 동사 원형이 오게 됩니다.

예를 들어,

"너는 두 개를 사는 게 차라리 더 낫겠어."라고 하려면

"You might as well buy two."라고 표현합니다.

만약 위의 문장을 might as well 대신 had better를 써서

"You had better buy two."라고 표현한다면,

"두 개를 사는 게 나을 것 같아."라는 부드러운 의견의 느낌이 아니라,

"두 개를 사지 않으면 문제를 겪게 될 수도 있어."라는 경고의 느낌을 갖게 됩니다.

패턴 50 ~하는 게 차라리 더 낫겠어

의미 단위 입 영작

의미 단위로 나뉘어져 있는 문장 마디를 보고 Hint 단어를 참고하여 입으로 영작하세요. 손으로 영작한 후 입으로 확인해도 좋습니다.

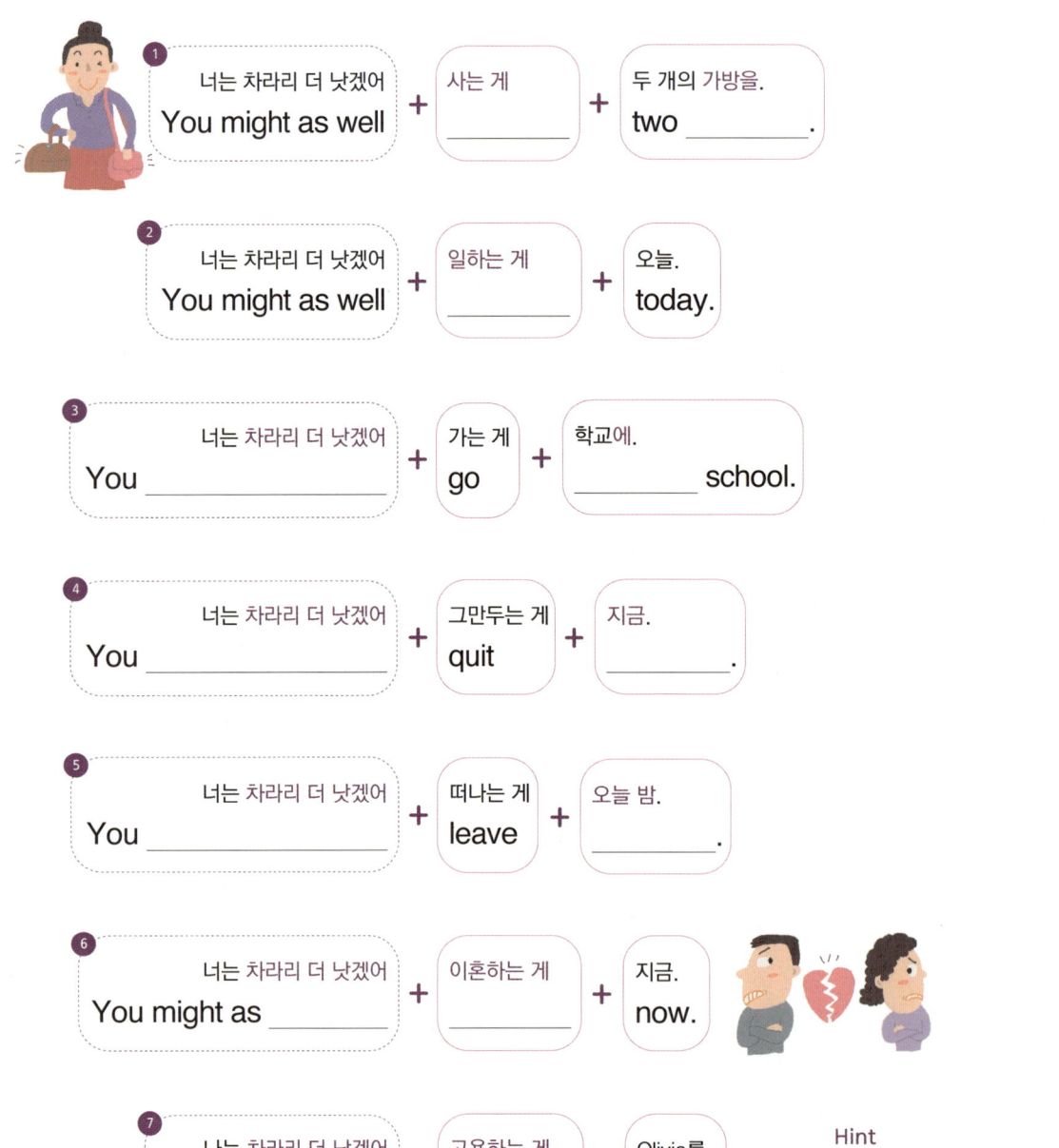

1. 너는 차라리 더 낫겠어 **You might as well** + 사는 게 _____ + 두 개의 가방을. two _____.

2. 너는 차라리 더 낫겠어 **You might as well** + 일하는 게 _____ + 오늘. today.

3. 너는 차라리 더 낫겠어 **You _____** + 가는 게 go + 학교에. _____ school.

4. 너는 차라리 더 낫겠어 **You _____** + 그만두는 게 quit + 지금. _____.

5. 너는 차라리 더 낫겠어 **You _____** + 떠나는 게 leave + 오늘 밤. _____.

6. 너는 차라리 더 낫겠어 **You might as _____** + 이혼하는 게 _____ + 지금. now.

7. 나는 차라리 더 낫겠어 **I _____ as well** + 고용하는 게 _____ + Olivia를. Olivia.

Hint
이혼하다 divorce
고용하다 hire

might as well

8. 나는 차라리 더 낫겠어 / 이사하는 게 / 서울로.
I _____ + _____ + to Seoul.

9. 나는 차라리 더 낫겠어 / 주는 게 / 이것을 / 너에게.
I _____ + _____ + this + _____ you.

10. 그녀는 차라리 더 낫겠어 / 배우는 게 / 이 테크닉을.
She might as _____ + _____ + this _____.

11. 그는 차라리 더 낫겠어 / 가는 게 / 거기에 / 지금.
He _____ + _____ + there + _____.

12. 그는 차라리 더 낫겠어 / 파는 게 / 그의 컴퓨터를.
He _____ as _____ + _____ + his _____.

13. 우리는 차라리 더 낫겠어 / 끝마치는 게 / 이 프로젝트를.
We _____ + finish + this _____.

14. 우리는 차라리 더 낫겠어 / 말하는 게 / 그녀에게 / 그 진실을.
We might _____ well + _____ + her + the _____.

15. 우리는 차라리 더 낫겠어 / 렌트하는 게 / 이 자동차를.
We _____ + _____ + this _____.

Hint
이사하다 move
테크닉 technique
팔다 sell
프로젝트 project
진실 truth
렌트하다 rent

패턴 50 ~하는 게 차라리 더 낫겠어

COMPLETE SENTENCES 완성 문장낭독 훈련 이번에는 완성 문장을 잘 듣고 10회 이상 낭독 훈련해 보세요.

1. 너는 차라리 더 낫겠어 / 사는 게 / 두 개의 가방을.
   You might as well / buy / two bags.

2. 너는 차라리 더 낫겠어 / 일하는 게 / 오늘.
   You might as well / work / today.

3. 너는 차라리 더 낫겠어 / 가는 게 / 학교에.
   You might as well / go / to school.

4. 너는 차라리 더 낫겠어 / 그만두는 게 / 지금.
   You might as well / quit / now.

5. 너는 차라리 더 낫겠어 / 떠나는 게 / 오늘 밤.
   You might as well / leave / tonight.

6. 너는 차라리 더 낫겠어 / 이혼하는 게 / 지금.
   You might as well / divorce / now.

7. 나는 차라리 더 낫겠어 / 고용하는 게 / Olivia를.
   I might as well / hire / Olivia.

8. 나는 차라리 더 낫겠어 / 이사하는 게 / 서울로.
   I might as well / move / to Seoul.

9. 나는 차라리 더 낫겠어 / 주는 게 / 이것을 / 너에게.
   I might as well / give / this / to you.

10. 그녀는 차라리 더 낫겠어 / 배우는 게 / 이 테크닉을.
    She might as well / learn / this technique.

11. 그는 차라리 더 낫겠어 / 가는 게 / 거기에 / 지금.
    He might as well / go / there / now.

12. 그는 차라리 더 낫겠어 / 파는 게 / 그의 컴퓨터를.
    He might as well / sell / his computer.

13. 우리는 차라리 더 낫겠어 / 끝마치는 게 / 이 프로젝트를.
    We might as well / finish / this project.

14. 우리는 차라리 더 낫겠어 / 말하는 게 / 그녀에게 / 그 진실을.
    We might as well / tell / her / the truth.

15. 우리는 차라리 더 낫겠어 / 렌트하는 게 / 이 자동차를.
    We might as well / rent / this car.

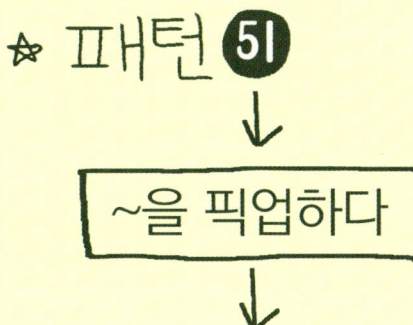

패턴 51

~을 픽업하다

pick someone up

일정한 장소에서 누군가를 어딘가에 데려다 줄 목적으로 차에 태우는 것을 흔히 '픽업'한다고 하며 pick someone up이라고 표현합니다.

someone이 대명사(him, her, them etc.)일 경우에는 항상 pick과 up 사이에 위치시킵니다.

예를 들어, "나는 그를 픽업했어."라고 하려면
'그 = him'이 대명사이므로 **"I picked him up."** 이라고 표현하고("I picked up him."은 틀림)
"나는 그 소녀를 픽업했어."라고 하려면
'그 소녀 = the girl'이 일반명사이므로 **"I picked up the girl."** 이라고 표현합니다.
("I picked the girl up."도 틀리지는 않음)

또한, 문장 뒤에 '~에서'라는 말을 넣으려면 from을 추가한 뒤 '장소'를 쓰면 됩니다.

예를 들어, "너는 나를 학교에서 픽업해 줄래?"라고 하려면
"Would you pick me up from school?"이라고 표현합니다.

패턴 51 pick someone up 219

패턴 51 ~을 픽업하다

의미 단위 입 영작

의미 단위로 나뉘어져 있는 문장 마디를 보고 Hint 단어를 참고하여 입으로 영작하세요.
손으로 영작한 후 입으로 확인해도 좋습니다.

1. 나는 그녀를 픽업해 I pick _____ up + 그녀의 학교에서 from _____ + 매일. _____.

2. 나는 내 남자 친구를 픽업해 I _____ my boyfriend + 그 카페에서 _____ the _____ + 항상. _____.

3. 그들은 그들의 직원들을 픽업해 They _____ up their _____ + 강남에서. _____ Gangnam.

4. 나는 그녀를 픽업했어 I picked her _____ + 인천공항에서 _____ Incheon Airport + 어제. _____.

5. 그는 나의 이모를 픽업했어 He _____ up my _____ + 서울에서. _____.

6. 나는 너를 픽업할 수 있어 I _____ pick you _____ + 거기에서. from _____.

7. 나는 Jenna를 픽업할 수 있어 I _____ pick _____ Jenna + 정시에. _____.

Hint
매일 every day
직원 employee
이모 aunt
정시에 on time

pick someone up

8 나는 그녀를 픽업하지 않았어 + 어제.
I did _____ pick _____ up + _____ .

9 그녀는 나를 픽업할 수 없었어 + 그녀가 바빴기 때문에.
She _____ pick me _____ + _____ she was _____ .

10 나는 너를 픽업할 거야 + 5시에.
I will pick _____ + _____ 5.

11 나는 그 아가씨를 픽업할 거야 + 그녀의 호텔에서.
I _____ pick _____ the _____ + _____ her _____ .

12 너는 나를 픽업해 주겠니 + 오늘?
Would you _____ + today?

13 너는 그녀를 픽업해 주겠니 + 그녀의 스튜디오에서?
_____ you _____ up + from _____ ?

14 너는 그 변호사를 픽업할 수 있니 + JFK공항에서 + 3시에?
Can you pick up the _____ + _____ JFK _____ + _____ 3?

15 그녀는 그녀의 남편을 픽업할 수 있니 + 그의 직장에서?
Can she _____ her _____ + from his _____ ?

Hint
아가씨 lady
변호사 lawyer
남편 husband
직장 work

패턴 51 ~을 픽업하다

COMPLETE SENTENCES 완성 문장 낭독 훈련 이번에는 완성 문장을 잘 듣고 10회 이상 낭독 훈련해 보세요.

① 나는 그녀를 픽업해 / 그녀의 학교에서 / 매일.
I pick her up / from her school / every day.

② 나는 내 남자 친구를 픽업해 / 그 카페에서 / 항상.
I pick up my boyfriend / from the café / always.

③ 그들은 그들의 직원들을 픽업해 / 강남에서.
They pick up their employees / from Gangnam.

④ 나는 그녀를 픽업했어 / 인천공항에서 / 어제.
I picked her up / from Incheon Airport / yesterday.

⑤ 그는 나의 이모를 픽업했어 / 서울에서.
He picked up my aunt / from Seoul.

⑥ 나는 너를 픽업할 수 있어 / 거기에서.
I can pick you up / from there.

⑦ 나는 Jenna를 픽업할 수 있어 / 정시에.
I can pick up Jenna / on time.

⑧ 나는 그녀를 픽업하지 않았어 / 어제.
I did not pick her up / yesterday.

⑨ 그녀는 나를 픽업할 수 없었어 / 그녀가 바빴기 때문에.
She could not pick me up / because she was busy.

⑩ 나는 너를 픽업할 거야 / 5시에.
I will pick you up / at 5.

⑪ 나는 그 아가씨를 픽업할 거야 / 그녀의 호텔에서.
I will pick up the lady / from her hotel.

⑫ 너는 나를 픽업해 주겠니 / 오늘?
Would you pick me up / today?

⑬ 너는 그녀를 픽업해 주겠니 / 그녀의 스튜디오에서?
Would you pick her up / from her studio?

⑭ 너는 그 변호사를 픽업할 수 있니 / JFK공항에서 / 3시에?
Can you pick up the lawyer / from JFK Airport / at 3?

⑮ 그녀는 그녀의 남편을 픽업할 수 있니 / 그의 직장에서?
Can she pick up her husband / from his work?

패턴 52

~을 데려다 주다

give someone a ride

일단 **누군가를 픽업한 후 일정한 장소에 '데려다 준다'**고 표현하고 싶다면
give someone a ride를 사용합니다.
이것은 '(자동차 등 탈것으로) 데려다 준다'라는 의미를 담고 있습니다.

또한, 문장 뒤에 '~로'를 넣으려면
전치사 **to**를 추가한 후 장소를 쓰면 됩니다.

예를 들어,
"나는 그녀를 그녀의 호텔로 데려다 줬어."라고 하려면
"I gave her a ride to her hotel."이라고 표현합니다.

Would you give me a ride to the airport?

비슷하게 의문형으로
"너는 나를 공항으로 데려다 줄래?"라고 하려면
"Would you give me a ride to the airport?"라고 표현합니다.

탈것을 이용할 때뿐만 아니라 **좀 더 포괄적으로 '데려다 주다'**라는 표현을 하고 싶다면
give someone a ride 대신 **take someone**을 쓰면 됩니다.

여기서는 '(탈것으로) 데려다 주다 = give someone a ride'에만 집중하겠습니다.

패턴 52 ~을 데려다 주다

의미 단위 입 영작

의미 단위로 나뉘어져 있는 문장 마디를 보고 Hint 단어를 참고하여 입으로 영작하세요.
손으로 영작한 후 입으로 확인해도 좋습니다.

1
나는 그녀를 데려다 줘
I give _____ a ride
+
그녀의 학교로
_____ her _____
+
매일.
_____.

2
나는 내 남자 친구를 데려다 줘
I _____ my boyfriend _____
+
그 카페로
_____ the _____
+
항상.
_____.

3
그들은 그들의 직원들을 데려다 줘
They _____ their _____ a ride
+
강남으로.
_____ Gangnam.

4
나는 그녀를 데려다 줬어
I gave her _____
+
인천공항으로
_____ Incheon Airport
+
어제.
_____.

5
그는 나의 이모를 데려다 줬어
He _____ my _____ a ride
+
서울로.
_____.

6
나는 너를 데려다 줄 수 있어
I _____ give you _____
+
그 빌딩으로.
to the _____.

7
나는 Jenna를 데려다 줄 수 있어
I _____ give Jenna a _____
+
정시에.
_____.

Hint
매일 every day
직원 employee
이모 aunt
정시에 on time

give someone a ride

8
나는 그녀를 데려다 주지 않았어
I did _____ give _____ a ride
+
어제.
_____.

9
그녀는 나를 데려다 줄 수 없었어
She _____ give me _____
+
그녀가 바빴기 때문에.
because she _____.

10
나는 너를 데려다 줄 거야.
I will _____ you _____.

11
나는 그 아가씨를 데려다 줄 거야
I _____ give the _____ a _____
+
그녀의 호텔로
_____ her _____.

12
너는 나를 데려다 주겠니
Would you _____ a _____
+
오늘?
today?

13
너는 그녀를 데려다 주겠니
_____ you give _____
+
그녀의 스튜디오로?
to _____?

14
너는 그 변호사를 데려다 줄 수 있니
Can you _____ the _____ a ride
+
JFK공항으로
to JFK _____
+
3시에?
_____ 3?

15
그녀는 그녀의 남편을 데려다 줄 수 있니
Can _____ her _____ a ride
+
그의 직장으로?
to his _____?

Hint
아가씨 lady
변호사 lawyer
남편 husband
직장 work

패턴 52 give someone a ride   225

패턴 52 ~을 데려다 주다

COMPLETE SENTENCES
완성 문장 낭독 훈련
이번에는 완성 문장을 잘 듣고 10회 이상 낭독 훈련해 보세요.

① 나는 그녀를 데려다 줘 / 그녀의 학교로 / 매일.
I give her a ride / to her school / every day.

② 나는 내 남자 친구를 데려다 줘 / 그 카페로 / 항상.
I give my boyfriend a ride / to the café / always.

③ 그들은 그들의 직원들을 데려다 줘 / 강남으로.
They give their employees a ride / to Gangnam.

④ 나는 그녀를 데려다 줬어 / 인천공항으로 / 어제.
I gave her a ride / to Incheon Airport / yesterday.

⑤ 그는 나의 이모를 데려다 줬어 / 서울로.
He gave my aunt a ride / to Seoul.

⑥ 나는 너를 데려다 줄 수 있어 / 그 빌딩으로.
I can give you a ride / to the building.

⑦ 나는 Jenna를 데려다 줄 수 있어 / 정시에.
I can give Jenna a ride / on time.

⑧ 나는 그녀를 데려다 주지 않았어 / 어제.
I did not give her a ride / yesterday.

⑨ 그녀는 나를 데려다 줄 수 없었어 / 그녀가 바빴기 때문에.
She could not give me a ride / because she was busy.

⑩ 나는 너를 데려다 줄 거야.
I will give you a ride.

⑪ 나는 그 아가씨를 데려다 줄 거야 / 그녀의 호텔로.
I will give the lady a ride / to her hotel.

⑫ 너는 나를 데려다 주겠니 / 오늘?
Would you give me a ride / today?

⑬ 너는 그녀를 데려다 주겠니 / 그녀의 스튜디오로?
Would you give her a ride / to her studio?

⑭ 너는 그 변호사를 데려다 줄 수 있니 / JFK공항으로 / 3시에?
Can you give the lawyer a ride / to JFK Airport / at 3?

⑮ 그녀는 그녀의 남편을 데려다 줄 수 있니 / 그의 직장으로?
Can she give her husband a ride / to his work?

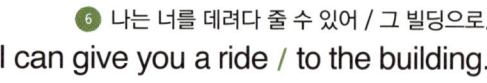

★ 패턴 ❺❸ → ~을 내려 주다

drop someone off

일단 **누군가를 차로 데려다 준 후 일정한 장소에 '내려 준다'고 표현하고 싶다면**
drop someone off를 사용합니다.
someone이 대명사(him, her, them etc.)일 경우에는 항상 drop과 off 사이에 위치시킵니다.

예를 들어
"나는 그를 내려 줬어."라고 하려면
'그 = him'이 대명사이므로 "I dropped him off."라고 표현하고("I dropped off him."은 틀림)

"나는 그 소녀를 내려 줬어."라고 하려면
'그 소녀 = the girl'이 일반명사이므로 "I dropped off the girl."이라고 표현합니다.
("I dropped the girl off."도 틀리지는 않음)

또한, 문장 뒤에 '~에'를 넣으려면 전치사 at을 추가한 후 장소를 쓰면 됩니다.

예를 들어,
"너는 나를 학교에 내려 줄래?"라고 하려면
"Would you drop me off at school?"이라고 표현합니다.
상황에 따라
'~의 앞에 = in front of', '~의 뒤에 = behind', '~의 근처에 = near'
등을 쓸 수도 있습니다.

I dropped him off.

패턴 53 ~을 내려 주다

의미 단위 입 영작
의미 단위로 나뉘어져 있는 문장 마디를 보고 Hint 단어를 참고하여 입으로 영작하세요.
손으로 영작한 후 입으로 확인해도 좋습니다.

1. 나는 그녀를 내려 줘 / 그녀의 학교에 / 매일.
I drop _____ off + at _____ + _____.

2. 나는 내 남자 친구를 내려 줘 / 그 카페에 / 항상.
I _____ my boyfriend + _____ the _____ + _____.

3. 그는 그의 직원들을 내려 줘 / 6시에.
He _____ off his _____ + _____ 6.

4. 나는 그녀를 내려 줬어 / 인천공항에 / 어제.
I dropped her _____ + _____ Incheon Airport + _____.

5. 그는 나의 이모를 내려 줬어 / 5분 전에.
He _____ off my _____ + 5 minutes _____.

6. 나는 너를 내려 줄 수 있어 / 그 빌딩에.
I _____ drop you _____ + at the _____.

7. 나는 Jenna를 내려 줄 수 있어 / 정시에.
I _____ drop _____ Jenna + _____.

Hint
직원 employee
~ 전에 ago
이모 aunt
정시에 on time

drop someone off

8. 나는 그녀를 내려 주지 않았어
I did _____ drop _____ off
+ 어제.
_____.

9. 그녀는 Janice를 내려 주지 않았어
She _____ drop _____ Janice
+ 그 버스 정류장에.
_____ the bus _____.

10. 나는 너를 내려 줄 거야
I will drop _____
+ 곧.
_____.

11. 나는 그 아가씨를 내려 줄 거야
I _____ drop _____ the _____
+ 그녀의 호텔에.
_____ her _____.

12. 너는 나를 내려 주겠니
Would you _____
+ 지금?
_____?

13. 너는 그녀를 내려 주겠니
_____ you _____ off
+ 그녀의 스튜디오에?
at _____?

14. 너는 그 변호사를 내려 줄 수 있니
Can you drop off the _____
+ JFK공항에
_____ JFK _____
+ 3시까지?
by 3?

15. 그녀는 그녀의 남편을 내려 줄 수 있니
Can _____ her _____
+ 그의 직장에?
at his _____?

Hint
버스 정류장 bus stop
곧, 이내 soon
직장 work

패턴 53 ~을 내려 주다

Complete Sentences — 완성 문장 낭독 훈련
이번에는 완성 문장을 잘 듣고 10회 이상 낭독 훈련해 보세요.

① 나는 그녀를 내려 줘 / 그녀의 학교에 / 매일.
I drop her off / at her school / every day.

② 나는 내 남자 친구를 내려 줘 / 그 카페에 / 항상.
I drop off my boyfriend / at the café / always.

③ 그는 그의 직원들을 내려 줘 / 6시에.
He drops off his employees / at 6.

④ 나는 그녀를 내려 줬어 / 인천공항에 / 어제.
I dropped her off / at Incheon Airport / yesterday.

⑤ 그는 나의 이모를 내려 줬어 / 5분 전에.
He dropped off my aunt / 5 minutes ago.

⑥ 나는 너를 내려 줄 수 있어 / 그 빌딩에.
I can drop you off / at the building.

⑦ 나는 Jenna를 내려 줄 수 있어 / 정시에.
I can drop off Jenna / on time.

⑧ 나는 그녀를 내려 주지 않았어 / 어제.
I did not drop her off / yesterday.

⑨ 그녀는 Janice를 내려 주지 않았어 / 그 버스 정류장에.
She did not drop off Janice / at the bus stop.

⑩ 나는 너를 내려 줄 거야 / 곧.
I will drop you off / soon.

⑪ 나는 그 아가씨를 내려 줄 거야 / 그녀의 호텔에.
I will drop off the lady / at her hotel.

⑫ 너는 나를 내려 주겠니 / 지금?
Would you drop me off / now?

⑬ 너는 그녀를 내려 주겠니 / 그녀의 스튜디오에?
Would you drop her off / at her studio?

⑭ 너는 그 변호사를 내려 줄 수 있니 / JFK공항에 / 3시까지?
Can you drop off the lawyer / at JFK Airport / by 3?

⑮ 그녀는 그녀의 남편을 내려 줄 수 있니 / 그의 직장에?
Can she drop off her husband / at his work?

패턴 54 so that ~하게

Give him your number so that he calls you.

so that 뒤에 '주어 + 동사' 형태의 절이 오면 '~하게'로 해석합니다.
that은 구어에서는 자주 생략되지만
여기에서는 모두 넣는 것을 원칙으로 하겠습니다.

예를 들어,
"그에게 너의 번호를 줘라 그가 너에게 전화하게."라고 하려면
"Give him your number so that he calls you."라고 표현합니다.

사실상 so that 절에는 대부분 can이 함께 등장하며
'~하게'보다는 '~할 수 있게'로 해석되는 경우가 많습니다.

예를 들어,
"그에게 너의 번호를 줘라 그가 너에게 전화할 수 있게."라고 하려면
"Give him your number so that he can call you."라고 표현합니다.

패턴 54 ~하게

의미 단위 입 영작

의미 단위로 나뉘어져 있는 문장 마디를 보고 Hint 단어를 참고하여 입으로 영작하세요. 손으로 영작한 후 입으로 확인해도 좋습니다.

1. 전화해라 _____ + 나에게 me + 내가 일어나게 so that I _____ + 일찍. early.

2. 달려라 _____ + 네가 살을 빼게. _____ you lose weight.

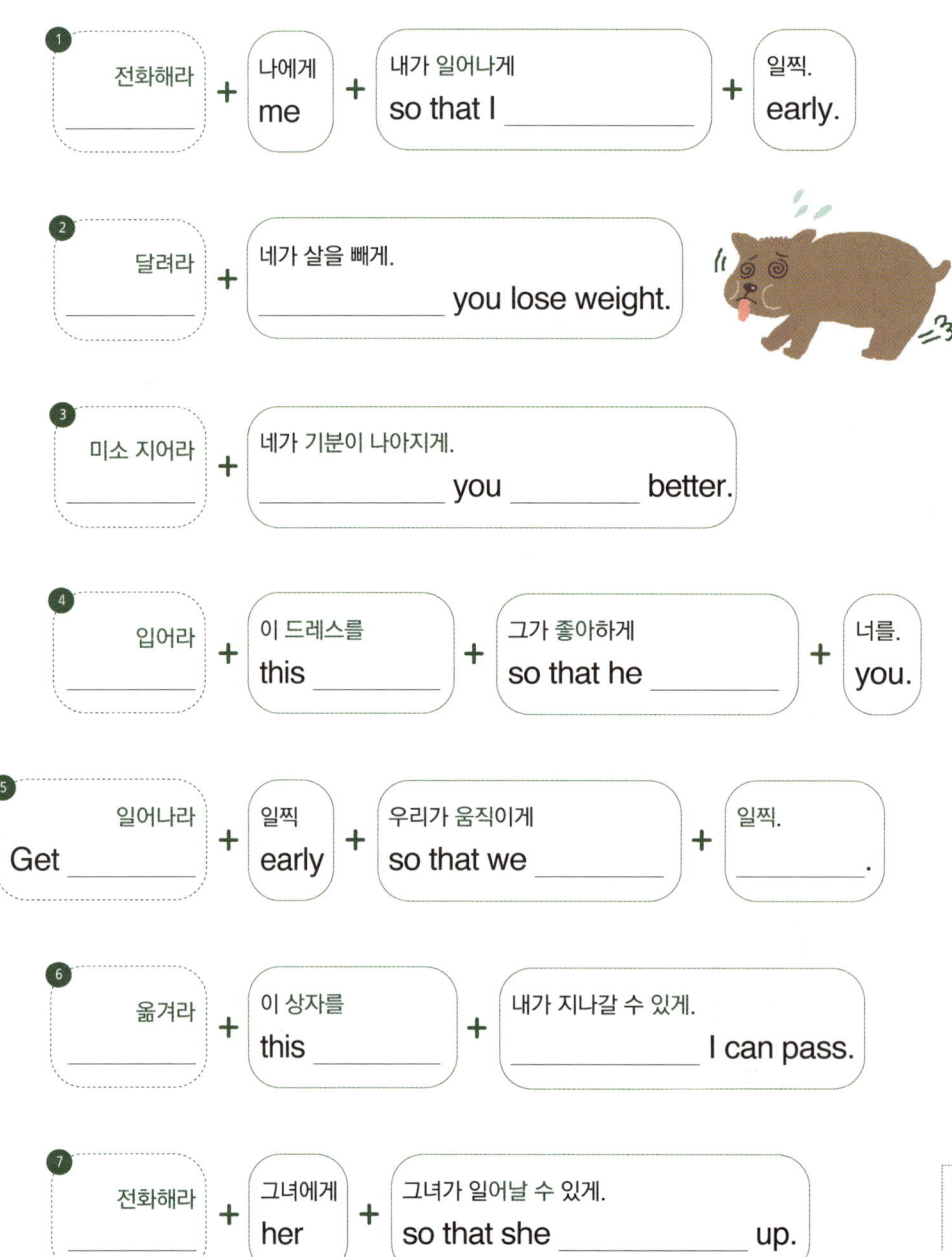

3. 미소 지어라 _____ + 네가 기분이 나아지게. _____ you _____ better.

4. 입어라 _____ + 이 드레스를 this _____ + 그가 좋아하게 so that he _____ + 너를. you.

5. 일어나라 Get _____ + 일찍 early + 우리가 움직이게 so that we _____ + 일찍. _____.

6. 옮겨라 _____ + 이 상자를 this _____ + 내가 지나갈 수 있게. _____ I can pass.

7. 전화해라 _____ + 그녀에게 her + 그녀가 일어날 수 있게. so that she _____ up.

Hint
일어나다 get up
기분이 나아지다 feel better
입다 wear

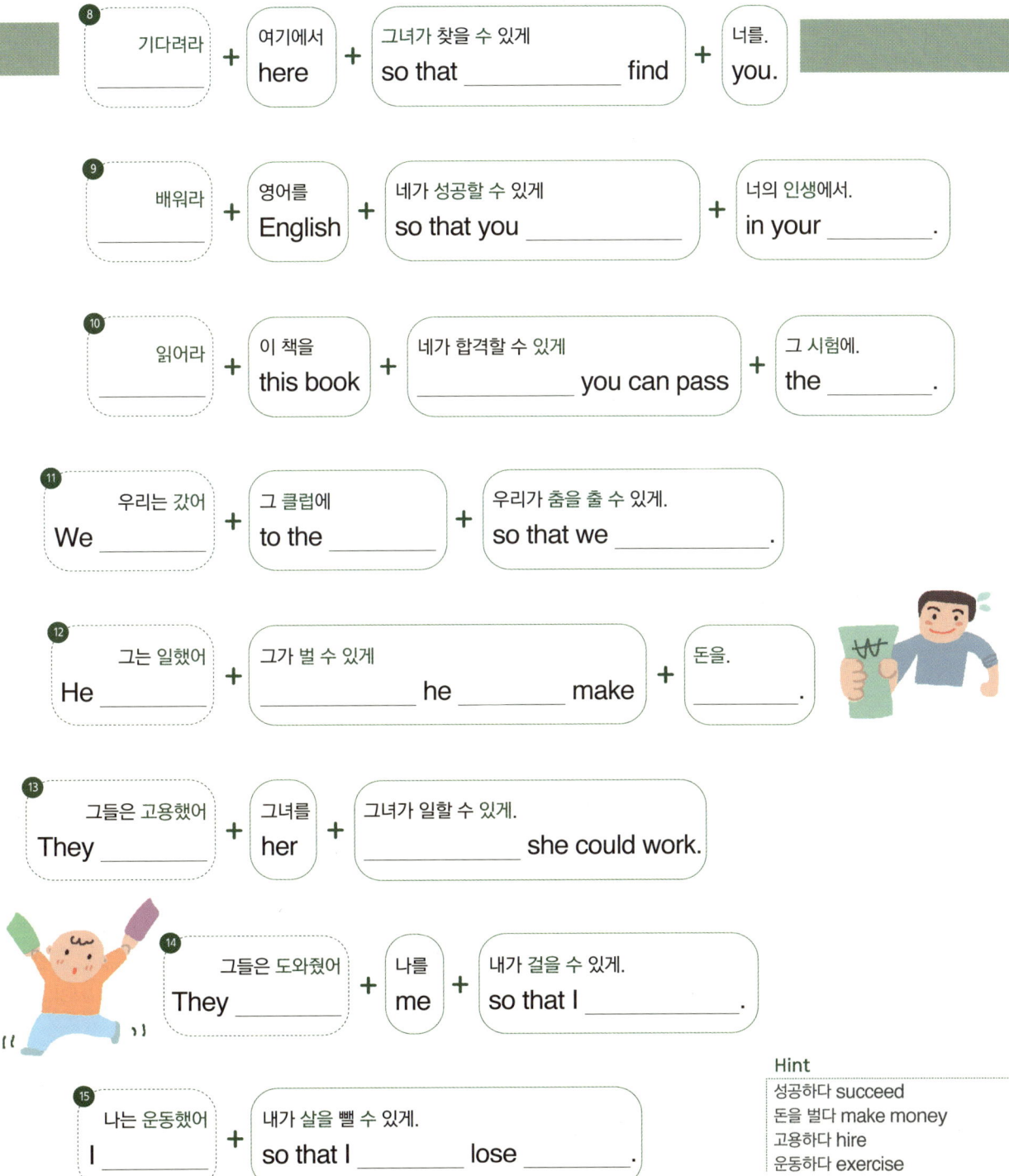

패턴 54 ~하게

COMPLETE SENTENCES — 완성 문장 낭독 훈련

이번에는 완성 문장을 잘 듣고 10회 이상 낭독 훈련해 보세요.

① 전화해라 / 나에게 / 내가 일어나게 / 일찍.
Call / me / so that I get up / early.

② 달려라 / 네가 살을 빼게.
Run / so that you lose weight.

③ 미소 지어라 / 네가 기분이 나아지게.
Smile / so that you feel better.

④ 입어라 / 이 드레스를 / 그가 좋아하게 / 너를.
Wear / this dress / so that he likes / you.

⑤ 일어나라 / 일찍 / 우리가 움직이게 / 일찍.
Get up / early / so that we move / early.

⑥ 옮겨라 / 이 상자를 / 내가 지나갈 수 있게.
Move / this box / so that I can pass.

⑦ 전화해라 / 그녀에게 / 그녀가 일어날 수 있게.
Call / her / so that she can get up.

⑧ 기다려라 / 여기에서 / 그녀가 찾을 수 있게 / 너를.
Wait / here / so that she can find / you.

⑨ 배워라 / 영어를 / 네가 성공할 수 있게 / 너의 인생에서.
Learn / English / so that you can succeed / in your life.

⑩ 읽어라 / 이 책을 / 네가 합격할 수 있게 / 그 시험에.
Read / this book / so that you can pass / the test.

⑪ 우리는 갔어 / 그 클럽에 / 우리가 춤을 출 수 있게.
We went / to the club / so that we could dance.

⑫ 그는 일했어 / 그가 벌 수 있게 / 돈을.
He worked / so that he could make / money.

⑬ 그들은 고용했어 / 그녀를 / 그녀가 일할 수 있게.
They hired / her / so that she could work.

⑭ 그들은 도와줬어 / 나를 / 내가 걸을 수 있게.
They helped / me / so that I could walk.

⑮ 나는 운동했어 / 내가 살을 뺄 수 있게.
I exercised / so that I could lose weight.

패턴 55

너무 ~해서 …해

so 형용사 + that 절

'so 형용사 + that 절'은 '너무 (형용사)해서 that (절)하다'라고 해석되며 앞에서 다루었던 'so that = ~하도록'과 혼동하지 않도록 주의해야 합니다.

예를 들어,
"그녀는 너무 예뻐서 모두가 그녀를 좋아해."라고 하려면
"She is so pretty that everyone loves her."라고 표현합니다.

비슷하게,
"우리는 너무 행복해서 소리를 질렀어."라고 하려면
"We were so happy that we screamed."라고 표현합니다.

구어에서는 that이 자주 생략되지만
여기서는 모두 넣는 것을 원칙으로 하겠습니다.

We were so happy that we screamed.

패턴 55 — 너무 ~해서 …해

의미 단위 입 영작

의미 단위로 나뉘어져 있는 문장 마디를 보고 Hint 단어를 참고하여 입으로 영작하세요.
손으로 영작한 후 입으로 확인해도 좋습니다.

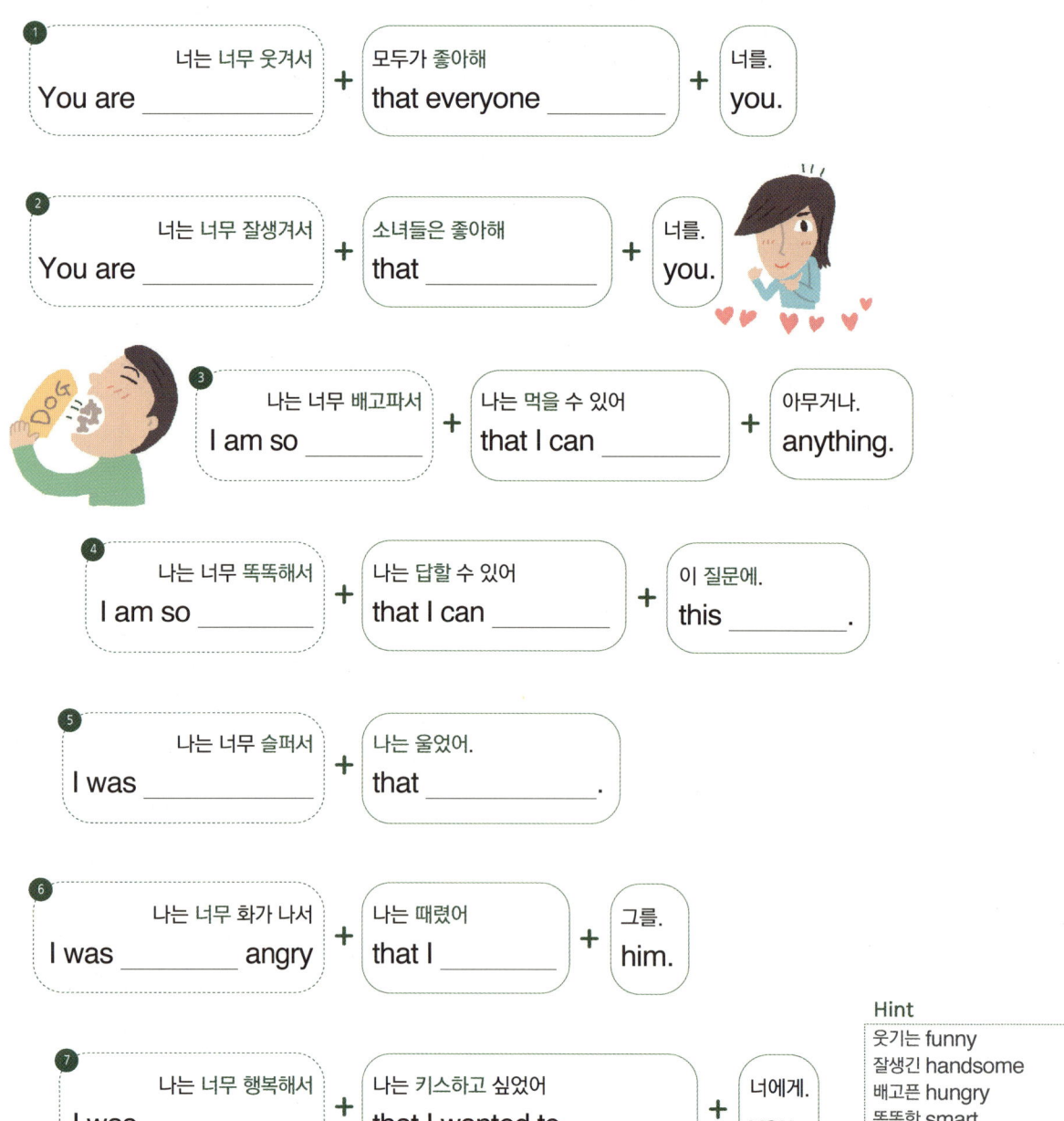

1. 너는 너무 웃겨서 / 모두가 좋아해 / 너를.
   You are _____ + that everyone _____ + you.

2. 너는 너무 잘생겨서 / 소녀들은 좋아해 / 너를.
   You are _____ + that _____ + you.

3. 나는 너무 배고파서 / 나는 먹을 수 있어 / 아무거나.
   I am so _____ + that I can _____ + anything.

4. 나는 너무 똑똑해서 / 나는 답할 수 있어 / 이 질문에.
   I am so _____ + that I can _____ + this _____.

5. 나는 너무 슬퍼서 / 나는 울었어.
   I was _____ + that _____.

6. 나는 너무 화가 나서 / 나는 때렸어 / 그를.
   I was _____ angry + that I _____ + him.

7. 나는 너무 행복해서 / 나는 키스하고 싶었어 / 너에게.
   I was _____ + that I wanted to _____ + you.

Hint
웃기는 funny
잘생긴 handsome
배고픈 hungry
똑똑한 smart
때리다 hit

so 형용사 + that 절

⑧ 그 노래는 너무 좋아서 / 나는 울었어.
The _____ was _____ good + that I _____.

⑨ 그 차는 너무 빨라서 / 나는 불안했어.
The car was _____ + that I was _____.

⑩ 그녀는 너무 느려서 / 그녀는 졌어 / 그 게임에.
She was _____ + that she _____ + the _____.

⑪ 그 시험은 너무 어려워서 / 나는 받았어 / F를.
The exam _____ so _____ + that I got + an _____.

Hint
불안한 nervous
지다 lose
(점수 등을) 받다 get
배부른 full
무식한 ignorant

⑫ 나는 너무 배불러서 / 나는 걸을 수가 없어.
I am _____ + that I cannot _____.

⑬ 나는 너무 뚱뚱해서 / 나는 입을 수 없어 / 그 재킷을.
I am _____ + that I cannot _____ + the _____.

⑭ 이 차는 너무 느려서 / 나는 사고 싶지 않아 / 그것을.
_____ is so _____ + that I do not _____ to _____ + it.

⑮ 그는 너무 무식해서 / 그는 이해하지 못했어 / 이것을.
He was _____ + that _____ could not _____ + this.

패턴 ㊺ so 형용사 + that 절   **237**

패턴 55 - 너무 ~해서 …해

Complete Sentences - 완성 문장 낭독 훈련

이번에는 완성 문장을 잘 듣고 10회 이상 낭독 훈련해 보세요.

① 너는 너무 웃겨서 / 모두가 좋아해 / 너를.
You are so funny / that everyone likes / you.

② 너는 너무 잘생겨서 / 소녀들은 좋아해 / 너를.
You are so handsome / that girls like / you.

③ 나는 너무 배고파서 / 나는 먹을 수 있어 / 아무거나.
I am so hungry / that I can eat / anything.

④ 나는 너무 똑똑해서 / 나는 답할 수 있어 / 이 질문에.
I am so smart / that I can answer / this question.

⑤ 나는 너무 슬퍼서 / 나는 울었어.
I was so sad / that I cried.

⑥ 나는 너무 화가 나서 / 나는 때렸어 / 그를.
I was so angry / that I hit / him.

⑦ 나는 너무 행복해서 / 나는 키스하고 싶었어 / 너에게.
I was so happy / that I wanted to kiss / you.

⑧ 그 노래는 너무 좋아서 / 나는 울었어.
The song was so good / that I cried.

⑨ 그 차는 너무 빨라서 / 나는 불안했어.
The car was so fast / that I was nervous.

⑩ 그녀는 너무 느려서 / 그녀는 졌어 / 그 게임에.
She was so slow / that she lost / the game.

⑪ 그 시험은 너무 어려워서 / 나는 받았어 / F를.
The exam was so difficult / that I got / an F.

⑫ 나는 너무 배불러서 / 나는 걸을 수가 없어.
I am so full / that I cannot walk.

⑬ 나는 너무 뚱뚱해서 / 나는 입을 수 없어 / 그 재킷을.
I am so fat / that I cannot wear / the jacket.

⑭ 이 차는 너무 느려서 / 나는 사고 싶지 않아 / 그것을.
This car is so slow / that I do not want to buy / it.

⑮ 그는 너무 무식해서 / 그는 이해하지 못했어 / 이것을.
He was so ignorant / that he could not understand / this.

☆ 패턴 56

너무 ~해 …하기에는

too 형용사 to 동사

흔히 'too ~ to ... 용법'이라고 알려져 있는 이 문장 구조는
'너무 (형용사)해서 (동사)할 수 없다'라고 의역하기보다는
차라리 직역하여
'너무 (형용사)하다 (동사)하기에는'이라고 해석하는 것이 훨씬 이해하기 쉽습니다.
특히 문장이 길어질수록 이 용법은 힘을 발휘합니다.

He is too fat to run.

예를 들어,
"He is too fat to run."이라는 문장은
"그는 너무 뚱뚱해서 달릴 수 없어."라고 의역하기보다는
"그는 너무 뚱뚱해 달리기에는."이라고 직역하는 것이 좋습니다.

비슷하게,
"You are too shy to do this job."이라는 문장은
"너는 너무 수줍어서 이 일을 할 수 없어."라고 의역하기보다는
"너는 너무 수줍어 이 일을 하기에는."이라고 직역하는 것이 자연스럽습니다.

패턴 56 너무 ~해 …하기에는

의미 단위 입 영작

의미 단위로 나뉘어져 있는 문장 마디를 보고 Hint 단어를 참고하여 입으로 영작하세요.
손으로 영작한 후 입으로 확인해도 좋습니다.

1 나는 너무 무거워 + 달리기에는.
I am too _____ + to _____ .

2 나는 너무 슬퍼 + 미소 짓기에는.
I am _____ sad + to _____ .

3 나는 너무 행복해 + 울기에는.
I am _____ + to _____ .

4 나는 너무 바빠 + 도와주기에는 + 너를.
I am _____ + to _____ + you.

5 나는 너무 귀여워 + 너의 여자 친구이기에는.
I am _____ + to be _____ .

6 나는 너무 뚱뚱했어 + 걷기에는.
I was _____ + to _____ .

7 나는 너무 게을렀어 + 공부하기에는.
I _____ too _____ + _____ study.

Hint
무거운 heavy
귀여운 cute
뚱뚱한 fat
게으른 lazy

too 형용사 to 동사

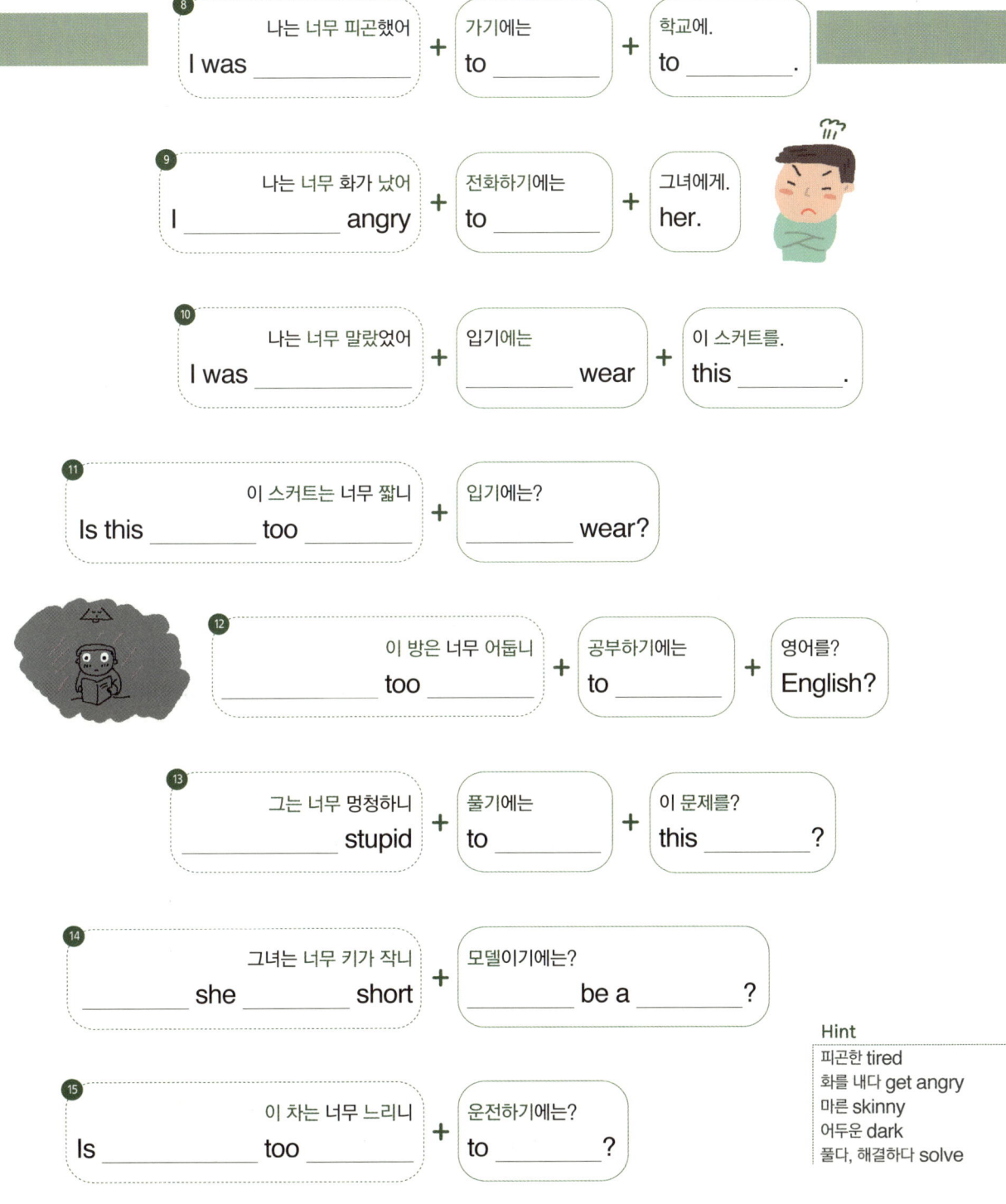

⑧ 나는 너무 피곤했어 I was _____ + 가기에는 to _____ + 학교에. to _____.

⑨ 나는 너무 화가 났어 I _____ angry + 전화하기에는 to _____ + 그녀에게. her.

⑩ 나는 너무 말랐었어 I was _____ + 입기에는 _____ wear + 이 스커트를. this _____.

⑪ 이 스커트는 너무 짧니 Is this _____ too _____ + 입기에는? _____ wear?

⑫ 이 방은 너무 어둡니 _____ too _____ + 공부하기에는 to _____ + 영어를? English?

⑬ 그는 너무 멍청하니 _____ stupid + 풀기에는 to _____ + 이 문제를? this _____?

⑭ 그녀는 너무 키가 작니 _____ she _____ short + 모델이기에는? _____ be a _____?

⑮ 이 차는 너무 느리니 Is _____ too _____ + 운전하기에는? to _____?

Hint
피곤한 tired
화를 내다 get angry
마른 skinny
어두운 dark
풀다, 해결하다 solve

패턴 56 너무 ~해 …하기에는

완성 문장 낭독 훈련
이번에는 완성 문장을 잘 듣고 10회 이상 낭독 훈련해 보세요.

① 나는 너무 무거워 / 달리기에는.
I am too heavy / to run.

② 나는 너무 슬퍼 / 미소 짓기에는.
I am too sad / to smile.

③ 나는 너무 행복해 / 울기에는.
I am too happy / to cry.

④ 나는 너무 바빠 / 도와주기에는 / 너를.
I am too busy / to help / you.

⑤ 나는 너무 귀여워 / 너의 여자 친구이기에는.
I am too cute / to be your girlfriend.

⑥ 나는 너무 뚱뚱했어 / 걷기에는.
I was too fat / to walk.

⑦ 나는 너무 게을렀어 / 공부하기에는.
I was too lazy / to study.

⑧ 나는 너무 피곤했어 / 가기에는 / 학교에.
I was too tired / to go / to school.

⑨ 나는 너무 화가 났어 / 전화하기에는 / 그녀에게.
I was too angry / to call / her.

⑩ 나는 너무 말랐었어 / 입기에는 / 이 스커트를.
I was too skinny / to wear / this skirt.

⑪ 이 스커트는 너무 짧니 / 입기에는?
Is this skirt too short / to wear?

⑫ 이 방은 너무 어둡니 / 공부하기에는 / 영어를?
Is this room too dark / to study / English?

⑬ 그는 너무 멍청하니 / 풀기에는 / 이 문제를?
Is he too stupid / to solve / this problem?

⑭ 그녀는 너무 키가 작니 / 모델이기에는?
Is she too short / to be a model?

⑮ 이 차는 너무 느리니 / 운전하기에는?
Is this car too slow / to drive?

☆ 패턴 ⑤⑦

~인 한/~하는 한

as long as

as long as 뒤에는 절이 오게 되며
'~인 한 / ~인 이상'으로 해석합니다.
특정한 조건을 나타낼 때 사용될 수 있습니다.

예를 들어,
"네가 나를 사랑하는 한, 나는 언제나 너를 사랑할 거야."라고 하려면
"As long as you love me, I will always love you."라고 표현합니다.

비슷하게,
"우리가 함께 있는 한, 우리는 이것을 견뎌낼 수 있어."라고 하려면
"As long as we are together, we can get through this."라고 표현합니다.

구어에서는 long에 intonation이 강하게 들어가면서
바로 앞의 as 발음이 약화되어 놓치기 쉽습니다.
as long as를 마치 한 단어처럼 빠르게 낭독하는 연습을 많이 하세요.

As long as you love me, I will always love you.

패턴 ⑤⑦ as long as   243

패턴 57 ~인 한 / ~하는 한

의미 단위 입 영작
의미 단위로 나뉘어져 있는 문장 마디를 보고 Hint 단어를 참고하여 입으로 영작하세요.
손으로 영작한 후 입으로 확인해도 좋습니다.

1. 네가 미소 짓는 한, As long as you _____, + 나는 행복해. I am _____.

2. 네가 행복한 한, As long as you _____, + 나도 행복해. I am _____ too.

3. 네가 운동을 하는 한, _____ you _____, + 너는 건강할 거야. you will be _____.

4. 네가 즐기는 한, _____ you _____ + 그것을, _____, + 그것은 쉬울 거야. it will be _____.

5. 그가 나의 친구인 한, _____ he is _____, + 나는 믿을 거야 I will _____ + 그를. him.

6. 우리가 돕는 한, As long as _____ + 서로를, each other, + 우리는 성공할 거야. we will _____.

7. 우리가 함께 있는 한, As long as _____ are _____, + 우리의 사랑은 영원할 거야. _____ will be _____.

Hint
운동하다 exercise
건강한 healthy
믿다 trust

as long as

⑧ As long as _____ are _____, 그들이 여기 있는 한, + we will _____. 우리는 안전할 거야.

⑨ _____ this car _____, 이 자동차가 달리는 한, + I _____ 나는 갈 수 있어 + to school. 학교에.

Hint
끝내다 finish
열정 passion
지지하다 support
무료로 for free

⑩ _____ we have _____, 우리가 돈이 있는 한, + we _____ 우리는 살 수 있어 + anything. 그 어떤 것도.

⑪ As long as he _____ 그가 도와주는 한 + _____, 우리를, + we _____ learn 우리는 배울 수 있어 + _____. 영어를.

⑫ As long as _____ do not _____ 그들이 오지 않는 한 + here, 여기에, + we _____ 우리는 공부할 수 있어 + quietly. 조용히.

⑬ _____ this _____ works, 이 컴퓨터가 작동하는 한, + we _____ 우리는 끝마칠 수 있어 + our homework. 우리의 숙제를.

⑭ As long as _____ 네가 보여 주는 한 + your _____, 너의 열정을, + I can _____ 나는 지지할 수 있어 + you. 너를.

⑮ As long as _____, 네가 학생인 한, + you can come 너는 올 수 있어 + to this party 이 파티에 + _____ free. 무료로.

패턴 57 as long as 245

패턴 57 ~인 한 / ~하는 한

COMPLETE SENTENCES 완성 문장 낭독 훈련

이번에는 완성 문장을 잘 듣고 10회 이상 낭독 훈련해 보세요.

① 네가 미소 짓는 한, / 나는 행복해.
As long as you smile, / I am happy.

② 네가 행복한 한, / 나도 행복해.
As long as you are happy, / I am happy, too.

③ 네가 운동을 하는 한, / 너는 건강할 거야.
As long as you exercise, / you will be healthy.

④ 네가 즐기는 한 / 그것을, / 그것은 쉬울 거야.
As long as you enjoy / it, / it will be easy.

⑤ 그가 나의 친구인 한, / 나는 믿을 거야 / 그를.
As long as he is my friend, / I will trust / him.

⑥ 우리가 돕는 한 / 서로를, / 우리는 성공할 거야.
As long as we help / each other, / we will succeed.

⑦ 우리가 함께 있는 한, / 우리의 사랑은 영원할 거야.
As long as we are together, / our love will be forever.

⑧ 그들이 여기 있는 한, / 우리는 안전할 거야.
As long as they are here, / we will be safe.

⑨ 이 자동차가 달리는 한, / 나는 갈 수 있어 / 학교에.
As long as this car runs, / I can go / to school.

⑩ 우리가 돈이 있는 한, / 우리는 살 수 있어 / 그 어떤 것도.
As long as we have money, / we can buy / anything.

⑪ 그가 도와주는 한 / 우리를, / 우리는 배울 수 있어 / 영어를.
As long as he helps / us, / we can learn / English.

⑫ 그들이 오지 않는 한 / 여기에, / 우리는 공부할 수 있어 / 조용히.
As long as they do not come / here, / we can study / quietly.

⑬ 이 컴퓨터가 작동하는 한, / 우리는 끝마칠 수 있어 / 우리의 숙제를.
As long as this computer works, / we can finish / our homework.

⑭ 네가 보여 주는 한 / 너의 열정을, / 나는 지지할 수 있어 / 너를.
As long as you show / your passion, / I can support / you.

⑮ 네가 학생인 한, / 너는 올 수 있어 / 이 파티에 / 무료로.
As long as you are a student, / you can come / to this party / for free.

패턴 58 : unless

~이 아닌 한 / ~하지 않는 한

unless는 as long as와는 반대의 의미를 가지고 있다고 생각하면 편합니다.
unless 뒤에는 절이 붙게 되며
'**~이 아닌 한 / ~하지 않는 한**'으로 해석합니다.

예를 들어,
"정말 춥지 않는 한, 그 문을 닫아 둬."라고 하려면
"Keep the door closed unless it is really cold."라고 표현합니다.

또한, 'unless + 절'을 문장 앞에 둘 수도 있습니다.
그럴 경우 'Unless + 절' 뒤에 콤마(,)를 찍어 줍니다.

예를 들어,
"네가 더 많은 일을 원하지 않는 한, 너는 가도 좋아."라고 하려면
"Unless you want more work, you may go."라고 표현합니다.

Keep the door closed unless it is really cold.

패턴 58 ~이 아닌 한 / ~하지 않는 한

의미 단위 입 영작

의미 단위로 나뉘어져 있는 문장 마디를 보고 Hint 단어를 참고하여 입으로 영작하세요.
손으로 영작한 후 입으로 확인해도 좋습니다.

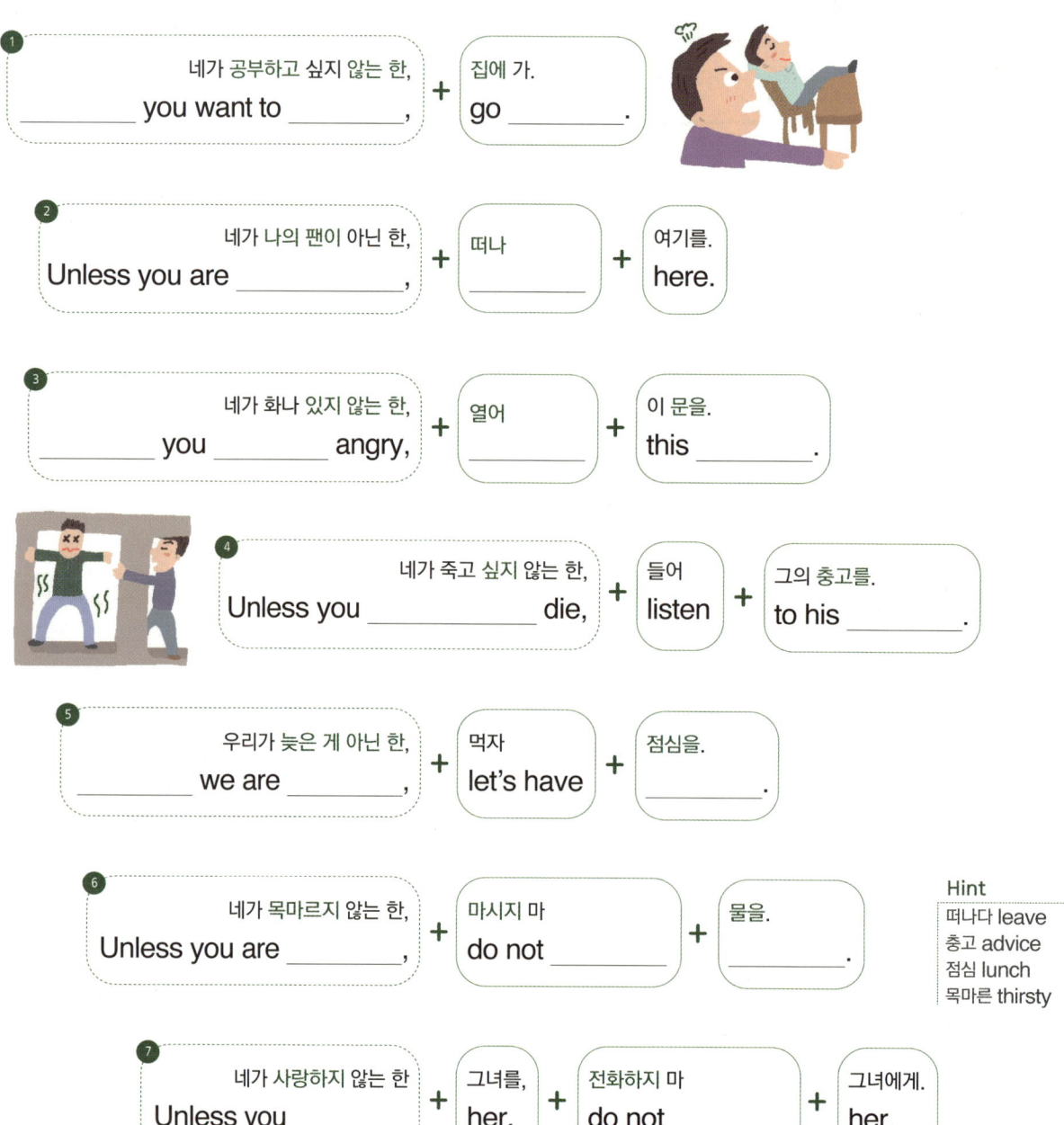

1. 네가 공부하고 싶지 않은 한, _____ you want to _____, + 집에 가. go _____.

2. 네가 나의 팬이 아닌 한, Unless you are _____, + 떠나 _____ + 여기를. here.

3. 네가 화나 있지 않는 한, _____ you _____ angry, + 열어 _____ + 이 문을. this _____.

4. 네가 죽고 싶지 않은 한, Unless you _____ die, + 들어 listen + 그의 충고를. to his _____.

5. 우리가 늦은 게 아닌 한, _____ we are _____, + 먹자 let's have + 점심을. _____.

6. 네가 목마르지 않는 한, Unless you are _____, + 마시지 마 do not _____ + 물을. _____.

7. 네가 사랑하지 않는 한, Unless you _____ + 그녀를, her, + 전화하지 마 do not _____ + 그녀에게. her.

Hint
떠나다 leave
충고 advice
점심 lunch
목마른 thirsty

unless

⑧ 네가 춤추고 싶지 않은 한, Unless you _____ dance, + 오지 마 do not _____ + 이 클럽에. _____ this club.

⑨ 그 곰이 움직이지 않는 한, _____ the bear _____, + 뛰지 마. do not _____.

⑩ 그녀가 전화하지 않는 한 Unless she _____ + 너에게, you, + 전화하지 마 do not _____ + 그녀에게. her.

⑪ 그가 사과하지 않는 한, Unless he _____, + 용서하지 마 do not _____ + 그를. him.

⑫ 그가 때리지 않는 한 _____ he _____ + 너를, you, + 차지 마 do not _____ + 그를. him.

⑬ 그가 오지 않는 한 _____ he _____ + 오늘, today, + 떠나지 마 do not _____ + 이 방을. this _____.

⑭ 이 차가 네 것이 아닌 한, Unless this car _____, + 만지지 마 do not _____ + 그것을. it.

⑮ 이 컴퓨터가 네 것이 아닌 한, _____ this _____ is yours, + 사용하지 마 do not _____ + 그것을. it.

Hint
사과하다 apologize
용서하다 forgive
차다 kick
만지다 touch
사용하다 use

패턴 ⑱ unless

패턴 58 ~이 아닌 한 / ~하지 않는 한

COMPLETE SENTENCES 완성 문장낭독 훈련
이번에는 완성 문장을 잘 듣고 10회 이상 낭독 훈련해 보세요.

① 네가 공부하고 싶지 않는 한, / 집에 가.
Unless you want to study, / go home.

② 네가 나의 팬이 아닌 한, / 떠나 / 여기를.
Unless you are my fan, / leave / here.

③ 네가 화나 있지 않는 한, / 열어 / 이 문을.
Unless you are angry, / open / this door.

④ 네가 죽고 싶지 않는 한, / 들어 / 그의 충고를.
Unless you want to die, / listen / to his advice.

⑤ 우리가 늦은 게 아닌 한, / 먹자 / 점심을.
Unless we are late, / let's have / lunch.

⑥ 네가 목마르지 않는 한, / 마시지 마 / 물을.
Unless you are thirsty, / do not drink / water.

⑦ 네가 사랑하지 않는 한 / 그녀를, / 전화하지 마 / 그녀에게.
Unless you love / her, / do not call / her.

⑧ 네가 춤추고 싶지 않는 한, / 오지 마 / 이 클럽에.
Unless you want to dance, / do not come / to this club.

⑨ 그 곰이 움직이지 않는 한, / 뛰지 마.
Unless the bear moves, / do not run.

⑩ 그녀가 전화하지 않는 한 / 너에게, / 전화하지 마 / 그녀에게.
Unless she calls / you, / do not call / her.

⑪ 그가 사과하지 않는 한, / 용서하지 마 / 그를.
Unless he apologizes, / do not forgive / him.

⑫ 그가 때리지 않는 한 / 너를, / 차지 마 / 그를.
Unless he hits / you, / do not kick / him.

⑬ 그가 오지 않는 한 / 오늘, / 떠나지 마 / 이 방을.
Unless he comes / today, / do not leave / this room.

⑭ 이 차가 네 것이 아닌 한, / 만지지 마 / 그것을.
Unless this car is yours, / do not touch / it.

⑮ 이 컴퓨터가 네 것이 아닌 한, / 사용하지 마 / 그것을.
Unless this computer is yours, / do not use / it.

패턴 59 ~에도 불구하고

even though

even though 뒤에는 '주어 + 동사' 형태의 절이 오게 되며
'~에도 불구하고'로 해석됩니다.

예를 들어,
"I love you even though you are ugly."라고 하면
"네가 못생겼는데도 불구하고 나는 너를 좋아해."란 뜻이 됩니다.

또한 'even though + 절'을 문장 앞에 둘 수도 있습니다.
그럴 경우, 'Even though + 절' 뒤에 콤마(,)를 찍어 줍니다.

예를 들어,
"그녀가 나를 사랑하는데도 불구하고, 나는 그녀를 사랑하지 않아."라고 하려면
"Even though she loves me, I do not love her."라고 표현합니다.

또한 even though 대신 although를 써도 좋지만
여기서는 even though에만 집중하겠습니다.

패턴 59 ~에도 불구하고

의미 단위 입 영작

의미 단위로 나뉘어져 있는 문장 마디를 보고 Hint 단어를 참고하여 입으로 영작하세요.
손으로 영작한 후 입으로 확인해도 좋습니다.

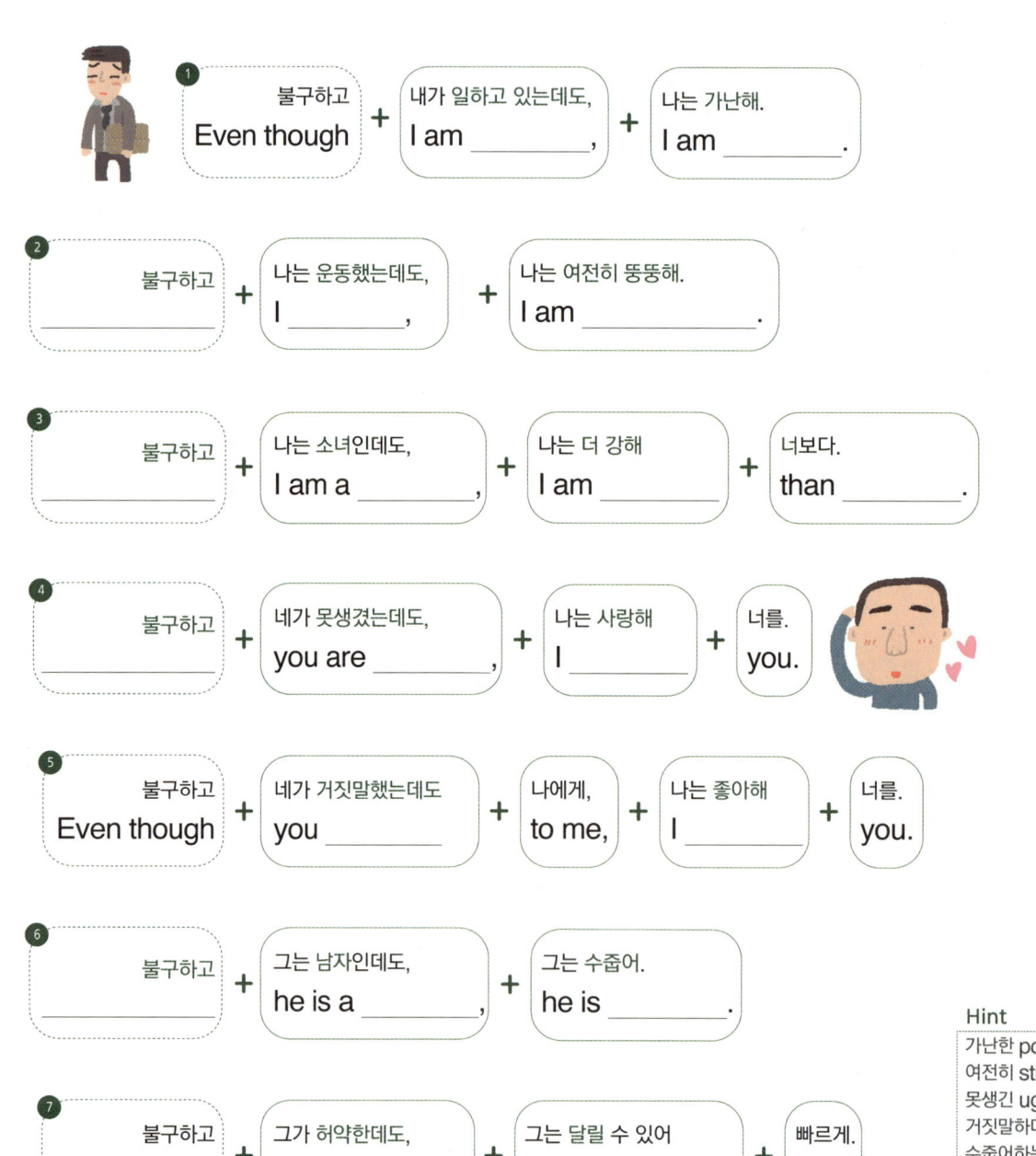

1. 불구하고 Even though + 내가 일고 있는데도, I am _____, + 나는 가난해. I am _____.

2. 불구하고 _____ + 나는 운동했는데도, I _____, + 나는 여전히 뚱뚱해. I am _____.

3. 불구하고 _____ + 나는 소녀인데도, I am a _____, + 나는 더 강해 I am _____ + 너보다. than _____.

4. 불구하고 _____ + 네가 못생겼는데도, you are _____, + 나는 사랑해 I _____ + 너를. you.

5. 불구하고 Even though + 네가 거짓말했는데도 you _____ + 나에게, to me, + 나는 좋아해 I _____ + 너를. you.

6. 불구하고 _____ + 그는 남자인데도, he is a _____, + 그는 수줍어. he is _____.

7. 불구하고 Even though + 그가 허약한데도, he is _____, + 그는 달릴 수 있어 he can _____ + 빠르게. fast.

Hint
가난한 poor
여전히 still
못생긴 ugly
거짓말하다 lie
수줍어하는 shy
허약한 weak

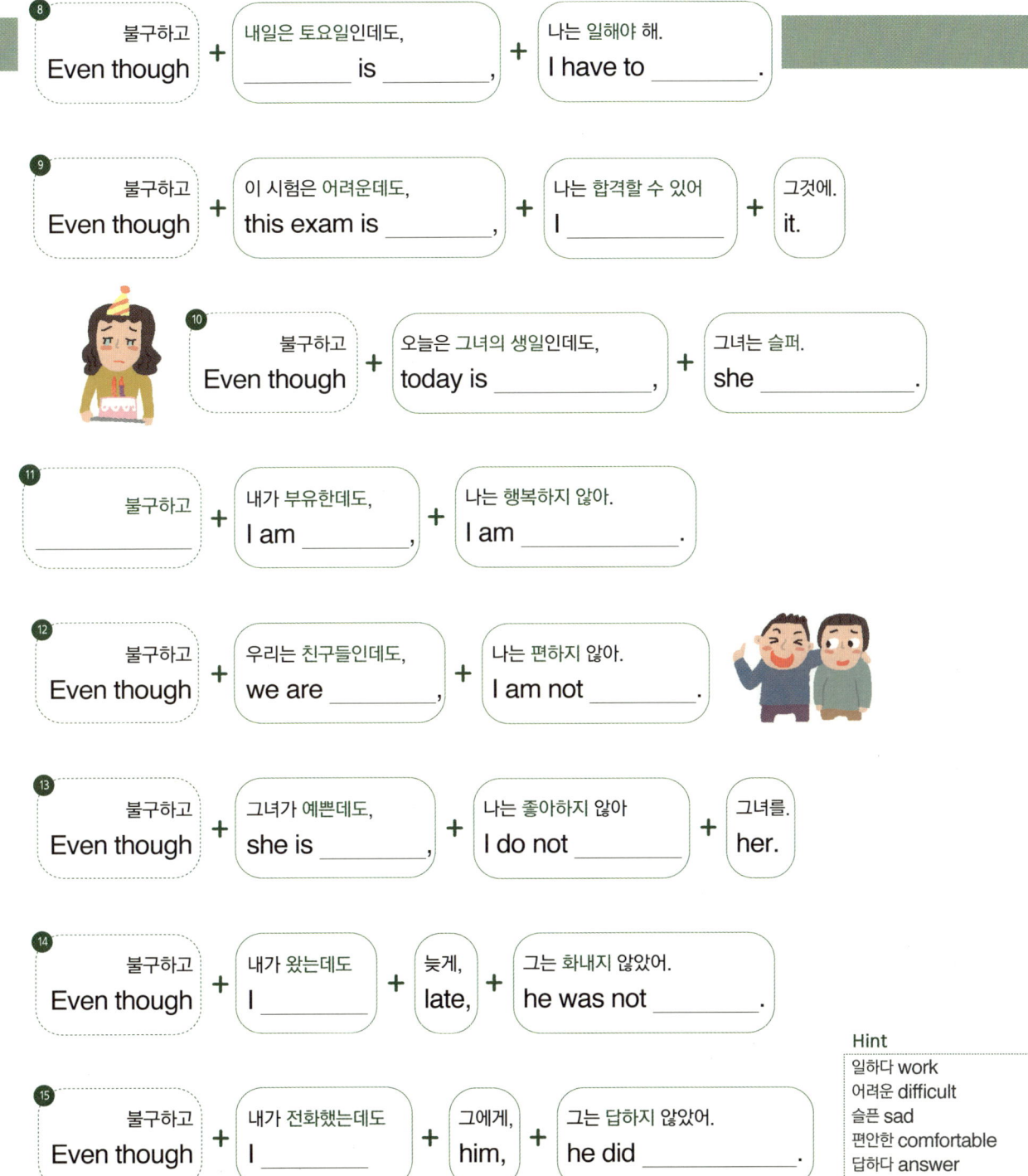

패턴 59 ~에도 불구하고

COMPLETE SENTENCES 완성 문장낭독 훈련
이번에는 완성 문장을 잘 듣고 10회 이상 낭독 훈련해 보세요.

① 불구하고 / 내가 일하고 있는데도, / 나는 가난해.
Even though / I am working, / I am poor.

② 불구하고 / 나는 운동했는데도, / 나는 여전히 뚱뚱해.
Even though / I exercised, / I am still fat.

③ 불구하고 / 나는 소녀인데도, / 나는 더 강해 / 너보다.
Even though / I am a girl, / I am stronger / than you.

④ 불구하고 / 네가 못생겼는데도, / 나는 사랑해 / 너를.
Even though / you are ugly, / I love / you.

⑤ 불구하고 / 네가 거짓말했는데도 / 나에게, / 나는 좋아해 / 너를.
Even though / you lied / to me, / I like / you.

⑥ 불구하고 / 그는 남자인데도, / 그는 수줍어.
Even though / he is a man, / he is shy.

⑦ 불구하고 / 그가 허약한데도, / 그는 달릴 수 있어 / 빠르게.
Even though / he is weak, / he can run / fast.

⑧ 불구하고 / 내일은 토요일인데도, / 나는 일해야 해.
Even though / tomorrow is Saturday, / I have to work.

⑨ 불구하고 / 이 시험은 어려운데도, / 나는 합격할 수 있어 / 그것에.
Even though / this exam is difficult, / I can pass / it.

⑩ 불구하고 / 오늘은 그녀의 생일인데도, / 그녀는 슬퍼.
Even though / today is her birthday, / she is sad.

⑪ 불구하고 / 내가 부유한데도, / 나는 행복하지 않아.
Even though / I am rich, / I am not happy.

⑫ 불구하고 / 우리는 친구들인데도, / 나는 편하지 않아.
Even though / we are friends, / I am not comfortable.

⑬ 불구하고 / 그녀가 예쁜데도, / 나는 좋아하지 않아 / 그녀를.
Even though / she is pretty, / I do not like / her.

⑭ 불구하고 / 내가 왔는데도 / 늦게, / 그는 화내지 않았어.
Even though / I came / late, / he was not angry.

⑮ 불구하고 / 내가 전화했는데도 / 그에게, / 그는 답하지 않았어.
Even though / I called / him, / he did not answer.

★ 패턴 60 ~일지라도 → even if

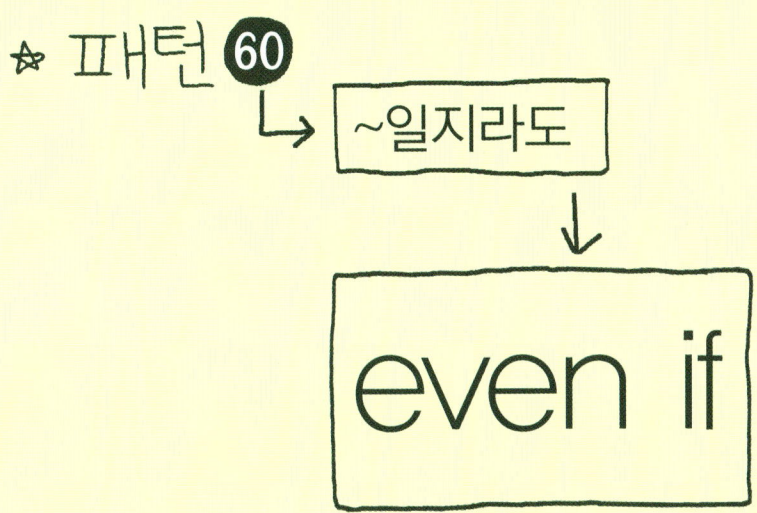

even if 뒤에는 '**주어 + 동사**' 형태의 절이 오게 되며, '**~일지라도**'로 해석됩니다.

예를 들어,
"I have to work even if I am sick."라고 하면
"나는 아플지라도 일을 해야 해."의 뜻이 됩니다.

또한, 'even if + 절'을 문장 앞에 둘 수도 있습니다.
그럴 경우 'Even if + 절' 뒤에 콤마(,)를 찍어 줍니다.

예를 들어,
"그녀가 나를 떠날지라도, 나는 그녀를 항상 사랑할 거야."라고 하려면
"Even if she leaves me, I will always love her."라고 표현합니다.

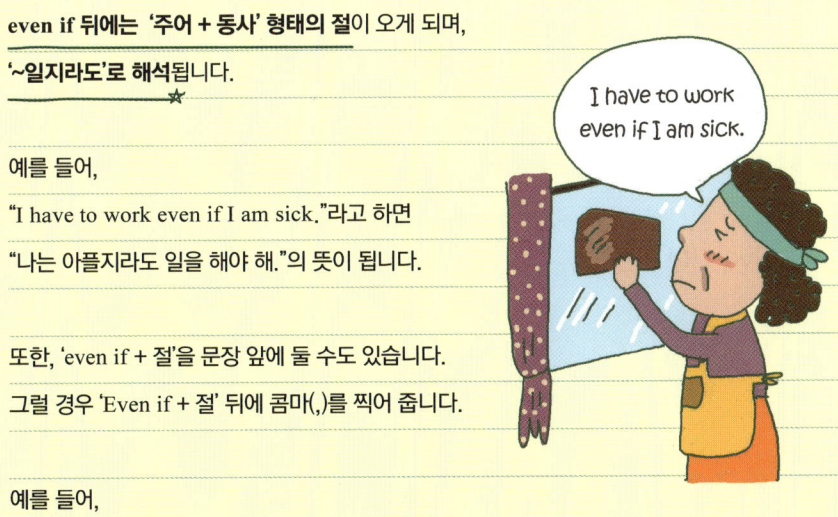

패턴 60 ~일지라도

의미 단위 입 영작
의미 단위로 나뉘어져 있는 문장 마디를 보고 Hint 단어를 참고하여 입으로 영작하세요.
손으로 영작한 후 입으로 확인해도 좋습니다.

1. 네가 좋아하지 않을지라도 _____ you do not _____ + 나를, _____ , + 나는 좋아해 I _____ + 너를. you.

2. 이 시험이 어려울지라도, Even if this exam is _____ , + 나는 통과할 수 있어 I _____ + 그것을. _____ .

3. 네가 실수하더라도, Even if you make a _____ , + 괜찮아. it is _____ .

4. 눈이 올지라도 _____ it _____ + 오늘, _____ , + 우리는 떠나야 해. we must _____ .

5. 내가 달릴지라도, Even if I _____ , + 나는 늦을 거야. I will be _____ .

6. 네가 떠날지라도 _____ you _____ + 지금, _____ , + 너는 늦을 거야. you will be _____ .

7. 네가 운동할지라도, Even if you _____ , + 너는 여전히 뚱뚱할 거야. you will still be _____ .

Hint
시험 exam
실수 mistake
떠나다 leave
뚱뚱한 fat

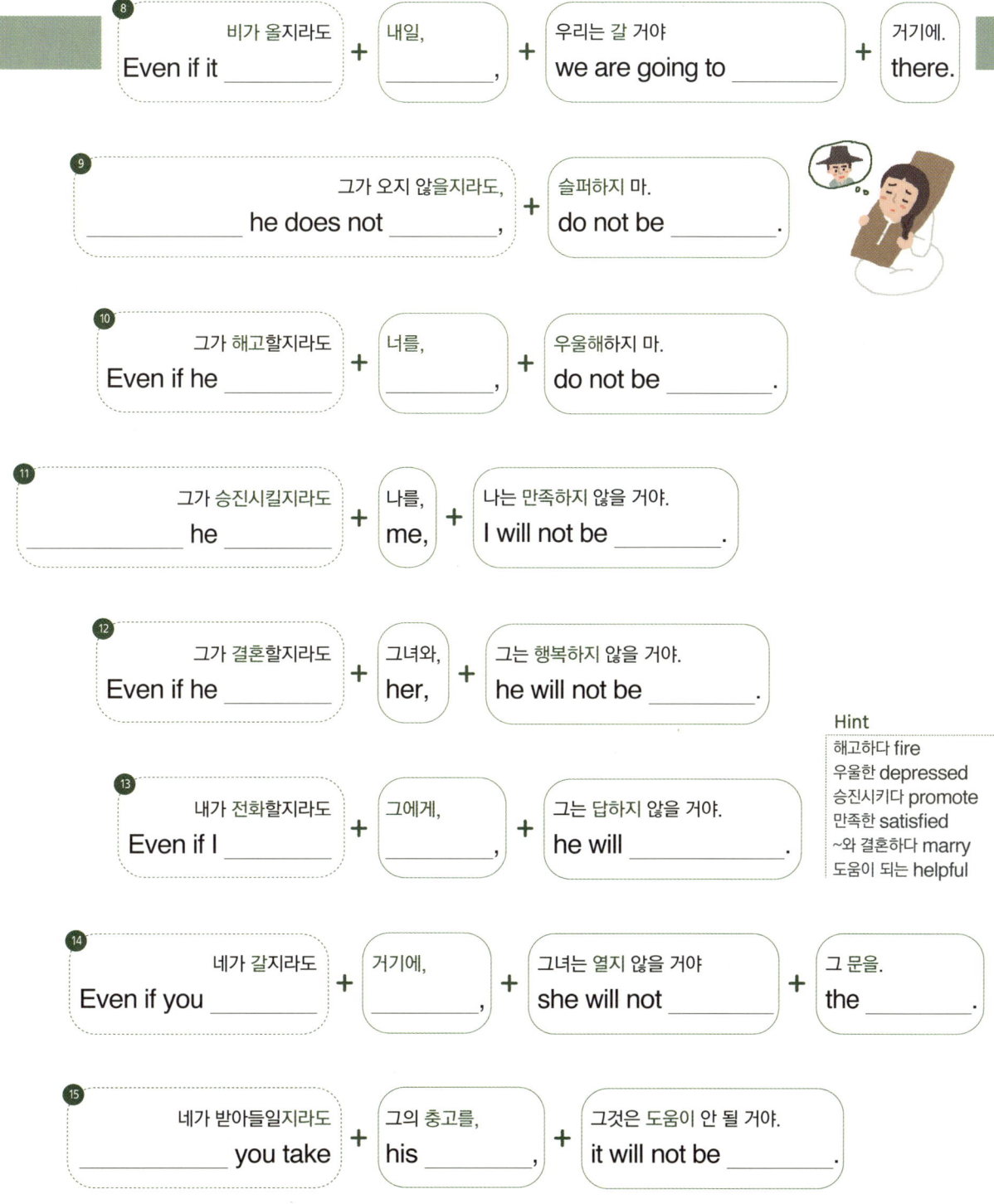

패턴 60 even if   257

★ 패턴 60 ~일지라도

COMPLETE SENTENCES 완성 문장낭독 훈련

이번에는 완성 문장을 잘 듣고 10회 이상 낭독 훈련해 보세요.

① 네가 좋아하지 않을지라도 / 나를, / 나는 좋아해 / 너를.
Even if you do not like / me, / I like / you.

② 이 시험이 어려울지라도, / 나는 통과할 수 있어 / 그것을.
Even if this exam is difficult, / I can pass / it.

③ 네가 실수할지라도, / 괜찮아.
Even if you make a mistake, / it is okay.

④ 눈이 올지라도 / 오늘, / 우리는 떠나야 해.
Even if it snows / today, / we must leave.

⑤ 내가 달릴지라도, / 나는 늦을 거야.
Even if I run, / I will be late.

⑥ 네가 떠날지라도 / 지금, / 너는 늦을 거야.
Even if you leave / now, / you will be late.

⑦ 네가 운동할지라도, / 너는 여전히 뚱뚱할 거야.
Even if you exercise, / you will still be fat.

⑧ 비가 올지라도 / 내일, / 우리는 갈 거야 / 거기에.
Even if it rains / tomorrow, / we are going to go / there.

⑨ 그가 오지 않을지라도, / 슬퍼하지 마.
Even if he does not come, / do not be sad.

⑩ 그가 해고할지라도 / 너를, / 우울해하지 마.
Even if he fires / you, / do not be depressed.

⑪ 그가 승진시킬지라도 / 나를, / 나는 만족하지 않을 거야.
Even if he promotes / me, / I will not be satisfied.

⑫ 그가 결혼할지라도 / 그녀와, / 그는 행복하지 않을 거야.
Even if he marries / her, / he will not be happy.

⑬ 내가 전화할지라도 / 그에게, / 그는 답하지 않을 거야.
Even if I call / him, / he will not answer.

⑭ 네가 갈지라도 / 거기에, / 그녀는 열지 않을 거야 / 그 문을.
Even if you go / there, / she will not open / the door.

⑮ 네가 받아들일지라도 / 그의 충고를, / 그것은 도움이 안 될 거야.
Even if you take / his advice, / it will not be helpful.

패턴 61

~하게 되다

get to

get to 뒤에 동사가 오면,
'(동사)하다'가 아닌 **(동사)하게 되다**'라고 해석됩니다.
즉, '결과적으로'라는 느낌이 배어 있습니다.

예를 들어,
"I knew him."이라고 하면
"(단순히) 나는 그를 알았어."라는 느낌이지만,
"I got to know him."이라고 하면
"(결과적으로) 나는 그를 알게 되었어."라는 미묘한 차이가 있습니다.

또한,
"Did you find him?"이라고 하면
"(단순히) 너는 그를 찾았니?"라는 느낌이지만,
"Did you get to find him?"이라고 하면
"(결과적으로) 너는 그를 찾게 되었니?"라는 미묘한 차이가 있습니다.

패턴 61 ~하게 되다

의미 단위 입 영작

의미 단위로 나뉘어져 있는 문장 마디를 보고 Hint 단어를 참고하여 입으로 영작하세요.
손으로 영작한 후 입으로 확인해도 좋습니다.

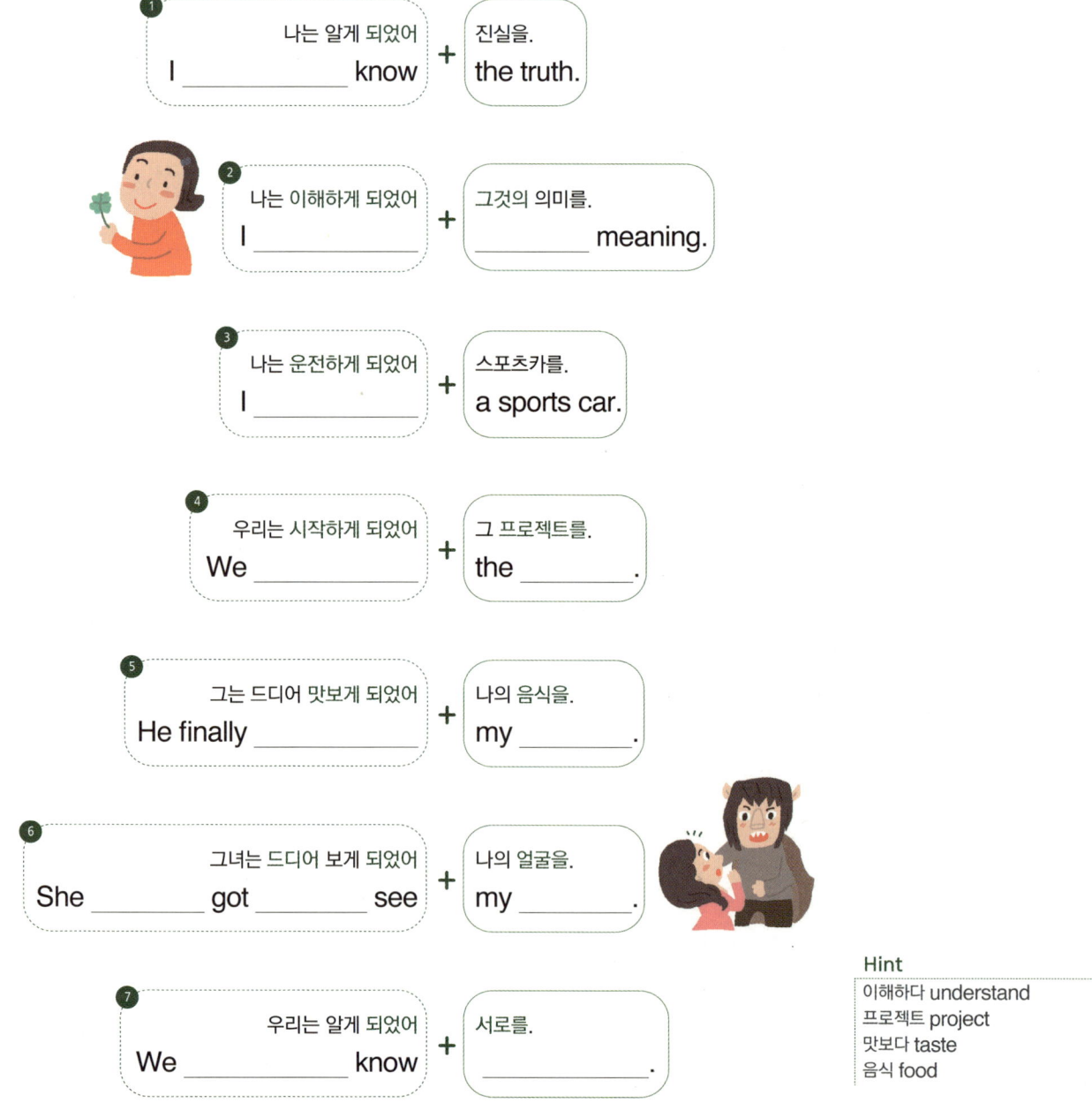

1. 나는 알게 되었어 / 진실을.
   I _____ know + the truth.

2. 나는 이해하게 되었어 / 그것의 의미를.
   I _____ + _____ meaning.

3. 나는 운전하게 되었어 / 스포츠카를.
   I _____ + a sports car.

4. 우리는 시작하게 되었어 / 그 프로젝트를.
   We _____ + the _____.

5. 그는 드디어 맛보게 되었어 / 나의 음식을.
   He finally _____ + my _____.

6. 그녀는 드디어 보게 되었어 / 나의 얼굴을.
   She _____ got _____ see + my _____.

7. 우리는 알게 되었어 / 서로를.
   We _____ know + _____.

Hint
이해하다 understand
프로젝트 project
맛보다 taste
음식 food

get to

⑧ 너는 보게 될 거야
You _____ to _____ + 그녀를 her + 곧 _____.

⑨ 너는 즐기게 될 거야
You will _____ + 이 과정을. this _____.

⑩ 그들은 깨닫게 될 거야
They will get to _____ + 그것의 중요성을. its _____.

⑪ 그들은 받아들이게 될 거야
They _____ get to _____ + 우리의 제안을. our _____.

⑫ 그는 찾게 되었니
_____ he _____ find + 그의 차를? his car?

⑬ 너는 보게 되었니
Did you get to _____ + 그를? him?

⑭ 너는 끝마치게 되었니
Did you _____ + 너의 책을? your _____?

⑮ 너는 쓰게 되었니
_____ you get to _____ + 그에게 him + 카드를? a _____?

Hint
과정 process
깨닫다 realize
중요성 importance
받아들이다 accept
제안 offer

패턴 ㊿ get to 261

패턴 61 ~하게 되다

COMPLETE SENTENCES 완성 문장 낭독 훈련

이번에는 완성 문장을 잘 듣고 10회 이상 낭독 훈련해 보세요.

① 나는 알게 되었어 / 진실을.
I got to know / the truth.

② 나는 이해하게 되었어 / 그것의 의미를.
I got to understand / its meaning.

③ 나는 운전하게 되었어 / 스포츠카를.
I got to drive / a sports car.

④ 우리는 시작하게 되었어 / 그 프로젝트를.
We got to start / the project.

⑤ 그는 드디어 맛보게 되었어 / 나의 음식을.
He finally got to taste / my food.

⑥ 그녀는 드디어 보게 되었어 / 나의 얼굴을.
She finally got to see / my face.

⑦ 우리는 알게 되었어 / 서로를.
We got to know / each other.

⑧ 너는 보게 될 거야 / 그녀를 / 곧.
You will get to see / her / soon.

⑨ 너는 즐기게 될 거야 / 이 과정을.
You will get to enjoy / this process.

⑩ 그들은 깨닫게 될 거야 / 그것의 중요성을.
They will get to realize / its importance.

⑪ 그들은 받아들이게 될 거야 / 우리의 제안을.
They will get to accept / our offer.

⑫ 그는 찾게 되었니 / 그의 차를?
Did he get to find / his car?

⑬ 너는 보게 되었니 / 그를?
Did you get to see / him?

⑭ 너는 끝마치게 되었니 / 너의 책을?
Did you get to finish / your book?

⑮ 너는 쓰게 되었니 / 그에게 / 카드를?
Did you get to write / him / a card?

패턴 62 ~하자마자

as soon as

as soon as 뒤에 '주어 + 동사' 형태의 절이 오게 되면
'~하자마자'라고 해석됩니다.

예를 들어,

"내 숙제를 끝내자마자 나는 학교에 가야 해."라고 하려면

"I have to go to school as soon as I finish my homework."라고 표현합니다.

또한, 'as soon as + 절'을 문장 앞에 둘 수도 있습니다.
그럴 경우 'As soon as + 절' 뒤에 콤마(,)를 찍어 줍니다.

예를 들어,

"내가 그녀에게 메시지를 보내자마자, 그녀는 그것을 읽었어."라고 하려면

"As soon as I sent her a message, she read it."이라고 표현합니다.

the minute이라는 약간 비격식적인 표현과
no sooner ~ than이라는 고급 표현도 쓸 수 있지만,
구어에서는 사용 빈도가 떨어지므로
여기서는 as soon as에만 집중하겠습니다.

As soon as I sent her a message, she read it.

패턴 62 ~하자마자

의미 단위 입 영작

의미 단위로 나뉘어져 있는 문장 마디를 보고 Hint 단어를 참고하여 입으로 영작하세요. 손으로 영작한 후 입으로 확인해도 좋습니다.

1. _____ she came, (그녀가 오자마자,) + we _____. (우리는 떠났어.)

2. As soon as _____, (내가 울자마자,) + he _____ (그는 안아 줬어) + me. (나를.)

3. _____ I _____ (내가 키스하자마자) + her, (그녀에게,) + she _____ (그녀는 때렸어) + me. (나를.)

4. _____ I _____ (내가 이사 가자마자) + to _____, (서울로,) + she _____ (그녀는 따라왔어) + me. (나를.)

5. As soon as _____ (내가 사자마자) + this _____, (이 건물을,) + I _____ it. (나는 그것을 후회했어.)

6. _____ you get there, (네가 거기에 도착하자마자,) + you will _____. (너는 편안함을 느낄 거야.)

7. As soon as you _____ (네가 투자하자마자) + your _____, (너의 돈을,) + you will _____. (너는 행복할 거야.)

Hint
떠나다 leave
안다 hug
때리다 hit
따르다 follow
후회하다 regret
편안함을 느끼다 feel at home
투자하다 invest

as soon as

8 내가 준비되자마자, _____ I am _____, + 나는 청혼할 거야 I am going to _____ + 그녀에게. to _____.

9 네가 포기하자마자, As soon as you _____, + 모든 것을 _____ + 너는 행복할 거야. you _____ be _____.

10 그녀가 떠나자마자 _____ she _____ + 너를, you, + 그녀는 후회할 거야 she _____ + 그녀의 결정을. her _____.

11 내가 떠나자마자, As soon as I _____, + 줘 _____ + 이 편지를 this _____ + 그녀에게. to _____.

12 그녀가 도착하자마자, As soon as she _____, + 불러 _____ + 이 노래를 this song + 그녀를 위해. _____ her.

Hint
준비가 된 ready
청혼하다 propose
포기하다 give up
결정 decision

13 그들이 뛰자마자, _____ they _____, + 뛰어 _____ + 그들과 함께. _____ them.

14 우리가 끝내자마자 As soon as we _____ + 이 시험을, this _____, + 전화하자 let's _____ + 그들에게. them.

15 우리가 도착하자마자 As soon as we _____ + 미국에, in _____, + 가자 _____ go + 디즈니랜드에. to Disneyland.

패턴 62 as soon as   265

패턴 62 ~하자마자

COMPLETE SENTENCES
완성 문장낭독 훈련
이번에는 완성 문장을 잘 듣고 10회 이상 낭독 훈련해 보세요.

① 그녀가 오자마자, / 우리는 떠났어.
As soon as she came, / we left.

② 내가 울자마자, / 그는 안아 줬어 / 나를.
As soon as I cried, / he hugged / me.

③ 내가 키스하자마자 / 그녀에게, / 그녀는 때렸어 / 나를.
As soon as I kissed / her, / she hit / me.

④ 내가 이사 가자마자, / 서울로 / 그녀는 따라왔어 / 나를.
As soon as I moved / to Seoul, / she followed / me.

⑤ 내가 사자마자 / 이 건물을, / 나는 그것을 후회했어.
As soon as I bought / this building, / I regretted it.

⑥ 네가 거기에 도착하자마자, / 너는 편안함을 느낄 거야.
As soon as you get there, / you will feel at home.

⑦ 네가 투자하자마자 / 너의 돈을, / 너는 행복할 거야.
As soon as you invest / your money, / you will be happy.

⑧ 내가 준비되자마자, / 나는 청혼할 거야 / 그녀에게.
As soon as I am ready, / I am going to propose / to her.

⑨ 네가 포기하자마자 / 모든 것을, / 너는 행복할 거야.
As soon as you give up / everything, / you will be happy.

⑩ 그녀가 떠나자마자 / 너를, / 그녀는 후회할 거야 / 그녀의 결정을.
As soon as she leaves / you, / she will regret / her decision.

⑪ 내가 떠나자마자, / 줘 / 이 편지를 / 그녀에게.
As soon as I leave, / give / this letter / to her.

⑫ 그녀가 도착하자마자, / 불러 / 이 노래를 / 그녀를 위해.
As soon as she arrives, / sing / this song / for her.

⑬ 그들이 뛰자마자, / 뛰어 / 그들과 함께.
As soon as they run, / run / with them.

⑭ 우리가 끝내자마자 / 이 시험을, / 전화하자 / 그들에게.
As soon as we finish / this exam, / let's call / them.

⑮ 우리가 도착하자마자 / 미국에, / 가자 / 디즈니랜드에.
As soon as we arrive / in America, / let's go / to Disneyland.

★ 패턴 63

~하는 동안

while

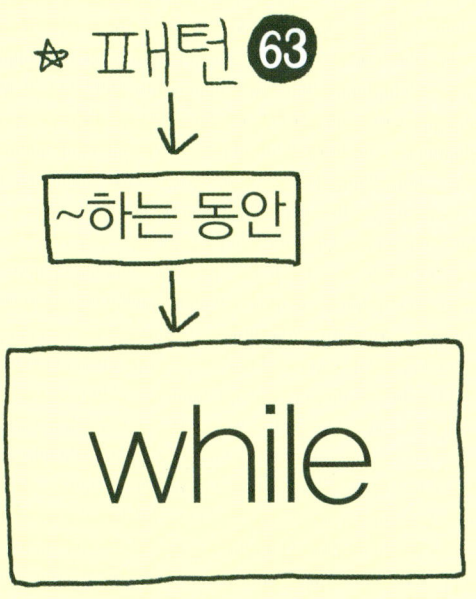

She visited my parents while I was away.

while 뒤에 '주어 + 동사' 형태의 절이 오게 되면
'~하는 동안 / ~하는 중에'라고 해석되며
두 사건이 동시에 벌어지고 있다(부대 상황)는 느낌을 주게 됩니다.

예를 들어,
"그녀는 내가 없는 동안 나의 부모님들을 방문했어."라고 하려면
"She visited my parents while I was away."라고 표현합니다.

또한, 'while + 절'을 문장 앞에 둘 수도 있습니다.
그럴 경우 'While + 절' 뒤에 콤마(,)를 찍어 줍니다.

예를 들어,
"내가 컴퓨터를 쓰는 동안, 비가 오기 시작했어."라고 하려면
"While I was using my computer, it started raining."이라고 표현합니다.

패턴 63 ~하는 동안

의미 단위 입 영작

의미 단위로 나뉘어져 있는 문장 마디를 보고 Hint 단어를 참고하여 입으로 영작하세요.
손으로 영작한 후 입으로 확인해도 좋습니다.

1. 나는 보았어 I _____ + 그녀를 _____ + 내가 뛰고 있는 동안. while I was _____.

2. 나는 떠났어 I _____ + 그들이 자고 있는 동안. _____ they _____ sleeping.

3. 나는 불렀어 I _____ + 노래를 a _____ + 내가 걷고 있는 동안. while I was _____.

4. 나는 담배를 피웠어 I _____ + 내가 운전하고 있는 동안. _____ I was _____.

5. 우리는 공부했어 We _____ + 우리가 도서관에 있는 동안. while we _____ in the _____.

6. 우리는 싸웠어 We _____ + 우리가 머물고 있는 동안 while we _____ + 호텔에. at the _____.

7. 그는 전화했어 He _____ + 그녀에게 her + 그녀가 여기 있는 동안. _____ she _____ here.

Hint
담배를 피우다 smoke
~에 머무르다 stay at

while

8. 그는 보았어 He _____ + 귀여운 소녀를 a _____ girl + 그가 기다리고 있는 동안 _____ he + 버스를. for the bus.

9. 그녀는 마셨어. She _____ + 커피를 coffee + 내가 일하고 있는 동안. _____ I was _____.

10. 그녀는 했어 She _____ + 그녀의 숙제를 her _____ + 내가 있는 동안 _____ I was + 화장실에. in the _____.

11. 조용히 해 Be _____ + 내가 공부하고 있는 동안. _____ I _____.

12. 말하지 마 Do not _____ + 네가 먹고 있는 동안. _____ you are _____.

13. 담배를 피우지 마 Do not _____ + 네가 운전하고 있는 동안. _____ you _____.

14. 방해하지 마 Do not _____ + 나를 _____ + 내가 요리하고 있는 동안. while I am _____.

15. 웃지 마 Do not _____ + 내가 부르고 있는 동안 _____ I _____ singing + 이 노래를. this _____.

Hint
귀여운 cute
~을 기다리다 wait for
화장실, 욕실 bathroom
방해하다 bother
웃다 laugh

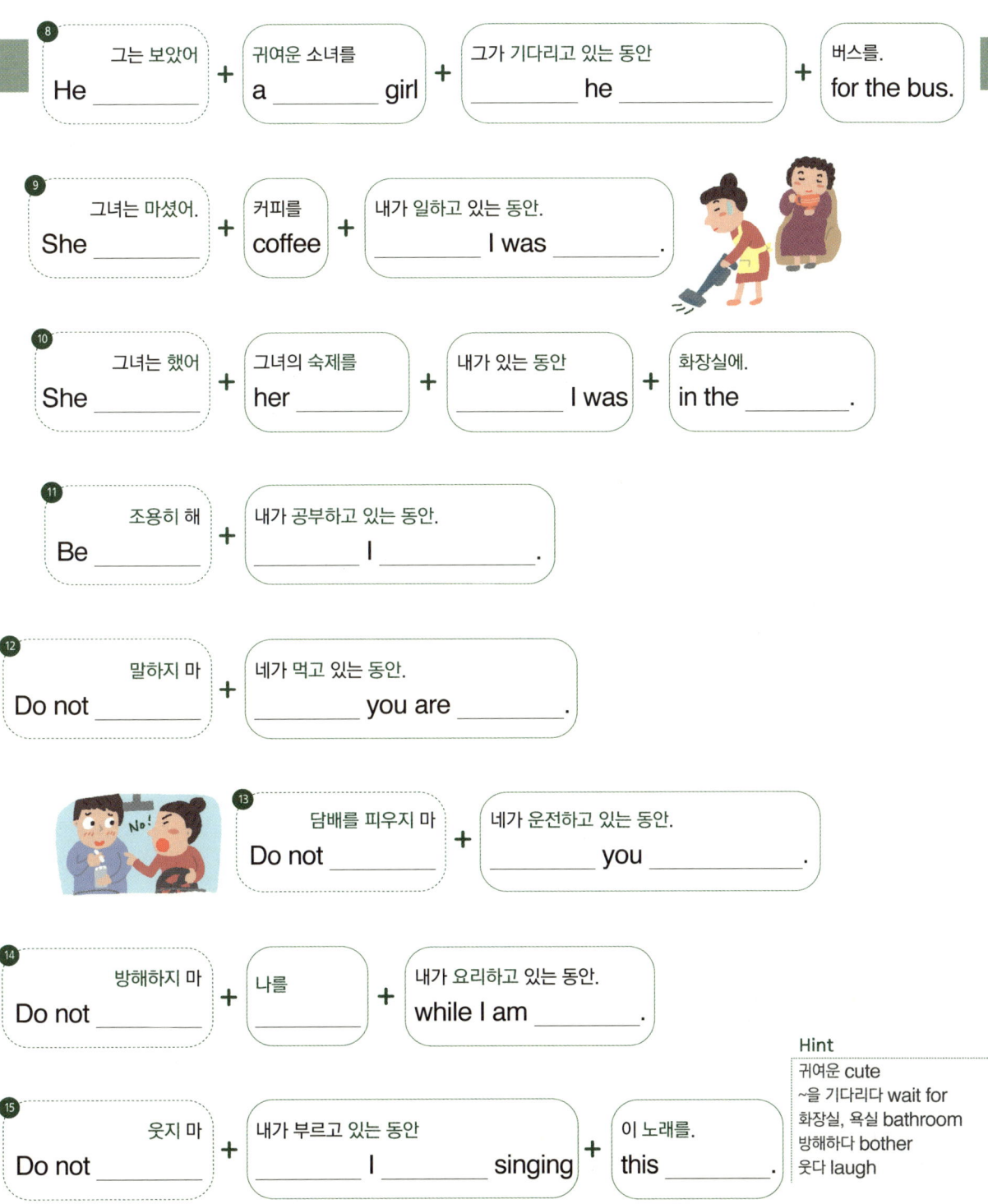

패턴 63 ~하는 동안

COMPLETE SENTENCES 완성 문장 낭독 훈련 이번에는 완성 문장을 잘 듣고 10회 이상 낭독 훈련해 보세요.

① 나는 보았어 / 그녀를 / 내가 뛰고 있는 동안.
I saw / her / while I was running.

② 나는 떠났어 / 그들이 자고 있는 동안.
I left / while they were sleeping.

③ 나는 불렀어 / 노래를 / 내가 걷고 있는 동안.
I sang / a song / while I was walking.

④ 나는 담배를 피웠어 / 내가 운전하고 있는 동안.
I smoked / while I was driving.

⑤ 우리는 공부했어 / 우리가 도서관에 있는 동안.
We studied / while we were in the library.

⑥ 우리는 싸웠어 / 우리가 머물고 있는 동안 / 호텔에.
We fought / while we were staying / at the hotel.

⑦ 그는 전화했어 / 그녀에게 / 그녀가 여기 있는 동안.
He called / her / while she was here.

⑧ 그는 보았어 / 귀여운 소녀를 / 그가 기다리고 있는 동안 / 버스를.
He saw / a cute girl / while he was waiting for / the bus.

⑨ 그녀는 마셨어 / 커피를 / 내가 일하고 있는 동안.
She drank / coffee / while I was working.

⑩ 그녀는 했어 / 그녀의 숙제를 / 내가 있는 동안 / 화장실에.
She did / her homework / while I was / in the bathroom.

⑪ 조용히 해 / 내가 공부하고 있는 동안.
Be quiet / while I am studying.

⑫ 말하지 마 / 네가 먹고 있는 동안.
Do not talk / while you are eating.

⑬ 담배를 피우지 마 / 네가 운전하고 있는 동안.
Do not smoke / while you are driving.

⑭ 방해하지 마 / 나를 / 내가 요리하고 있는 동안.
Do not bother / me / while I am cooking.

⑮ 웃지 마 / 내가 부르고 있는 동안 / 이 노래를.
Do not laugh / while I am singing / this song.

패턴 64

~에 대해 / ~한 것에 대해

for

전치사 for는 여러 의미로 해석될 수 있습니다.
여기서는 '~에 대해 / ~한 것에 대해'라는 의미에 집중하겠습니다.

**for 뒤에 명사가 오면 '~에 대해'라고 해석되며,
-ing형이 붙으면 '~한 것에 대해'라고 해석됩니다.**

예를 들어,
'도움 = help'라는 명사를 사용하여
"나는 그녀의 도움에 대해 그녀에게 감사했어."라고 하려면
"I thanked her for her help."라고 표현합니다.

또한 '도와주는 것 = helping'이라는 -ing형을 사용하여
"나는 나를 도와주는 것에 대해 그녀에게 감사했어."라고 하려면
"I thanked her for helping me."라고 표현합니다.

패턴 64 ~에 대해 / ~한 것에 대해

의미 단위 입 영작

의미 단위로 나뉘어져 있는 문장 마디를 보고 Hint 단어를 참고하여 입으로 영작하세요.
손으로 영작한 후 입으로 확인해도 좋습니다.

1. 나는 기뻐 / 당신의 성공에 대해.
I am happy + for _____.

2. 감사드립니다 / 당신의 노력에 대해.
Thank you + _____ effort.

3. 나는 존경해 / 그녀를 / 그녀의 열정에 대해.
I _____ + her + _____ her _____.

4. 나는 감사해 / 그들에게 / 그들의 기부에 대해.
I _____ + them + _____ their _____.

5. 나는 걱정이 돼 / 그녀의 안전에 대해.
I am concerned + for _____.

6. 나는 고소했어 / 그를 / 떠민 것에 대해 / 나를.
I _____ + him + for _____ + me.

7. 나는 칭찬했어 / 그녀를 / 닦은 것에 대해 / 그녀의 이를.
I _____ + her + for _____ + _____ teeth.

Hint
성공 success
노력 effort
열정 passion
기부 donation
안전 safety
고소하다 sue
칭찬하다 praise
이를 닦다 brush one's teeth

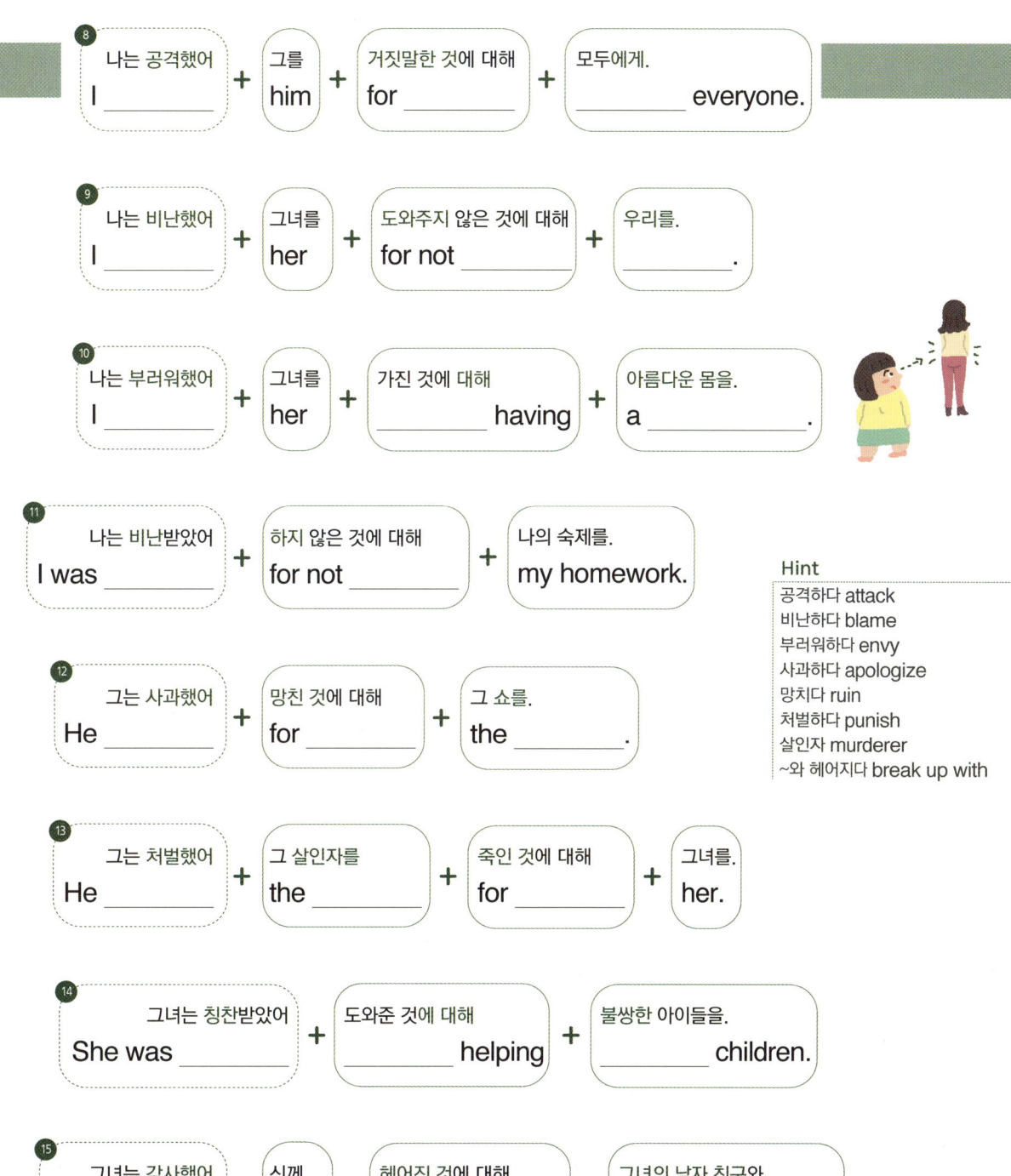

패턴 64 ~에 대해 / ~한 것에 대해

COMPLETE SENTENCES — 완성 문장 낭독 훈련

이번에는 완성 문장을 잘 듣고 10회 이상 낭독 훈련해 보세요.

❶ 나는 기뻐 / 당신의 성공에 대해.
I am happy / for your success.

❷ 감사드립니다 / 당신의 노력에 대해.
Thank you / for your effort.

❸ 나는 존경해 / 그녀를 / 그녀의 열정에 대해.
I respect / her / for her passion.

❹ 나는 감사해 / 그들에게 / 그들의 기부에 대해.
I thank / them / for their donation.

❺ 나는 걱정이 돼 / 그녀의 안전에 대해.
I am concerned / for her safety.

❻ 나는 고소했어 / 그를 / 떠민 것에 대해 / 나를.
I sued / him / for pushing / me.

❼ 나는 칭찬했어 / 그녀를 / 닦은 것에 대해 / 그녀의 이를.
I praised / her / for brushing / her teeth.

❽ 나는 공격했어 / 그를 / 거짓말한 것에 대해 / 모두에게.
I attacked / him / for lying / to everyone.

❾ 나는 비난했어 / 그녀를 / 도와주지 않은 것에 대해 / 우리를.
I blamed / her / for not helping / us.

❿ 나는 부러워했어 / 그녀를 / 가진 것에 대해 / 아름다운 몸을.
I envied / her / for having / a beautiful body.

⓫ 나는 비난받았어 / 하지 않은 것에 대해 / 나의 숙제를.
I was blamed / for not doing / my homework.

⓬ 그는 사과했어 / 망친 것에 대해 / 그 쇼를.
He apologized / for ruining / the show.

⓭ 그는 처벌했어 / 그 살인자를 / 죽인 것에 대해 / 그녀를.
He punished / the murderer / for killing / her.

⓮ 그녀는 칭찬받았어 / 도와준 것에 대해 / 불쌍한 아이들을.
She was praised / for helping / poor children.

⓯ 그녀는 감사했어 / 신께 / 헤어진 것에 대해 / 그녀의 남자 친구와.
She thanked / God / for breaking up / with her boyfriend.

패턴 65

~하지 않은 채

without -ing

without -ing는 '~하지 않은 채'라고 해석됩니다.
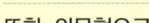

예를 들어,
"너의 숙제를 마치지 않은 채 잠들지 마."라고 하려면
"Do not fall asleep without finishing your homework."라고 표현합니다.

또한, 의문형으로
"너는 너의 손을 사용하지 않고 수영할 수 있니?"라고 하려면
"Can you swim without using your hands?"라고 표현합니다.

without -ing는 대화체에서는 물론이고
영화와 뉴스 등에도 수시로 등장하므로 반드시 완벽하게 마스터해야 합니다.

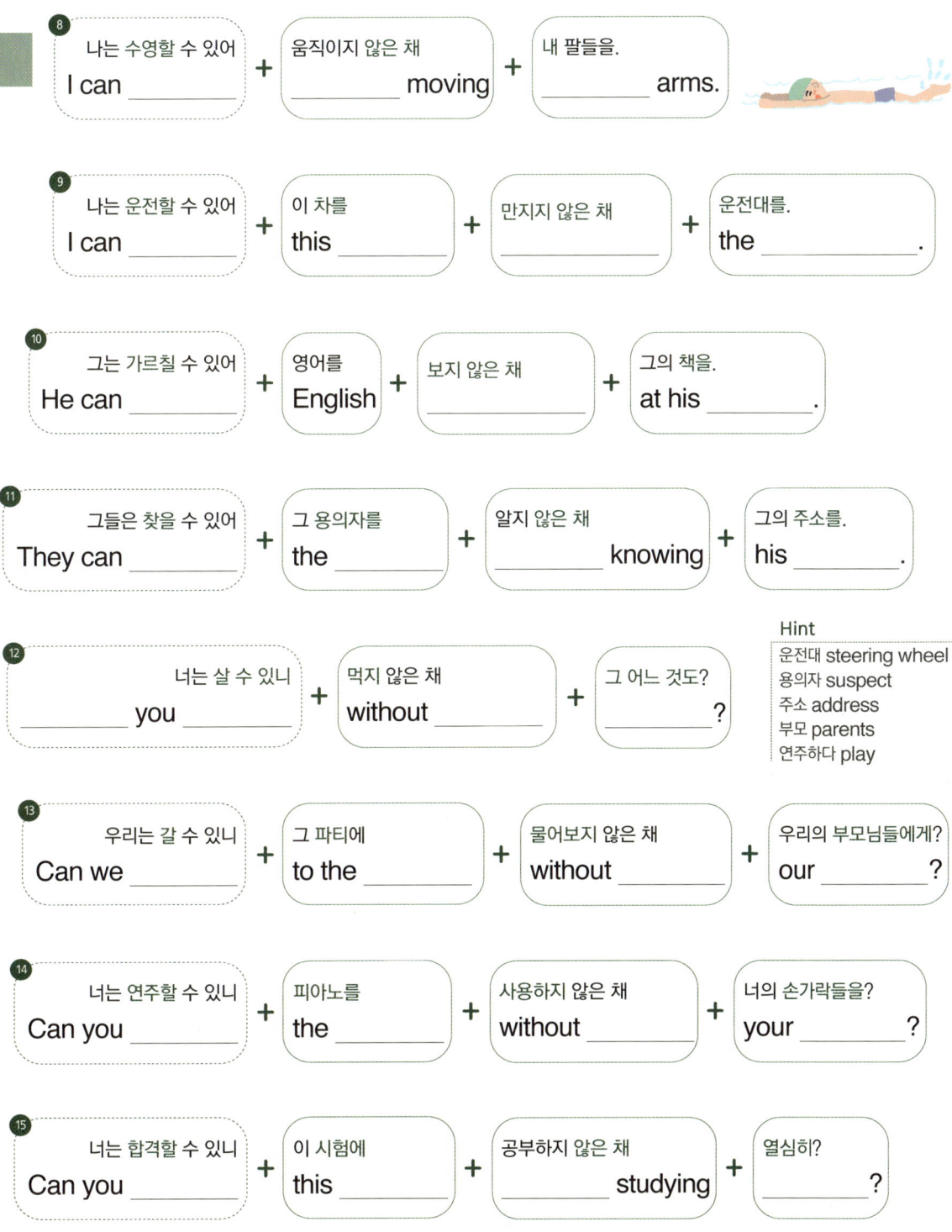

패턴 65 ~하지 않은 채

COMPLETE SENTENCES 완성 문장 낭독 훈련 이번에는 완성 문장을 잘 듣고 10회 이상 낭독 훈련해 보세요.

① 치르지 마 / 이 시험을 / 공부하지 않은 채.
Do not take / this test / without studying.

② 먹지 마 / 이것을 / 물어보지 않은 채 / 나에게.
Do not eat / this / without asking / me.

③ 떠나지 마 / 이 방을 / 끝마치지 않은 채 / 너의 에세이를.
Do not leave / this room / without finishing / your essay.

④ 사용하지 마 / 이 프린터를 / 물어보지 않은 채 / 그에게 / 먼저.
Do not use / this printer / without asking / him / first.

⑤ 나는 껐어 / 컴퓨터를 / 사용하지 않은 채 / 그것을.
I turned off / the computer / without using / it.

⑥ 그녀는 그만뒀어 / 그녀의 일을 / 말하지 않은 채 / 나에게.
She quit / her job / without telling / me.

⑦ 우리는 도와줬어 / 그를 / 불평하지 않은 채.
We helped / him / without complaining.

⑧ 나는 수영할 수 있어 / 움직이지 않은 채 / 내 팔들을.
I can swim / without moving / my arms.

⑨ 나는 운전할 수 있어 / 이 차를 / 만지지 않은 채 / 운전대를.
I can drive / this car / without touching / the steering wheel.

⑩ 그는 가르칠 수 있어 / 영어를 / 보지 않은 채 / 그의 책을.
He can teach / English / without looking / at his book.

⑪ 그들은 찾을 수 있어 / 그 용의자를 / 알지 않은 채 / 그의 주소를.
They can find / the suspect / without knowing / his address.

⑫ 너는 살 수 있니 / 먹지 않은 채 / 그 어느 것도?
Can you live / without eating / anything?

⑬ 우리는 갈 수 있니 / 그 파티에 / 물어보지 않은 채 / 우리의 부모님들에게?
Can we go / to the party / without asking / our parents?

⑭ 너는 연주할 수 있니 / 피아노를 / 사용하지 않은 채 / 너의 손가락들을?
Can you play / the piano / without using / your fingers?

⑮ 너는 합격할 수 있니 / 이 시험에 / 공부하지 않은 채 / 열심히?
Can you pass / this test / without studying / hard?

패턴 66

~이니까

now that

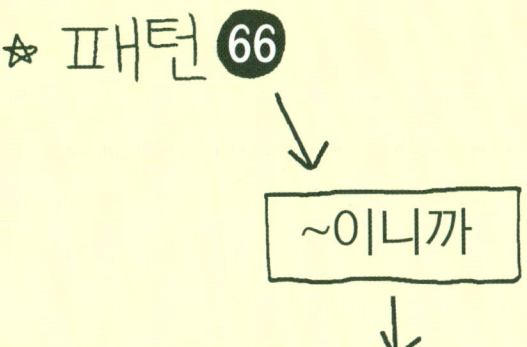

now that 뒤에는 절이 오면서 '~이니까'라고 해석됩니다.
because와 비슷한 느낌이라고 생각하면 이해하기 쉽습니다.
중요한 점은 now 뒤의 that을 생략할 수 없다는 것입니다.

예를 들어,
"우린 친구니까 너에게 내 비밀을 말해 줄게."라고 하려면
"Now that we are friends, I am going to tell you my secret."이라고 합니다.
(Now we are friends는 틀림.)

또한, 의문형으로
"우린 친구니까 나에게 너의 비밀을 말해 줄 거니?"라고 하려면
"Now that we are friends, are you going to tell me your secret?"이라고 합니다.

패턴 66 ~이니까

의미 단위 입 영작

의미 단위로 나뉘어져 있는 문장 마디를 보고 Hint 단어를 참고하여 입으로 영작하세요.
손으로 영작한 후 입으로 확인해도 좋습니다.

1. 눈이 오고 있으니까, _____ it _____, + 우리는 스키를 탈 수 있어. we _____.

2. 내가 여기 있으니까, Now that you _____, + 너는 안전해. you _____.

3. 나는 아가씨이니까, Now that _____ am a _____, + 나는 입을 수 있어 I _____ + 미니스커트를. a miniskirt.

4. 나는 있으니까 Now that I have + 이 티켓이, _____, + 나는 즐길 수 있어 I _____ + 그녀의 콘서트를. her concert.

5. 나는 학생이 아니니까, Now that I am not a _____, + 나는 찾아야 해 I have to _____ + 새 직업을. a _____.

6. 그것은 네 차이니까, Now that it is _____, + 너는 운전할 수 있어 you can _____ + 그것을. _____.

7. 너는 내 친구이니까, Now that you _____, + 너는 전화할 수 있어 you _____ + 나에게. me.

Hint
안전한 safe
입다 wear
직업 job

now that

⑧ 비가 오고 있으니까, _____ it is raining, + 나는 신을 수 있어 I _____ + 이 부츠를. these _____.

⑨ 그녀는 자유로우니까, Now that she is _____, + 그녀는 갈 수 있어 she _____ + 그 어떤 곳도. anywhere.

⑩ 너는 이해하니까 Now that _____ + 나를, me, + 도와줘 _____ + 나를. me.

⑪ 이 콘서트는 끝났으니까, Now that _____ is _____, + 가자 let's _____ + 집으로. home.

⑫ 너는 싱글이니까, _____ you are single, + 가자 let's _____ + 클럽에. to a _____.

⑬ 토요일이니까, _____ it is _____, + 잊자 let's _____ + 모든 것을. everything.

⑭ 당신은 내 남편이니까, Now that you are _____, + 사랑해 love + 나를 me + 영원히. _____.

⑮ 너는 아니까 Now that you know + 진실을, the _____, + 너는 멈춰야 해 you have to _____ + 흡연을. _____.

Hint
부츠 boots
자유로운 free
이해하다 understand
끝난 over
진실 truth

패턴 ⑥⑥ now that

패턴 66 ~이니까

COMPLETE SENTENCES 완성 문장낭독 훈련 이번에는 완성 문장을 잘 듣고 10회 이상 낭독 훈련해 보세요.

① 눈이 오고 있으니까, / 우리는 스키를 탈 수 있어.
Now that it is snowing, / we can ski.

② 내가 여기 있으니까, / 너는 안전해.
Now that I am here, / you are safe.

③ 나는 아가씨이니까, / 나는 입을 수 있어 / 미니스커트를.
Now that I am a lady, / I can wear / a miniskirt.

④ 나는 있으니까 / 이 티켓이, / 나는 즐길 수 있어 / 그녀의 콘서트를.
Now that I have / this ticket, / I can enjoy / her concert.

⑤ 나는 학생이 아니니까, / 나는 찾아야 해 / 새 직업을.
Now that I am not a student, / I have to find / a new job.

⑥ 그것은 네 차이니까, / 너는 운전할 수 있어 / 그것을.
Now that it is your car, / you can drive / it.

⑦ 너는 내 친구이니까, / 너는 전화할 수 있어 / 나에게.
Now that you are my friend, / you can call / me.

⑧ 비가 오고 있으니까, / 나는 신을 수 있어 / 이 부츠를.
Now that it is raining, / I can wear / these boots.

⑨ 그녀는 자유로우니까, / 그녀는 갈 수 있어 / 그 어떤 곳도.
Now that she is free, / she can go / anywhere.

⑩ 너는 이해하니까 / 나를, / 도와줘 / 나를.
Now that you understand / me, / help / me.

⑪ 이 콘서트는 끝났으니까, / 가자 / 집으로.
Now that this concert is over, / let's go / home.

⑫ 너는 싱글이니까, / 가자 / 클럽에.
Now that you are single, / let's go / to a club.

⑬ 토요일이니까, / 잊자 / 모든 것을.
Now that it is Saturday, / let's forget / everything.

⑭ 당신은 내 남편이니까, / 사랑해 / 나를 / 영원히.
Now that you are my husband, / love / me / forever.

⑮ 너는 아니까 / 진실을, / 너는 멈춰야 해 / 흡연을.
Now that you know / the truth, / you have to stop / smoking.

패턴 67

~인 것은 아니야
It's not that

It's not that 뒤에는 절이 오면서 '~인 것은 아니다'로 해석됩니다.
이 표현은 **that 절 내의 사실 전체를 부정할 때** 쓸 수 있습니다.
중요한 점은 **It's not 뒤의 that은 생략할 수 없다**는 것입니다.

예를 들어,
"내가 너를 좋아하는 것은 아냐."라고 하려면
"It's not that I like you."라고 표현합니다.

또한, 구어에서는 it's not that 대신 it's not like도 많이 사용합니다.

예를 들어,
"네가 그 시험에 떨어진 것은 아니잖아."라고 하려면
"It's not like you failed the exam."이라고 표현합니다.

여기서는 혼돈을 막기 위해 It's not that에만 집중하겠습니다.

패턴 67 ~인 것은 아니야

의미 단위 입 영작

의미 단위로 나뉘어져 있는 문장 마디를 보고 Hint 단어를 참고하여 입으로 영작하세요.
손으로 영작한 후 입으로 확인해도 좋습니다.

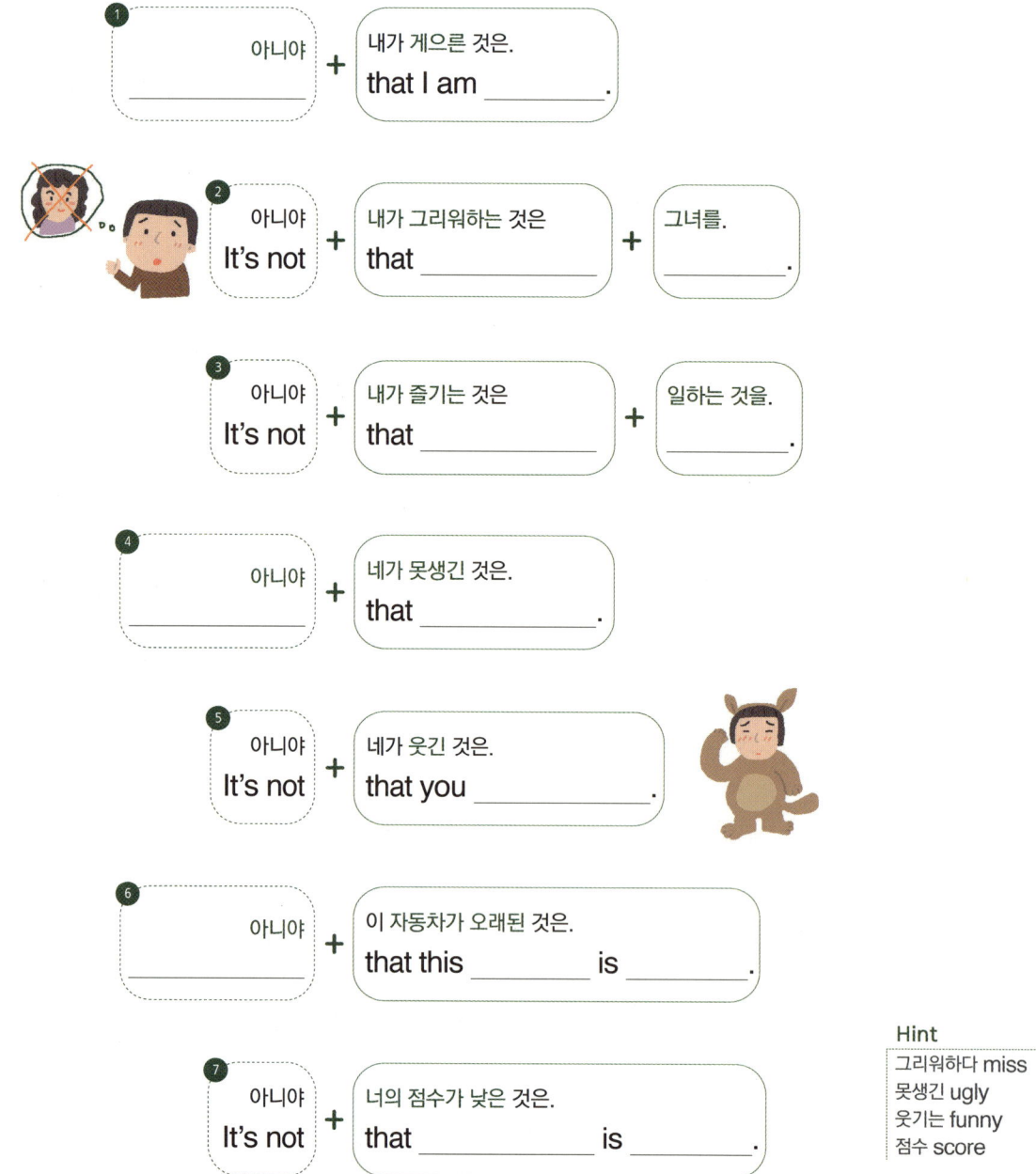

1. 아니야 _____ + 내가 게으른 것은. that I am _____.

2. 아니야 It's not + 내가 그리워하는 것은 that _____ + 그녀를. _____.

3. 아니야 It's not + 내가 즐기는 것은 that _____ + 일하는 것을. _____.

4. 아니야 _____ + 네가 못생긴 것은. that _____.

5. 아니야 It's not + 네가 웃긴 것은. that you _____.

6. 아니야 _____ + 이 자동차가 오래된 것은. that this _____ is _____.

7. 아니야 It's not + 너의 점수가 낮은 것은. that _____ is _____.

Hint
그리워하다 miss
못생긴 ugly
웃기는 funny
점수 score

It's not that

8. _____ 아니야 + 내가 공부하고 싶은 것은 that I _____ + 너와 함께. with you.

9. It's not + 그들이 항상 바쁜 것은. that they _____ always _____.

10. It's not + 여자들이 더 약한 것은 that _____ are _____ + 남자들보다. than _____.

11. It's not + 내가 때렸던 것은 that _____ + 그를 _____ + 어제. yesterday.

12. It's not + 내가 도망갔던 것은 that I _____ + 너로부터. from _____.

13. It's not + 내가 사랑하지 않는 것은 that I _____ not _____ + 너를. you.

14. It's not + 그녀가 일하지 않는 것은. that she _____.

15. _____ 아니야 + 너의 컴퓨터가 빠르지 않은 것은. that your computer _____.

Hint
약한 weak
때리다 hit
달아나다 run away
일하다 work

패턴 ⑥⑦ It's not that　285

패턴 67 ~인 것은 아니야

COMPLETE SENTENCES 완성 문장 낭독 훈련

이번에는 완성 문장을 잘 듣고 10회 이상 낭독 훈련해 보세요.

1. 아니야 / 내가 게으른 것은.
It's not / that I am lazy.

2. 아니야 / 내가 그리워하는 것은 / 그녀를.
It's not / that I miss / her.

3. 아니야 / 내가 즐기는 것은 / 일하는 것을.
It's not / that I enjoy / working.

4. 아니야 / 네가 못생긴 것은.
It's not / that you are ugly.

5. 아니야 / 네가 웃긴 것은.
It's not / that you are funny.

6. 아니야 / 이 자동차가 오래된 것은.
It's not / that this car is old.

7. 아니야 / 너의 점수가 낮은 것은.
It's not / that your score is low.

8. 아니야 / 내가 공부하고 싶은 것은 / 너와 함께.
It's not / that I want to study / with you.

9. 아니야 / 그들이 항상 바쁜 것은.
It's not / that they are always busy.

10. 아니야 / 여자들이 더 약한 것은 / 남자들보다.
It's not / that women are weaker / than men.

11. 아니야 / 내가 때렸던 것은 / 그를 / 어제.
It's not / that I hit / him / yesterday.

12. 아니야 / 내가 도망갔던 것은 / 너로부터.
It's not / that I ran away / from you.

13. 아니야 / 내가 사랑하지 않는 것은 / 너를.
It's not / that I do not love / you.

14. 아니야 / 그녀가 일하지 않는 것은.
It's not / that she does not work.

15. 아니야 / 너의 컴퓨터가 빠르지 않은 것은.
It's not / that your computer is not fast.

패턴 68 — first의 활용

the first family

first: 먼저

at first: 처음에는

for the first time: 처음으로

in the first place: 애당초, 진작에

first란 단어를 잘 활용하면 여러 의미를 표현할 수 있습니다.
쉽게 익숙해지기 위해서는 해당 표현을 이용해
자신이 공감할 수 있는 문장을 만들어 보고
간단한 문장 한두 개 정도를 외우는 것도 좋은 방법입니다.

특히 in the first place 같은 경우는
후반부에서 다루게 될 'should have p.p. = ~했어야 했다'
또는 'would have p.p. = ~했을 것이다'와 같이 쓰이는 경우가 많으므로
함께 마스터하는 것이 좋습니다.

패턴 68 — first의 활용

의미 단위 입 영작

의미 단위로 나뉘어져 있는 문장 마디를 보고 Hint 단어를 참고하여 입으로 영작하세요. 손으로 영작한 후 입으로 확인해도 좋습니다.

1. 내가 대답했어 / 먼저.
   I _____ + first.

2. 나는 행복했어 / 처음에는.
   I _____ + at first.

3. 나는 웃었어 / 처음에는.
   I laughed + _____.

4. 그가 때렸어 / 나를 / 먼저.
   He _____ + me + _____.

5. 그녀는 미소를 지었어 / 처음으로.
   She _____ + for the first time.

6. 나는 운동했어 / 처음으로 / 내 인생에서.
   I exercised + _____ + in my _____.

7. 나는 전화하지 않았어 / 그녀에게 / 애당초.
   I did not _____ + _____ + _____.

Hint
대답하다 answer
때리다 hit
전화하다 call

the first family

⑧ 그녀는 거짓말하지 않았어
She _____ lie
+
처음으로.
_____.

⑨ 나는 숨기지 않았어
I did not _____
+
나의 비밀을
my secret
+
애당초.
_____.

⑩ 나는 이해하지 못했어
I did _____
+
너의 질문을
your _____
+
처음에는.
_____ first.

⑪ 그것은 뜨거웠니
_____ it _____
+
처음에는?
at first?

⑫ 너는 끝마쳤니
Did you _____
+
그것을
_____
+
먼저?
first?

⑬ 너는 방문했니
Did you _____
+
한국을
Korea
+
처음으로?
_____?

⑭ 너는 마셨니
_____ you _____
+
소주를
soju
+
처음으로
for the first time
+
오늘?
_____?

⑮ 그녀가 잡았니
Did _____ hold
+
너의 손을
_____
+
먼저?
_____?

Hint
거짓말하다 lie
숨기다 hide
이해하다 understand
뜨거운 hot
방문하다 visit
잡다 hold

패턴 ⑱ the first family

패턴 68 · first의 활용

COMPLETE SENTENCES — 완성 문장 낭독 훈련

이번에는 완성 문장을 잘 듣고 10회 이상 낭독 훈련해 보세요.

① 내가 대답했어 / 먼저.
I answered / first.

② 나는 행복했어 / 처음에는.
I was happy / at first.

③ 나는 웃었어 / 처음에는.
I laughed / at first.

④ 그가 때렸어 / 나를 / 먼저.
He hit / me / first.

⑤ 그녀는 미소를 지었어 / 처음으로.
She smiled / for the first time.

⑥ 나는 운동했어 / 처음으로 / 내 인생에서.
I exercised / for the first time / in my life.

⑦ 나는 전화하지 않았어 / 그녀에게 / 애당초.
I did not call / her / in the first place.

⑧ 그녀는 거짓말하지 않았어 / 처음으로.
She did not lie / for the first time.

⑨ 나는 숨기지 않았어 / 나의 비밀을 / 애당초.
I did not hide / my secret / in the first place.

⑩ 나는 이해하지 못했어 / 너의 질문을 / 처음에는.
I did not understand / your question / at first.

⑪ 그것은 뜨거웠니 / 처음에는?
Was it hot / at first?

⑫ 너는 끝마쳤니 / 그것을 / 먼저?
Did you finish / it / first?

⑬ 너는 방문했니 / 한국을 / 처음으로?
Did you visit / Korea / for the first time?

⑭ 너는 마셨니 / 소주를 / 처음으로 / 오늘?
Did you drink / soju / for the first time / today?

⑮ 그녀가 잡았니 / 너의 손을 / 먼저?
Did she hold / your hand / first?

패턴 69 별로 ~가 아닌

not really

not really는 '정말로 ~가 아닌'이라고 해석되는 것이 아니라 **'별로/그다지 ~가 아닌'**이라고 해석됩니다.

예를 들어,
"그녀는 별로 내 타입이 아니야."라고 하려면
"She is not really my type."이라고 표현합니다.

또한, not really는 be동사가 아닌 일반동사와 함께 쓰기도 합니다.

예를 들어,
"나는 별로 일하지 않았어."라고 하려면
"I did not really work."라고 표현합니다.

참고로, not really 대신 not quite도 사용할 수 있지만 여기서는 혼돈을 막기 위해 not really에만 집중하겠습니다.

패턴 69 별로 ~가 아닌

의미 단위 입 영작
의미 단위로 나뉘어져 있는 문장 마디를 보고 Hint 단어를 참고하여 입으로 영작하세요.
손으로 영작한 후 입으로 확인해도 좋습니다.

1 나는 별로 피곤하지 않아.
I am not really _____.

2 나는 별로 행복하지 않아.
I am _____ happy.

3 그녀는 별로 내 타입이 아니야.
She _____ not _____ my _____.

4 이 로봇은 별로 강하지 않아.
_____ is not really _____.

5 그는 별로 공부하지 않아 + 중국어를.
He _____ really study + _____.

6 나는 별로 상관하지 않아 + 너에 대해서.
I do _____ really _____ + _____ you.

7 그녀는 별로 마시지 않아 + 와인을 + 많이.
She does not _____ + wine + a lot.

Hint
타입, 유형 type
중국어 Chinese
상관하다 care

not really

⑧ 우리는 별로 가지 않아
We _____ not _____ go + 쇼핑을 _____ + 함께. together.

⑨ 나는 별로 만족하지 않았어.
I was _____ satisfied.

⑩ 이 가방은 별로 비싸지 않았어.
This _____ was not _____.

⑪ 이 상자는 별로 무겁지 않았어.
This box was _____ heavy.

⑫ 그의 콘서트는 별로 성공적이지 않았어.
_____ concert _____ not _____ successful.

⑬ 나는 별로 공부하지 않았어
I did not _____ study + 이 퀴즈를 위해.
_____ this _____.

⑭ 나는 별로 사용하지 않았어
I did not _____ + 나의 손을.
my _____.

⑮ 나는 별로 자지 않았어
I _____ not really _____ + 어젯밤에.
last _____.

Hint
값비싼 expensive
퀴즈 quiz
자다 sleep

패턴 ⑥⑨ not really

패턴 69 별로 ~가 아닌

완성 문장 낭독 훈련
이번에는 완성 문장을 잘 듣고 10회 이상 낭독 훈련해 보세요.

1. 나는 별로 피곤하지 않아.
   I am not really tired.

2. 나는 별로 행복하지 않아.
   I am not really happy.

3. 그녀는 별로 내 타입이 아니야.
   She is not really my type.

4. 이 로봇은 별로 강하지 않아.
   This robot is not really strong.

5. 그는 별로 공부하지 않아 / 중국어를.
   He does not really study / Chinese.

6. 나는 별로 상관하지 않아 / 너에 대해서.
   I do not really care / about you.

7. 그녀는 별로 마시지 않아 / 와인을 / 많이.
   She does not really drink / wine / a lot.

8. 우리는 별로 가지 않아 / 쇼핑을 / 함께.
   We do not really go / shopping / together.

9. 나는 별로 만족하지 않았어.
   I was not really satisfied.

10. 이 가방은 별로 비싸지 않았어.
    This bag was not really expensive.

11. 이 상자는 별로 무겁지 않았어.
    This box was not really heavy.

12. 그의 콘서트는 별로 성공적이지 않았어.
    His concert was not really successful.

13. 나는 별로 공부하지 않았어 / 이 퀴즈를 위해.
    I did not really study / for this quiz.

14. 나는 별로 사용하지 않았어 / 나의 손을.
    I did not really use / my hands.

15. 나는 별로 자지 않았어 / 어젯밤에.
    I did not really sleep / last night.

★ 패턴

조금이라도 *vs.* 전혀

at all *vs.* not at all

at all은 '**조금이라도**'라고 해석되며 **의문문에서만 사용**합니다.

예를 들어,
"너 조금이라도 먹었니?"라고 하려면
"Did you eat at all?"이라고 표현합니다.

우리가 자주 들어본 '**not ~ at all = 전혀**'라는 표현은
'not = 아닌'과 'at all = 조금이라도'가 합쳐진 '조금이라도 아닌'을 의역한 것입니다.
또한 'not ~ at all'은 의문문과 평서문에 모두 쓰일 수 있습니다.

예를 들어,
"나는 그것을 전혀 좋아하지 않아."라고 하려면
"I do not like it at all."이라고 표현합니다.

패턴 70 조금이라도 vs. 전혀

의미 단위 입 영작

의미 단위로 나뉘어져 있는 문장 마디를 보고 Hint 단어를 참고하여 입으로 영작하세요.
손으로 영작한 후 입으로 확인해도 좋습니다.

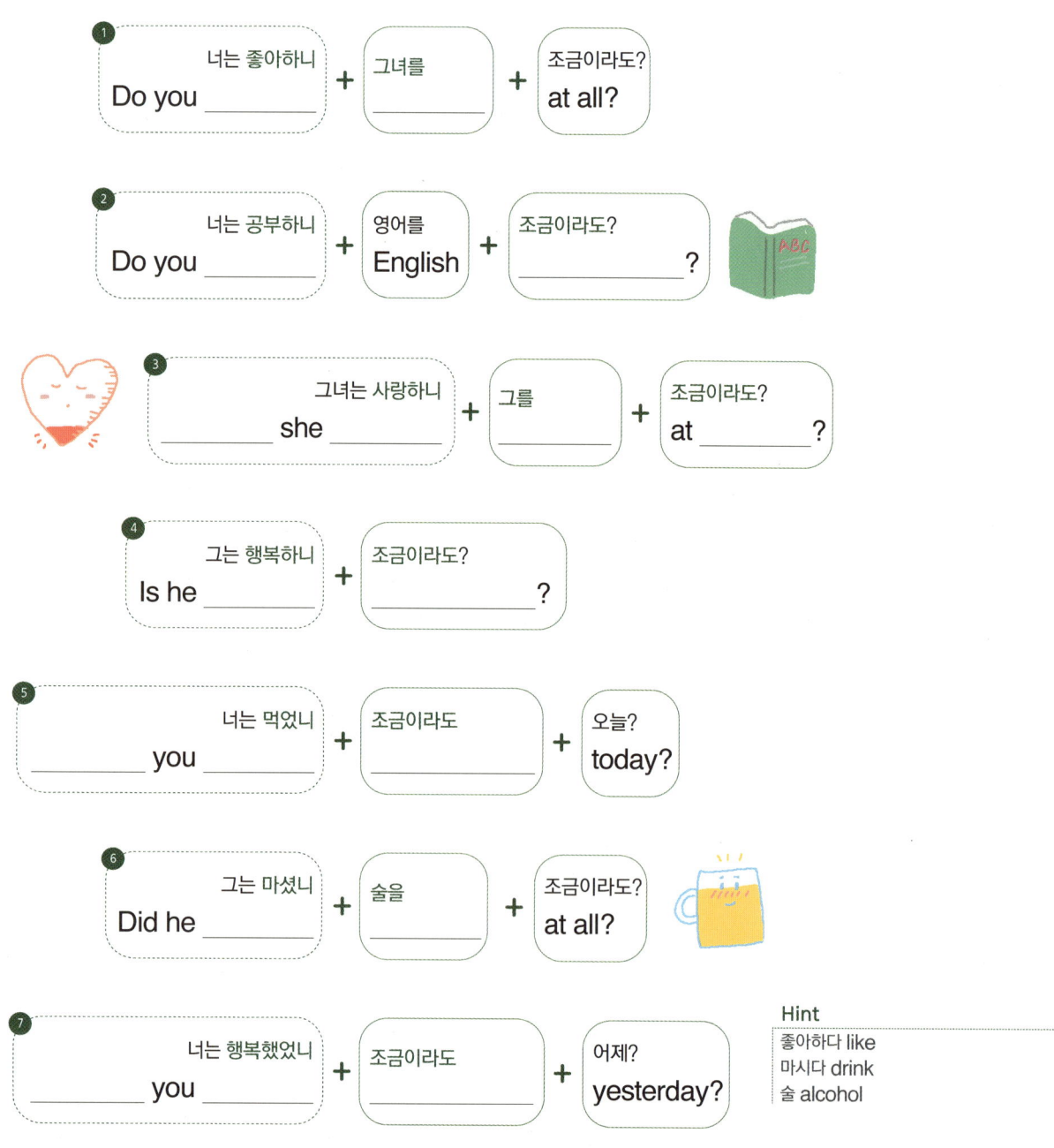

패턴 70 조금이라도 vs. 전혀

완성 문장낭독 훈련
이번에는 완성 문장을 잘 듣고 10회 이상 낭독 훈련해 보세요.

① 너는 좋아하니 / 그녀를 / 조금이라도?
Do you like / her / at all?

② 너는 공부하니 / 영어를 / 조금이라도?
Do you study / English / at all?

③ 그녀는 사랑하니 / 그를 / 조금이라도?
Does she love / him / at all?

④ 그는 행복하니 / 조금이라도?
Is he happy / at all?

⑤ 너는 먹었니 / 조금이라도 / 오늘?
Did you eat / at all / today?

⑥ 그는 마셨니 / 술을 / 조금이라도?
Did he drink / alcohol / at all?

⑦ 너는 행복했었니 / 조금이라도 / 어제?
Were you happy / at all / yesterday?

⑧ 나는 슬프지 않아 / 전혀.
I am not sad / at all.

⑨ 나는 마시지 않아 / 와인을 / 전혀.
I do not drink / wine / at all.

⑩ 나는 부르지 않아 / 발라드를 / 전혀.
I do not sing / ballads / at all.

⑪ 나는 먹지 않아 / 고기를 / 전혀.
I do not eat / meat / at all.

⑫ 나는 전화하지 않았어 / 그녀에게 / 전혀.
I did not call / her / at all.

⑬ 그녀는 행복하지 않았어 / 전혀.
She was not happy / at all.

⑭ 그는 때리지 않았어 / 그녀를 / 전혀.
He did not hit / her / at all.

⑮ 나는 만지지 않았어 / 너의 지갑을 / 전혀.
I did not touch / your wallet / at all.

★ 패턴

~ 대신에 / ~하는 것 대신에

instead of

instead of 뒤에는 명사 또는 -ing형이 올 수 있습니다.
명사가 올 경우에는 '~ 대신에'라고 해석하고,
-ing형이 올 경우에는 '~하는 것 대신에'라고 해석합니다.

예를 들어,
'저 가방'이라는 명사를 사용하여
"나는 저 가방 대신에 이 지갑을 그녀에게 사 줬어."라고 하려면
"I bought this wallet instead of that bag for her."라고 표현합니다.

또한, -ing(~하는 것)형을 사용하여
"나는 공부하는 것 대신에 게임을 했어."라고 하려면
"I played a game instead of studying."이라고 표현합니다.

패턴 71 ~대신에 / ~하는 것 대신에

의미 단위 입 영작

의미 단위로 나뉘어져 있는 문장 마디를 보고 Hint 단어를 참고하여 입으로 영작하세요.
손으로 영작한 후 입으로 확인해도 좋습니다.

1. 나는 웃었어 I _____ + 우는 것 대신에. instead of _____ .

2. 나는 탔어 I took + 택시를 a _____ + 운전하는 것 대신에. instead _____ .

3. 나는 방문했어 I _____ + 뉴욕을 _____ + 파리 대신에. instead of _____ .

4. 그녀는 이메일을 했어 She _____ + 나에게 me + 전화하는 것 대신에 instead of _____ + 나에게. me.

5. 그녀는 썼어 She _____ + 시를 a _____ + 소설 대신에. _____ of a _____ .

6. 그는 도망갔어. He _____ away + 도와주는 것 대신에 _____ helping + 나를. _____ .

7. 그는 읽었어 He _____ + 잡지를 a _____ + 그 교재 대신에. instead _____ the _____ .

Hint
택시를 타다 take a taxi
시 poem
소설 novel
달아나다 run away
잡지 magazine
교재 textbook

instead of

8 나는 살고 싶어 + 캘리포니아에 + 오사카 대신에.
I want to _____ in _____ _____ of _____.

9 나는 운동을 하고 싶어 + 먹는 것 대신에 + 지금.
I want _____ instead of _____ _____.

10 나는 듣고 싶어 + 한국 노래들을 + 일본 노래들 대신에.
I _____ listen to Korean _____ instead of _____ songs.

11 너는 갈 수 있어 + 이 콘서트에 + 그 뮤지컬 대신에.
You _____ go _____ this _____ instead of that _____.

12 너는 입었니 + 재킷을 + 입는 것 대신에 + 스웨터를?
Did you _____ a _____ instead of _____ a _____?

13 그녀는 왔니 + 너의 파티에 + 공부하는 것 대신에 + 영어를?
Did she _____ to your _____ instead of _____ English?

14 그들은 갔니 + 도서관에 + 클럽 대신에?
Did _____ to a _____ instead of a _____?

15 그는 연습했니 + 이 노래를 + 자는 것 대신에?
Did he _____ this _____ instead of _____?

Hint
운동하다 exercise
입다 wear
연습하다 practice

패턴 ⑦¹ instead of 301

패턴 71 ~ 대신에 / ~하는 것 대신에

Complete Sentences
완성 문장 낭독 훈련

이번에는 완성 문장을 잘 듣고 10회 이상 낭독 훈련해 보세요.

1 나는 웃었어 / 우는 것 대신에.
I laughed / instead of crying.

2 나는 탔어 / 택시를 / 운전하는 것 대신에.
I took / a taxi / instead of driving.

3 나는 방문했어 / 뉴욕을 / 파리 대신에.
I visited / New York / instead of Paris.

4 그녀는 이메일을 했어 / 나에게 / 전화하는 것 대신에 / 나에게.
She emailed / me / instead of calling / me.

5 그녀는 썼어 / 시를 / 소설 대신에.
She wrote / a poem / instead of a novel.

6 그는 도망갔어 / 도와주는 것 대신에 / 나를.
He ran away / instead of helping / me.

7 그는 읽었어 / 잡지를 / 그 교재 대신에.
He read / a magazine / instead of the textbook.

8 나는 살고 싶어 / 캘리포니아에 / 오사카 대신에.
I want to live / in California / instead of Osaka.

9 나는 운동을 하고 싶어 / 먹는 것 대신에 / 지금.
I want to exercise / instead of eating / now.

10 나는 듣고 싶어 / 한국 노래들을 / 일본 노래들 대신에.
I want to listen to / Korean songs / instead of Japanese songs.

11 너는 갈 수 있어 / 이 콘서트에 / 그 뮤지컬 대신에.
You can go / to this concert / instead of that musical.

12 너는 입었니 / 재킷을 / 입는 것 대신에 / 스웨터를?
Did you wear / a jacket / instead of wearing / a sweater?

13 그녀는 왔니 / 너의 파티에 / 공부하는 것 대신에 / 영어를?
Did she come / to your party / instead of studying / English?

14 그들은 갔니 / 도서관에 / 클럽 대신에?
Did they go / to a library / instead of a club?

15 그는 연습했니 / 이 노래를 / 자는 것 대신에?
Did he practice / this song / instead of sleeping?

✱ 패턴 72

~일 경우를 대비하여 / ~의 경우에는

in case

in case 뒤에는 **that** 절 또는 **명사**가 올 수 있습니다.

1. that 절을 쓸 경우에는 '~일 경우를 대비하여'라고 해석합니다.
that 절의 시제는 현재형을 유지하며,
that은 생략하는 것이 보통입니다.
여기서는 that을 모두 생략하겠습니다.

예를 들어,
"내가 안 올 경우를 대비하여 이 책을 가져가."라고 하려면
"In case (that) I do not come, take this book."이라고 표현합니다.

2. 명사를 쓸 경우에는 '~의 경우에는'이라고 해석합니다.
또한 **in case 뒤에 of가 추가되어야만** 합니다.

예를 들어,
"비상시의 경우에는, 내게 전화해."라고 하려면
"In case of emergency, call me."라고 표현합니다.

패턴 72 ~일 경우를 대비하여 / ~의 경우에는

의미 단위 입 영작

의미 단위로 나뉘어져 있는 문장 마디를 보고 Hint 단어를 참고하여 입으로 영작하세요.
손으로 영작한 후 입으로 확인해도 좋습니다.

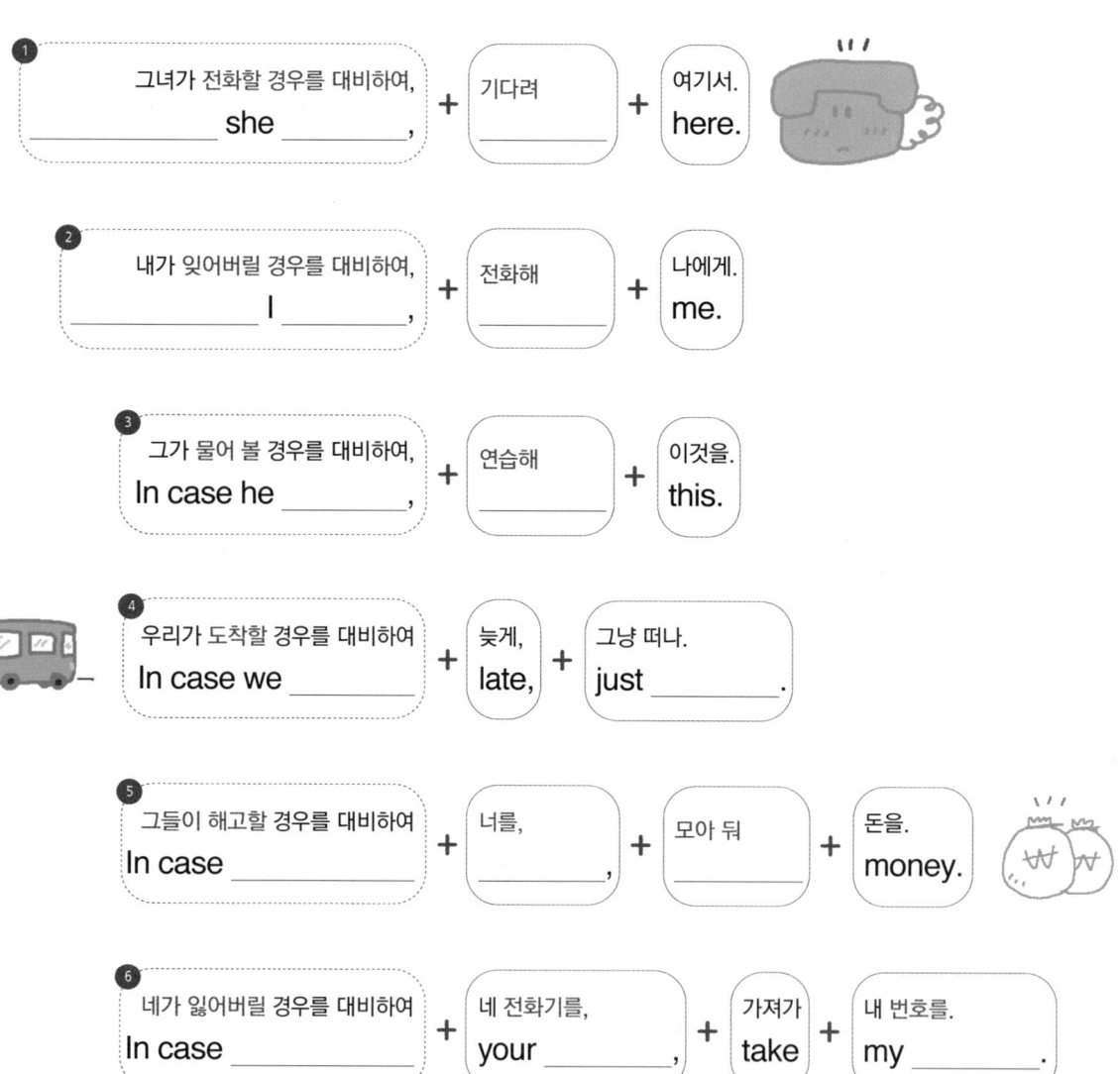

1. 그녀가 전화할 경우를 대비하여, _____ she _____, + 기다려 _____ + 여기서. here.

2. 내가 잊어버릴 경우를 대비하여, _____ I _____, + 전화해 _____ + 나에게. me.

3. 그가 물어 볼 경우를 대비하여, In case he _____, + 연습해 _____ + 이것을. this.

4. 우리가 도착할 경우를 대비하여 In case we _____ + 늦게, late, + 그냥 떠나. just _____.

5. 그들이 해고할 경우를 대비하여 In case _____ + 너를, _____, + 모아 둬 _____ + 돈을. money.

6. 네가 잃어버릴 경우를 대비하여 In case _____ + 네 전화기를, your _____, + 가져가 take + 내 번호를. my _____.

7. 비가 올 경우를 대비하여, _____ it rains, + 가져가 take + 이 우산을. this _____.

Hint
연습하다 practice
도착하다 arrive
우산 umbrella

in case

8. 눈이 올 경우를 대비하여, + 신어 + 이 부츠를.
In case _____, + _____ + these _____.

9. 너의 배터리가 다될 경우를 대비하여, + 사용해 + 이 충전기를.
In case _____ dies, + _____ + this _____.

10. 우리가 떠날 경우를 대비하여 + 일찍, + 자 + 지금.
In case _____ + _____, + sleep + _____.

11. 비상시의 경우에는, + 써 + 이 마스크를.
In case of _____, + _____ + this mask.

12. 화재시의 경우에는, + 사용하지 마 + 이 엘리베이터를.
_____ of fire, + do not _____ + this _____.

13. 우천시의 경우에는, + 닫아 + 이 창문들을.
_____ case _____ rain, + _____ + these _____.

14. 비상시의 경우에는, + 전화 해 + 너의 상사에게.
_____, + _____ + _____ boss.

15. 화재시의 경우에는, + 사용해 + 이 소화기를.
_____, + _____ + _____ fire extinguisher.

Hint
신다; 쓰다 wear
충전기 charger
비상 emergency
엘리베이터 elevator

패턴 72 in case

패턴 72 ~일 경우를 대비하여 / ~의 경우에는

완성 문장 낭독 훈련

이번에는 완성 문장을 잘 듣고 10회 이상 낭독 훈련해 보세요.

① 그녀가 전화할 경우를 대비하여, / 기다려 / 여기서.
In case she calls, / wait / here.

② 내가 잊어버릴 경우를 대비하여, / 전화해 / 나에게.
In case I forget, / call / me.

③ 그가 물어 볼 경우를 대비하여, / 연습해 / 이것을.
In case he asks, / practice / this.

④ 우리가 도착할 경우를 대비하여, / 늦게, / 그냥 떠나.
In case we arrive / late, / just leave.

⑤ 그들이 해고할 경우를 대비하여 / 너를, / 모아 둬 / 돈을.
In case they fire / you, / save / money.

⑥ 네가 잃어버릴 경우를 대비하여 / 네 전화기를, / 가져가 / 내 번호를.
In case you lose / your phone, / take / my number.

⑦ 비가 올 경우를 대비하여, / 가져가 / 이 우산을.
In case it rains, / take / this umbrella.

⑧ 눈이 올 경우를 대비하여, / 신어 / 이 부츠를.
In case it snows, / wear / these boots.

⑨ 너의 배터리가 다될 경우를 대비하여, / 사용해 / 이 충전기를.
In case your battery dies, / use / this charger.

⑩ 우리가 떠날 경우를 대비하여 / 일찍, / 자 / 지금.
In case we leave / early, / sleep / now.

⑪ 비상시의 경우에는, / 써 / 이 마스크를.
In case of emergency, / wear / this mask.

⑫ 화재시의 경우에는, / 사용하지 마 / 이 엘리베이터를.
In case of fire, / do not use / this elevator.

⑬ 우천시의 경우에는, / 닫아 / 이 창문들을.
In case of rain, / close / these windows.

⑭ 비상시의 경우에는, / 전화해 / 너의 상사에게.
In case of emergency, / call / your boss.

⑮ 화재시의 경우에는, / 사용해 / 이 소화기를.
In case of fire, / use / this fire extinguisher.

패턴 73

~라는 점에서

in that

in that 뒤에는 '주어 + 동사' 형태의 절이 오면서
'~라는 점에서'로 해석됩니다.
중요한 점은 in 뒤의 that은 생략할 수 없다는 것입니다.

I am stronger than her in that I am a man.

예를 들어,
"남자라는 점에서 나는 그녀보다 강해."라고 하려면
"I am stronger than her in that I am a man."이라고 표현합니다.
(in I am a man은 틀림.)

비슷하게,
"그녀는 돈이 없다는 점에서 불운해."라고 하려면
"She is unfortunate in that she has no money."라고 표현합니다.
(in she has no money는 틀림.)

패턴 73 ~라는 점에서

의미 단위 입 영작

의미 단위로 나뉘어져 있는 문장 마디를 보고 Hint 단어를 참고하여 입으로 영작하세요.
손으로 영작한 후 입으로 확인해도 좋습니다.

1. 나는 존경해 I _____ + 그를 him + 그가 돕는다는 점에서 _____ he _____ + 우리를. us.

2. 이 상품은 더 나아 This item is _____ + 그것이 더 싸다는 점에서. in that it is _____.

3. 이 자동차는 특별해 This car is _____ + 그것이 사용한다는 점에서 _____ it uses + 전기를. electricty.

4. 그들은 멋져 They _____ + 그들이 포기하지 않았다는 점에서. _____ they did not _____.

5. 그녀의 드레스는 흉해 Her _____ is _____ + 그것의 색깔이 갈색이라는 점에서. in that its _____ is _____.

6. 시간은 빨라 _____ is _____ + 모든 것이 바뀐다는 점에서. _____ changes.

7. 이 영화는 지루해 This movie is _____ + 그것이 너무 길다는 점에서. _____ it is _____.

Hint
존경하다 respect
싼 cheap
특별한 special
멋진 cool
포기하다 give up
지루한 boring

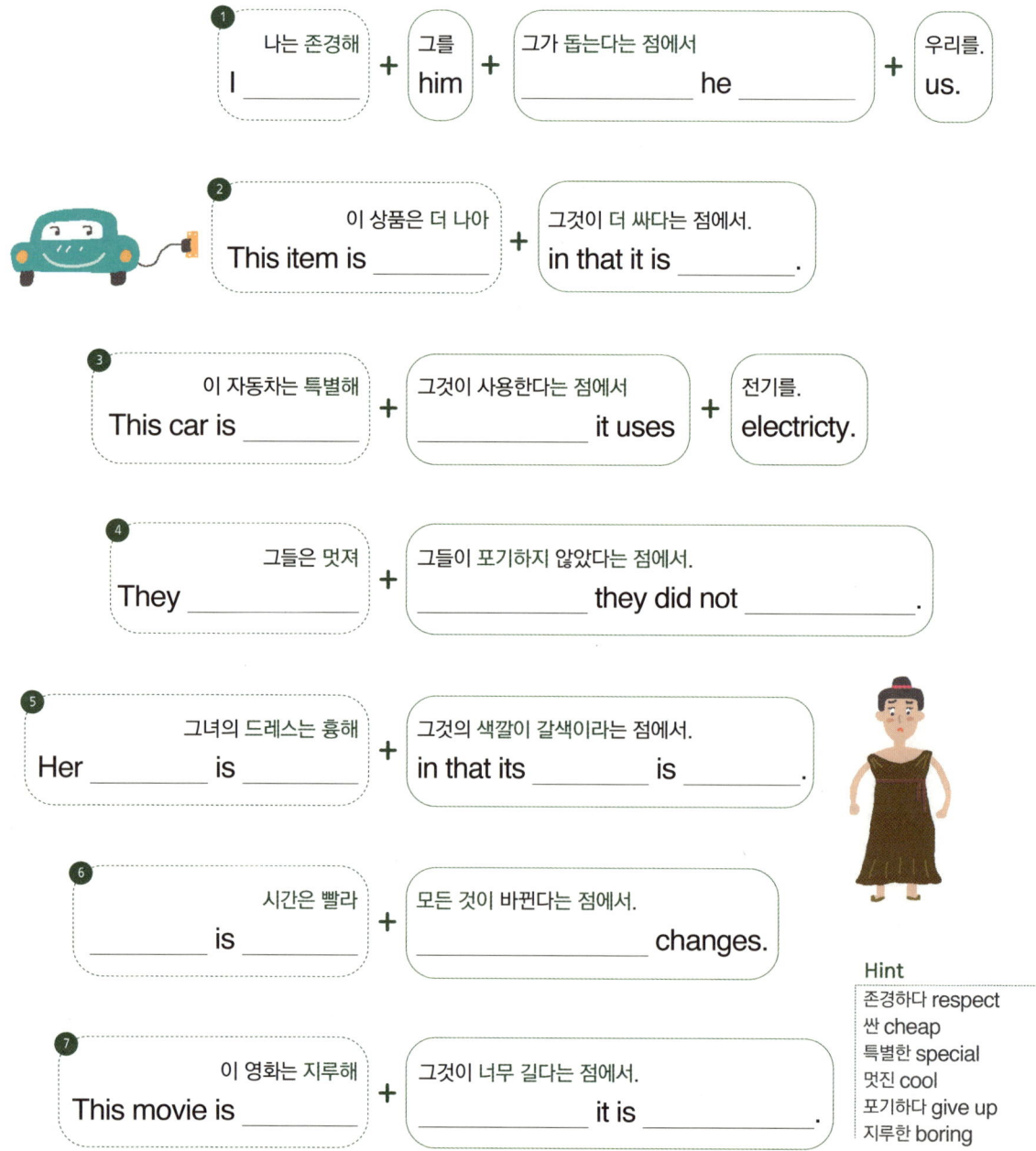

in that

8 그녀의 인생은 우울해 + 그녀가 혼자라는 점에서.
Her _____ is _____ + in that _____ is _____ .

9 그녀는 매력적이야 + 그녀가 친절하다는 점에서 + 나에게.
She is _____ + _____ she is _____ + to _____ .

10 그녀는 운이 좋아 + 면접관이 그녀의 삼촌이라는 점에서.
She is _____ + in that the _____ is her _____ .

11 너는 게을러 + 네가 일어난다는 점에서 + 늦게 + 매일 아침.
You are _____ + in that you _____ + late + every _____ .

12 이 수업은 흥미로워 + 선생님이 미국인이라는 점에서.
_____ is _____ + in that the _____ is American.

13 내 인생은 재미있어 + 많은 일들이 벌어지고 있다는 점에서.
_____ is _____ + in that many _____ are _____ .

14 여자들은 가벼워 + 그들의 뼈들이 작다는 점에서.
Women are _____ + in that their _____ are _____ .

15 남자들은 강해 + 그들의 근육들이 크다는 점에서.
Men are _____ + _____ their muscles are _____ .

Hint
우울한 depressing
매력적인 attractive
면접관 interviewer
뼈 bone

패턴 73 ~라는 점에서

COMPLETE SENTENCES 완성 문장 낭독 훈련

이번에는 완성 문장을 잘 듣고 10회 이상 낭독 훈련해 보세요.

① 나는 존경해 / 그를 / 그가 돕는다는 점에서 / 우리를.
I respect / him / in that he helps / us.

② 이 상품은 더 나아 / 그것이 더 싸다는 점에서.
This item is better / in that it is cheaper.

③ 이 자동차는 특별해 / 그것이 사용한다는 점에서 / 전기를.
This car is special / in that it uses / electricity.

④ 그들은 멋져 / 그들이 포기하지 않았다는 점에서.
They are cool / in that they did not give up.

⑤ 그녀의 드레스는 흉해 / 그것의 색깔이 갈색이라는 점에서.
Her dress is ugly / in that its color is brown.

⑥ 시간은 빨라 / 모든 것이 바뀐다는 점에서.
Time is fast / in that everything changes.

⑦ 이 영화는 지루해 / 그것이 너무 길다는 점에서.
This movie is boring / in that it is too long.

⑧ 그녀의 인생은 우울해 / 그녀가 혼자라는 점에서.
Her life is depressing / in that she is alone.

⑨ 그녀는 매력적이야 / 그녀가 친절하다는 점에서 / 나에게.
She is attractive / in that she is kind / to me.

⑩ 그녀는 운이 좋아 / 면접관이 그녀의 삼촌이라는 점에서.
She is lucky / in that the interviewer is her uncle.

⑪ 너는 게을러 / 네가 일어난다는 점에서 / 늦게 / 매일 아침.
You are lazy / in that you wake up / late / every morning.

⑫ 이 수업은 흥미로워 / 선생님이 미국인이라는 점에서.
This class is interesting / in that the teacher is American.

⑬ 내 인생은 재미있어 / 많은 일들이 벌어지고 있다는 점에서.
My life is fun / in that many things are happening.

⑭ 여자들은 가벼워 / 그들의 뼈들이 작다는 점에서.
Women are light / in that their bones are small.

⑮ 남자들은 강해 / 그들의 근육들이 크다는 점에서.
Men are strong / in that their muscles are big.

★ 패턴 74

~이든 아니든

whether ~ or not

---

whether ~ or not은 '**~이든 아니든**'으로 해석되며,
whether와 **or not** 사이에 절을 넣습니다.

예를 들어,

"네가 날 좋아하든 말든, 난 널 좋아해."라고 하려면

'네가 날 좋아하다 = you like me'라는 절을 whether와 or not 사이에 넣어

"Whether you like me or not, I like you."라고 표현합니다.

비슷하게,

"그가 우리를 떠나든 말든, 우리는 상관 안 해."라고 하려면

'그가 우리를 떠나다 = he leaves us'라는 절을 whether와 or not 사이에 넣어

"Whether he leaves us or not, we do not care."라고 표현합니다.

Whether you like me or not, I like you.

패턴 74 whether ~ or not 311

패턴 74 ~이든 아니든

의미단위 입 영작

의미 단위로 나뉘어져 있는 문장 마디를 보고 Hint 단어를 참고하여 입으로 영작하세요.
손으로 영작한 후 입으로 확인해도 좋습니다.

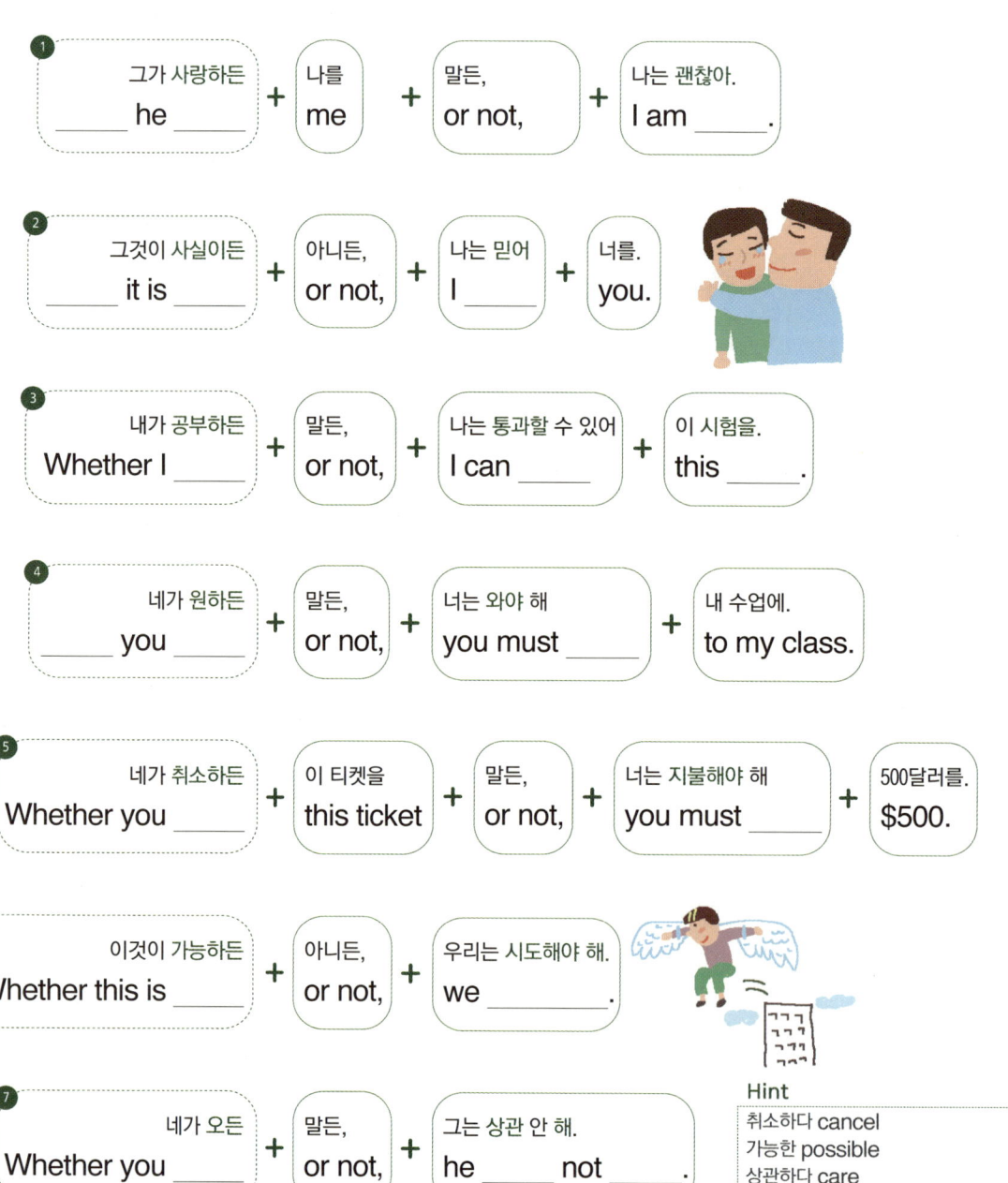

1. 그가 사랑하든 ___ he ___ + 나를 me + 말든, or not, + 나는 괜찮아. I am ___.

2. 그것이 사실이든 ___ it is ___ + 아니든, or not, + 나는 믿어 I ___ + 너를. you.

3. 내가 공부하든 Whether I ___ + 말든, or not, + 나는 통과할 수 있어 I can ___ + 이 시험을. this ___.

4. 네가 원하든 ___ you ___ + 말든, or not, + 너는 와야 해 you must ___ + 내 수업에. to my class.

5. 네가 취소하든 Whether you ___ + 이 티켓을 this ticket + 말든, or not, + 너는 지불해야 해 you must ___ + 500달러를. $500.

6. 이것이 가능하든 Whether this is ___ + 아니든, or not, + 우리는 시도해야 해. we ___.

7. 네가 오든 Whether you ___ + 말든, or not, + 그는 상관 안 해. he ___ not ___.

Hint
취소하다 cancel
가능한 possible
상관하다 care

whether~or not

패턴 74 whether~or not 313

패턴 74 ~이든 아니든

COMPLETE SENTENCES 완성 문장낭독 훈련
이번에는 완성 문장을 잘 듣고 10회 이상 낭독 훈련해 보세요.

① 그가 사랑하든 / 나를 / 말든, / 나는 괜찮아.
Whether he loves / me / or not, / I am okay.

② 그것이 사실이든 / 아니든, / 나는 믿어 / 너를.
Whether it is true / or not, / I believe / you.

③ 내가 공부하든 / 말든, / 나는 통과할 수 있어 / 이 시험을.
Whether I study / or not, / I can pass / this test.

④ 네가 원하든 / 말든, / 너는 와야 해 / 내 수업에.
Whether you want / or not, / you must come / to my class.

⑤ 네가 취소하든 / 이 티켓을 / 말든, / 너는 지불해야 해 / 500달러를.
Whether you cancel / this ticket / or not, / you must pay / $500.

⑥ 이것이 가능하든 / 아니든, / 우리는 시도해야 해.
Whether this is possible / or not, / we must try.

⑦ 네가 오든 / 말든, / 그는 상관 안 해.
Whether you come / or not, / he does not care.

⑧ 그것이 거짓이든 / 아니든, / 나는 탓하지 않아 / 그를.
Whether it is a lie / or not, / I do not blame / him.

⑨ 그녀가 통과하든 / 이 시험을 / 말든, / 그녀는 졸업할 수 없어.
Whether she passes / this test / or not, / she cannot graduate.

⑩ 이 도전이 어렵든 / 아니든, / 나는 포기할 수 없어.
Whether this challenge is difficult / or not, / I cannot give up.

⑪ 네가 기다리든 / 말든, / 우리는 떠날 거야 / 지금.
Whether you wait / or not, / we are going to leave / now.

⑫ 비가 오든 / 말든, / 우리는 갈 거야 / 학교에.
Whether it rains / or not, / we are going to go / to school.

⑬ 눈이 오든 / 말든, / 그들은 방문할 거야 / 여기를.
Whether it snows / or not, / they are going to visit / here.

⑭ 그가 준비되든 / 말든, / 우리는 시작할 거야 / 이 쇼를.
Whether he is ready / or not, / we are going to start / this show.

⑮ 그가 타든 / 택시를 / 말든, / 그는 늦을 거야.
Whether he takes / a taxi / or not, / he will be late.

패턴 75

A가 알고 보니 B야

A turns out to be B

A turns out to be B에서 A는 항상 명사, B는 명사 또는 형용사가 될 수 있으며, **'A가 알고 보니 B이다'라고 해석**합니다.
시제는 turn에서 바꾸어 줍니다.

예를 들어,
"그녀는 알고 보니 한국인이야."라고 하려면
"She turns out to be Korean."이라고 표현합니다. (형용사를 B로 사용한 경우)

"그들은 알고 보니 화가 나 있었어."라고 하려면
"They turned out to be angry."라고 표현합니다. (형용사를 B로 사용한 경우)

"이것은 알고 보니 그녀의 반지야."라고 하려면
"This turns out to be her ring."이라고 표현합니다. (명사를 B로 사용한 경우)

She turns out to be Korean.

패턴 75 — A가 알고 보니 B야

의미 단위 입 영작

의미 단위로 나뉘어져 있는 문장 마디를 보고 Hint 단어를 참고하여 입으로 영작하세요.
손으로 영작한 후 입으로 확인해도 좋습니다.

1. 그는 알고 보니 / 나의 삼촌의 친구야.
   He turns out + to be my _____.

2. 이 가방들은 알고 보니 / 그녀의 것이야.
   These _____ out + to be _____.

3. 그녀는 알고 보니 / 인기 유명인이야.
   She _____ out + to be a _____.

4. 그들은 알고 보니 / 나의 적들이야.
   They _____ out + to be my _____.

5. 그녀는 알고 보니 / 매우 똑똑해.
   She _____ + to be very _____.

6. 이 소녀는 알고 보니 / 부유하고 유명해.
   This _____ out + to be _____ and _____.

7. 이 다이아몬드는 알고 보니 / 진짜야.
   This _____ turns out + to be _____.

Hint
인기 있는 popular
유명인 celebrity
적 enemy
똑똑한 smart
유명한 famous
진짜의 real

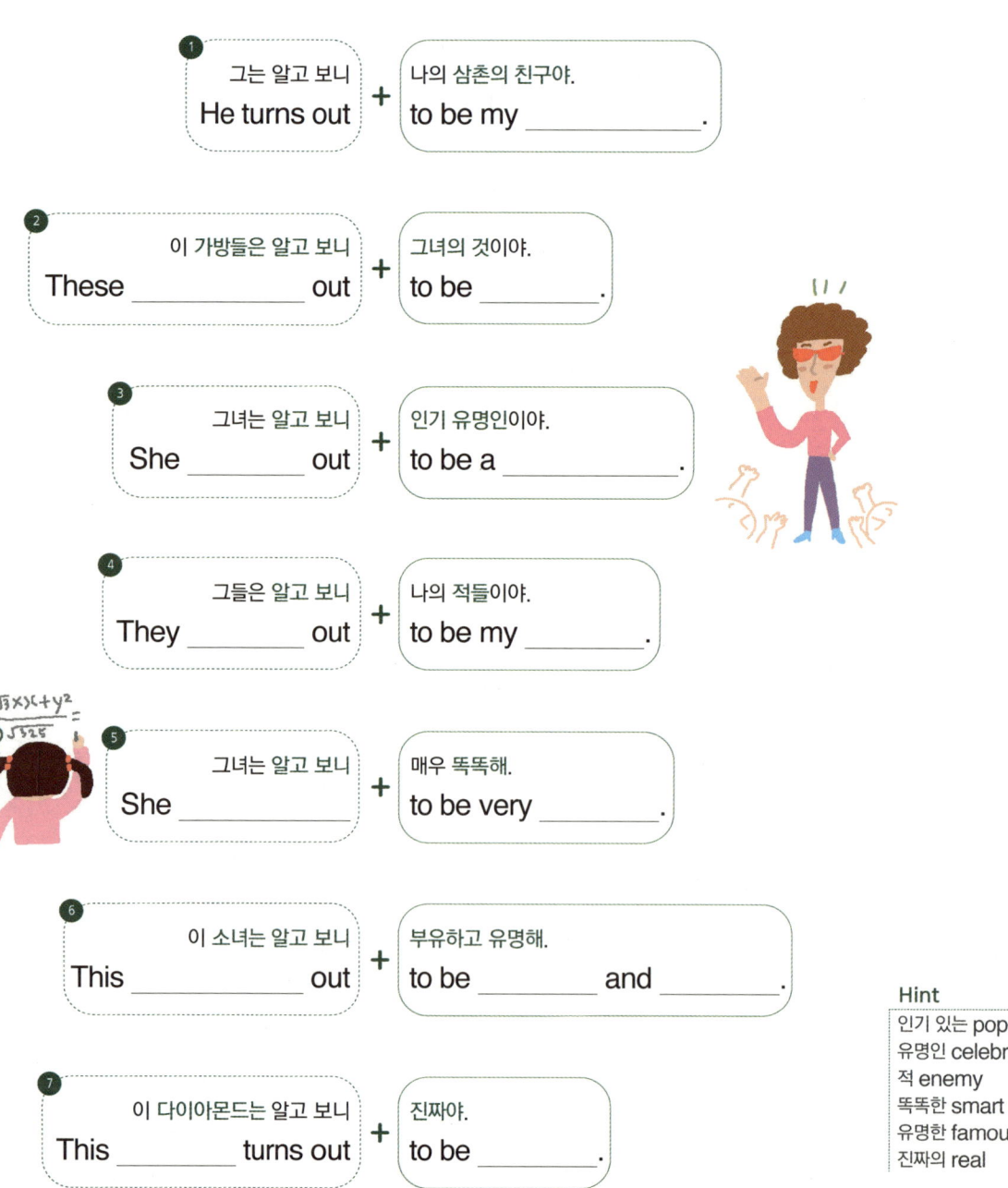

A turns out to be B

8. 이 자전거는 알고 보니 / 더 비싸 / 내 것보다.
This _____ + to be more _____ + _____ mine.

9. 그녀는 알고 보니 / 거짓말쟁이였어.
She _____ out + to be a _____.

10. 이 가게는 알고 보니 / Mr. Jackson의 것이었어.
This _____ turned _____ + to be _____.

11. 이 사진은 알고 보니 / 가짜였어.
This _____ turned out + _____ a _____.

12. 그 여자는 알고 보니 / 나의 상사였어.
The _____ turned out + to be _____.

13. 이것은 알고 보니 / 중고 TV였어.
This _____ + to be a _____ TV.

14. 그 커피는 알고 보니 / 무료였어.
That _____ out + to be _____.

15. 이 마술사는 알고 보니 / 유명했어 / 라스베이거스에서.
This _____ turned out + to be _____ + in Las Vegas.

Hint
거짓말쟁이 liar
가짜 fake
중고의 used
공짜의 free
유명한 prominent

패턴 75 A turns out to be B

패턴 75 A가 알고 보니 B야

Complete Sentences — 완성 문장 낭독 훈련
이번에는 완성 문장을 잘 듣고 10회 이상 낭독 훈련해 보세요.

1 그는 알고 보니 / 나의 삼촌의 친구야.
He turns out / to be my uncle's friend.

2 이 가방들은 알고 보니 / 그녀의 것이야.
These bags turn out / to be hers.

3 그녀는 알고 보니 / 인기 유명인이야.
She turns out / to be a popular celebrity.

4 그들은 알고 보니 / 나의 적들이야.
They turn out / to be my enemies.

5 그녀는 알고 보니 / 매우 똑똑해.
She turns out / to be very smart.

6 이 소녀는 알고 보니 / 부유하고 유명해.
This girl turns out / to be rich and famous.

7 이 다이아몬드는 알고 보니 / 진짜야.
This diamond turns out / to be real.

8 이 자전거는 알고 보니 / 더 비싸 / 내 것보다.
This bicycle turns out / to be more expensive / than mine.

9 그녀는 알고 보니 / 거짓말쟁이였어.
She turned out / to be a liar.

10 이 가게는 알고 보니 / Mr. Jackson의 것이었어.
This store turned out / to be Mr. Jackson's.

11 이 사진은 알고 보니 / 가짜였어.
This picture turned out / to be a fake.

12 그 여자는 알고 보니 / 나의 상사였어.
The woman turned out / to be my boss.

13 이것은 알고 보니 / 중고 TV였어.
This turned out / to be a used TV.

14 그 커피는 알고 보니 / 무료였어.
That coffee turned out / to be free.

15 이 마술사는 알고 보니 / 유명했어 / 라스베이거스에서.
This magician turned out / to be prominent / in Las Vegas.

패턴 76 알고 보니 ~야

It turns out

It turns out 뒤에는 that 절이 오면서
'알고 보니 ~이다'라고 해석됩니다.
that은 생략 가능한데,
이 Unit에서는 that을 모두 생략하겠습니다.

예를 들어,
"알고 보니 그는 착한 남자야."라고 하려면
"It turns out (that) he is a nice guy."라고 표현합니다.

또한 시제는 **It turns out(현재형)은 그대로 유지**하면서
that 절의 시제를 바꾸는 것이 좋습니다.

예를 들어,
"알고 보니 그녀는 날 좋아했었어."라고 하려면
"It turns out (that) she liked me."라고 표현합니다.

It turns out he is a nice guy.

의미단위 입영작

의미 단위로 나뉘어져 있는 문장 마디를 보고 Hint 단어를 참고하여 입으로 영작하세요.
손으로 영작한 후 입으로 확인해도 좋습니다.

1 알고 보니 It turns out + 나는 겁쟁이야. I am a _____.

2 알고 보니 It turns out + 이것은 그의 지갑이야. this is _____.

3 알고 보니 _____ + 우리는 사랑해 we _____ + 서로를. each other.

4 알고 보니 _____ + 우리의 회사가 만들어 our _____ + 이 트럭을. this truck.

5 알고 보니 It turns out + 오늘이 내 생일이야. today is _____.

6 알고 보니 It turns out + 나는 통과했어 I _____ + 그 시험을. the _____.

7 알고 보니 It turns out + 그녀는 화나 있었어 she _____ + 나에게. at _____.

Hint
겁쟁이 coward
지갑 wallet
회사 company

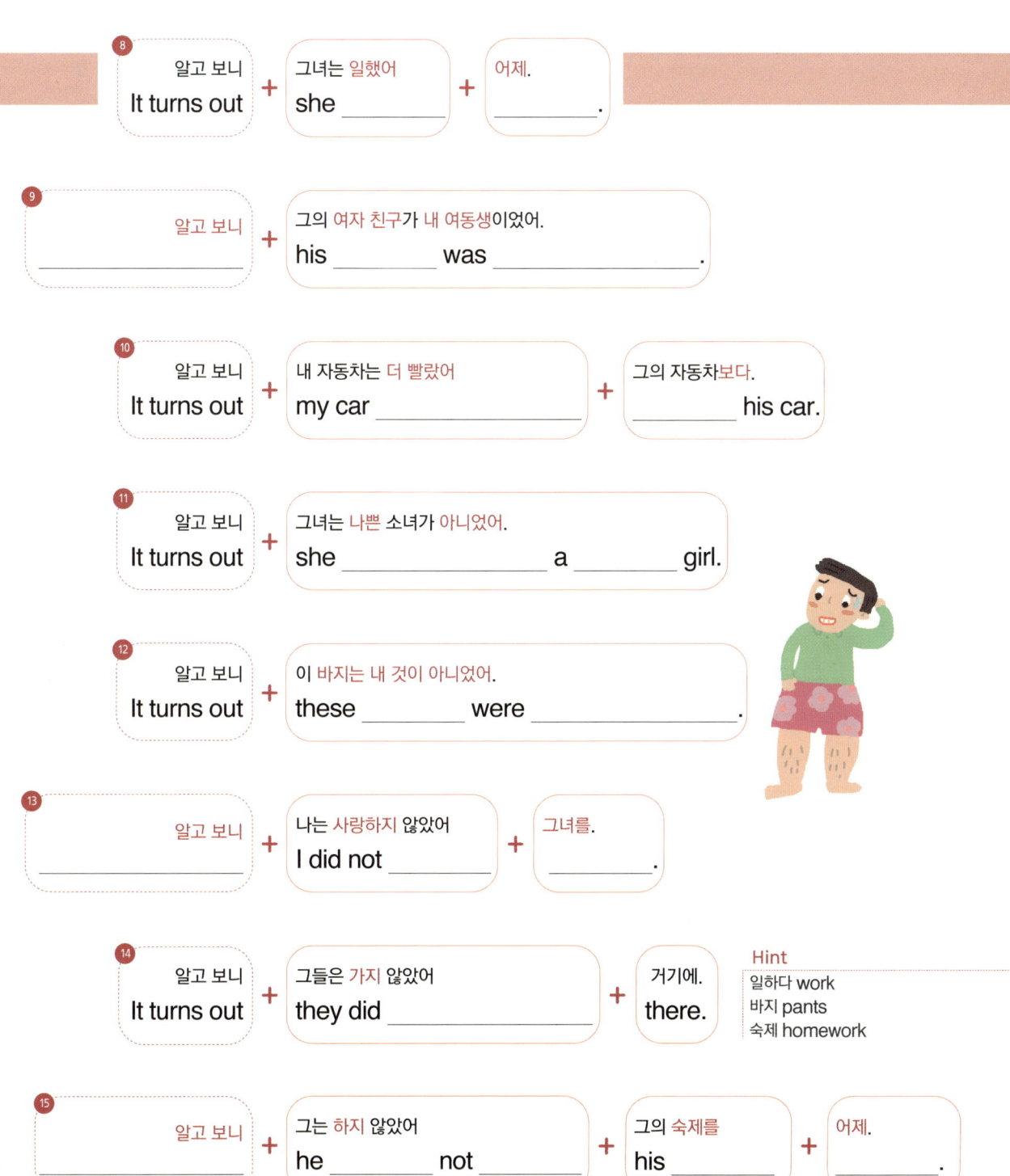

패턴 76 알고 보니 ~야

완성 문장 낭독 훈련
이번에는 완성 문장을 잘 듣고 10회 이상 낭독 훈련해 보세요.

① 알고 보니 / 나는 겁쟁이야.
It turns out / I am a coward.

② 알고 보니 / 이것은 그의 지갑이야.
It turns out / this is his wallet.

③ 알고 보니 / 우리는 사랑해 / 서로를.
It turns out / we love / each other.

④ 알고 보니 / 우리의 회사가 만들어 / 이 트럭을.
It turns out / our company makes / this truck.

⑤ 알고 보니 / 오늘이 내 생일이야.
It turns out / today is my birthday.

⑥ 알고 보니 / 나는 통과했어 / 그 시험을.
It turns out / I passed / the test.

⑦ 알고 보니 / 그녀는 화나 있었어 / 나에게.
It turns out / she was angry / at me.

⑧ 알고 보니 / 그녀는 일했어 / 어제.
It turns out / she worked / yesterday.

⑨ 알고 보니 / 그의 여자 친구가 내 여동생이었어.
It turns out / his girlfriend was my sister.

⑩ 알고 보니 / 내 자동차는 더 빨랐어 / 그의 자동차보다.
It turns out / my car was faster / than his car.

⑪ 알고 보니 / 그녀는 나쁜 소녀가 아니었어.
It turns out / she was not a bad girl.

⑫ 알고 보니 / 이 바지는 내 것이 아니었어.
It turns out / these pants were not mine.

⑬ 알고 보니 / 나는 사랑하지 않았어 / 그녀를.
It turns out / I did not love / her.

⑭ 알고 보니 / 그들은 가지 않았어 / 거기에.
It turns out / they did not go / there.

⑮ 알고 보니 / 그는 하지 않았어 / 그의 숙제를 / 어제.
It turns out / he did not do / his homework / yesterday.

★ 패턴

꼭 ~해 / ~인 것을 확실히 해

make sure + that 절

make sure 뒤에 that 절이 오면,
'꼭 ~하다 / ~인 것을 확실히 하다'라고 해석됩니다.

예를 들어,
"나는 그녀가 안전한 것을 확실히 했어."라고 하려면
"I made sure (that) she was safe."라고 표현합니다.

만약 make sure가 문장 맨 앞에 오게 되면 명령어가 되므로,
'~인 것을 확실히 해라' 또는 '꼭 ~해라'라고 해석됩니다.

예를 들어,
"꼭 숙제를 해라."라고 하려면
"Make sure (that) you do your homework."라고 표현합니다.

that은 생략 가능한데,
이 Unit에서는 that을 모두 생략하겠습니다.

I made sure she was safe.

패턴 77 꼭 ~해 / ~인 것을 확실히 해

의미 단위 입 영작

의미 단위로 나뉘어져 있는 문장 마디를 보고 Hint 단어를 참고하여 입으로 영작하세요.
손으로 영작한 후 입으로 확인해도 좋습니다.

1. 나는 확실히 했어 / 그녀가 간 것을 / 집으로.
I made sure + _____ + home.

2. 나는 확실히 했어 / 그들이 안전한 것을.
I _____ + they were _____.

3. 나는 확실히 했어 / 그가 받은 것을 / 너의 편지를.
I made _____ + he _____ + your _____.

4. 나는 확실히 했어 / 그녀가 보낸 것을 / 카드를. / 너에게.
I _____ sure + she _____ + a card. + _____ you.

5. 그는 확실히 했어 / 그녀가 떠난 것을 / 중국을.
He _____ sure + she _____ + _____.

6. 나는 확실히 하고 싶어 / 이 반지가 너의 것이라는 것을.
I want to _____ + this _____ is _____.

7. 우리는 확실히 하고 싶어 / 네가 동의하는 것을 / 우리에게.
We _____ to _____ sure + you _____ + _____ us.

Hint
받다 receive
보내다 send
반지 ring
~에게 동의하다 agree with

make sure + that 절

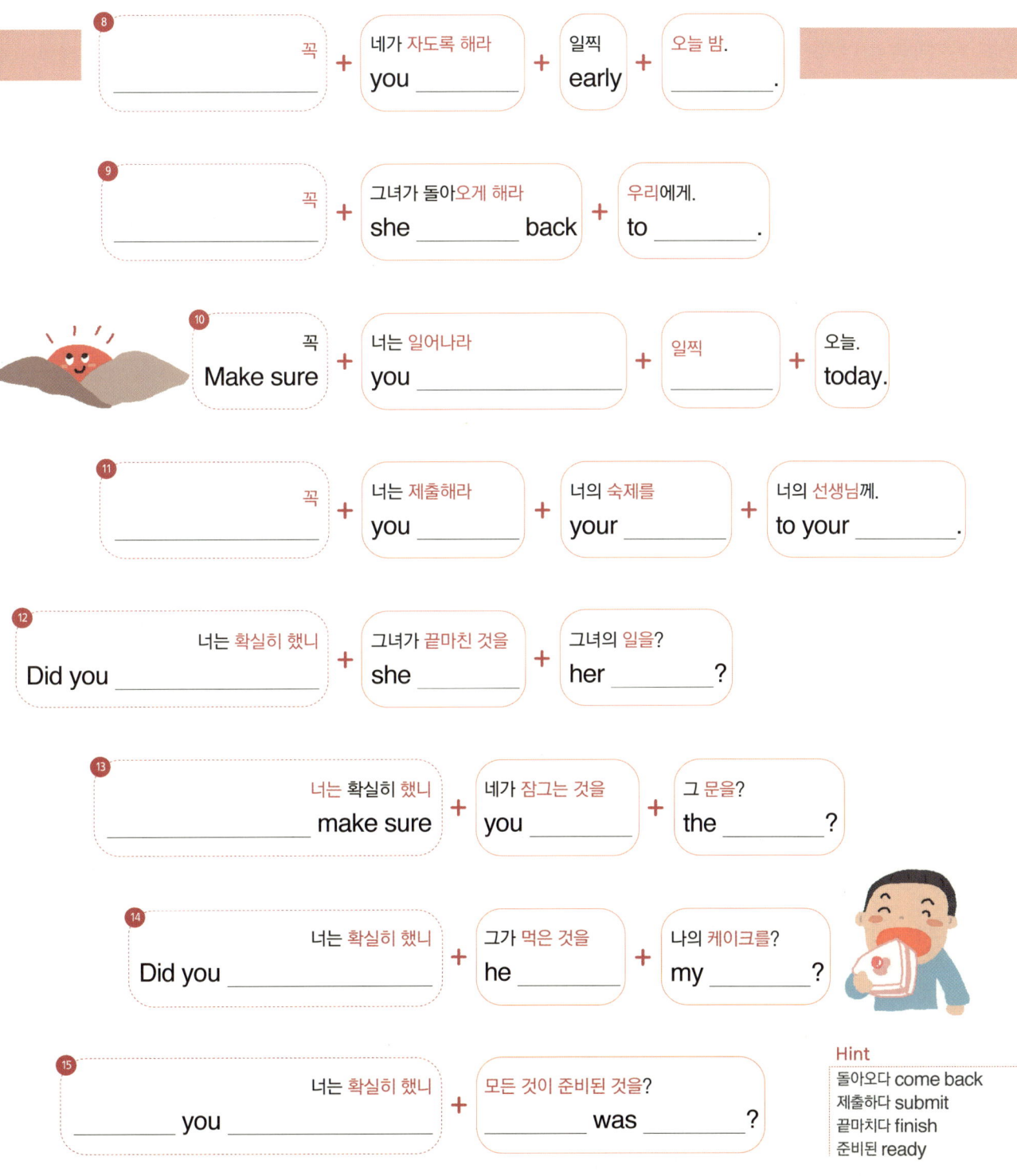

325

패턴 77 꼭 ~해 / ~인 것을 확실히 해

COMPLETE SENTENCES 완성 문장 낭독 훈련 이번에는 완성 문장을 잘 듣고 10회 이상 낭독 훈련해 보세요.

① 나는 확실히 했어 / 그녀가 간 것을 / 집으로.
I made sure / she went / home.

② 나는 확실히 했어 / 그들이 안전한 것을.
I made sure / they were safe.

③ 나는 확실히 했어 / 그가 받은 것을 / 너의 편지를.
I made sure / he received / your letter.

④ 나는 확실히 했어 / 그녀가 보낸 것을 / 카드를 / 너에게.
I made sure / she sent / a card / to you.

⑤ 그는 확실히 했어 / 그녀가 떠난 것을 / 중국을.
He made sure / she left / China.

⑥ 나는 확실히 하고 싶어 / 이 반지가 너의 것이라는 것을.
I want to make sure / this ring is yours.

⑦ 우리는 확실히 하고 싶어 / 네가 동의하는 것을 / 우리에게.
We want to make sure / you agree / with us.

⑧ 꼭 / 네가 자도록 해라 / 일찍 / 오늘 밤.
Make sure / you sleep / early / tonight.

⑨ 꼭 / 그녀가 돌아오게 해라 / 우리에게.
Make sure / she comes back / to us.

⑩ 꼭 / 너는 일어나라 / 일찍 / 오늘.
Make sure / you wake up / early / today.

⑪ 꼭 / 너는 제출해라 / 너의 숙제를 / 너의 선생님께.
Make sure / you submit / your homework / to your teacher.

⑫ 너는 확실히 했니 / 그녀가 끝마친 것을 / 그녀의 일을?
Did you make sure / she finished / her work?

⑬ 너는 확실히 했니 / 네가 잠그는 것을 / 그 문을?
Did you make sure / you locked / the door?

⑭ 너는 확실히 했니 / 그가 먹은 것을 / 나의 케이크를?
Did you make sure / he ate / my cake?

⑮ 너는 확실히 했니 / 모든 것이 준비된 것을?
Did you make sure / everything was ready?

패턴 78

꼭 ~해 / ~하는 것을 확실히 해

↓

make sure + to 동사원형

make sure 뒤에 'to + 동사원형'이 와도
'꼭 ~하다 / ~하는 것을 확실히 하다'라고 해석됩니다.

예를 들어,
"나는 그것을 끄는 것을 확실히 했어."라고 하려면
"I made sure to turn it off."라고 표현합니다.

I made sure to turn it off.

만약 **make sure**가 문장 맨 앞에 오게 되면 명령어가 되므로,
'확실히 ~해라' 혹은 '꼭 ~해라'라고 해석됩니다.

예를 들어,
"꼭 숙제를 해라."라고 하려면
"Make sure to do your homework."라고 표현합니다.

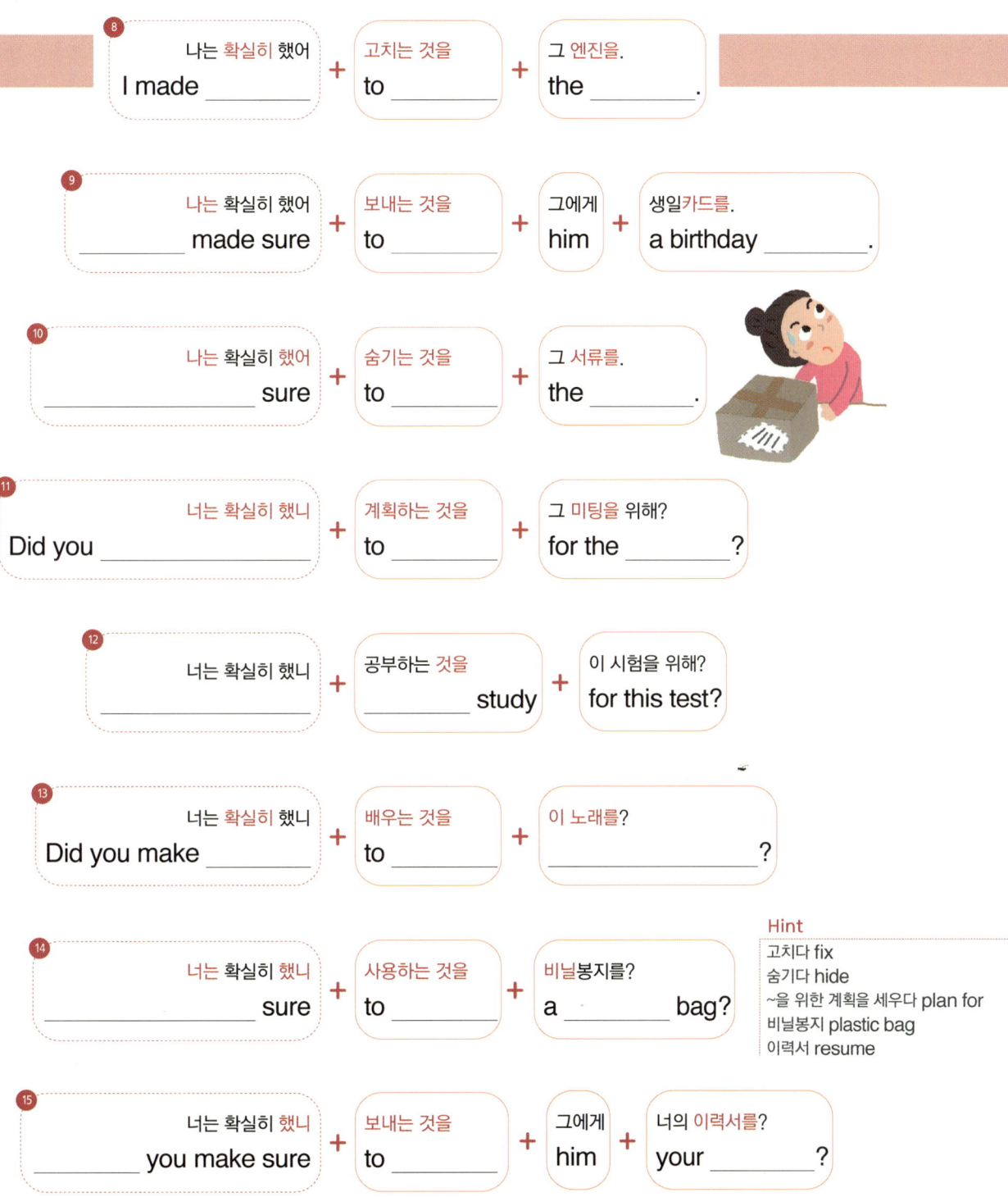

패턴 78 꼭 ~해 / ~하는 것을 확실히 해

COMPLETE SENTENCES — 완성 문장낭독 훈련

이번에는 완성 문장을 잘 듣고 10회 이상 낭독 훈련해 보세요.

① 꼭 해라 / 가져가는 것을 / 이 우산을.
Make sure / to take / this umbrella.

② 꼭 해라 / 마시는 것을 / 많은 물을.
Make sure / to drink / a lot of water.

③ 꼭 해라 / 걷는 것을 / 네가 먹은 후에.
Make sure / to walk / after you eat.

④ 꼭 해라 / 일어나는 것을 / 일찍 / 오늘.
Make sure / to wake up / early / today.

⑤ 꼭 해라 / 끝마치는 것을 / 너의 숙제를 / 내일까지.
Make sure / to finish / your homework / by tomorrow.

⑥ 나는 확실히 했어 / 마스터하는 것을 / 영어를.
I made sure / to master / English.

⑦ 나는 확실히 했어 / 교체하는 것을 / 그 타이어를.
I made sure / to replace / the tire.

⑧ 나는 확실히 했어 / 고치는 것을 / 그 엔진을.
I made sure / to fix / the engine.

⑨ 나는 확실히 했어 / 보내는 것을 / 그에게 / 생일카드를.
I made sure / to send / him / a birthday card.

⑩ 나는 확실히 했어 / 숨기는 것을 / 그 서류를.
I made sure / to hide / the document.

⑪ 너는 확실히 했니 / 계획하는 것을 / 그 미팅을 위해?
Did you make sure / to plan / for the meeting?

⑫ 너는 확실히 했니 / 공부하는 것을 / 이 시험을 위해?
Did you make sure / to study / for this test?

⑬ 너는 확실히 했니 / 배우는 것을 / 이 노래를?
Did you make sure / to learn / this song?

⑭ 너는 확실히 했니 / 사용하는 것을 / 비닐봉지를?
Did you make sure / to use / a plastic bag?

⑮ 너는 확실히 했니 / 보내는 것을 / 그에게 / 너의 이력서를?
Did you make sure / to send / him / your resume?

패턴 79

~하지 않을 수가 없어

can't help -ing

can't help -ing는 '~하지 않을 수가 없다'라고 해석되며, **'너무 ~하길 원한다'**라는 느낌을 가지게 됩니다.

예를 들어,
"난 널 사랑하지 않을 수가 없어."라고 하려면
"I can't help loving you."라고 표현합니다.

또한
can't help -ing 대신 'can't help but + 동사원형'을 사용할 수도 있습니다.

예를 들어,
"나는 이 피자를 먹지 않을 수가 없어."라고 하려면
"I can't help but eat this pizza."라고 표현합니다.

I can't help but eat this pizza.

단, 'can't help but + 동사원형'은 사용 빈도가 떨어지는 편이므로,
이 Unit에서는 can't help -ing에만 집중하겠습니다.

패턴 79 ~하지 않을 수가 없어

의미 단위 입 영작

의미 단위로 나뉘어져 있는 문장 마디를 보고 Hint 단어를 참고하여 입으로 영작하세요.
손으로 영작한 후 입으로 확인해도 좋습니다.

1. 나는 하지 않을 수가 없어 + 미소 짓는 것을.
   I can't help + _____.

2. 나는 하지 않을 수가 없어 + 우는 것을.
   I _____ + _____.

3. 나는 하지 않을 수가 없어 + 때리는 것을 + 너를.
   I _____ + _____ + you.

4. 나는 하지 않을 수가 없어 + 싫어하는 것을 + 너를.
   I _____ + _____ + you.

5. 나는 하지 않을 수가 없어 + 바라보는 것을 + 너를.
   I _____ + looking + _____ you.

6. 우리는 하지 않을 수가 없어 + 마시는 것을 + 물을.
   We _____ + _____ + water.

7. 그는 하지 않을 수가 없어 + 하는 것을 + 게임들을.
   He _____ + playing + _____.

Hint
때리다 hit
싫어하다 hate

can't help -ing

⑧ 나는 하지 않을 수가 없었어 + 거짓말하는 것을.
I couldn't help _____.

⑨ 나는 하지 않을 수가 없었어 + 흡연하는 것을.
I _____ _____.

⑩ 나는 하지 않을 수가 없었어 + 읽는 것을 + 이 소설을.
I _____ _____ this _____.

⑪ 나는 하지 않을 수가 없었어 + 사용하는 것을 + 나의 신용카드를.
I _____ _____ my _____ card.

⑫ 그들은 하지 않을 수가 없었어 + 듣는 것을 + 그녀의 노래를.
They _____ _____ to her _____.

⑬ 우리는 하지 않을 수가 없었어 + 공부하는 것을 + 영어를.
We _____ _____ English.

⑭ 그녀는 하지 않을 수가 없었어 + 사는 것을 + 아름다운 드레스들을.
She _____ _____ _____ dresses.

⑮ 그는 하지 않을 수가 없었어 + 우는 것을 + 그녀 앞에서.
He _____ _____ in _____ of her.

Hint
거짓말하다 lie
~을 듣다 listen to
~의 앞에서 in front of

패턴 ⑲ can't help -ing 333

패턴 79 ~하지 않을 수가 없어

COMPLETE SENTENCES 완성 문장 낭독 훈련 이번에는 완성 문장을 잘 듣고 10회 이상 낭독 훈련해 보세요.

1. 나는 하지 않을 수가 없어 / 미소 짓는 것을.
   I can't help / smiling.

2. 나는 하지 않을 수가 없어 / 우는 것을.
   I can't help / crying.

3. 나는 하지 않을 수가 없어 / 때리는 것을 / 너를.
   I can't help / hitting / you.

4. 나는 하지 않을 수가 없어 / 싫어하는 것을 / 너를.
   I can't help / hating / you.

5. 나는 하지 않을 수가 없어 / 바라보는 것을 / 너를.
   I can't help / looking / at you.

6. 우리는 하지 않을 수가 없어 / 마시는 것을 / 물을.
   We can't help / drinking / water.

7. 그는 하지 않을 수가 없어 / 하는 것을 / 게임들을.
   He can't help / playing / games.

8. 나는 하지 않을 수가 없었어 / 거짓말하는 것을.
   I couldn't help / lying.

9. 나는 하지 않을 수가 없었어 / 흡연하는 것을.
   I couldn't help / smoking.

10. 나는 하지 않을 수가 없었어 / 읽는 것을 / 이 소설을.
    I couldn't help / reading / this novel.

11. 나는 하지 않을 수가 없었어 / 사용하는 것을 / 나의 신용카드를.
    I couldn't help / using / my credit card.

12. 그들은 하지 않을 수가 없었어 / 듣는 것을 / 그녀의 노래를.
    They couldn't help / listening / to her song.

13. 우리는 하지 않을 수가 없었어 / 공부하는 것을 / 영어를.
    We couldn't help / studying / English.

14. 그녀는 하지 않을 수가 없었어 / 사는 것을 / 아름다운 드레스들을.
    She couldn't help / buying / beautiful dresses.

15. 그는 하지 않을 수가 없었어 / 우는 것을 / 그녀 앞에서.
    He couldn't help / crying / in front of her.

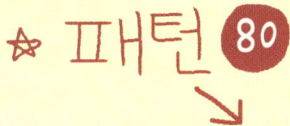

결국 ~하게 되다

end up -ing

end up -ing는 '결국 ~하게 되다'라고 해석됩니다.
또한 **end up**은 진행형으로 쓰지 않습니다.

예를 들어,
"나는 그와 결혼하게 되었어."라고 하려면
"I ended up marrying him."이라고 표현합니다.

또한 end up 대신에 wind up을 쓸 수도 있습니다.
wind up을 쓸 경우 **wind의 과거형은 wound**입니다.

I ended up marrying him.

예를 들어,
"나는 그녀와 결혼하게 되었어."라고 하려면
"I wound up marrying her."라고 표현합니다.

wind up보다는 end up이 훨씬 많이 사용됩니다.
그래서 이 Unit에서는 end up에만 집중하겠습니다.

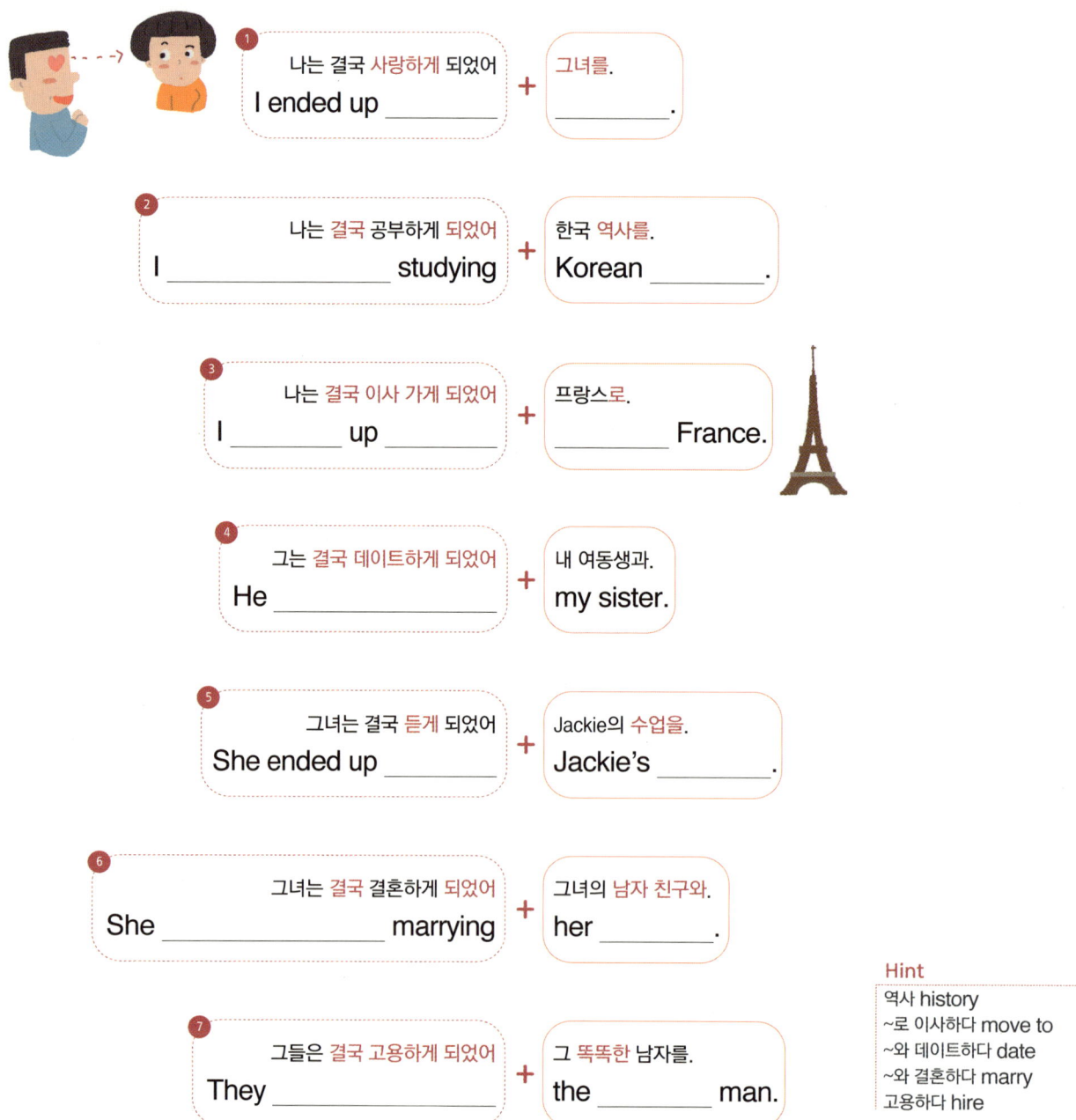

end up -ing

8. 그들은 결국 머물게 되었어 / 하루 더.
They _____ + one _____ day.

9. 우리는 결국 돌아가게 되었어 / 한국으로.
We ended up _____ + _____ Korea.

10. 나의 누나는 결국 이혼하게 되었어 / 그녀의 남편과.
My _____ ended up _____ + her _____.

11. 우리 회사는 결국 합병하게 되었어 / 그들의 회사와.
_____ ended up _____ + _____ their _____.

12. 너는 결국 포기하게 될 거야 / 너의 다이어트를.
You will _____ + your _____.

Hint
~로 돌아가다 go back to
~와 이혼하다 divorce
~와 합병하다 merge with
~와 협력하다 cooperate with
후회하다 regret
성공하다 succeed

13. 그들은 결국 협력하게 될 거야 / 우리와.
They _____ end up _____ + with _____.

14. 그는 결국 후회하게 될 거야 / 때린 것을 / 나를.
He _____ end up _____ + _____ + me.

15. 나는 결국 성공하게 될 거야 / 내 인생에서.
I _____ + in my _____.

패턴 ⑧⓪ end up -ing   337

패턴 80 결국 ~하게 되다

완성 문장 낭독 훈련
COMPLETE SENTENCES

이번에는 완성 문장을 잘 듣고 10회 이상 낭독 훈련해 보세요.

① 나는 결국 사랑하게 되었어 / 그녀를.
I ended up loving / her.

② 나는 결국 공부하게 되었어 / 한국 역사를.
I ended up studying / Korean history.

③ 나는 결국 이사 가게 되었어 / 프랑스로.
I ended up moving / to France.

④ 그는 결국 데이트하게 되었어 / 내 여동생과.
He ended up dating / my sister.

⑤ 그녀는 결국 듣게 되었어 / Jackie의 수업을.
She ended up taking / Jackie's class.

⑥ 그녀는 결국 결혼하게 되었어 / 그녀의 남자 친구와.
She ended up marrying / her boyfriend.

⑦ 그들은 결국 고용하게 되었어 / 그 똑똑한 남자를.
They ended up hiring / the smart man.

⑧ 그들은 결국 머물게 되었어 / 하루 더.
They ended up staying / one more day.

⑨ 우리는 결국 돌아가게 되었어 / 한국으로.
We ended up going back / to Korea.

⑩ 나의 누나는 결국 이혼하게 되었어 / 그녀의 남편과.
My sister ended up divorcing / her husband.

⑪ 우리 회사는 결국 합병하게 되었어 / 그들의 회사와.
Our company ended up merging / with their company.

⑫ 너는 결국 포기하게 될 거야 / 너의 다이어트를.
You will end up giving up / your diet.

⑬ 그들은 결국 협력하게 될 거야 / 우리와.
They will end up cooperating / with us.

⑭ 그는 결국 후회하게 될 거야 / 때린 것을 / 나를.
He will end up regretting / hitting / me.

⑮ 나는 결국 성공하게 될 거야 / 내 인생에서.
I will end up succeeding / in my life.

패턴 ⑧¹ 분명히 ~했을 거야

must have p.p.

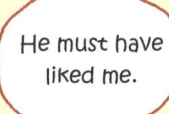
He must have liked me.

must have p.p.는 과거에 대한 강력한 추측과 확신을 나타내고,
must의 과거형이라고 볼 수 있으며,
'(과거에) 분명히 ~했을 것이다'로 해석됩니다.

예를 들어,
"그는 분명히 나를 좋아했을 거야."라고 하려면
"He must have liked me."라고 표현합니다.

부정문으로 사용하고 싶다면,
must 뒤에 not을 붙이면 됩니다.

예를 들어,
"그는 분명히 나를 좋아하지 않았을 거야."라고 하려면
"He must not have liked me."라고 표현합니다.

패턴 81 분명히 ~했을 거야

의미 단위 입 영작

의미 단위로 나뉘어져 있는 문장 마디를 보고 Hint 단어를 참고하여 입으로 영작하세요.
손으로 영작한 후 입으로 확인해도 좋습니다.

1
그녀는 분명히 전화했을 거야
She _____ + 그에게. him.

2
나의 언니는 분명히 입었을 거야
My _____ must have _____ + 내 스커트를. my _____.

3
너는 분명히 사랑했을 거야
You must have _____ + 너의 여자 친구를. your _____.

4
나의 형은 분명히 운전했을 거야
My _____ must have _____ + 내 새 자동차를. my _____ car.

5
그들은 분명히 후회했을 거야
They _____ + 그들의 결정을. their _____.

6
그들은 분명히 행복했을 거야
They must have _____ + 그녀 덕분에. _____ to her.

7
그들은 분명히 왔을 거야
They must have _____ + 그 졸업 파티에. _____ the _____ party.

Hint
입다 wear
후회하다 regret
결정; 판단 decision
~ 덕분에 thanks to
졸업 graduation

must have p.p.

8 우리는 분명히 실수를 했을 거야
We must have _____ a mistake + 어제.
_____.

9 그녀는 분명히 우울했을 거야
She must have _____ + 나 때문에.
_____ of me.

10 그는 분명히 부유했을 거야
He must have _____ + 그가 젊었을 때.
_____ he was young.

11 그는 분명히 사랑하지 않았을 거야
He must not have _____ + 나를.
_____.

12 그들은 분명히 만족하지 않았을 거야.
They must _____ have _____.

13 그들은 분명히 팔지 않았을 거야
They must _____ have _____ + 그들의 주식들을.
their _____.

14 그녀는 분명히 하지 않았을 거야
She must _____ have _____ + 그녀의 숙제를.
her _____.

15 그녀는 분명히 화가 나 있지 않았을 거야
She must _____ have been _____ + 너에게.
at _____.

Hint
실수하다 make a mistake
우울한 depressed
~ 때문에 because of
만족한 satisfied
주식 stock

패턴 ⑧ must have p.p. 341

패턴 81 분명히 ~했을 거야

완성 문장 낭독 훈련
이번에는 완성 문장을 잘 듣고 10회 이상 낭독 훈련해 보세요.

① 그녀는 분명히 전화했을 거야 / 그에게.
She must have called / him.

② 나의 언니는 분명히 입었을 거야 / 내 스커트를.
My sister must have worn / my skirt.

③ 너는 분명히 사랑했을 거야 / 너의 여자 친구를.
You must have loved / your girlfriend.

④ 나의 형은 분명히 운전했을 거야 / 내 새 자동차를.
My brother must have driven / my new car.

⑤ 그들은 분명히 후회했을 거야 / 그들의 결정을.
They must have regretted / their decision.

⑥ 그들은 분명히 행복했을 거야 / 그녀 덕분에.
They must have been happy / thanks to her.

⑦ 그들은 분명히 왔을 거야 / 그 졸업 파티에.
They must have come / to the graduation party.

⑧ 우리는 분명히 실수를 했을 거야 / 어제.
We must have made a mistake / yesterday.

⑨ 그녀는 분명히 우울했을 거야 / 나 때문에.
She must have been depressed / because of me.

⑩ 그는 분명히 부유했을 거야 / 그가 젊었을 때.
He must have been rich / when he was young.

⑪ 그는 분명히 사랑하지 않았을 거야 / 나를.
He must not have loved / me.

⑫ 그들은 분명히 만족하지 않았을 거야.
They must not have been satisfied.

⑬ 그들은 분명히 팔지 않았을 거야 / 그들의 주식들을.
They must not have sold / their stocks.

⑭ 그녀는 분명히 하지 않았을 거야 / 그녀의 숙제를.
She must not have done / her homework.

⑮ 그녀는 분명히 화가 나 있지 않았을 거야 / 너에게.
She must not have been angry / at you.

패턴 82

어쩌면 ~했을지도 몰라

might have p.p.

might have p.p.는 과거에 대한 어느 정도의 추측과 확신을 나타내며,
'**어쩌면 ~했을지도 모른다**'로 해석됩니다.
확신의 강도가 '**must have p.p.** = 분명히 ~했을 것이다'보다 약합니다.

예를 들어,
"그는 어쩌면 나를 좋아했을지도 몰라."라고 하려면
"He might have liked me."라고 표현합니다.

부정문으로 사용하고 싶다면,
might 뒤에 not을 붙이면 됩니다.

예를 들어,
"그는 어쩌면 나를 좋아하지 않았을지도 몰라."라고 하려면
"He might not have liked me."라고 표현합니다.

might 대신 may를 쓸 수도 있으나, might의 사용 빈도가 훨씬 높습니다.

패턴 82 어쩌면 ~했을지도 몰라

의미 단위 입 영작

의미 단위로 나뉘어져 있는 문장 마디를 보고 Hint 단어를 참고하여 입으로 영작하세요.
손으로 영작한 후 입으로 확인해도 좋습니다.

1. 나는 어쩌면 좋아했을지도 몰라 + 너를.
   I might have _____ . _____

2. 나는 어쩌면 읽었을지도 몰라 + 이 책을.
   I might have _____ . _____

3. 나는 어쩌면 만났을지도 몰라 + 그녀를 + 전에.
   I _____ her _____ .

4. 그는 어쩌면 공부했을지도 몰라 + 이 시험을 위해.
   He _____ have _____ _____ this test.

5. 너는 어쩌면 잊어버렸을지도 몰라 + 그녀의 생일을.
   You might have _____ her _____ .

6. 그녀는 어쩌면 행복했을지도 몰라.
   She _____ have been _____ .

7. 그녀는 어쩌면 봤을지도 몰라 + 나를.
   She might _____ _____ .

Hint
잊다 forget
보다 see

might have p.p.

8 그녀는 어쩌면 했을지도 몰라 + 그것을 + 일부러.
She might _____ _____ on purpose.

9 그녀는 어쩌면 인기 있었을지도 몰라 + 그녀가 젊었을 때.
She might have _____ _____ she was young.

10 그 영어 시험은 어쩌면 어려웠을지도 몰라.
The English _____ might have _____.

11 나는 어쩌면 좋아하지 않았을지도 몰라 + 내 여자 친구를.
I might not have _____ my _____.

12 나는 어쩌면 이해하지 못했을지도 몰라 + 그의 경고를.
I might _____ his _____.

13 그녀는 어쩌면 믿지 않았을지도 몰라 + 너를.
She might _____ have _____ _____.

14 그는 어쩌면 빌리지 않았을지도 몰라 + 돈을 + 그녀로부터.
He might _____ have _____ _____ _____ her.

Hint
인기 있는 popular
경고 warning
믿다 trust
빌리다 borrow
훔치다 steal

15 그들은 어쩌면 훔치지 않았을지도 몰라 + 그의 자전거를.
They _____ his _____.

패턴 82 might have p.p.

패턴 82 — 어쩌면 ~했을지도 몰라

COMPLETE SENTENCES — 완성 문장낭독 훈련

이번에는 완성 문장을 잘 듣고 10회 이상 낭독 훈련해 보세요.

1. 나는 어쩌면 좋아했을지도 몰라 / 너를.
   I might have liked / you.

2. 나는 어쩌면 읽었을지도 몰라 / 이 책을.
   I might have read / this book.

3. 나는 어쩌면 만났을지도 몰라 / 그녀를 / 전에.
   I might have met / her / before.

4. 그는 어쩌면 공부했을지도 몰라 / 이 시험을 위해.
   He might have studied / for this test.

5. 너는 어쩌면 잊어버렸을지도 몰라 / 그녀의 생일을.
   You might have forgotten / her birthday.

6. 그녀는 어쩌면 행복했을지도 몰라.
   She might have been happy.

7. 그녀는 어쩌면 봤을지도 몰라 / 나를.
   She might have seen / me.

8. 그녀는 어쩌면 했을지도 몰라 / 그것을 / 일부러.
   She might have done / it / on purpose.

9. 그녀는 어쩌면 인기 있었을지도 몰라 / 그녀가 젊었을 때.
   She might have been popular / when she was young.

10. 그 영어 시험은 어쩌면 어려웠을지도 몰라.
    The English test might have been difficult.

11. 나는 어쩌면 좋아하지 않았을지도 몰라 / 내 여자 친구를.
    I might not have liked / my girlfriend.

12. 나는 어쩌면 이해하지 못했을지도 몰라 / 그의 경고를.
    I might not have understood / his warning.

13. 그녀는 어쩌면 믿지 않았을지도 몰라 / 너를.
    She might not have trusted / you.

14. 그는 어쩌면 빌리지 않았을지도 몰라 / 돈을 / 그녀로부터.
    He might not have borrowed / money / from her.

15. 그들은 어쩌면 훔치지 않았을지도 몰라 / 그의 자전거를.
    They might not have stolen / his bicycle.

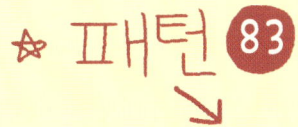

단지 A라고 해서 B인 것은 아냐

Just because A doesn't mean B

Just because A doesn't mean B에서 A와 B는 모두 절(주어+동사)의 형태이며, '**단지 A라고 해서 B인 것은 아니다**'라고 해석됩니다.
결국 A와 B가 꼭 상관관계가 있지는 않다는 느낌을 줍니다.

예를 들어,
"단지 네가 유명하다고 해서 모두가 너를 좋아하는 건 아냐."라고 하려면
"Just because you are famous doesn't mean everyone likes you."라고 표현합니다.

> Just because you are famous doesn't mean everyone likes you.

또한 doesn't 뒤에는 always(항상) / automatically(자동으로) / necessarily(반드시) 등의 부사를 추가해 강조할 수도 있습니다.

예를 들어,
"단지 누군가가 키가 크다고 해서 항상 그 사람이 강한 것은 아냐."라고 하려면
"Just because someone is tall doesn't always mean the person is strong."
이라고 표현합니다.

패턴 83 — 단지 A라고 해서 B인 것은 아냐

의미 단위 입 영작

의미 단위로 나뉘어져 있는 문장 마디를 보고 Hint 단어를 참고하여 입으로 영작하세요.
손으로 영작한 후 입으로 확인해도 좋습니다.

1. 단지 내가 소녀라고 해서 _____ I am a _____ + 내가 수줍은 것은 아냐. _____ I am _____.

2. 단지 내가 차가 있다고 해서 Just _____ I _____ a _____ + 내가 부유한 것은 아냐. doesn't _____ I am _____.

3. 단지 내가 남자라고 해서 Just because _____ a _____ + 내가 거친 것은 아냐. _____ I am _____.

4. 단지 네가 내 친구라고 해서 _____ you are my _____ + 내가 좋아하는 것은 아냐 _____ I like + 너를. _____.

5. 단지 내가 키스했다고 해서 Just because I _____ + 그에게 him + 내가 사랑하는 것은 아냐 doesn't mean I _____ + 그를. _____.

6. 단지 내가 가난하다고 해서 Just because I am _____ + 내가 행복하지 않은 것은 아냐. doesn't mean I am _____.

7. 단지 눈이 오고 있다고 해서 _____ it is _____ + 지금 now + 추운 것은 아냐. _____ it is _____.

Hint
수줍은 shy
부유한 rich
거친 tough
추운 cold

Just because A doesn't mean B

8. 단지 네가 부유하다고 해서 Just because you are _____ + 네가 똑똑한 것은 아냐. doesn't mean you are _____.

9. 단지 그녀가 말랐다고 해서 _____ she is _____ + 그녀가 약한 것은 아냐. doesn't mean she is _____.

Hint
똑똑한 smart
마른 skinny
약한 weak
못된 mean
~에 관심이 있다 be interested in
완전히 completely
민감한 sensitive

10. 단지 그녀가 아름답다고 해서 Just because _____ + 그녀가 못된 것은 아냐. doesn't mean _____.

11. 단지 내가 도와줬다고 해서 Just because _____ + 그녀를 her + 내가 관심 있는 것은 아냐 doesn't mean I am _____ + 그녀에게. in _____.

12. 단지 내가 목마르다고 해서 Just because I am _____ + 내가 마시고 싶은 것은 아냐 doesn't mean I _____ drink + 물을. _____.

13. 단지 그가 의사라고 해서 _____ he is a _____ + 그가 도와줄 수 있는 것은 아냐 _____ mean he can _____ + 모두를. everyone.

14. 단지 우리가 고용했다고 해서 Just because _____ + 너를 you + 우리가 믿는 것은 아냐 _____ we _____ + 너를 you + 완전히. completely.

15. 단지 우리가 여자들이라고 해서 _____ we are _____ + 우리가 더 민감한 것은 아냐 _____ we are more _____ + 남자들보다. than _____.

패턴 ⑧ Just because A doesn't mean B   349

패턴 83 · 단지 A라고 해서 B인 것은 아냐

완성 문장 낭독 훈련

Complete Sentences

이번에는 완성 문장을 잘 듣고
10회 이상 낭독 훈련해 보세요.

① 단지 내가 소녀라고 해서 / 내가 수줍은 것은 아냐.
Just because I am a girl / doesn't mean I am shy.

② 단지 내가 차가 있다고 해서 / 내가 부유한 것은 아냐.
Just because I have a car / doesn't mean I am rich.

③ 단지 내가 남자라고 해서 / 내가 거친 것은 아냐.
Just because I am a man / doesn't mean I am tough.

④ 단지 네가 내 친구라고 해서 / 내가 좋아하는 것은 아냐 / 너를.
Just because you are my friend / doesn't mean I like / you.

⑤ 단지 내가 키스했다고 해서 / 그에게 / 내가 사랑하는 것은 아냐 / 그를.
Just because I kissed / him / doesn't mean I love / him.

⑥ 단지 내가 가난하다고 해서 / 내가 행복하지 않은 것은 아냐.
Just because I am poor / doesn't mean I am not happy.

⑦ 단지 눈이 오고 있다고 해서 / 지금 / 추운 것은 아냐.
Just because it is snowing / now / doesn't mean it is cold.

⑧ 단지 네가 부유하다고 해서 / 네가 똑똑한 것은 아냐.
Just because you are rich / doesn't mean you are smart.

⑨ 단지 그녀가 말랐다고 해서 / 그녀가 약한 것은 아냐.
Just because she is skinny / doesn't mean she is weak.

⑩ 단지 그녀가 아름답다고 해서 / 그녀가 못된 것은 아냐.
Just because she is beautiful / doesn't mean she is mean.

⑪ 단지 내가 도와줬다고 해서 / 그녀를 / 내가 관심 있는 것은 아냐 / 그녀에게.
Just because I helped / her / doesn't mean I am interested / in her.

⑫ 단지 내가 목마르다고 해서 / 내가 마시고 싶은 것은 아냐 / 물을.
Just because I am thirsty / doesn't mean I want to drink / water.

⑬ 단지 그가 의사라고 해서 / 그가 도와줄 수 있는 것은 아냐 / 모두를.
Just because he is a doctor / doesn't mean he can help / everyone.

⑭ 단지 우리가 고용했다고 해서 / 너를 / 우리가 믿는 것은 아냐 / 너를 / 완전히.
Just because I hired / you / doesn't mean we trust / you / completely.

⑮ 단지 우리가 여자들이라고 해서 / 우리가 더 민감한 것은 아냐 / 남자들보다.
Just because we are women / doesn't mean we are more sensitive / than men.

패턴 84

~을 …하게 유지해

keep 명사 + 형용사

'keep 명사 + 형용사'는 '명사를 (형용사)하게 유지하다 / 두다'라고 해석합니다.
또한, 여기서 명사는 목적어의 형태를 취해야 합니다.

예를 들어,
원래 문이 닫혀 있지 않은 상태에서 "그 문을 닫아라."라고 하려면
"Close the door."라고 표현하지만,
이미 문이 닫혀 있는 상태에서 "그 문을 닫은 채 유지해라 / 닫힌 채 둬라."라고 하려면
"Keep the door closed."라고 표현합니다.

'keep = 유지하다'는 우리말 그대로 해석하면 약간 어색할 수도 있으므로
융통성 있게 의역하는 게 더욱 자연스럽습니다.

예를 들어,
"Keep your eyes closed. = 너의 눈을 감긴 채 유지해라."
→ "눈을 감고 있어."
"Keep your child quiet. = 너의 아이를 조용한 채 유지해라."
→ "너의 아이를 조용히 있게 해."
"Let's keep customers coming. = 손님들이 오게 유지하자."
→ 손님들이 계속 오게끔 하자.

Keep your eyes closed.

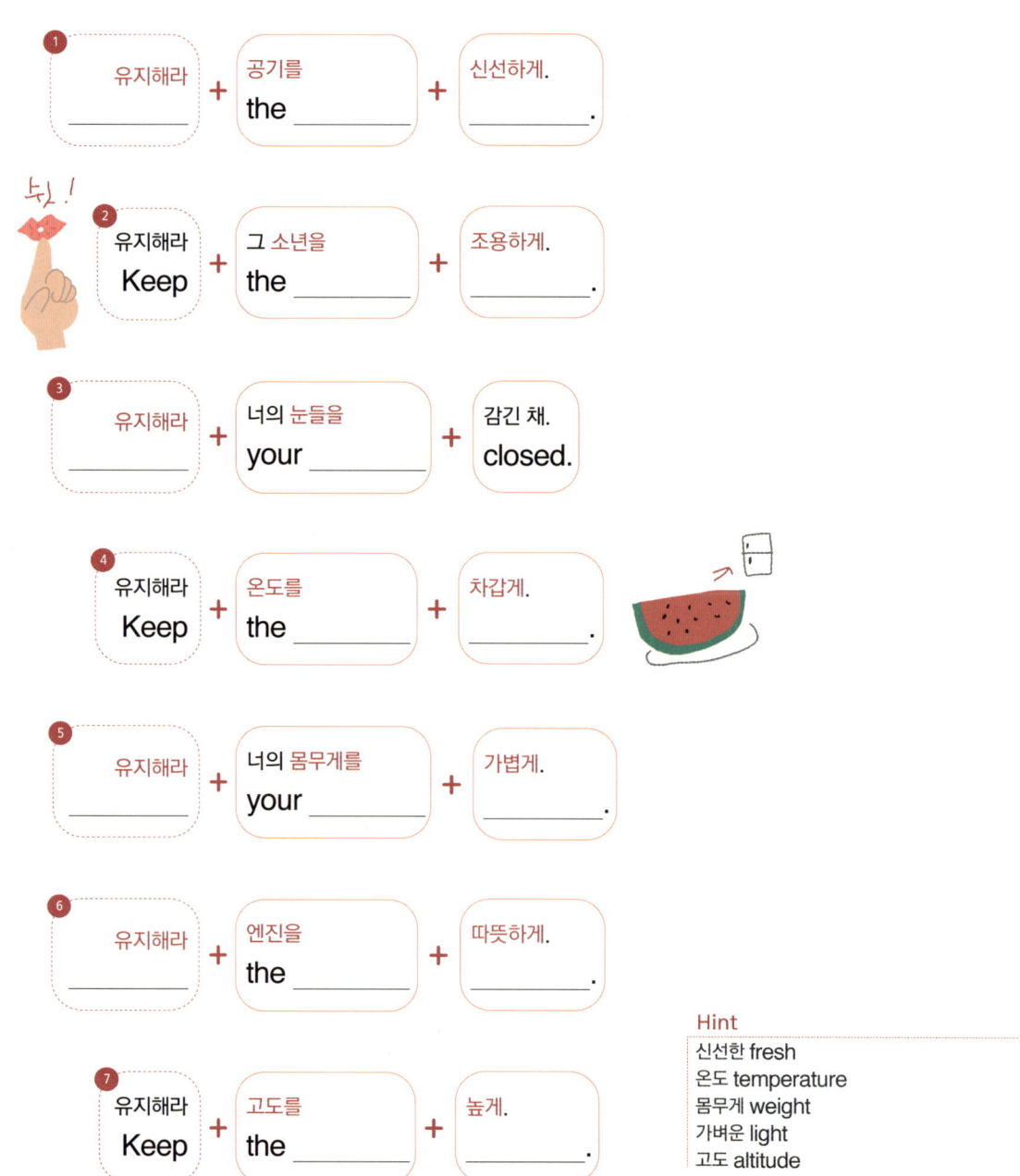

keep 명사 + 형용사

⑧ 유지해라 ___ + 너의 거리를 your ___ + 가깝게 ___.

⑨ 나는 유지했어 I ___ + 속도를 the speed + 느리게 ___.

⑩ 나는 유지했어 I kept + 그 방을 the ___ + 깨끗하게 ___.

⑪ 나는 유지했어 I ___ + 그 문을 the ___ + 열린 채 ___.

⑫ 나는 유지했어 I ___ + 내 벽장을 my ___ + 비워진 채 ___.

⑬ 그녀는 유지했어 She ___ + 그 창문을 the ___ + 닫힌 채 ___.

⑭ 우리는 유지했어 We ___ + 그 에어컨을 the ___ + 켜진 채 on.

⑮ 내 여동생은 유지했어 ___ kept + 그 문을 the ___ + 잠긴 채 ___.

Hint
거리 distance
가까운 close
벽장 closet
텅 빈 empty
켜진 on
잠그다 lock

패턴 ⑧④ keep 명사 + 형용사 353

패턴 84 ~을 …하게 유지해

COMPLETE SENTENCES 완성 문장낭독 훈련
이번에는 완성 문장을 잘 듣고 10회 이상 낭독 훈련해 보세요.

① 유지해라 / 공기를 / 신선하게.
Keep / the air / fresh.

② 유지해라 / 그 소년을 / 조용하게.
Keep / the boy / quiet.

③ 유지해라 / 너의 눈들을 / 감긴 채.
Keep / your eyes / closed.

④ 유지해라 / 온도를 / 차갑게.
Keep / the temperature / cold.

⑤ 유지해라 / 너의 몸무게를 / 가볍게.
Keep / your weight / light.

⑥ 유지해라 / 엔진을 / 따뜻하게.
Keep / the engine / warm.

⑦ 유지해라 / 고도를 / 높게.
Keep / the altitude / high.

⑧ 유지해라 / 너의 거리를 / 가깝게.
Keep / your distance / close.

⑨ 나는 유지했어 / 속도를 / 느리게.
I kept / the speed / slow.

⑩ 나는 유지했어 / 그 방을 / 깨끗하게.
I kept / the room / clean.

⑪ 나는 유지했어 / 그 문을 / 열린 채.
I kept / the door / open.

⑫ 나는 유지했어 / 내 벽장을 / 비워진 채.
I kept / my closet / empty.

⑬ 그녀는 유지했어 / 그 창문을 / 닫힌 채.
She kept / the window / closed.

⑭ 우리는 유지했어 / 그 에어컨을 / 켜진 채.
We kept / the air conditioner / on.

⑮ 내 여동생은 유지했어 / 그 문을 / 잠긴 채.
My sister kept / the door / locked.

패턴 85 → ~가 …한 채

with 명사 + 형용사

I kissed her with my eyes closed.

'**with 명사 + 형용사**'는 '**명사가 (형용사)한 채**'라고 해석하며, **두 가지 일이 동시에 벌어지는 상황(부대 상황)을 표현**합니다. 또한 **여기서 명사는 목적어의 형태**를 취해야 합니다.

예를 들어,
"난 두 눈이 감긴 채 그녀에게 키스했어."라고 하려면
"I kissed her with my eyes closed."라고 표현합니다.
(눈이 감긴 것과 키스를 한 것이 동시에 벌어짐)

비슷하게,
"난 내 휴대폰이 꺼진 채 내 상사와 얘기했어."라고 하려면
"I talked to my boss with my phone off."라고 표현합니다.
(휴대폰이 꺼진 것과 얘기를 한 것이 동시에 벌어짐)

패턴 85 ~가 …한 채

의미 단위 입 영작

의미 단위로 나뉘어져 있는 문장 마디를 보고 Hint 단어를 참고하여 입으로 영작하세요.
손으로 영작한 후 입으로 확인해도 좋습니다.

1. 그녀는 잤어 She _____ + 그녀의 눈들이 with her _____ + 떠진 채. open.

2. 그녀는 걸었어 She _____ + 그녀의 다리가 _____ her _____ + 부러진 채. _____.

3. 우리는 울었어 We _____ + 그가 _____ him + 보고 있는 채 _____ + 우리를. at us.

4. 그 쇼는 시작했어 The show _____ + 그들이 _____ them + 노래하고 있는 채. _____.

5. 그는 웃었어 He _____ + 그의 입이 _____ his _____ + 열린 채. _____.

6. 그는 운전했어 He _____ + 헤드라이트들이 _____ the _____ + 꺼진 채. off.

Hint
부러진 broken
잠그다 lock
금고 safe
텅 빈 empty

7. 그는 잠갔어 He _____ + 그 금고를 the _____ + 그것이 _____ it + 비워진 채. _____.

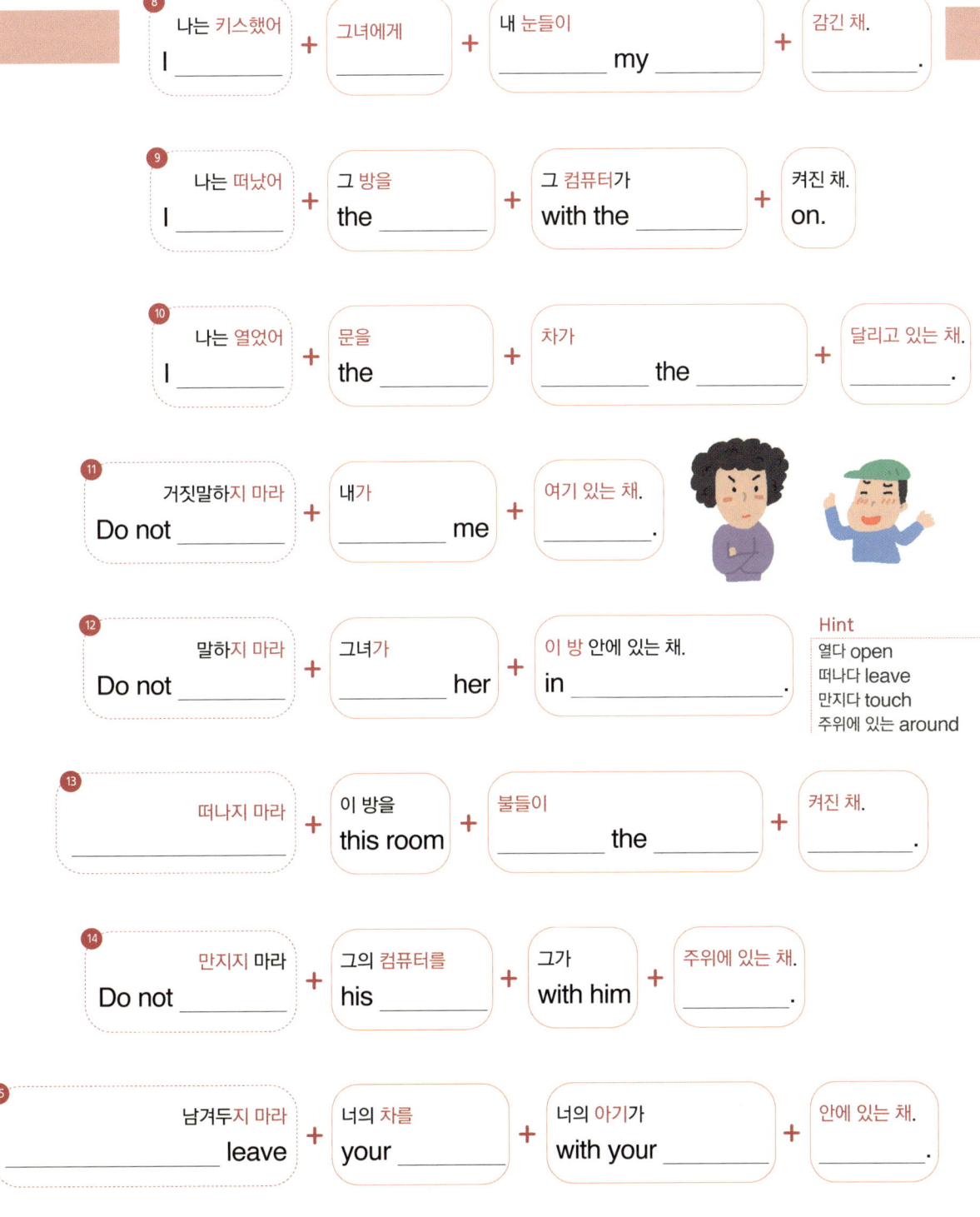

패턴 85 ~가 …한 채

COMPLETE SENTENCES
완성 문장낭독 훈련

이번에는 완성 문장을 잘 듣고 10회 이상 낭독 훈련해 보세요.

① 그녀는 잤어 / 그녀의 눈들이 / 떠진 채.
She slept / with her eyes / open.

② 그녀는 걸었어 / 그녀의 다리가 / 부러진 채.
She walked / with her leg / broken.

③ 우리는 울었어 / 그가 / 보고 있는 채 / 우리를.
We cried / with him / looking / at us.

④ 그 쇼는 시작했어 / 그들이 / 노래하고 있는 채.
The show began / with them / singing.

⑤ 그는 웃었어 / 그의 입이 / 열린 채.
He laughed / with his mouth / open.

⑥ 그는 운전했어 / 헤드라이트들이 / 꺼진 채.
He drove / with the headlights / off.

⑦ 그는 잠갔어 / 그 금고를 / 그것이 / 비워진 채.
He locked / the safe / with it / empty.

⑧ 나는 키스했어 / 그녀에게 / 내 눈들이 / 감긴 채.
I kissed / her / with my eyes / closed.

⑨ 나는 떠났어 / 그 방을 / 그 컴퓨터가 / 켜진 채.
I left / the room / with the computer / on.

⑩ 나는 열었어 / 문을 / 차가 / 달리고 있는 채.
I opened / the door / with the car / running.

⑪ 거짓말하지 마라 / 내가 / 여기 있는 채.
Do not lie / with me / here.

⑫ 말하지 마라 / 그녀가 / 이 방 안에 있는 채.
Do not talk / with her / in this room.

⑬ 떠나지 마라 / 이 방을 / 불들이 / 켜진 채.
Do not leave / this room / with the lights / on.

⑭ 만지지 마라 / 그의 컴퓨터를 / 그가 / 주위에 있는 채.
Do not touch / his computer / with him / around.

⑮ 남겨두지 마라 / 너의 차를 / 너의 아기가 / 안에 있는 채.
Do not leave / your car / with your baby / inside.

※ 패턴 86

~받아/~되어

be동사 + p.p.

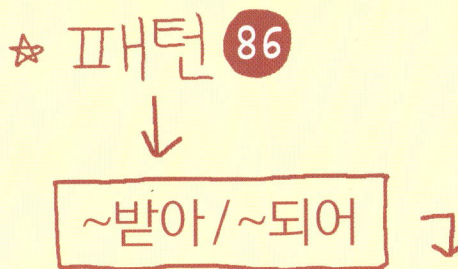

동사원형이 능동태로 '~하다'라고 해석된다면,
'**be동사 + p.p.**'는 수동태로 '**~받다, ~되다**'라고 해석됩니다.
시제는 be동사에서 바꿔줍니다.

또한 그 뒤에 **by 목적어를 넣게 되면**
'**목적어에 의해**'라는 정보가 추가됩니다.

예를 들어,
"나는 그녀를 사랑해."라고 능동태로 표현하려면 "I love her."가 되고,
같은 의미이지만 "그녀는 나에 의해 사랑받아."라고 수동태로 표현하려면
"She is loved by me."가 됩니다.

수동태는 능동태보다 선호되는 형태의 표현이 아니므로,
능동태로 표현해 같은 느낌이 전달될 수 있다면
가능한 한 능동태를 사용하는 것이 좋습니다.

패턴 ⑧⑥ be동사 + p.p.

패턴 86 ~받아/~되어

의미 단위 입 영작

의미 단위로 나뉘어져 있는 문장 마디를 보고 Hint 단어를 참고하여 입으로 영작하세요.
손으로 영작한 후 입으로 확인해도 좋습니다.

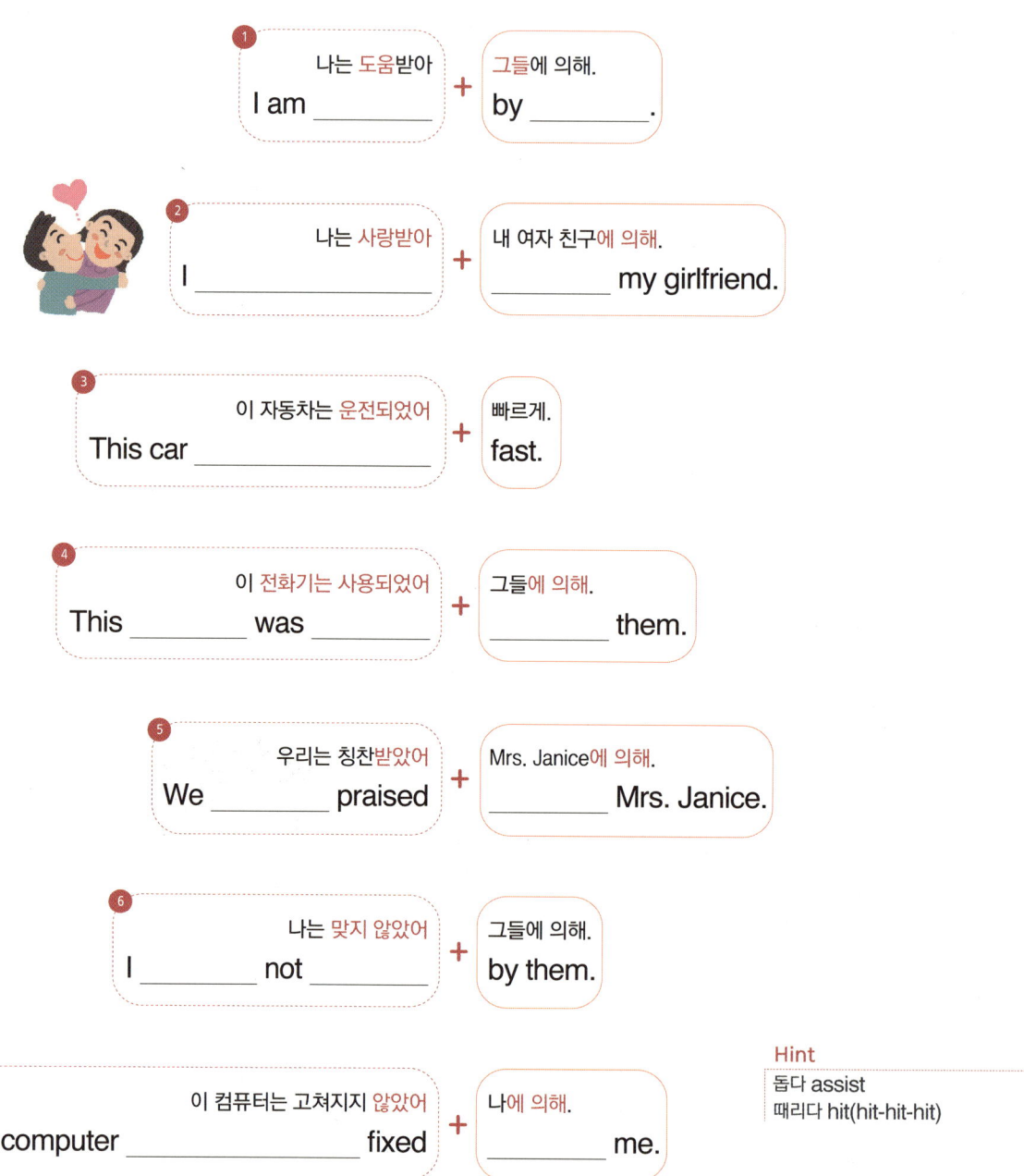

1. 나는 도움받아 + 그들에 의해.
   I am _____ + by _____.

2. 나는 사랑받아 + 내 여자 친구에 의해.
   I _____ + _____ my girlfriend.

3. 이 자동차는 운전되었어 + 빠르게.
   This car _____ + fast.

4. 이 전화기는 사용되었어 + 그들에 의해.
   This _____ was _____ + _____ them.

5. 우리는 칭찬받았어 + Mrs. Janice에 의해.
   We _____ praised + _____ Mrs. Janice.

6. 나는 맞지 않았어 + 그들에 의해.
   I _____ not _____ + by them.

7. 이 컴퓨터는 고쳐지지 않았어 + 나에 의해.
   This computer _____ fixed + _____ me.

Hint
돕다 assist
때리다 hit(hit-hit-hit)

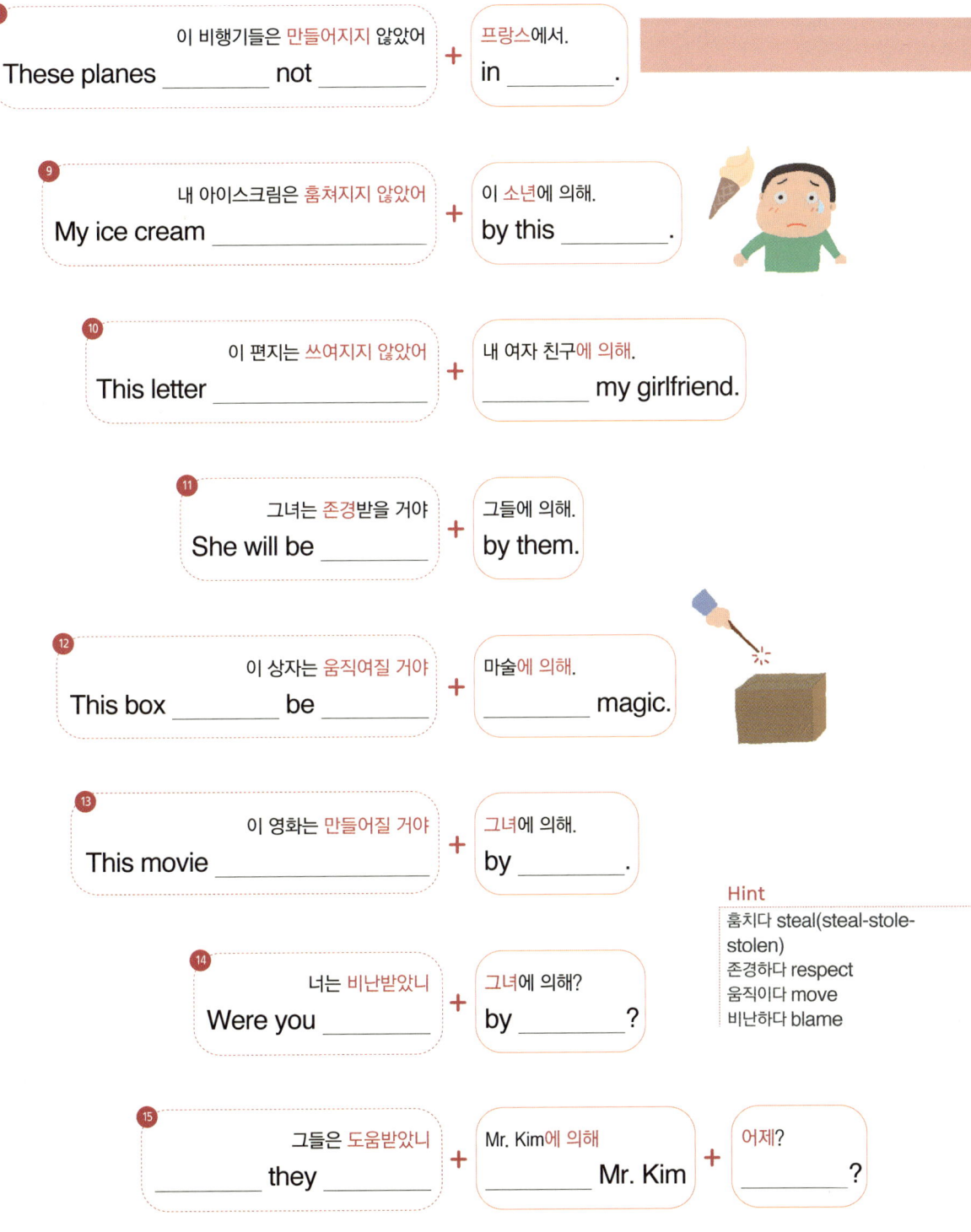

8 These planes _____ not _____ + in _____.

9 My ice cream _____ + by this _____.

10 This letter _____ + _____ my girlfriend.

11 She will be _____ + by them.

12 This box _____ be _____ + _____ magic.

13 This movie _____ + by _____.

14 Were you _____ + by _____?

15 _____ they _____ + _____ Mr. Kim + _____?

Hint
훔치다 steal(steal-stole-stolen)
존경하다 respect
움직이다 move
비난하다 blame

패턴 86 ~받아 / ~되어

COMPLETE SENTENCES 완성 문장 낭독 훈련
이번에는 완성 문장을 잘 듣고 10회 이상 낭독 훈련해 보세요.

① 나는 도움받아 / 그들에 의해.
I am assisted / by them.

② 나는 사랑받아 / 내 여자 친구에 의해.
I am loved / by my girlfriend.

③ 이 자동차는 운전되었어 / 빠르게.
This car was driven / fast.

④ 이 전화기는 사용되었어 / 그들에 의해.
This phone was used / by them.

⑤ 우리는 칭찬받았어 / Mrs. Janice에 의해.
We were praised / by Mrs. Janice.

⑥ 나는 맞지 않았어 / 그들에 의해.
I was not hit / by them.

⑦ 이 컴퓨터는 고쳐지지 않았어 / 나에 의해.
This computer was not fixed / by me.

⑧ 이 비행기들은 만들어지지 않았어 / 프랑스에서.
These planes were not made / in France.

⑨ 내 아이스크림은 훔쳐지지 않았어 / 이 소년에 의해.
My ice cream was not stolen / by this boy.

⑩ 이 편지는 쓰여지지 않았어 / 내 여자 친구에 의해.
This letter was not written / by my girlfriend.

⑪ 그녀는 존경받을 거야 / 그들에 의해.
She will be respected / by them.

⑫ 이 상자는 움직여질 거야 / 마술에 의해.
This box will be moved / by magic.

⑬ 이 영화는 만들어질 거야 / 그녀에 의해.
This movie will be made / by her.

⑭ 너는 비난받았니 / 그녀에 의해?
Were you blamed / by her?

⑮ 그들은 도움받았니 / Mr. Kim에 의해 / 어제?
Were they helped / by Mr. Kim / yesterday?

✱ 패턴 ⑧⑦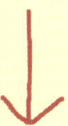

~을 ···되게 해 / 시켜

have something p.p.

do something이 '~을 직접 하다'라고 해석된다면, have something done은 자신이 직접 하는 것이 아니라 '남에게 시키다'라는 느낌을 가지고 있습니다.
(결국 문장 뒤에 'by someone = 누군가에 의해'가 생략된 것이라고 생각할 수 있습니다.)

예를 들어,
"내가 내 차를 직접 세차했어."라고 하려면
"I washed my car."라고 표현하지만,
"내가 (남에게 시켜서) 내 차를 세차되게끔 했어."라고 하려면
"I had my car washed."라고 표현합니다.

구어에서는 have 대신 get도 많이 사용되지만, 이 Unit에서는 have에 집중하겠습니다.

패턴 87 ~을 …되게 해/시켜

의미단위 입영작

의미 단위로 나뉘어져 있는 문장 마디를 보고 Hint 단어를 참고하여 입으로 영작하세요.
손으로 영작한 후 입으로 확인해도 좋습니다.

1 나는 내 전화기를 고쳐지게 했어.
I had _____ fixed.

2 나는 내 재킷을 세탁되게 했어.
I _____ my jacket _____.

3 나는 이 벽을 칠해지게 했어.
I had _____.

4 나는 내 차를 검사되게 했어.
I _____ my car _____.

5 그는 그의 전화기를 충전되게 했어.
He _____ his _____.

6 그들은 그의 건물을 폭파되게 했어.
They had _____.

7 그녀는 이 서류들을 출력되게 했어.
She _____ these _____ out.

Hint
세탁하다 wash
칠하다 paint
검사하다 inspect
충전하다 charge
폭파하다 explode
출력하다 print out

have something p.p.

8 나는 이 방을 청소되게 하지 않았어.
I did not _____ this room _____.

9 우리는 이 보트를 점검되게 하지 않았어.
We did _____ have this _____.

10 그들은 그들의 시스템을 고쳐지게 하지 않았어.
They did _____ have _____.

11 Henry는 그의 셔츠를 다림질되게 하지 않았어.
Henry did not _____ his shirt _____.

12 너는 너의 머리카락을 잘라지게 했니?
_____ you _____ your hair _____?

13 너는 너의 라디오를 고쳐지게 했니?
Did you have _____?

14 너는 이 가방을 옮겨지게 했니?
_____ this bag _____?

15 그녀는 그녀의 블라우스를 다림질되게 했니
Did _____ her _____ + 오늘? today?

Hint
청소하다 clean
점검하다 check
고치다, 수리하다 mend
다림질하다 press
자르다 cut(cut-cut-cut)
다림질하다 iron

패턴 ⑧⑦ have something p.p.

패턴 87 ~을 …되게 해/시켜

COMPLETE SENTENCES — 완성 문장 낭독 훈련
이번에는 완성 문장을 잘 듣고 10회 이상 낭독 훈련해 보세요.

1. 나는 내 전화기를 고쳐지게 했어.
I had my phone fixed.

2. 나는 내 재킷을 세탁되게 했어.
I had my jacket washed.

3. 나는 이 벽을 칠해지게 했어.
I had this wall painted.

4. 나는 내 차를 검사되게 했어.
I had my car inspected.

5. 그는 그의 전화기를 충전되게 했어.
He had his phone charged.

6. 그들은 그의 건물을 폭파되게 했어.
They had his building exploded.

7. 그녀는 이 서류들을 출력되게 했어.
She had these documents printed out.

8. 나는 이 방을 청소되게 하지 않았어.
I did not have this room cleaned.

9. 우리는 이 보트를 점검되게 하지 않았어.
We did not have this boat checked.

10. 그들은 그들의 시스템을 고쳐지게 하지 않았어.
They did not have their system mended.

11. Henry는 그의 셔츠를 다림질되게 하지 않았어.
Henry did not have his shirt pressed.

12. 너는 너의 머리카락을 잘라지게 했니?
Did you have your hair cut?

13. 너는 너의 라디오를 고쳐지게 했니?
Did you have your radio fixed?

14. 너는 이 가방을 옮겨지게 했니?
Did you have this bag moved?

15. 그녀는 그녀의 블라우스를 다림질되게 했니 / 오늘?
Did she have her blouse ironed / today?

패턴 88 → A뿐만 아니라 B도

not only A but also B

not only A but also B는 'A뿐만 아니라 B도'라고 해석되며, A와 B는 같은 품사여야 합니다. (예: 동사-동사, 명사-명사, 형용사-형용사)

예를 들어,
"I not only love you but also care for you."의 경우에는
not only 앞에 I라는 주어까지만 나왔으므로
not only와 but also 뒤에는 모두 동사부터 와야 합니다.
그렇기 때문에 love와 care가 오게 되는 것입니다.

"I am not only pretty but also cute."의 경우에는
not only 앞에 am이라는 be동사까지 나왔으므로
not only와 but also 뒤에는 모두 형용사가 와야 합니다.
그렇기 때문에 pretty와 cute가 오게 되는 것입니다.

"I visited not only my mother but also my sister."의 경우에는
not only 앞에 visited라는 동사까지 나왔으므로
not only와 but also 뒤에는 모두 명사 목적어가 와야 합니다.
그렇기 때문에 my mother와 my sister가 오게 되는 것입니다.

패턴 88 A뿐만 아니라 B도

의미 단위 입 영작
의미 단위로 나뉘어져 있는 문장 마디를 보고 Hint 단어를 참고하여 입으로 영작하세요.
손으로 영작한 후 입으로 확인해도 좋습니다.

1 나는 I _____ + 목마를 뿐만 아니라 not only _____ + 배고프기도 해. but also _____ .

2 나는 좋아해 I _____ + 개들뿐만 아니라 not only _____ + 고양이들도. but also _____

3 나는 공부해 I _____ + 일본어뿐만 아니라 _____ Japanese + 프랑스어도. _____ French.

Hint
목마른 thirsty
배고픈 hungry
귀여운 cute

4 그녀는 She is + 똑똑할 뿐만 아니라 not only _____ + 귀엽기도 해. but also _____ .

5 그는 사랑해 He _____ + 그의 어머니뿐만 아니라 _____ his mother + 그의 아버지도. but also _____ .

6 나는 I + 행복할 뿐만 아니라 not only _____ + 웃기도 해 but also _____ + 많이. a lot.

7 나는 I + 가지고 있을 뿐만 아니라 not only _____ + 컴퓨터를 a computer + 사용하기도 해 but also _____ + 그것을. it.

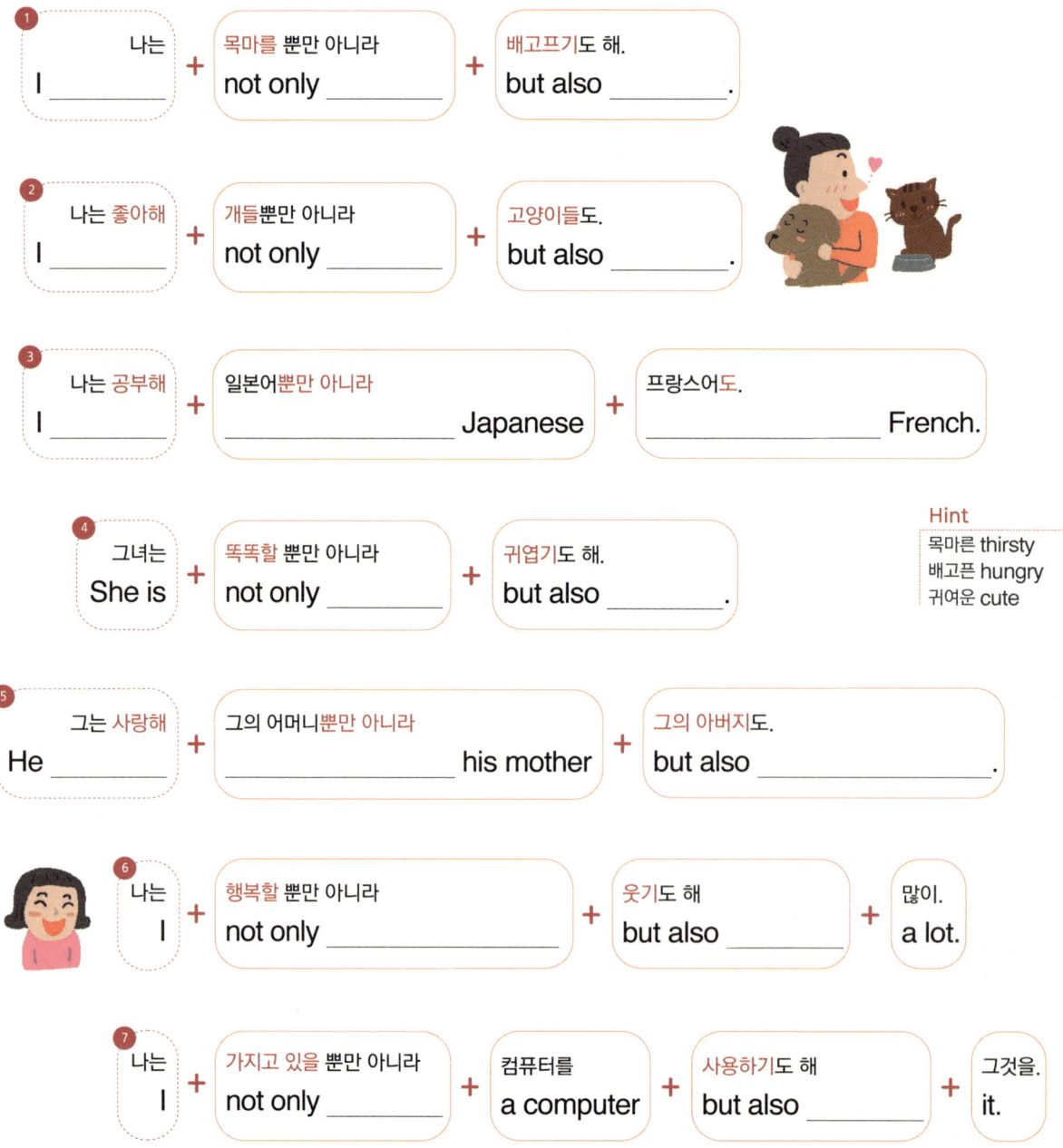

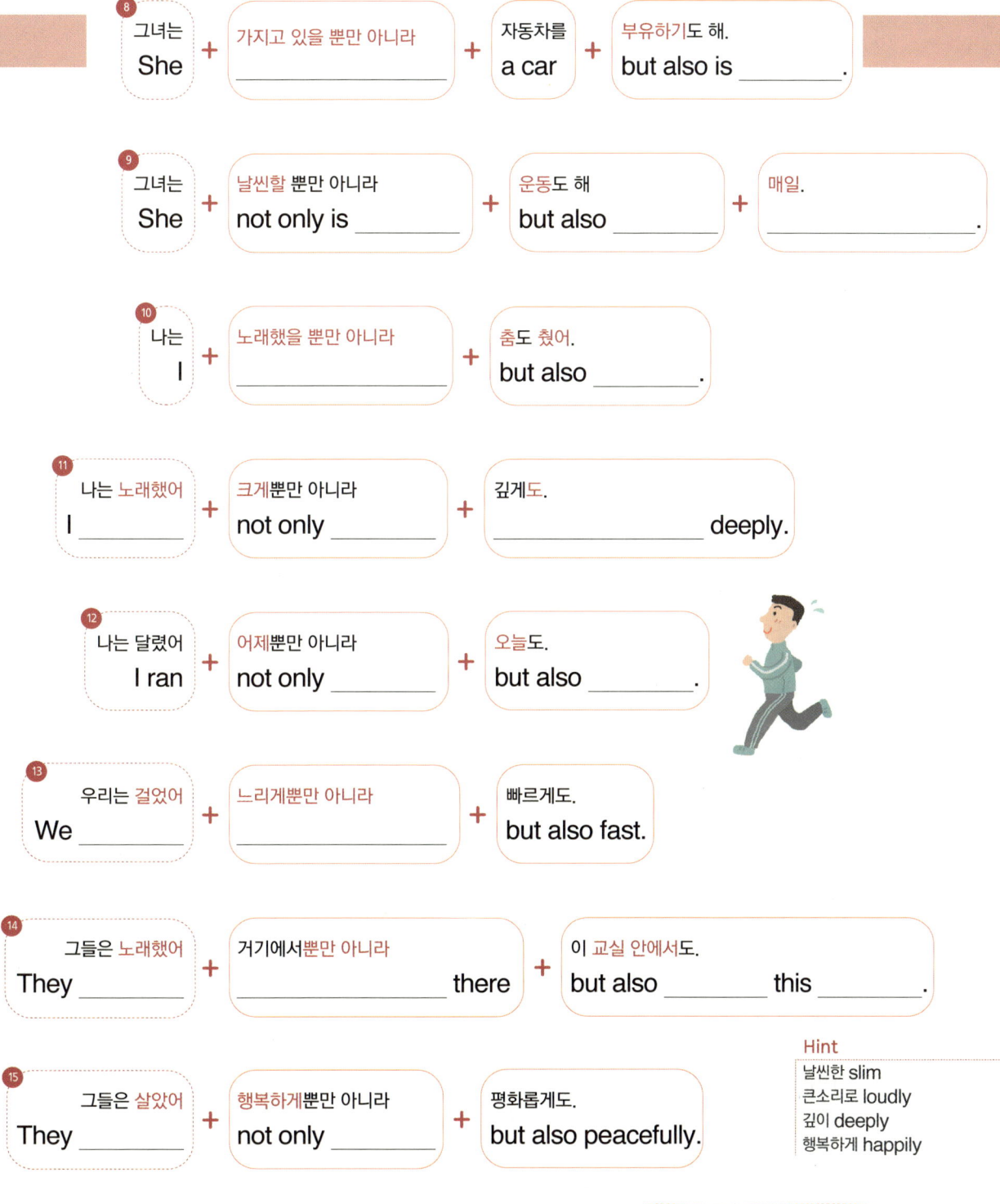

패턴 88 — A뿐만 아니라 B도

COMPLETE SENTENCES — 완성 문장낭독 훈련

이번에는 완성 문장을 잘 듣고 10회 이상 낭독 훈련해 보세요.

① 나는 / 목마를 뿐만 아니라 / 배고프기도 해.
I am / not only thirsty / but also hungry.

② 나는 좋아해 / 개들뿐만 아니라 / 고양이들도.
I like / not only dogs / but also cats.

③ 나는 공부해 / 일본어뿐만 아니라 / 프랑스어도.
I study / not only Japanese / but also French.

④ 그녀는 / 똑똑할 뿐만 아니라 / 귀엽기도 해.
She is / not only smart / but also cute.

⑤ 그는 사랑해 / 그의 어머니뿐만 아니라 / 그의 아버지도.
He loves / not only his mother / but also his father.

⑥ 나는 / 행복할 뿐만 아니라 / 웃기도 해 / 많이.
I / not only am happy / but also laugh / a lot.

⑦ 나는 / 가지고 있을 뿐만 아니라 / 컴퓨터를 / 사용하기도 해 / 그것을.
I / not only have / a computer / but also use / it.

⑧ 그녀는 / 가지고 있을 뿐만 아니라 / 자동차를 / 부유하기도 해.
She / not only has / a car / but also is rich.

⑨ 그녀는 / 날씬할 뿐만 아니라 / 운동도 해 / 매일.
She / not only is slim / but also exercises / every day.

⑩ 나는 / 노래했을 뿐만 아니라 / 춤도 췄어.
I / not only sang / but also danced.

⑪ 나는 노래했어 / 크게뿐만 아니라 / 깊게도.
I sang / not only loudly / but also deeply.

⑫ 나는 달렸어 / 어제뿐만 아니라 / 오늘도.
I ran / not only yesterday / but also today.

⑬ 우리는 걸었어 / 느리게뿐만 아니라 / 빠르게도.
We walked / not only slowly / but also fast.

⑭ 그들은 노래했어 / 거기에서뿐만 아니라 / 이 교실 안에서도.
They sang / not only there / but also in this classroom.

⑮ 그들은 살았어 / 행복하게뿐만 아니라 / 평화롭게도.
They lived / not only happily / but also peacefully.

★ 패턴 ⑧⑨ → ~할수록 더 …해

the 비교급, the 비교급

'the 비교급, the 비교급'은 '~할수록 더 …하다'라고 해석됩니다.
1. 비교할 형용사나 부사를 비교급으로 바꾼 후
2. 앞에 the를 붙여 문장 맨 앞쪽으로 이동시킵니다.

예를 들어,
"네가 더 열심히 공부할수록, 너는 더 행복할 거야."라고 하려면

네가 열심히 공부한다, = You study hard,
1. 네가 더 열심히 공부한다, = You study harder,
2. 네가 더 열심히 공부할수록, = The harder you study,

너는 행복할 거야. = you will be happy.
1. 너는 더 행복할 거야. = you will be happier.
2. 너는 더 행복할 거야. = the happier you will be.

> The harder you study, the happier you will be.

이제 두 문장을 합쳐서
"The harder you study, the happier you will be."라고 표현합니다.

만약 비교할 문장에 목적어를 포함시키려면 목적어를 주어 앞으로 이동시킵니다.
예를 들어, "네가 더 열심히 공부할수록, 너는 더 높은 점수를 받을 거야."라고 하려면
'점수 = score'가 목적어이므로, "The harder you study, the higher score you will get."이라고 표현합니다.

패턴 89 ~할수록 더 …해

의미 단위 입 영작

의미 단위로 나뉘어져 있는 문장 마디를 보고 Hint 단어를 참고하여 입으로 영작하세요.
손으로 영작한 후 입으로 확인해도 좋습니다.

1. 내가 더 먹을수록, + 나는 더 뚱뚱해졌어.
   _____ I ate, _____ I got.

2. 내가 더 빨리 읽을수록, + 나는 더 똑똑해졌어.
   _____ I _____, _____ I got.

3. 내가 더 느리게 걸을수록, + 나는 더 편해졌어.
   _____ I _____, _____ I got.

4. 내가 더 열심히 일할수록, + 나는 더 많은 돈을 벌었어.
   _____ I _____, _____ money I _____.

5. 내가 더 빠르게 뛸수록, + 나는 더 많은 칼로리들을 태웠어.
   _____ I _____, _____ I burned.

6. 내가 더 울수록, + 그녀는 더 화가 났어.
   _____ I cried, _____ she got.

7. 내가 더 오래 머물수록, + 나는 더 지불할 거야.
   _____ I _____, _____ I will pay.

Hint
뚱뚱해지다 get fat
편한 comfortable
화를 내다 get angry
칼로리를 태우다 burn calories

입영훈

the 비교급, the 비교급

8. 네가 더 웃을수록, 너는 더 건강해질 거야.
The _____ you _____, + the _____ you will get.

9. 네가 더 열심히 운동할수록, 너는 더 가벼워질 거야.
_____ you _____, + _____ you will get.

10. 네가 더 열심히 춤출수록, 너는 더 행복해질 거야.
_____ you _____, + _____ you will get.

11. 네가 더 불평할수록, 너는 더 슬퍼질 거야.
_____ you _____, + _____ you will get.

12. 네가 덜 마실수록, 너는 덜 피곤해질 거야.
_____ you _____, + _____ you will get.

13. 네가 더 예쁠수록, 너는 더 인기가 많아질 거야.
_____ you are, + _____ you will get.

14. 네가 더 웃길수록, 너는 더 많은 돈을 벌 거야.
_____ you are, + _____ you will get.

Hint
건강한 healthy
가벼운 light
불평하다 complain
피곤한 tired
인기 있는 popular

15. 네가 더 많은 돈을 벌수록, 너는 더 행복해질 거야.
_____ money you make, + _____ you will get.

패턴 89 ~할수록 더 …해

COMPLETE SENTENCES 완성 문장낭독 훈련
이번에는 완성 문장을 잘 듣고 10회 이상 낭독 훈련해 보세요.

① 내가 더 먹을수록, / 나는 더 뚱뚱해졌어.
The more I ate, / the fatter I got.

② 내가 더 빨리 읽을수록, / 나는 더 똑똑해졌어.
The faster I read, / the smarter I got.

③ 내가 더 느리게 걸을수록, / 나는 더 편해졌어.
The slower I walked, / the more comfortable I got.

④ 내가 더 열심히 일할수록, / 나는 더 많은 돈을 벌었어.
The harder I worked, / the more money I made.

⑤ 내가 더 빠르게 뛸수록, / 나는 더 많은 칼로리들을 태웠어.
The faster I ran, / the more calories I burned.

⑥ 내가 더 울수록, / 그녀는 더 화가 났어.
The more I cried, / the angrier she got.

⑦ 내가 더 오래 머물수록, / 나는 더 지불할 거야.
The longer I stay, / the more I will pay.

⑧ 네가 더 웃을수록, / 너는 더 건강해질 거야.
The more you laugh, / the healthier you will get.

⑨ 네가 더 열심히 운동할수록, / 너는 더 가벼워질 거야.
The harder you exercise, / the lighter you will get.

⑩ 네가 더 열심히 춤출수록, / 너는 더 행복해질 거야.
The harder you dance, / the happier you will get.

⑪ 네가 더 불평할수록, / 너는 더 슬퍼질 거야.
The more you complain, / the sadder you will get.

⑫ 네가 덜 마실수록, / 너는 덜 피곤해질 거야.
The less you drink, / the less tired you will get.

⑬ 네가 더 예쁠수록, / 너는 더 인기 많아질 거야.
The prettier you are, the more popular you will get.

⑭ 네가 더 웃길수록, / 너는 더 많은 돈을 벌 거야.
The funnier you are, / the more money you will get.

⑮ 네가 더 많은 돈을 벌수록, / 너는 더 행복해질 거야.
The more money you make, / the happier you will get.

★ 패턴 ⑨⓪

~하기로 되어 있어

be supposed to
(평서문)

be supposed to 뒤에는 **동사원형**이 오면서,
'**~하기로 되어 있다**'라고 해석되며,
should보다 무언가를 해야 한다는 **의무적인 느낌이 더욱 강합니다**.

시제는 be동사에서 바꾸며,
supposed의 모양은 항상 그대로 유지합니다.

예를 들어,
"나는 지금 학교에 가기로 되어 있어."라고 하려면
"I am supposed to go to school now."라고 표현합니다.
또한 "그는 4시까지 여기 오기로 되어 있어."라고 하려면
"He is supposed to be here by 4."라고 표현합니다.

이 Unit에서는 평서문에 집중하도록 하겠습니다.
의문문은 다음 Unit에서 따로 훈련하겠습니다.

패턴 ⑨⓪ be supposed to (평서문)   375

be supposed to (평서문)

8 우리는 뛰지 않기로 되어 있어
We _____ supposed to _____ + 이 도서관 안에서.
in this _____.

9 너는 흡연하지 않기로 되어 있어
You _____ supposed to _____ + 일주일 동안.
_____ a week.

10 그는 만지지 않기로 되어 있어
He _____ supposed to _____ + 이 기계를.
this _____.

11 그녀는 입지 않기로 되어 있어
She _____ supposed to _____ + 미니스커트를
a _____ + 여기에서.
here.

12 그들은 오지 않기로 되어 있었어
They were _____ to _____ + 여기에.
here.

13 나는 마시지 않기로 되어 있었어
I _____ supposed to _____ + 물을
_____ + 이틀 동안.
_____ two days.

14 그녀는 방해하지 않기로 되어 있었어
She _____ supposed to _____ + 그 운전기사를.
the _____.

15 그것은 벌어지지 않기로 되어 있었어
It _____ supposed to _____ + 전혀.
_____.

Hint
기계 machine
방해하다 interrupt
운전기사 driver
벌어지다 happen

패턴 ⑨⓪ be supposed to (평서문)   377

패턴 90 ~하기로 되어 있어

COMPLETE SENTENCES
완성 문장 낭독 훈련

이번에는 완성 문장을 잘 듣고 10회 이상 낭독 훈련해 보세요.

① 나는 일하기로 되어 있어 / 그를 위해 / 내일.
I am supposed to work / for him / tomorrow.

② 나는 도와주기로 되어 있어 / 그 신입 직원들을.
I am supposed to help / the new employees.

③ 그녀는 오기로 되어 있어 / 이 수업에 / 오늘.
She is supposed to come / to this class / today.

④ 그는 죽기로 되어 있었어 / 이 장면에서.
He was supposed to die / in this scene.

⑤ 나는 방문하기로 되어 있었어 / 미국을 / 작년에.
I was supposed to visit / America / last year.

⑥ 나는 전화하기로 되어 있었어 / 나의 상사에게 / 두 시에.
I was supposed to call / my boss / at 2.

⑦ 너는 제출하기로 되어 있었어 / 너의 리포트를 / 나에게.
You were supposed to submit / your report / to me.

⑧ 우리는 뛰지 않기로 되어 있어 / 이 도서관 안에서.
We are not supposed to run / in this library.

⑨ 너는 흡연하지 않기로 되어 있어 / 일주일 동안.
You are not supposed to smoke / for a week.

⑩ 그는 만지지 않기로 되어 있어 / 이 기계를.
He is not supposed to touch / this machine.

⑪ 그녀는 입지 않기로 되어 있어 / 미니스커트를 / 여기에서.
She is not supposed to wear / a miniskirt / here.

⑫ 그들은 오지 않기로 되어 있었어 / 여기에.
They were not supposed to come / here.

⑬ 나는 마시지 않기로 되어 있었어 / 물을 / 이틀 동안.
I was not supposed to drink / water / for two days.

⑭ 그녀는 방해하지 않기로 되어 있었어 / 그 운전기사를.
She was not supposed to interrupt / the driver.

⑮ 그것은 벌어지지 않기로 되어 있었어 / 전혀.
It was not supposed to happen / at all.

패턴 91

~하기로 되어 있니?

be supposed to (의문문)

바로 앞 Unit에서도 말했듯, **be supposed to** 뒤에는 동사원형이 오면서 '**~하기로 되어 있다**'라고 해석되며, **should**보다 무언가를 해야 한다는 **의무의 느낌이 더 강합니다**.

시제는 be동사에서 바꾸며, supposed의 모양은 항상 그대로 유지합니다. 물론 **의문문의 경우 be동사를 주어 앞에 위치**시키면 됩니다.

예를 들어, "내가 지금 학교에 가기로 되어 있니?"라고 하려면 "Am I supposed to go to school now?"라고 표현합니다.

평서문은 앞 Unit에서 훈련했으므로 이 Unit에서는 의문문에 집중하겠습니다.

Am I supposed to go to school now?

패턴 91 be supposed to (의문문)

패턴 91 ~하기로 되어 있니?

의미 단위 입 영작

의미 단위로 나뉘어져 있는 문장 마디를 보고 Hint 단어를 참고하여 입으로 영작하세요.
손으로 영작한 후 입으로 확인해도 좋습니다.

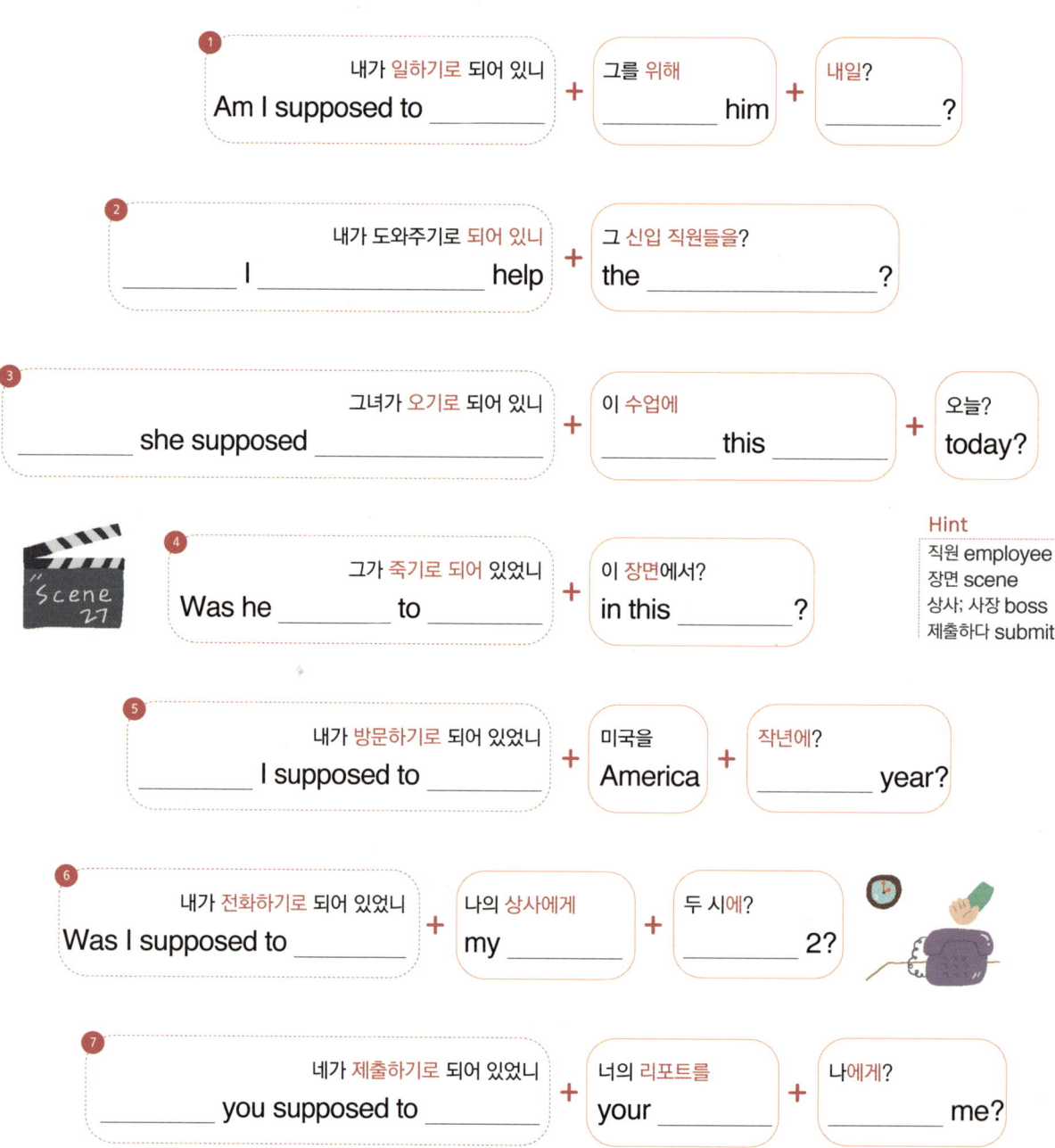

1. 내가 일하기로 되어 있니 Am I supposed to _____ + 그를 위해 _____ him + 내일? _____ ?

2. 내가 도와주기로 되어 있니 _____ I _____ help + 그 신입 직원들을? the _____ ?

3. 그녀가 오기로 되어 있니 _____ she supposed _____ + 이 수업에 _____ this _____ + 오늘? today?

4. 그가 죽기로 되어 있었니 Was he _____ to _____ + 이 장면에서? in this _____ ?

Hint
직원 employee
장면 scene
상사; 사장 boss
제출하다 submit

5. 내가 방문하기로 되어 있었니 _____ I supposed to _____ + 미국을 America + 작년에? _____ year?

6. 내가 전화하기로 되어 있었니 Was I supposed to _____ + 나의 상사에게 my _____ + 두 시에? _____ 2?

7. 네가 제출하기로 되어 있었니 _____ you supposed to _____ + 너의 리포트를 your _____ + 나에게? _____ me?

be supposed to (의문문)

8. 우리는 뛰지 않기로 되어 있니
_____ we _____ supposed to _____ + 이 도서관 안에서? in this _____?

9. 너는 흡연하지 않기로 되어 있니
_____ you _____ supposed to _____ + 일주일 동안? _____ a week?

10. 그는 만지지 않기로 되어 있니
_____ he _____ supposed to _____ + 이 기계를? this _____?

11. 그녀는 입지 않기로 되어 있니
_____ she _____ supposed to _____ + 미니스커트를 a _____ + 여기에서? here?

12. 그들은 오지 않기로 되어 있었니
Were they _____ supposed to _____ + 여기에? here?

13. 나는 마시지 않기로 되어 있었니
_____ I _____ supposed to _____ + 물을 _____ + 이틀 동안? _____ two days?

14. 그녀는 방해하지 않기로 되어 있었니
_____ she _____ supposed to _____ + 그 운전기사를? the _____?

15. 그것은 벌어지지 않기로 되어 있었니
_____ it _____ supposed to _____ + 전혀? _____?

Hint
기계 machine
방해하다 interrupt
운전기사 driver
벌어지다 happen

패턴 ⑨1 be supposed to (의문문) 381

패턴 91 ~하기로 되어 있니?

COMPLETE SENTENCES

완성 문장 낭독 훈련

이번에는 완성 문장을 잘 듣고 10회 이상 낭독 훈련해 보세요.

① 내가 일하기로 되어 있니 / 그를 위해 / 내일?
Am I supposed to work / for him / tomorrow?

② 내가 도와주기로 되어 있니 / 그 신입 직원들을?
Am I supposed to help / the new employees?

③ 그녀가 오기로 되어 있니 / 이 수업에 / 오늘?
Is she supposed to come / to this class / today?

④ 그가 죽기로 되어 있었니 / 이 장면에서?
Was he supposed to die / in this scene?

⑤ 내가 방문하기로 되어 있었니 / 미국을 / 작년에?
Was I supposed to visit / America / last year?

⑥ 내가 전화하기로 되어 있었니 / 나의 상사에게 / 두 시에?
Was I supposed to call / my boss / at 2?

⑦ 네가 제출하기로 되어 있었니 / 너의 리포트를 / 나에게?
Were you supposed to submit / your report / to me?

⑧ 우리는 뛰지 않기로 되어 있니 / 이 도서관 안에서?
Are we not supposed to run / in this library?

⑨ 너는 흡연하지 않기로 되어 있니 / 일주일 동안?
Are you not supposed to smoke / for a week?

⑩ 그는 만지지 않기로 되어 있니 / 이 기계를?
Is he not supposed to touch / this machine?

⑪ 그녀는 입지 않기로 되어 있니 / 미니스커트를 / 여기에서?
Is she not supposed to wear / a miniskirt / here?

⑫ 그들은 오지 않기로 되어 있었니 / 여기에?
Were they not supposed to come / here?

⑬ 나는 마시지 않기로 되어 있었니 / 물을 / 이틀 동안?
Was I not supposed to drink / water / for two days?

⑭ 그녀는 방해하지 않기로 되어 있었니 / 그 운전기사를?
Was she not supposed to interrupt / the driver?

⑮ 그것은 벌어지지 않기로 되어 있었니 / 전혀?
Was it not supposed to happen / at all?

패턴 92 → ~라면, …할 수 있을 텐데

If I were ~, I could....

실제로 일어날 가능성이 희박하거나 아예 없는 현재 사실에 대한 가정은 **과거 시제를 써서 표현**합니다.
(예: were, loved, used, moved, etc.)

그러므로
If 절의 be동사의 과거형(was / were)은 '**~라면**'으로,
일반동사의 과거형(loved / did 등)은 '**~한다면**'으로,
주절 내의 could 이하는 '**~할 수 있을 텐데**'로 해석합니다.

예를 들어,
"그녀에게 여동생이 있다면, 그녀는 행복할 수 있을 텐데."라고 하려면
"**If she had a sister, she could be happy.**"라고 표현합니다.

단, **If 절의 be동사는 주어의 인칭에 관계없이 were로 고정**합니다.

예를 들어,
"그녀가 내 여동생이라면, 나는 행복할 수 있을 텐데."라고 하려면
"**If she were my sister, I could be happy.**"라고 표현합니다.

최근에는 주어의 인칭에 따라 **was**를 사용하는 경우도 많지만,
이 Unit에서는 **were**로 고정하겠습니다.

If she had a sister, she could be happy.

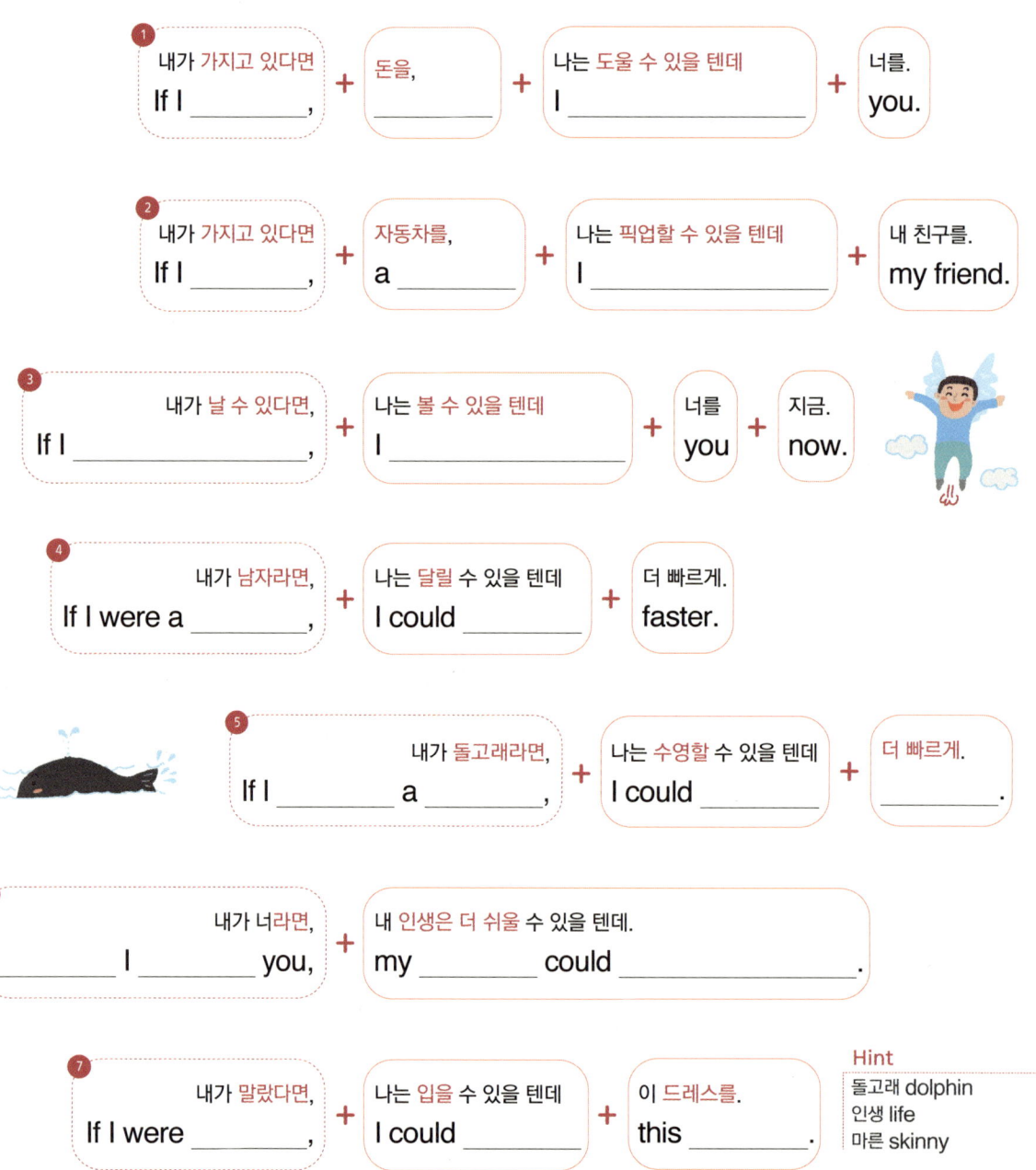

If I were ~, I could....

8 내가 강하다면, + 나는 오를 수 있을 텐데 + 이 산을.
If I were _____, I _____ this _____.

9 내가 웃긴다면, + 그녀는 내 여자 친구일 수 있을 텐데.
If I were _____, she _____ be my _____.

10 네가 여기 있다면, + 너는 즐길 수 있을 텐데 + 이 파티를.
If you _____, you _____ this party.

11 네가 부자라면, + 너는 살 수 있을 텐데 + 이 섬을.
If you _____, you _____ this _____.

12 그가 잘생겼다면, + 그는 인기 있을 수 있을 텐데.
If he were _____, he could be _____.

Hint
올라가다 climb
웃기는 funny
섬 island
잘생긴 handsome
인기 있는 popular
귀여운 cute
손님 customer

13 그녀가 귀엽다면, + 그녀는 될 수 있을 텐데 + 모델이.
If she were _____, she _____ be a _____.

14 그들이 친절하다면, + 그들은 가질 수 있을 텐데 + 더 많은 손님들을.
If they _____, they _____ more _____.

15 이 자동차가 내 것이라면, + 나는 운전할 수 있을 텐데 + 그것을.
If this _____, I could _____ _____.

패턴 ⑨② If I were ~, I could.... **385**

패턴 92 ~라면, …할 수 있을 텐데

COMPLETE SENTENCES 완성 문장낭독 훈련 이번에는 완성 문장을 잘 듣고 10회 이상 낭독 훈련해 보세요.

1. 내가 가지고 있다면 / 돈을, / 나는 도울 수 있을 텐데 / 너를.
   If I had / money, / I could help / you.

2. 내가 가지고 있다면 / 자동차를, / 나는 픽업할 수 있을 텐데 / 내 친구를.
   If I had / a car, / I could pick up / my friend.

3. 내가 날 수 있다면, / 나는 볼 수 있을 텐데 / 너를 / 지금.
   If I could fly, / I could see / you / now.

4. 내가 남자라면, / 나는 달릴 수 있을 텐데 / 더 빠르게.
   If I were a man, / I could run / faster.

5. 내가 돌고래라면, / 나는 수영할 수 있을 텐데 / 더 빠르게.
   If I were a dolphin, / I could swim / faster.

6. 내가 너라면, / 내 인생은 더 쉬울 수 있을 텐데.
   If I were you, / my life could be easier.

7. 내가 말랐다면, / 나는 입을 수 있을 텐데 / 이 드레스를.
   If I were skinny, / I could wear / this dress.

8. 내가 강하다면, / 나는 오를 수 있을 텐데 / 이 산을.
   If I were strong, / I could climb / this mountain.

9. 내가 웃긴다면, / 그녀는 내 여자 친구일 수 있을 텐데.
   If I were funny, / she could be my girlfriend.

10. 네가 여기 있다면, / 너는 즐길 수 있을 텐데 / 이 파티를.
    If you were here, / you could enjoy / this party.

11. 네가 부자라면, / 너는 살 수 있을 텐데 / 이 섬을.
    If you were rich, / you could buy / this island.

12. 그가 잘생겼다면, / 그는 인기 있을 수 있을 텐데.
    If he were handsome, / he could be popular.

13. 그녀가 귀엽다면, / 그녀는 될 수 있을 텐데 / 모델이.
    If she were cute, / she could be / a model.

14. 그들이 친절하다면, / 그들은 가질 수 있을 텐데 / 더 많은 손님들을.
    If they were kind, / they could have / more customers.

15. 이 자동차가 내 것이라면, / 나는 운전할 수 있을 텐데 / 그것을.
    If this car were mine, / I could drive / it.

패턴 93

~라면, …할 텐데

If I were ~, I would....

실제 일어날 가능성이 희박하거나 아예 없는 현재 사실에 대한 가정은 과거 시제를 써서 표현합니다.
(예: were, loved, used, moved, etc.)

그리고

If 절의 be동사의 과거형(was / were)은 '~라면'으로,

일반동사의 과거형(loved / did 등)은 '~한다면'으로,

주절 내의 would 이하는 '~할 텐데'로 해석합니다.
(바로 이전 Unit의 'could = ~할 수 있을 텐데'와는 아주 미세하게 의미가 다름)

예를 들어,

"그녀에게 여동생이 있다면, 그녀는 행복할 텐데."라고 하려면

"If she had a sister, she would be happy."라고 표현합니다.

단, **If 절의 be동사는 주어의 인칭에 관계없이 were로 고정**합니다.

예를 들어,

"그녀가 내 여동생이라면, 나는 행복할 텐데."라고 하려면

"If she were my sister, I would be happy."라고 표현합니다.

최근에는 주어의 인칭에 따라 was를 사용하는 경우도 많지만,
이 Unit에서는 were로 고정하겠습니다.

387

패턴 93 ~라면, …할 텐데

의미 단위 입 영작

의미 단위로 나뉘어져 있는 문장 마디를 보고 Hint 단어를 참고하여 입으로 영작하세요.
손으로 영작한 후 입으로 확인해도 좋습니다.

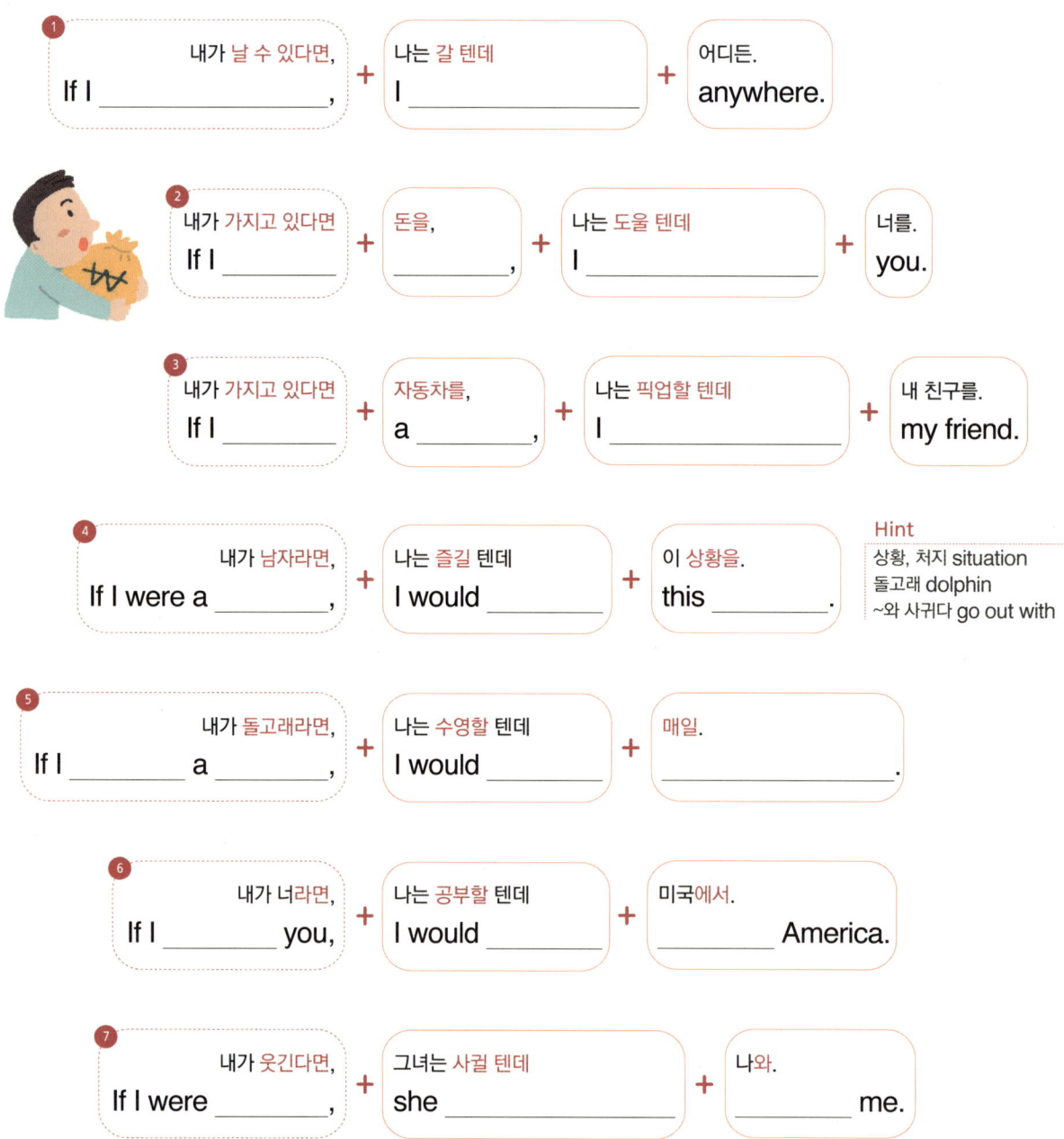

1. 내가 날 수 있다면, + 나는 갈 텐데 + 어디든.
If I _____, + I _____ + anywhere.

2. 내가 가지고 있다면 + 돈을, + 나는 도울 텐데 + 너를.
If I _____ + _____, + I _____ + you.

3. 내가 가지고 있다면 + 자동차를, + 나는 픽업할 텐데 + 내 친구를.
If I _____ + a _____, + I _____ + my friend.

4. 내가 남자라면, + 나는 즐길 텐데 + 이 상황을.
If I were a _____, + I would _____ + this _____.

Hint
상황, 처지 situation
돌고래 dolphin
~와 사귀다 go out with

5. 내가 돌고래라면, + 나는 수영할 텐데 + 매일.
If I _____ a _____, + I would _____ + _____.

6. 내가 너라면, + 나는 공부할 텐데 + 미국에서.
If I _____ you, + I would _____ + _____ America.

7. 내가 웃긴다면, + 그녀는 사귈 텐데 + 나와.
If I were _____, + she _____ + _____ me.

If I were ~, I would ....

8 내가 말랐다면, 나는 입을 텐데 이 드레스를.
If I were _____, + I would _____ + this _____.

9 내가 강하다면, 나는 오를 텐데 이 산을.
If I were _____, + I _____ + this _____.

10 네가 여기 있다면, 너는 즐길 텐데 이 파티를.
If you _____, + you _____ + this party.

11 네가 부자라면, 너는 살 텐데 이 섬을.
If you _____, + you _____ + this _____.

12 그가 잘생겼다면, 그는 인기 있을 텐데.
If he were _____, + he would be _____.

13 그녀가 내 동생이라면, 나는 줄 텐데 이 로션을 그녀에게.
If she were _____, + I _____ + this _____ + to her.

14 이 자동차가 내 것이라면, 나는 운전할 텐데 그것을.
If this _____, + I would _____ + _____.

15 이것이 내 회사라면, 나는 행복할 텐데.
If this _____ my _____, + I _____ be _____.

Hint
마른 skinny
올라가다 climb
섬 island
인기 있는 popular
로션 lotion
회사 company

패턴 93 If I were ~, I would 389

패턴 93 ~라면, …할 텐데

COMPLETE SENTENCES 완성 문장낭독 훈련 이번에는 완성 문장을 잘 듣고 10회 이상 낭독 훈련해 보세요.

① 내가 날 수 있다면, / 나는 갈 텐데 / 어디든.
If I could fly, / I would go / anywhere.

② 내가 가지고 있다면, / 돈을 / 나는 도울 텐데 / 너를.
If I had / money, / I would help / you.

③ 내가 가지고 있다면, / 자동차를 / 나는 픽업할 텐데 / 내 친구를.
If I had / a car, / I would pick up / my friend.

④ 내가 남자라면, / 나는 즐길 텐데 / 이 상황을.
If I were a boy, / I would enjoy / this situation.

⑤ 내가 돌고래라면, / 나는 수영할 텐데 / 매일.
If I were a dolphin, / I would swim / every day.

⑥ 내가 너라면, / 나는 공부할 텐데 / 미국에서.
If I were you, / I would study / in America.

⑦ 내가 웃긴다면, / 그녀는 사귈 텐데 / 나와.
If I were funny, / she would go out / with me.

⑧ 내가 말랐다면, / 나는 입을 텐데 / 이 드레스를.
If I were skinny, / I would wear / this dress.

⑨ 내가 강하다면, / 나는 오를 텐데 / 이 산을.
If I were strong, / I would climb / this mountain.

⑩ 네가 여기 있다면, / 너는 즐길 텐데 / 이 파티를.
If you were here, / you would enjoy / this party.

⑪ 네가 부자라면, / 너는 살 텐데 / 이 섬을.
If you were rich, / you would buy / this island.

⑫ 그가 잘생겼다면, / 그는 인기 있을 텐데.
If he were handsome, / he would be popular.

⑬ 그녀가 내 동생이라면, / 나는 줄 텐데 / 이 로션을 / 그녀에게.
If she were my sister, / I would give / this lotion / to her.

⑭ 이 자동차가 내 것이라면, / 나는 운전할 텐데 / 그것을.
If this car were mine, / I would drive / it.

⑮ 이것이 내 회사라면, / 나는 행복할 텐데.
If this were my company, / I would be happy.

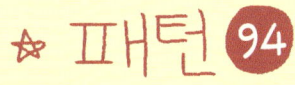

패턴 94

~했어야 했어

should have p.p.
(평서문)

should have p.p.는 '~했어야 했다'로 해석되며,
실제로는 하지 못한 것에 대한 후회나 아쉬움을 표현합니다.
이 Unit에서는 평서문에 집중하겠습니다.

예를 들어,
"넌 영어를 공부했어야 했어."(실제로는 공부하지 못했을 때)라고 하려면
"You should have studied English."라고 표현합니다.

부정문을 만들려면 should 뒤에 not을 붙입니다.

예를 들어,
"나는 당신을 떠나지 말았어야 했어."(실제로는 떠났을 때)라고 하려면
"I should not have left you."라고 표현합니다.

실제 구어에서는
should have는 should've로,
should not have는 shouldn't have로 줄여 쓰는 것이 일반적입니다.

패턴 94 ~했어야 했어

의미 단위 입 영작

의미 단위로 나뉘어져 있는 문장 마디를 보고 Hint 단어를 참고하여 입으로 영작하세요.
손으로 영작한 후 입으로 확인해도 좋습니다.

1
나는 시도했어야 했어 + 그것을.
I should have _____   _____.

2
나는 입었어야 했어 + 이 빨간 스커트를.
I _____   this _____.

3
너는 감사했어야 했어 + 그녀에게.
You _____ have _____   her.

4
그녀는 잠갔어야 했어 + 그 문을.
She should _____   the _____.

5
너는 왔어야 했어 + 그 카페에 + 어제.
You _____ have _____   _____ the _____   yesterday.

6
너는 청혼했어야 했어 + 너의 약혼녀에게 + 오늘.
You _____ have _____   to your _____   today.

7
우리는 시작했어야 했어 + 우리의 사업을 + 일찍.
We _____ have _____   our _____   _____.

Hint
시도하다 try
잠그다 lock
청혼하다 propose
약혼녀 fiancée
사업 business

should have p.p. (평서문)

8. 우리는 공부했어야 했어 + 더 열심히 + 우리의 미래를 위해.
We should _____ _____ for our _____.

9. 나는 전화하지 말았어야 했어 + 그에게.
I should not have _____ him.

10. 나는 울지 말았어야 했어 + 그의 앞에서.
I should _____ have _____ in _____ of _____.

11. 나는 기다리지 말았어야 했어 + 그 마지막 버스를.
I should not have _____ for the _____.

12. 너는 던지지 말았어야 했어 + 이 가방을.
You should _____ have _____ this _____.

Hint
미래 future
~의 앞에서 in front of
~을 기다리다 wait for
던지다 throw(throw-threw-thrown)
~을 끄다 turn off
~와 헤어지다 break up with (break-broke-broken)

13. 너는 끄지 말았어야 했어 + 그 기계를.
You _____ have _____ the _____.

14. 그녀는 헤어지지 말았어야 했어 + 그녀의 남자 친구와.
She should _____ have _____ up _____ her boyfriend.

15. 우리는 가지 말았어야 했어 + 강남에 + 어젯밤.
We _____ not have _____ _____ Gangnam _____ night.

패턴 94 should have p.p. (평서문)

패턴 94 ~했어야 했어

COMPLETE SENTENCES 완성 문장 낭독 훈련 이번에는 완성 문장을 잘 듣고 10회 이상 낭독 훈련해 보세요.

① 나는 시도했어야 했어 / 그것을.
I should have tried / it.

② 나는 입었어야 했어 / 이 빨간 스커트를.
I should have worn / this red skirt.

③ 너는 감사했어야 했어 / 그녀에게.
You should have thanked / her.

④ 그녀는 잠갔어야 했어 / 그 문을.
She should have locked / the door.

⑤ 너는 왔어야 했어 / 그 카페에 / 어제.
You should have come / to the café / yesterday.

⑥ 너는 청혼했어야 했어 / 너의 약혼녀에게 / 오늘.
You should have proposed / to your fiancée / today.

⑦ 우리는 시작했어야 했어 / 우리의 사업을 / 일찍.
We should have started / our business / early.

⑧ 우리는 공부했어야 했어 / 더 열심히 / 우리의 미래를 위해.
We should have studied / harder / for our future.

⑨ 나는 전화하지 말았어야 했어 / 그에게.
I should not have called / him.

⑩ 나는 울지 말았어야 했어 / 그의 앞에서.
I should not have cried / in front of him.

⑪ 나는 기다리지 말았어야 했어 / 그 마지막 버스를.
I should not have waited / for the last bus.

⑫ 너는 던지지 말았어야 했어 / 이 가방을.
You should not have thrown / this bag.

⑬ 너는 끄지 말았어야 했어 / 그 기계를.
You should not have turned off / the machine.

⑭ 그녀는 헤어지지 말았어야 했어 / 그녀의 남자 친구와.
She should not have broken up / with her boyfriend.

⑮ 우리는 가지 말았어야 했어 / 강남에 / 어젯밤.
We should not have gone / to Gangnam / last night.

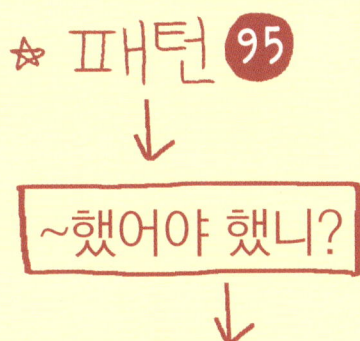

~했어야 했니?

should have p.p.
(의문문)

should have p.p.는 '~했어야 했다'로 해석되며, **실제로는 하지 못한 것에 대한 후회나 아쉬움을 표현**합니다.
의문문의 경우에는 should를 문장 맨 앞에 위치시킵니다.
이 Unit에서는 의문문에 집중하겠습니다.

예를 들어,
"내가 영어를 공부했어야 했니?"(실제로는 공부하지 못했을 때)라고 하려면
"Should I have studied English?"라고 표현합니다.

부정 의문문을 만들려면 주어 뒤에 not을 붙이면 됩니다.

예를 들어,
"내가 널 떠나지 말았어야 했니?"(실제로는 떠났을 때)라고 하려면
"Should I not have left you?"라고 표현합니다.

실제 구어에서는
should have는 should've로,
should not have는 shouldn't have로 줄여 쓰는 것이 일반적입니다.

패턴 95 should have p.p.(의문문)   395

패턴 95 ~했어야 했니?

의미 단위 입 영작

의미 단위로 나뉘어져 있는 문장 마디를 보고 Hint 단어를 참고하여 입으로 영작하세요.
손으로 영작한 후 입으로 확인해도 좋습니다.

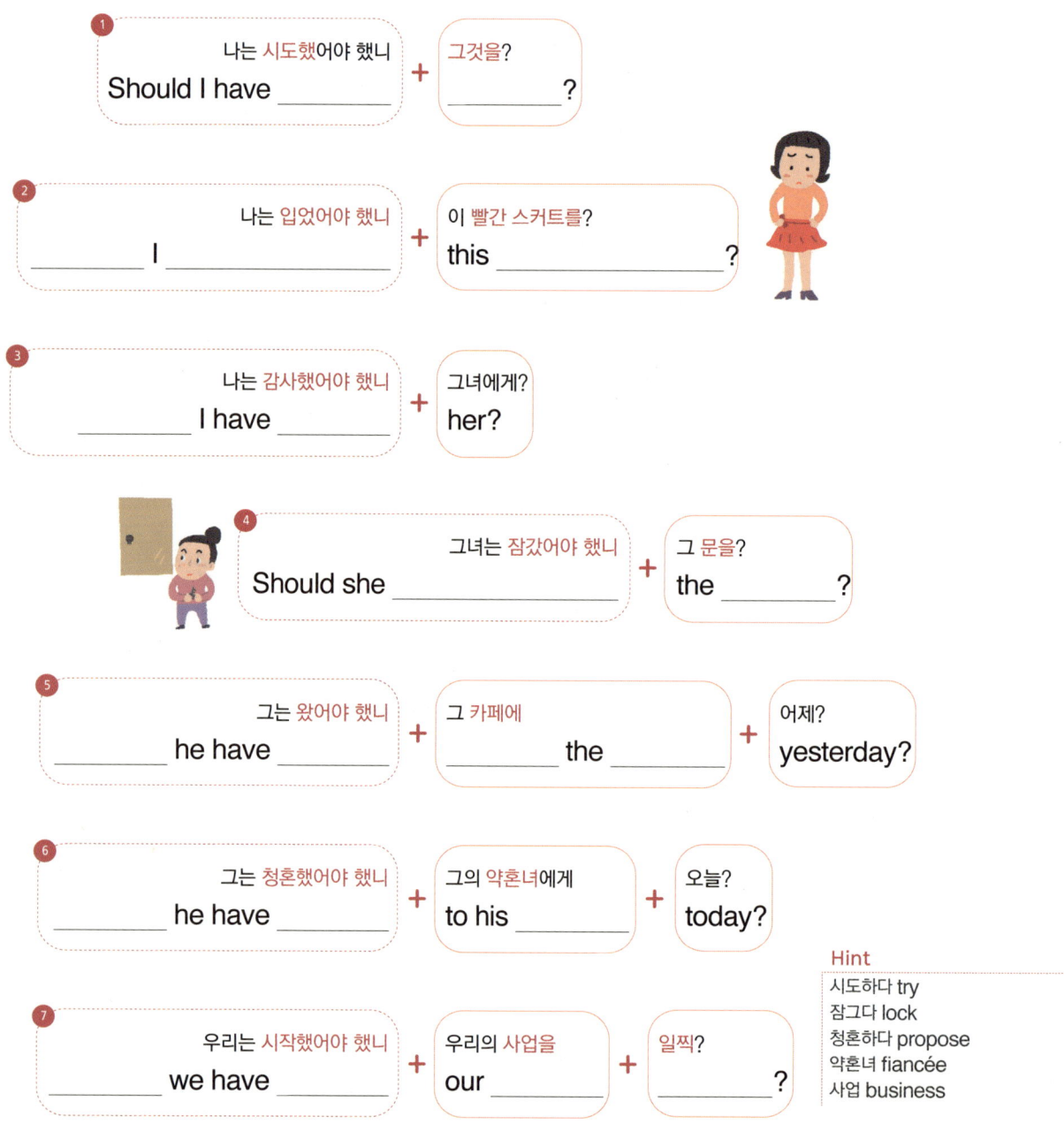

1. 나는 시도했어야 했니 Should I have _____ + 그것을? _____?

2. 나는 입었어야 했니 _____ I _____ + 이 빨간 스커트를? this _____?

3. 나는 감사했어야 했니 _____ I have _____ + 그녀에게? her?

4. 그녀는 잠갔어야 했니 Should she _____ + 그 문을? the _____?

5. 그는 왔어야 했니 _____ he have _____ + 그 카페에 _____ the _____ + 어제? yesterday?

6. 그는 청혼했어야 했니 _____ he have _____ + 그의 약혼녀에게 to his _____ + 오늘? today?

7. 우리는 시작했어야 했니 _____ we have _____ + 우리의 사업을 our _____ + 일찍? _____?

Hint
시도하다 try
잠그다 lock
청혼하다 propose
약혼녀 fiancée
사업 business

should have p.p. (의문문)

8. 우리는 공부했어야 했니 / 더 열심히 / 우리의 미래를 위해?
Should we _____ + _____ + for our _____?

9. 나는 전화하지 말았어야 했니 / 그에게?
Should I not have _____ + him?

10. 나는 울지 말았어야 했니 / 그의 앞에서?
Should I _____ have _____ + in _____ of _____?

11. 나는 기다리지 말았어야 했니 / 그 마지막 버스를?
Should I not have _____ + for the _____?

Hint
미래 future
~의 앞에서 in front of
~을 기다리다 wait for
던지다 throw(throw-threw-thrown)
~을 끄다 turn off
~와 헤어지다 break up with (break-broke-broken)

12. 그는 던지지 말았어야 했니 / 이 가방을?
Should he _____ have _____ + this _____?

13. 그는 끄지 말았어야 했니 / 그 기계를?
Should _____ have _____ + the _____?

14. 그녀는 헤어지지 말았어야 했니 / 그녀의 남자 친구와?
Should she _____ have _____ up + _____ her boyfriend?

15. 우리는 가지 말았어야 했니 / 강남에 / 어젯밤?
_____ we not have _____ + _____ Gangnam + _____ night?

패턴 ⑨⑤ should have p.p.(의문문)

패턴 95 ~했어야 했니?

COMPLETE SENTENCES
완성 문장 낭독 훈련
이번에는 완성 문장을 잘 듣고
10회 이상 낭독 훈련해 보세요.

❶ 나는 시도했어야 했니 / 그것을?
Should I have tried / it?

❷ 나는 입었어야 했니 / 이 빨간 스커트를?
Should I have worn / this red skirt?

❸ 나는 감사했어야 했니 / 그녀에게?
Should I have thanked / her?

❹ 그녀는 잠갔어야 했니 / 그 문을?
Should she have locked / the door?

❺ 그는 왔어야 했니 / 그 카페에 / 어제?
Should he have come / to the café / yesterday?

❻ 그는 청혼했어야 했니 / 그의 약혼녀에게 / 오늘?
Should he have proposed / to his fiancée / today?

❼ 우리는 시작했어야 했니 / 우리의 사업을 / 일찍?
Should we have started / our business / early?

❽ 우리는 공부했어야 했니 / 더 열심히 / 우리의 미래를 위해?
Should we have studied / harder / for our future?

❾ 나는 전화하지 말았어야 했니 / 그에게?
Should I not have called / him?

❿ 나는 울지 말았어야 했니 / 그의 앞에서?
Should I not have cried / in front of him?

⓫ 나는 기다리지 말았어야 했니 / 그 마지막 버스를?
Should I not have waited / for the last bus?

⓬ 그는 던지지 말았어야 했니 / 이 가방을?
Should he not have thrown / this bag?

⓭ 그는 끄지 말았어야 했니 / 그 기계를?
Should he not have turned off / the machine?

⓮ 그녀는 헤어지지 말았어야 했니 / 그녀의 남자 친구와?
Should she not have broken up / with her boyfriend?

⓯ 우리는 가지 말았어야 했니 / 강남에 / 어젯밤?
Should we not have gone / to Gangnam / last night?

패턴 96

~할 수도 있었어

could have p.p. (평서문)

could have p.p.는 '~할 수도 있었다'로 해석되며,
실제로는 하지 못했거나 일부러 하지 않은 것을 나타내는 표현입니다.
이 Unit에서는 평서문에 집중하겠습니다.

예를 들어,
"난 너에게 거짓말을 할 수도 있었어."(실제로는 거짓말하지 않았을 때)라고 하려면
"I could have lied to you."라고 표현합니다.

not을 넣어 부정문을 만들면, '~할 수 없었을 것이다'로 해석되며,
실제로는 해서 다행이라는 사실을 나타냅니다.
not은 could 뒤에 위치시킵니다.

예를 들어,
"너의 도움 없이 나는 이 숙제를 할 수 없었을 거야."(실제로는 했을 때)라고 하려면
"I could not have done this homework without your help."라고 표현합니다.

실제 구어에서는
could have는 could've로,
could not have는 couldn't have로 줄여 쓰는 것이 일반적입니다.

패턴 96 ~할 수도 있었어

의미 단위 입 영작

의미 단위로 나뉘어져 있는 문장 마디를 보고 Hint 단어를 참고하여 입으로 영작하세요.
손으로 영작한 후 입으로 확인해도 좋습니다.

1. 나는 시도할 수도 있었어 + 그것을.
   I could have _____ + _____.

2. 나는 입을 수도 있었어 + 이 빨간 스커트를.
   I _____ + this _____.

3. 너는 감사할 수도 있었어 + 그녀에게.
   You _____ have _____ + her.

4. 너는 올 수도 있었어 + 그 카페에 + 어제.
   You _____ have _____ + _____ the _____ + yesterday.

5. 너는 청혼할 수도 있었어 + 너의 약혼녀에게 + 오늘.
   You _____ have _____ + to your _____ + today.

6. 우리는 시작할 수도 있었어 + 우리의 사업을 + 일찍.
   We _____ have _____ + our _____ + _____.

7. 우리는 공부할 수도 있었어 + 더 열심히 + 우리의 미래를 위해.
   We could _____ + _____ + for our _____.

Hint
청혼하다; 제안하다 propose
약혼녀 fiancée

could have p.p. (평서문)

8 그녀는 잠글 수도 있었어 + 그 문을.
She could _____ the _____.

9 나는 잡을 수 없었을 거야 + 그 마지막 버스를.
I could not have _____ the _____.

10 너는 읽을 수 없었을 거야 + 그의 메시지를.
You _____ have _____ his _____.

11 그녀는 헤어질 수 없었을 거야 + 그녀의 남자 친구와.
She could _____ have _____ up _____ her boyfriend.

Hint
잠그다 lock
잡다 catch
~와 헤어지다 break up with(break-broke broken)
정보 information
옮기다 move
작동시키다 operate
도구 tool

12 나는 미소 지을 수 없었을 거야 + 너 없이는.
I could _____ have _____ _____ you.

13 나는 통과할 수 없었을 거야 + 그 시험을 + 너의 정보 없이는.
I could not have _____ the exam without _____.

14 너는 옮길 수 없었을 거야 + 이 상자를 + 내 도움 없이는.
You could _____ have _____ this _____ without _____.

15 너는 작동할 수 없었을 거야 + 그 기계를 + 이 도구 없이는.
You _____ have operated the _____ without this _____.

패턴 96 ~할 수도 있었어

COMPLETE SENTENCES 완성 문장 낭독 훈련

이번에는 완성 문장을 잘 듣고 10회 이상 낭독 훈련해 보세요.

① 나는 시도할 수도 있었어 / 그것을.
I could have tried / it.

② 나는 입을 수도 있었어 / 이 빨간 스커트를.
I could have worn / this red skirt.

③ 너는 감사할 수도 있었어 / 그녀에게.
You could have thanked / her.

④ 너는 올 수도 있었어 / 그 카페에 / 어제.
You could have come / to the café / yesterday.

⑤ 너는 청혼할 수도 있었어 / 너의 약혼녀에게 / 오늘.
You could have proposed / to your fiancée / today.

⑥ 우리는 시작할 수도 있었어 / 우리의 사업을 / 일찍.
We could have started / our business / early.

⑦ 우리는 공부할 수도 있었어 / 더 열심히 / 우리의 미래를 위해.
We could have studied / harder / for our future.

⑧ 그녀는 잠글 수도 있었어 / 그 문을.
She could have locked / the door.

⑨ 나는 잡을 수 없었을 거야 / 그 마지막 버스를.
I could not have caught / the last bus.

⑩ 너는 읽을 수 없었을 거야 / 그의 메시지를.
You could not have read / his message.

⑪ 그녀는 헤어질 수 없었을 거야 / 그녀의 남자 친구와.
She could not have broken up / with her boyfriend.

⑫ 나는 미소 지을 수 없었을 거야 / 너 없이는.
I could not have smiled / without you.

⑬ 나는 통과할 수 없었을 거야 / 그 시험을 / 너의 정보 없이는.
I could not have passed / the exam / without your information.

⑭ 너는 옮길 수 없었을 거야 / 이 상자를 / 내 도움 없이는.
You could not have moved / this box / without my help.

⑮ 너는 작동할 수 없었을 거야 / 그 기계를 / 이 도구 없이는.
You could not have operated / the machine / without this tool.

패턴 97 → ~했더라면 …할 수도 있었을 거야

could have p.p. + 과거 가정

could have p.p.는 '~할 수도 있었다'로 해석되며,
실제로는 하지 못했거나 일부러 하지 않은 것을 표현합니다.

이 Unit에서는 could have p.p.에
'과거 가정 = ~했더라면'을 추가해 보겠습니다.
과거 가정은 'if + 주어 + had p.p.'로 표현합니다.

예를 들어,
"내가 널 싫어했더라면 난 네게 거짓말을 할 수도 있었어."라고 하려면
'난 네게 거짓말을 할 수도 있었어 = I could have lied to you'에
'내가 널 싫어했더라면 = if I had hated you'를 더해서
"I could have lied to you if I had hated you."라고 표현합니다.

I could not have done this homework if you had not helped me.

부정문을 만들 때는 could 뒤에 not을 위치시킵니다.
예를 들어,
"네가 날 도와주지 않았더라면 난 이 숙제를 할 수 없었을 거야."라고 하려면
'난 이 숙제를 할 수 없었을 거야 = I could not have done this homework'에
'네가 나를 도와주지 않았더라면 = if you had not helped me'를 더해서
"I could not have done this homework if you had not helped me."라고 표현합니다.

실제 구어에서는
could have는 could've로, could not have는 couldn't have로 줄여 쓰는 것이 일반적입니다.

패턴 97 ~했더라면 …할 수도 있었을 거야

의미 단위 입 영작

의미 단위로 나뉘어져 있는 문장 마디를 보고 Hint 단어를 참고하여 입으로 영작하세요.
손으로 영작한 후 입으로 확인해도 좋습니다.

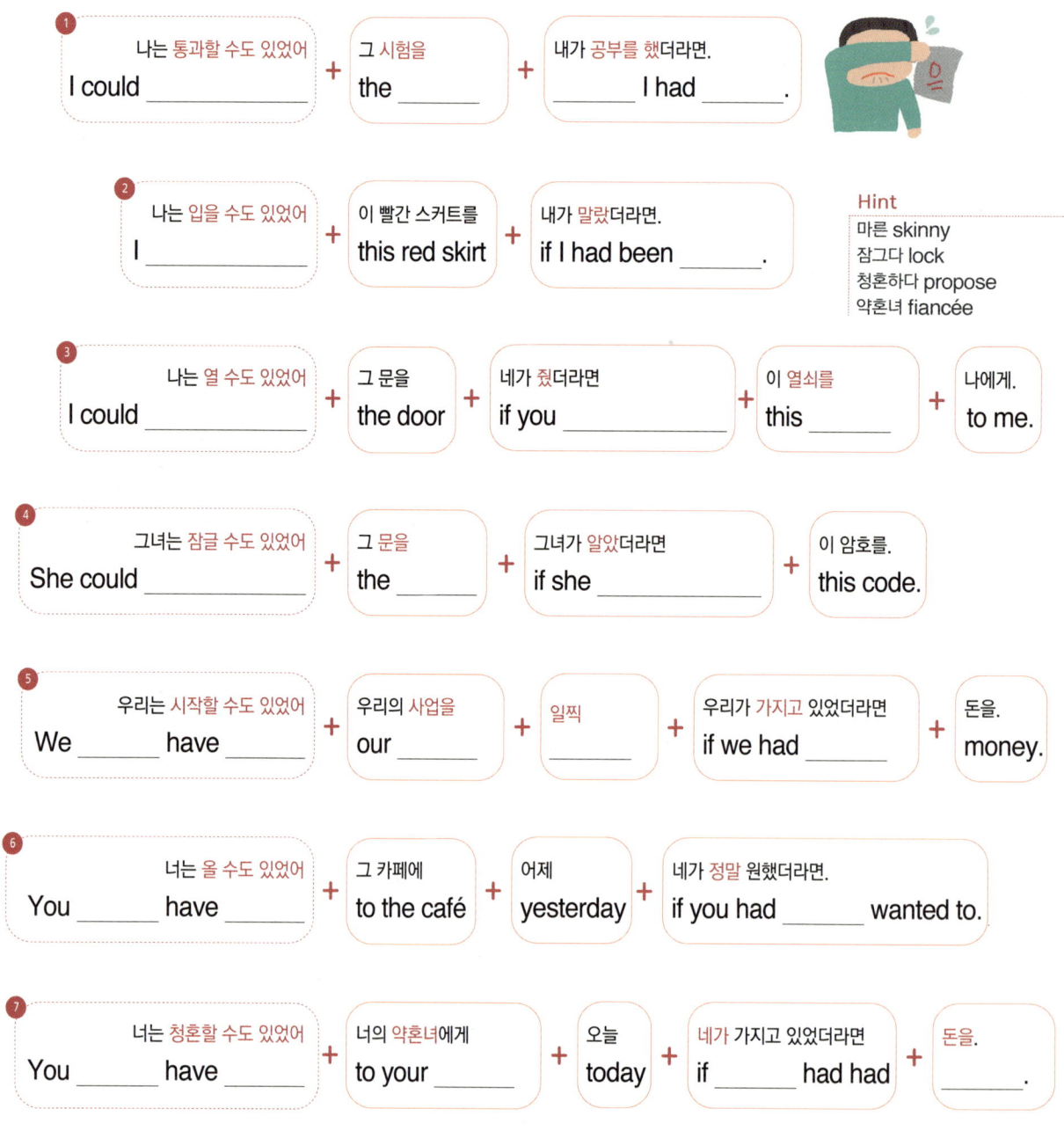

1. 나는 통과할 수도 있었어 I could _____ + 그 시험을 the _____ + 내가 공부를 했더라면. _____ I had _____.

2. 나는 입을 수도 있었어 I _____ + 이 빨간 스커트를 this red skirt + 내가 말랐더라면. if I had been _____.

Hint
마른 skinny
잠그다 lock
청혼하다 propose
약혼녀 fiancée

3. 나는 열 수도 있었어 I could _____ + 그 문을 the door + 네가 줬더라면 if you _____ + 이 열쇠를 this _____ + 나에게. to me.

4. 그녀는 잠글 수도 있었어 She could _____ + 그 문을 the _____ + 그녀가 알았더라면 if she _____ + 이 암호를. this code.

5. 우리는 시작할 수도 있었어 We _____ have _____ + 우리의 사업을 our _____ + 일찍 _____ + 우리가 가지고 있었더라면 if we had _____ + 돈을. money.

6. 너는 올 수도 있었어 You _____ have _____ + 그 카페에 to the café + 어제 yesterday + 네가 정말 원했더라면. if you had _____ wanted to.

7. 너는 청혼할 수도 있었어 You _____ have _____ + 너의 약혼녀에게 to your _____ + 오늘 today + 네가 가지고 있었더라면 if _____ had had + 돈을. _____.

could have p.p.+ 과거 가정

8 나는 전화할 수 없었을 거야 + 그에게 + 내가 가지고 있지 않았더라면 + 전화기를.
I could not have _____ + him + if I had not _____ + a _____.

Hint
용기 courage
잡다 catch
끄다 turn off
기계 machine

9 나는 미소 지을 수 없었을 거야 + 내가 행복하지 않았더라면.
I could not have _____ + if I _____ not _____ happy.

10 나는 키스할 수 없었을 거야 + 그녀에게 + 내가 가지지 않았더라면 + 용기를.
I could not have _____ + her + if I had not _____ + _____.

11 나는 잡을 수 없었을 거야 + 그 마지막 버스를 + 내가 일어났더라면 + 늦게.
I could not have _____ + the last bus + if I had _____ + late.

12 너는 읽을 수 없었을 거야 + 그의 메시지를 + 내가 말하지 않았더라면 + 너에게.
You could not have _____ + his _____ + if I had _____ + you.

13 너는 끌 수 없었을 거야 + 그 기계를 + 네가 오지 않았더라면 + 여기에.
You could not have turned off + the _____ + if you _____ + here.

14 그녀는 헤어질 수 없었을 거야 + 그녀의 남자 친구와 + 그가 부유했더라면.
She could not have _____ up + with her boyfriend + if he _____.

15 우리는 갈 수 없었을 거야 + 강남에 + 내가 가지고 있지 않았더라면 + 차를.
We _____ not have _____ + to Gangnam + if I had not _____ + a car.

패턴 97 ~했더라면 …할 수도 있었을 거야

Complete Sentences — 완성 문장 낭독 훈련
이번에는 완성 문장을 잘 듣고 10회 이상 낭독 훈련해 보세요.

① 나는 통과할 수도 있었어 / 그 시험을 / 내가 공부를 했더라면.
I could have passed / the test / if I had studied.

② 나는 입을 수도 있었어 / 이 빨간 스커트를 / 내가 말랐더라면.
I could have worn / this red skirt / if I had been skinny.

③ 나는 열 수도 있었어 / 그 문을 / 네가 줬더라면 / 이 열쇠를 / 나에게.
I could have opened / the door / if you had given / this key / to me.

④ 그녀는 잠글 수도 있었어 / 그 문을 / 그녀가 알았더라면 / 이 암호를.
She could have locked / the door / if she had known / this code.

⑤ 우리는 시작할 수도 있었어 / 우리의 사업을 / 일찍 / 우리가 가지고 있었더라면 / 돈을.
We could have started / our business / early / if we had had / money.

⑥ 너는 올 수도 있었어 / 그 카페에 / 어제 / 네가 정말 원했더라면.
You could have come / to the café / yesterday / if you had really wanted to.

⑦ 너는 청혼할 수도 있었어 / 너의 약혼녀에게 / 오늘 / 네가 가지고 있었더라면 / 돈을.
You could have proposed / to your fiancée / today / if you had had / money.

⑧ 나는 전화할 수 없었을 거야 / 그에게 / 내가 가지고 있지 않았더라면 / 전화기를.
I could not have called / him / if I had not had / a phone.

⑨ 나는 미소 지을 수 없었을 거야 / 내가 행복하지 않았더라면.
I could not have smiled / if I had not been happy.

⑩ 나는 키스할 수 없었을 거야 / 그녀에게 / 내가 가지지 않았더라면 / 용기를.
I could not have kissed / her / if I had not had / courage.

⑪ 나는 잡을 수 없었을 거야 / 그 마지막 버스를 / 내가 일어났더라면 / 늦게.
I could not have caught / the last bus / if I had woken up / late.

⑫ 너는 읽을 수 없었을 거야 / 그의 메시지를 / 내가 말하지 않았더라면 / 너에게.
You could not have read / his message / if I had not told / you.

⑬ 너는 끌 수 없었을 거야 / 그 기계를 / 네가 오지 않았더라면 / 여기에.
You could not have turned off / the machine / if you had not come / here.

⑭ 그녀는 헤어질 수 없었을 거야 / 그녀의 남자 친구와 / 그가 부유했더라면.
She could not have broken up / with her boyfriend / if he had been rich.

⑮ 우리는 갈 수 없었을 거야 / 강남에 / 내가 가지고 있지 않았더라면 / 차를.
We could not have gone / to Gangnam / if I had not had / a car.

패턴 98

~할 수도 있었을까?

could have p.p.
(의문문)

could have p.p.는 '~할 수도 있었다'로 해석되며, **실제로는 하지 못했거나 일부러 하지 않은 것을 표현**합니다. **의문문의 경우에는 Could를 주어 앞에 위치시킵니다.** 이 Unit에서는 의문문에 집중하겠습니다.

예를 들어,
"그녀가 날 좋아할 수도 있었을까?"라고 하려면
"Could she have liked me?"라고 표현합니다.

비슷하게,
"우리가 포인트를 놓칠 수도 있었을까?"라고 하려면
"Could we have missed the point?"라고 표현합니다.

패턴 98 ~할 수도 있었을까?

의미 단위 입 영작

의미 단위로 나뉘어져 있는 문장 마디를 보고 Hint 단어를 참고하여 입으로 영작하세요.
손으로 영작한 후 입으로 확인해도 좋습니다.

1. 내가 시도할 수도 있었을까 Could I have _____ + 그것을? _____?

2. 내가 입을 수도 있었을까 _____ I _____ + 이 빨간 스커트를? this _____?

3. 내가 잡을 수도 있었을까 Could I have _____ + 그 마지막 버스를? the _____?

4. 네가 감사할 수도 있었을까 _____ you have _____ + 그녀에게? her?

5. 네가 올 수도 있었을까 _____ you have _____ + 그 카페에 to the _____ + 어제? yesterday?

6. 네가 청혼할 수도 있었을까 _____ you have _____ + 너의 약혼녀에게 to your _____ + 오늘? today?

7. 그녀가 읽을 수도 있었을까 _____ she have _____ + 그의 메시지를? his _____?

Hint
잡다 catch
감사하다 thank
청혼하다 propose
약혼녀 fiancée

could have p.p. (의문문)

8. 그녀가 헤어질 수도 있었을까 + 그녀의 남자 친구와?
Could she have _____ up + _____ her boyfriend?

9. 우리가 시작할 수도 있었을까 + 우리의 사업을 + 일찍?
_____ we have _____ + our _____ + _____?

10. 우리가 공부할 수도 있었을까 + 더 열심히 + 우리의 미래를 위해?
Could we _____ + _____ + for our _____?

11. 우리가 갈 수도 있었을까 + 강남에 + 어젯밤?
_____ we have _____ + _____ Gangnam + _____ night?

Hint
~와 헤어지다 break up with
미래 future
용기 courage
옮기다 move
끄다 turn off
도구 tool

12. 내가 미소 지을 수 있었을까 + 너 없이도?
Could I have _____ + _____ you?

13. 나는 키스할 수도 있었을까 + 그녀에게 + 내가 가졌더라면 + 용기를?
Could I have _____ + her + if I had _____ + _____?

14. 네가 옮길 수 있었을까 + 이 상자를 + 내 도움 없이도?
Could you have _____ + this _____ + without my _____?

15. 네가 끌 수 있었을까 + 그 기계를 + 이 도구 없이도?
_____ you have _____ + the _____ + without this _____?

패턴 98 could have p.p. (의문문)

패턴 98 ~할 수도 있었을까?

COMPLETE SENTENCES
완성 문장 낭독 훈련
이번에는 완성 문장을 잘 듣고 10회 이상 낭독 훈련해 보세요.

① 내가 시도할 수도 있었을까 / 그것을?
Could I have tried / it?

② 내가 입을 수도 있었을까 / 이 빨간 스커트를?
Could I have worn / this red skirt?

③ 내가 잡을 수도 있었을까 / 그 마지막 버스를?
Could I have caught / the last bus?

④ 네가 감사할 수도 있었을까 / 그녀에게?
Could you have thanked / her?

⑤ 네가 올 수도 있었을까 / 그 카페에 / 어제?
Could you have come / to the café / yesterday?

⑥ 네가 청혼할 수도 있었을까 / 너의 약혼녀에게 / 오늘?
Could you have proposed / to your fiancée / today?

⑦ 그녀가 읽을 수도 있었을까 / 그의 메시지를?
Could she have read / his message?

⑧ 그녀가 헤어질 수도 있었을까 / 그녀의 남자 친구와?
Could she have broken up / with her boyfriend?

⑨ 우리가 시작할 수도 있었을까 / 우리의 사업을 / 일찍?
Could we have started / our business / early?

⑩ 우리가 공부할 수도 있었을까 / 더 열심히 / 우리의 미래를 위해?
Could we have studied / harder / for our future?

⑪ 우리가 갈 수도 있었을까 / 강남에 / 어젯밤?
Could we have gone / to Gangnam / last night?

⑫ 내가 미소 지을 수 있었을까 / 너 없이도?
Could I have smiled / without you?

⑬ 나는 키스할 수도 있었을까 / 그녀에게 / 내가 가졌더라면 / 용기를?
Could I have kissed / her / if I had had / courage?

⑭ 네가 옮길 수 있었을까 / 이 상자를 / 내 도움 없이도?
Could you have moved / this box / without my help?

⑮ 네가 끌 수 있었을까 / 그 기계를 / 이 도구 없이도?
Could you have turned off / the machine / without this tool?

패턴 99

~했을 거야

would have p.p.
(평서문)

would have p.p.는 과거에 '~했을 것이다'로 해석되며, **실제로는 하지 않은 것을 아쉬워하는 표현**입니다.

예를 들어,
"난 그녀의 번호를 물어봤을 거야."(실제로는 물어보지 않았을 때)라고 하려면
"I would have asked for her number."라고 표현합니다.

부정문은 **would** 뒤에 **not**을 위치시킵니다.

예를 들어,
"나는 널 떠나지 않았을 거야."(실제로는 떠났을 때)라고 하려면
"I would not have left you."라고 표현합니다.

실제 구어에서는
would have는 would've로,
would not have는 wouldn't have로 줄여 쓰는 것이 일반적입니다.

I would have asked for her number.

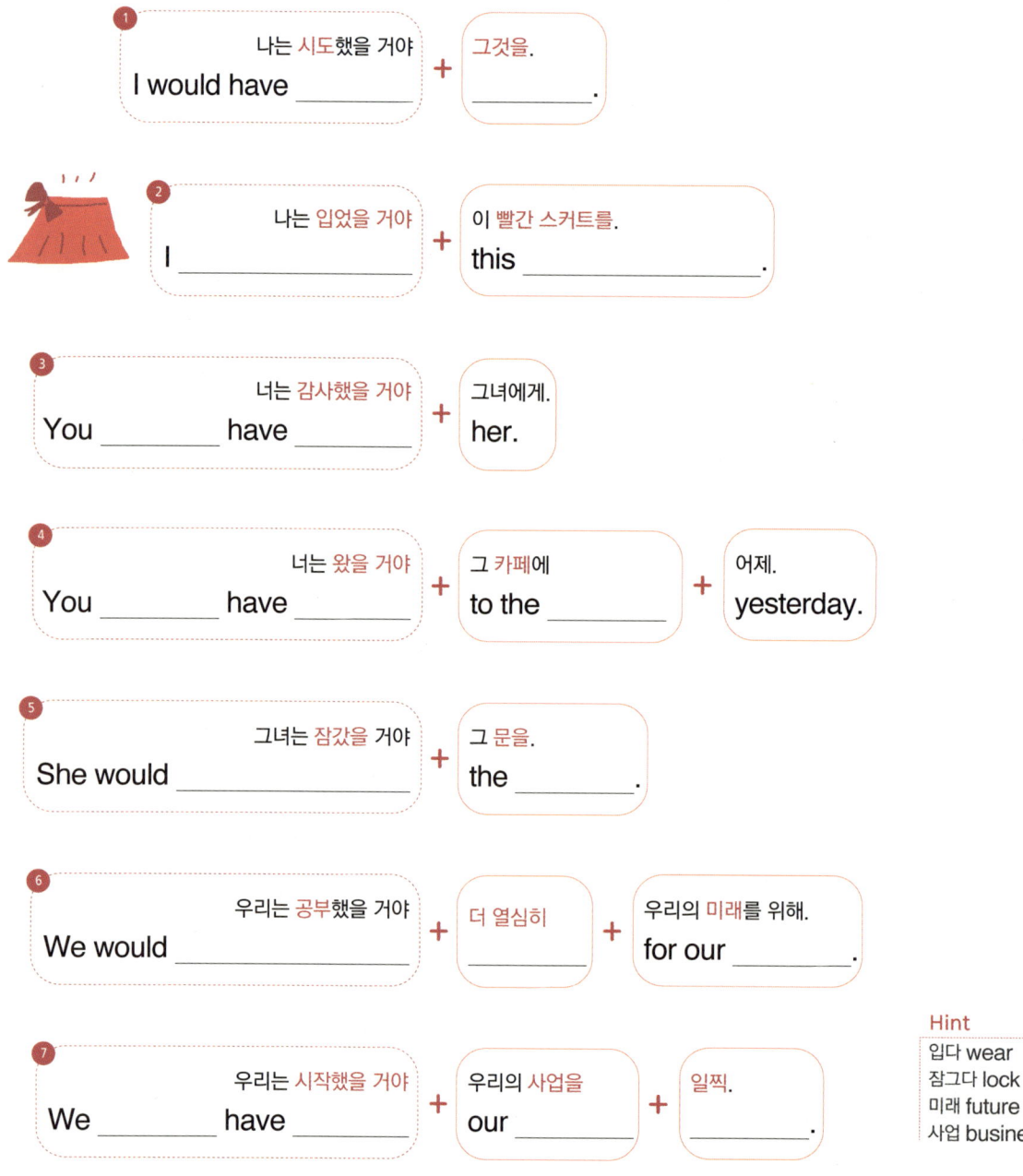

would have p.p. (평서문)

8. 나는 전화하지 않았을 거야 + 그에게.
I would not have _____ him.

9. 나는 울지 않았을 거야 + 그의 앞에서.
I would _____ have _____ in _____ of _____.

10. 나는 기다리지 않았을 거야 + 그 마지막 버스를.
I would not have _____ for the _____.

11. 나는 키스하지 않았을 거야 + 그녀에게 + 애초에.
I would not have _____ her in the _____.

12. 너는 던지지 않았을 거야 + 이 가방을.
You would _____ have _____ this _____.

13. 너는 끄지 않았을 거야 + 그 기계를.
You _____ have _____ the _____.

Hint
~의 앞에 in front of
애초에 in the first place
던지다 throw
끄다 turn off
~와 헤어지다 break up with

14. 그녀는 헤어지지 않았을 거야 + 그녀의 남자 친구와.
She would _____ have _____ up _____ her boyfriend.

15. 우리는 가지 않았을 거야 + 강남에 + 어젯밤.
We _____ not have _____ _____ Gangnam + _____ night.

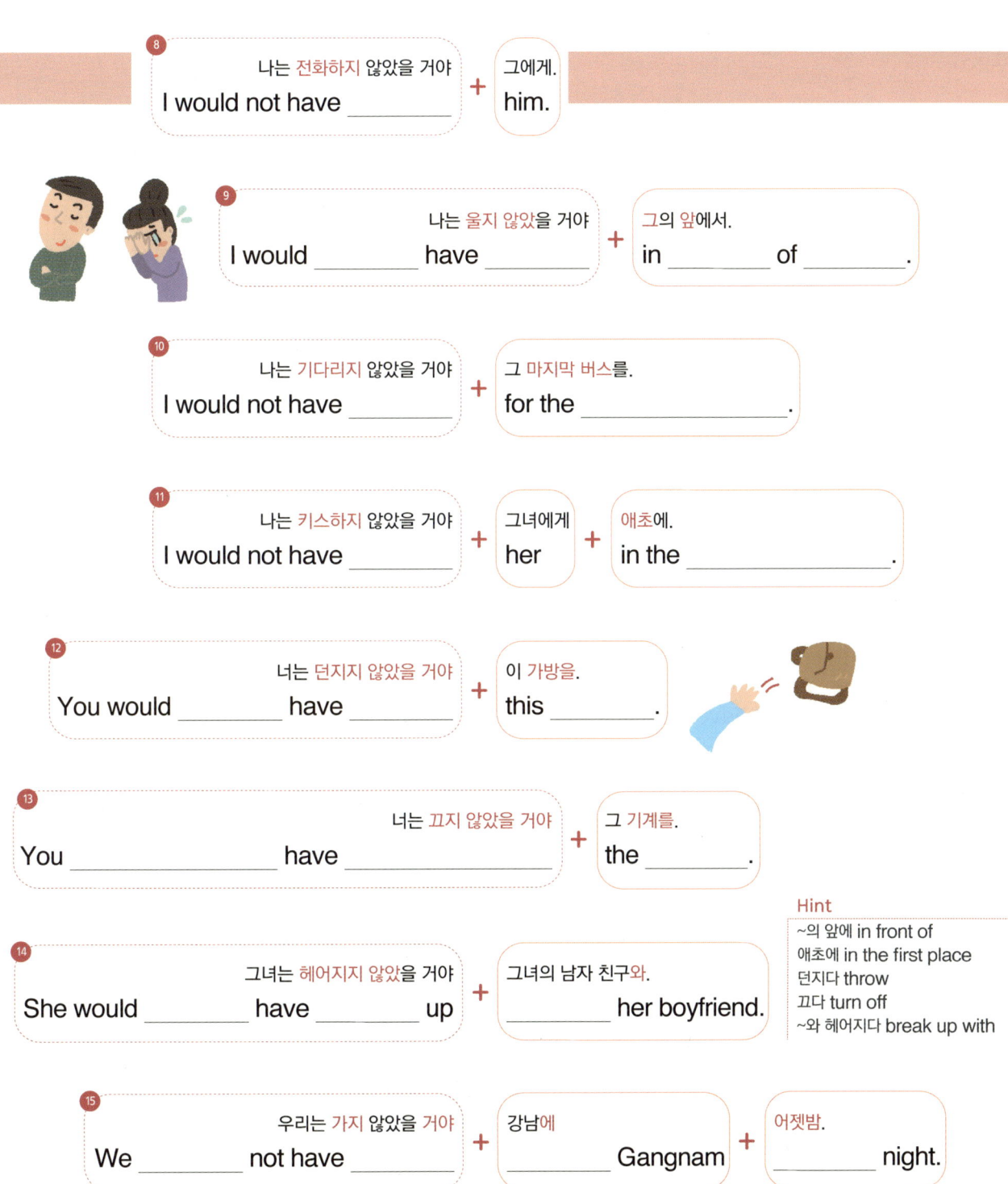

패턴 99 would have p.p. (평서문) 413

패턴 99 ~했을 거야

COMPLETE SENTENCES 완성 문장 낭독 훈련
이번에는 완성 문장을 잘 듣고 10회 이상 낭독 훈련해 보세요.

① 나는 시도했을 거야 / 그것을.
I would have tried / it.

② 나는 입었을 거야 / 이 빨간 스커트를.
I would have worn / this red skirt.

③ 너는 감사했을 거야 / 그녀에게.
You would have thanked / her.

④ 너는 왔을 거야 / 그 카페에 / 어제.
You would have come / to the café / yesterday.

⑤ 그녀는 잠갔을 거야 / 그 문을.
She would have locked / the door.

⑥ 우리는 공부했을 거야 / 더 열심히 / 우리의 미래를 위해.
We would have studied / harder / for our future.

⑦ 우리는 시작했을 거야 / 우리의 사업을 / 일찍.
We would have started / our business / early.

⑧ 나는 전화하지 않았을 거야 / 그에게.
I would not have called / him.

⑨ 나는 울지 않았을 거야 / 그의 앞에서.
I would not have cried / in front of him.

⑩ 나는 기다리지 않았을 거야 / 그 마지막 버스를.
I would not have waited / for the last bus.

⑪ 나는 키스하지 않았을 거야 / 그녀에게 / 애초에.
I would not have kissed / her / in the first place.

⑫ 너는 던지지 않았을 거야 / 이 가방을.
You would not have thrown / this bag.

⑬ 너는 끄지 않았을 거야 / 그 기계를.
You would not have turned off / the machine.

⑭ 그녀는 헤어지지 않았을 거야 / 그녀의 남자 친구와.
She would not have broken up / with her boyfriend.

⑮ 우리는 가지 않았을 거야 / 강남에 / 어젯밤.
We would not have gone / to Gangnam / last night.

패턴 100 → ~했더라면 …했을 거야

would have p.p.
+ 과거 가정

would have p.p.는 과거에 '~했을 것이다'로 해석되며,
실제로는 하지 않은 것을 아쉬워하는 표현입니다.

이 Unit에서는 would have p.p.에
'과거 가정 = ~했더라면'을 추가해 보겠습니다.
과거 가정은 'if + 주어 + had p.p.'로 표현합니다.

예를 들어,
"그녀가 싱글이었더라면 난 그녀의 번호를 물어봤을 거야."라고 하려면
'난 그녀의 번호를 물어봤을 거야 = I would have asked for her number'에
'그녀가 싱글이었더라면. = if she had been single'을 더해서
"I would have asked for her number if she had been single."이라고 표현합니다.

부정문은 would 뒤에 not을 붙이며, '~하지 않았을 것이다'라고 해석됩니다.

I would have asked for her number if she had been single.

예를 들어,
"네가 날 사랑했더라면 나는 널 떠나지 않았을 거야."라고 하려면
'나는 널 떠나지 않았을 거야 = I would not have left you'에
'네가 날 사랑했더라면 = if you had loved me'를 더해서
"I would not have left you if you had loved me."라고 표현합니다.
실제 구어에서는 would have는 would've로,
would not have는 wouldn't have로 줄여 쓰는 것이 일반적입니다.

패턴 100 ~했더라면 …했을 거야

의미 단위 입 영작

의미 단위로 나뉘어져 있는 문장 마디를 보고 Hint 단어를 참고하여 입으로 영작하세요. 손으로 영작한 후 입으로 확인해도 좋습니다.

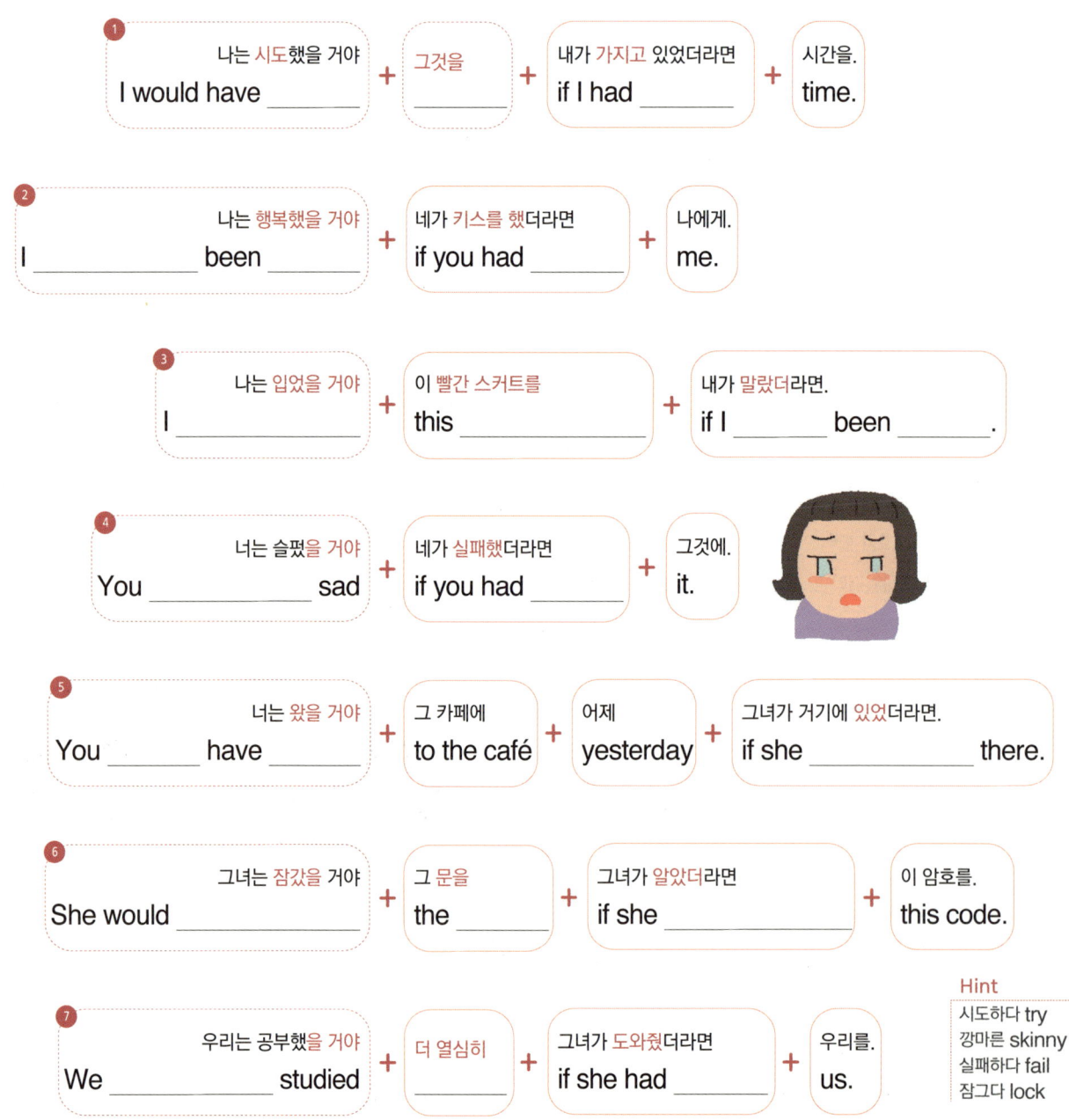

Hint
시도하다 try
깡마른 skinny
실패하다 fail
잠그다 lock

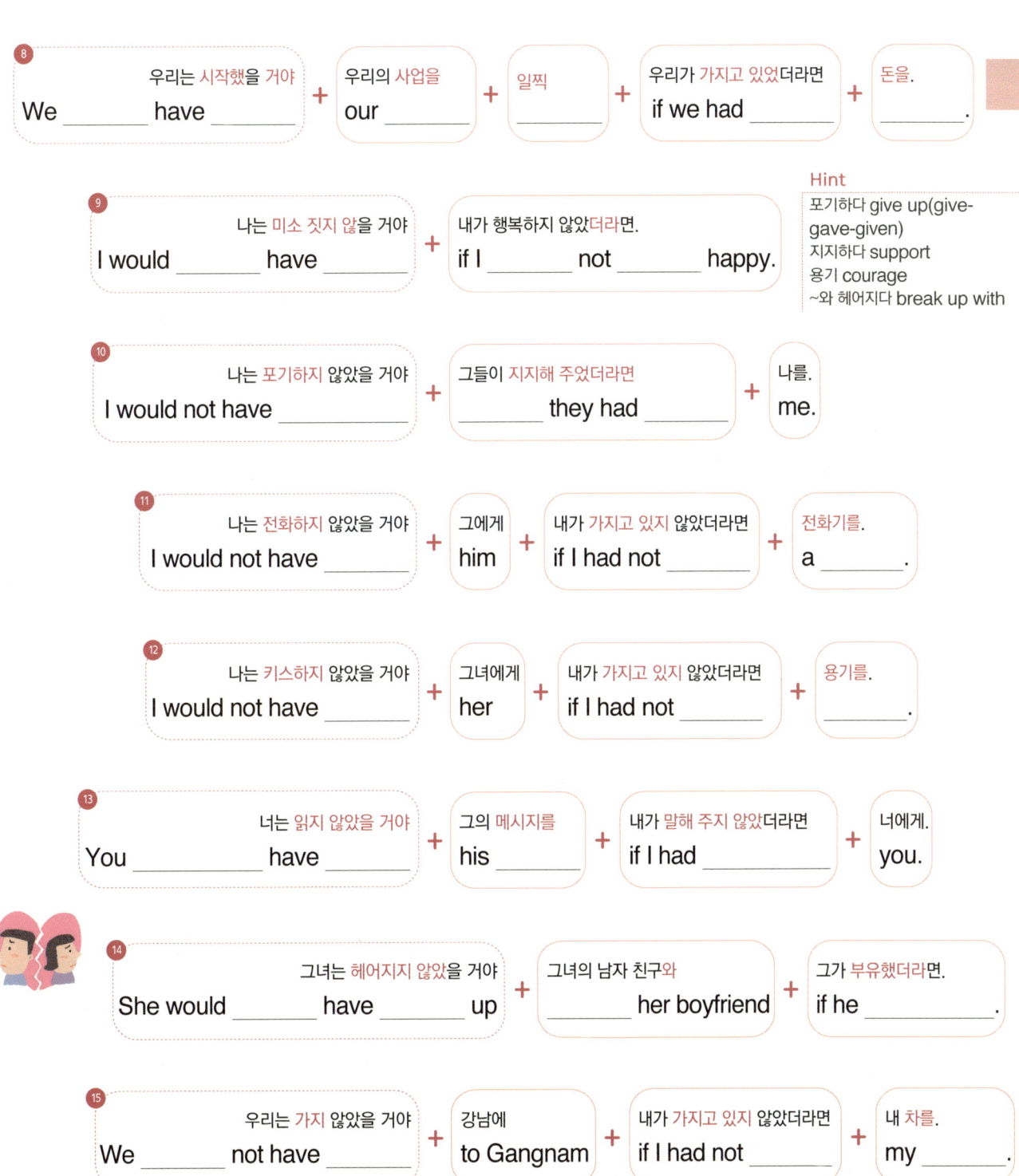

패턴 100 ~했더라면 …했을 거야

COMPLETE SENTENCES 완성 문장 낭독 훈련 이번에는 완성 문장을 잘 듣고 10회 이상 낭독 훈련해 보세요.

1. 나는 시도했을 거야 / 그것을 / 내가 가지고 있었더라면 / 시간을.
I would have tried / it / if I had had / time.

2. 나는 행복했을 거야 / 네가 키스를 했더라면 / 나에게.
I would have been happy / if you had kissed / me.

3. 나는 입었을 거야 / 이 빨간 스커트를 / 내가 말랐더라면.
I would have worn / this red skirt / if I had been skinny.

4. 너는 슬펐을 거야 / 네가 실패했더라면 / 그것에.
You would have been sad / if you had failed / it.

5. 너는 왔을 거야 / 그 카페에 / 어제 / 그녀가 거기에 있었더라면.
You would have come / to the café / yesterday / if she had been there.

6. 그녀는 잠갔을 거야 / 그 문을 / 그녀가 알았더라면 / 이 암호를.
She would have locked / the door / if she had known / this code.

7. 우리는 공부했을 거야 / 더 열심히 / 그녀가 도와줬더라면 / 우리를.
We would have studied / harder / if she had helped / us.

8. 우리는 시작했을 거야 / 우리의 사업을 / 일찍 / 우리가 가지고 있었더라면 / 돈을.
We would have started / our business / early / if we had had / money.

9. 나는 미소 짓지 않았을 거야 / 내가 행복하지 않았더라면.
I would not have smiled / if I had not been happy.

10. 나는 포기하지 않았을 거야 / 그들이 지지해 주었더라면 / 나를.
I would not have given up / if they had supported / me.

11. 나는 전화하지 않았을 거야 / 그에게 / 내가 가지고 있지 않았더라면 / 전화기를.
I would not have called / him / if I had not had / a phone.

12. 나는 키스하지 않았을 거야 / 그녀에게 / 내가 가지고 있지 않았더라면 / 용기를.
I would not have kissed / her / if I had not had / courage.

13. 너는 읽지 않았을 거야 / 그의 메시지를 / 내가 말해 주지 않았더라면 / 너에게.
You would not have read / his message / if I had not told / you.

14. 그녀는 헤어지지 않았을 거야 / 그녀의 남자 친구와 / 그가 부유했더라면.
She would not have broken up / with her boyfriend / if he had been rich.

15. 우리는 가지 않았을 거야 / 강남에 / 내가 가지고 있지 않았더라면 / 내 차를.
We would not have gone / to Gangnam / if I had not had / my car.